Österreichisches und Ungarisches Staatsrecht.

Eine Einführung

von

Dr. Fritz v. Keller

Geheimem Legationsrat und vortragendem Rat
im Auswärtigen Amte

Berlin 1917

J. Guttentag, Verlagsbuchhandlung,

G. m. b. H.

Vorwort.

Der Gedanke zur Abfassung dieses Buches ist in der Zeit entstanden, während deren der Krieg den Verfasser als Offizier in die verschiedensten Teile der Österreichisch-Ungarischen Monarchie führte, wo deutsche Truppen Schulter an Schulter mit den verbündeten Truppen im Kampf gegen die gemeinsamen Feinde standen. Dauernde Berührung mit Behörden und Bevölkerung machte eine rasche Orientierung über die einschlägigen Verhältnisse notwendig, und mehr denn je wurde dabei von deutscher Seite der Wunsch ausgesprochen, für einen Einblick in den staatsrechtlichen Aufbau der Monarchie und ihre hauptsächlichen Einrichtungen ein Hilfsmittel zur Verfügung zu haben, in dem in übersichtlicher und handlicher Form das Wesentliche des reichhaltigen Stoffes sowie Anhaltspunkte für die vorliegenden praktischen Zwecke enthalten wären.

Doch auch über diesen schließlich nur aus zeitlich und örtlich begrenzten Verhältnissen entstandenen Wunsch hinaus hat sich das Bedürfnis nach einem derartigen Hilfsmittel fühlbar gemacht. Nicht nur die gemeinsamen Aufgaben der Kriegführung haben die Dinge in der Monarchie in den Gesichtskreis mancher gerückt, denen sie in Friedenstagen fremd geblieben waren, sondern auch das Bewußtsein des wachsenden Ineinandergreifens der beiderseitigen politischen, wirtschaftlichen und rechtlichen Interessen hat bei uns weitere Kreise ergriffen, denn je zuvor. Im Felde wie in der Heimat kehren Gespräch und Gedanken immer wieder zur Betrachtung der Leistungen der Monarchie in der Vergangenheit, ihrer politischen Aufgaben in der Gegenwart und ihrer Ziele in der Zukunft zurück; eine weitverbreitete Literatur beschäftigt sich mit den Formen, in denen nach dem Kriege die das Deutsche Reich und Österreich-Ungarn verknüpfenden gemeinsamen Interessen auszubauen wären. Der gerade in Österreich wie in Ungarn zuweilen gehörten Klage, daß bei solchen Erörterungen das Urteil nicht selten an ungenügender Kenntnis der tatsächlichen Verhältnisse, vor allem der öffentlich-rechtlichen Grundlagen der Monarchie leide, dürfte eine gewisse Berechtigung nicht abzustreiten sein.

Freilich fehlt es nicht an vorzüglichen Gesamtdarstellungen des öffentlichen Rechts sowohl Österreichs als auch Ungarns. Sie behandeln aber, abgesehen davon, daß sie zum großen Teil von erheblichem Umfang sind, jeweils nur das Recht eines der beiden Staaten und greifen im allgemeinen auf dasjenige des anderen nur insoweit über, als dies die Behandlung der geschichtlichen Zusammenhänge, des Wesens der Monarchie und des Verhältnisses zwischen Österreich und Ungarn unbedingt erfordert. Eine in gleicher Weise beide Staaten der Monarchie berücksichtigende Übersicht, wie sie den eingangs angedeuteten Bedürfnissen entspräche, ist meines Wissens nicht vorhanden.

Diese Aufgabe versucht das vorliegende Buch zu erfüllen; sie ergab für die Anordnung des Stoffes von selbst eine Vierteilung. Vor allem war die geschichtliche Entwicklung der Monarchie und ihrer verfassungsrechtlichen Einrichtungen in kurzen Umrissen zu zeichnen, sodann Wesen und Inhalt der gegenwärtigen Staatenverbindung Österreich-Ungarn auszuführen; im Anschluß daran waren in zwei weiteren Abschnitten die übrigen staatsrechtlichen Einrichtungen der im Reichsrat vertretenen Königreiche und Länder einerseits und der Länder der ungarischen Krone andererseits zu schildern.

In diesen Rahmen galt es die Fülle des Stoffes derart zusammenzudrängen, daß das für die Monarchie und ihre Staaten

Typische herausgearbeitet wurde, ohne bei Einzelheiten und begrifflichen Erörterungen, so verlockend dies sein mochte, zu verweilen. Bei der Darstellung des Rechts der einzelnen Verwaltungszweige konnte unter diesen Umständen selbstverständlich nur das Wichtigste kurz angedeutet werden. Demjenigen, der eine Vertiefung in die Einzelheiten anstrebt, wird das Literaturverzeichnis die erforderlichen Wege dazu angeben und die Auffindung weiteren Materials erleichtern. Polemik und politische Betrachtungsweise sind grundsätzlich ausgeschaltet worden. Wohl bei keinem Gebilde der neueren Staatengeschichte besteht so sehr wie bei Österreich-Ungarn für die Beurteilung seiner inneren Verhältnisse die Gefahr, daß das staatsrechtliche Bild durch politische Gesichtspunkte getrübt wird; bei keinem ist es für Betrachtungen politischer Art nötiger, sich stets seine tatsächliche Rechtsgestaltung vor Augen zu halten.

Der Schwierigkeiten der Aufgabe, ausländisches Staatsrecht darzustellen, war sich der Verfasser wohl bewußt. Bei dem Umfang des behandelten Stoffes und der unter den gegebenen Zeitverhältnissen erklärlichen Erschwerung in der Beschaffung von Material mögen einzelne Lücken oder Unrichtigkeiten als unvermeidlich von dem Kundigen mit Nachsicht beurteilt werden; Erinnerungen in dieser Hinsicht werden mit Dank entgegengenommen. Daß in dem Buche weder amtliche Anschauungen wiedergegeben, noch anderes als allgemein zugängliches Material verarbeitet ist, und daß es sich lediglich um eine Privatarbeit des Verfassers handelt, sei als selbstverständlich hier festgestellt.

Besonderen Dank schuldet der Verfasser dem Kaiserlichen Hofrat Herrn Noculak bei dem Deutschen Generalkonsulat in Budapest für eine Reihe wertvoller Auskünfte und dem Rechtsbeistand dieses Generalkonsulats, Herrn Advokaten Dr. Julius Káldor, der in gefälligster Weise verschiedenes in deutscher Sprache nicht vorhandenes Material dem Verfasser zugänglich gemacht hat. Ebenso sei den Beamten der Bibliothek des Auswärtigen Amtes für ihre wirksame Unterstützung hier aufrichtiger Dank ausgesprochen.

Sollte es dem Buche beschieden sein, das Verständnis für die Eigenart der Monarchie weiteren Kreisen in deutschen Landen zu eröffnen, so würde der Verfasser darin reichen Lohn für die Mühe erblicken, die es gekostet hat, die Stunden für die Abfassung des Buches einer angestrengten dienstlichen Tätigkeit abzuringen.

Berlin, April 1917.

v. Keller.

Inhaltsübersicht.

Dritter Abschnitt.

Die im Reichsrate vertretenen Königreiche und Länder.

Vierter Abschnitt.

Die Länder der ungarischen Krone.

Erster Abschnitt.

Die geschichtlichen Grundlagen der Österreichisch-Ungarischen Monarchie.

1. Die Stammländer bis zur Begründung der habsburgischen Herrschaft.

Der Name Österreichs taucht als territorialer und, soweit davon innerhalb der Grenzen der Zeitverhältnisse die Rede sein kann, als staatlicher Begriff zum erstenmal im Jahre 996 in der Form „Ostarrichi" auf, zur Bezeichnung für das Gebiet der von Karl dem Großen nach den Awarenkriegen errichteten, dann von den Magyaren überfluteten, seit dem Ungarnsieg Ottos I. auf dem Lechfelde (955) von dem bayerischen Stamm zurückerworbenen Ostmark. Unter den Nachkommen Luitpolds, aus dem Hause der sog. jüngeren Babenberger, erweiterte sich dieser — noch im bayerischen Herzogtumsverbande stehende — Besitz bis zur Leitha und March und zum südlichen Böhmen und Mähren. Die Vereinigung der Markgrafschaft mit dem Herzogtum Bayern, womit Conrad III. Luitpold IV. und Heinrich Jasomirgott belehnt hatte, war von nur kurzer Dauer; als sie dann mit der Wiedereinsetzung des Welfen Heinrichs des Löwen in seinen bayerischen Besitz endete, wurde die Mark Österreich von Kaiser Friedrich I. (1156) von Bayern völlig getrennt, zum selbständigen Herzogtum erhoben und durch besonderen Freiheitsbrief mit einer weitgehenden Ausnahmestellung bedacht. Dieser Freiheitsbrief (privilegium minus), dessen Echtheit als verbürgt angesehen werden kann, bildet neben einer Reihe unterschobener Freiheitsbriefe, die, wie das privilegium majus Rudolfs IV. (1358) zum Teil erst durch spätere reichsrechtliche Bestätigung (1453) praktische Kraft als Rechtsquelle erhielten, die Grundlage für die Entwicklung der fürstlichen Landeshoheit in den österreichischen Gebieten. Auf ihnen beruhte die Sicherung der territorialen Geschlossenheit des Herrschaftsgebiets, das Gesetzgebungsrecht, die Begründung einer auch von dem Eingreifen der Reichsgerichtsbarkeit befreiten Gerichtshoheit; sie schufen eine umfassende Militärhoheit, wie auch durch den Besitz der Regalien (Bergwerks-, Münz- und Zollregal) die zu den Einkünften der Domänen hinzutretende Finanzgewalt. Zur Erbfolge im Herzogtum, das vom Stamme des Blutes nicht kommen und niemals geteilt werden soll, ist im Gegensatz zu den anderen Reichslehen nicht nur die männliche, sondern auch die weibliche Nachkommenschaft berufen.

Mit Friedrichs II. des Streitbaren Tode in der Schlacht gegen die Magyaren bei Wiener-Neustadt schloß im Jahre 1246 die Reihe der Babenberger Herzöge, deren Herrschaft 1192 auf Grund eines Erbvertrages noch durch die Steiermark, unter Friedrichs II. Herrschaft selbst noch durch Besitz in Krain und im Küstenlande vermehrt worden war. Das Land fiel auf Anrufen der Landherren Österreichs an den Böhmenkönig, Przemysl Ottokar II., der, um eine Verbindung mit der früheren Dynastie herzustellen, Friedrichs Schwester heiratete und später Kärnten erwarb. Sein Tod auf dem Schlachtfelde von Dürnkrut 1278 beendete diese Zwischenregierung und war der Auftakt für die Herrschaft des Hauses des Siegers, des Habsburgers Rudolf.

2. Die habsburgischen Länder bis zur dauernden Vereinigung mit Böhmen und Ungarn.

Die österreichisch-habsburgische Hausmacht entstand mit dem Jahre 1282, in dem Rudolf seine beiden Söhne Albrecht und Rudolf mit Österreich, Steiermark und Krain belehnte. Kärnten fiel an Meinhard von Tirol, wie auch Krain, dieses als verpfändeter Besitz. Die Zusage der Vereinigung von Kärnten, Krain und Südtirol mit ihrem Besitz nach dem Aussterben der tirolisch-kärntnischen Linie des Görzer Hauses erlangten die gemeinsam regierenden Habsburger Albrecht der Weise und Otto von Ludwig dem Bayern, der damit den Versuchen des Luxemburgers Johann von Böhmen, diese Gebiete für seinen mit Margarethe Maultasch vermählten Sohn Johann Heinrich zu erwerben, entgegentrat. Mit dem Tode des Vaters der Margarethe Maultasch, des Meinhardiners Heinrich, trat 1335 diese Vereinigung ein und wurde gegen den Widerstand der Luxemburger gehalten. Der Verbindung mit dem Stammbesitz in Westen diente die Erwerbung Tirols unter Rudolf IV. (1363), die durch die Erwerbungen seines Sohnes Leopolds III. in Vorarlberg ergänzt wurde, dem langsamen Vordringen gegen die See der von Rudolf IV. durch Erbvertrag vorbereitete, 1374 unter seinen Söhnen vollzogene Anfall des Besitzes der Meinhardiner in der Windischen Mark und Istrien, von wo aus gleichfalls Leopold III. die österreichische Herrschaft bis nach Triest (1382) ausdehnte.

Die Zusammenfassung des ganzen Länderkomplexes zu einem einheitlichen Gebiet, wie sie Rudolf I. angebahnt hatte, wurde seit dem, der Hausordnung Albrechts II. widersprechenden Neuberger Teilungsvertrag (1379) schwer gefährdet. Aber auch die Zeit der Zerreißung des Besitzes (Albertinische und Leopoldinische Linie) bringt den einzelnen Teilen weiteren Zuwachs und legt namentlich bereits den Grund zu weiterer Ausbreitung der österreichischen Macht nach Norden und Osten in der Regierung des Albertiners Albrechts II. (V.), der infolge seiner Ehe mit der Tochter Sigmunds mit der Herrschaft über Österreich die Krone Böhmens und Ungarns vereinigte (1437—39). Diese Verbindung hörte nach dem Tode seines Sohnes Ladislaus Posthumus (1457) auf, dagegen erfolgte 1490 unter Kaiser Friedrich III. die Wiedervereinigung des gesamten übrigen habsburgischen Länderbesitzes in der Hand der Leopoldinischen, 1453 anläßlich der Bestätigung des privilegium majus mit dem Erzherzogstitel ausgestatteten Linie. Neuen Zuwachs erfuhr dieser Länderbesitz durch die Erwerbung der burgundischen Lande — infolge der Ehe Maximilians I. mit Karls des Kühnen Tochter Maria — und Spaniens — infolge der Ehe Philipps, des Sohnes Maximilians, mit Johanna von Kastilien. Eine abermalige Trennung erfolgte durch die von den Enkeln Maximilians I., Karl und Ferdinand, 1521—1525 vorgenommenen Teilungsverträge, aus denen die spanisch-habsburgische und die deutsch-habsburgische Linie, und mit ihnen zwei selbständige Dynastien hervorgingen. Wohl sind spanisch-habsburgische Gebiete in Italien und den Niederlanden nach dem Aussterben der ersten Linie als Ergebnis des spanischen Erbfolgekrieges an die deutsche Linie (1714) gefallen; sie sind aber von deren Besitz im Laufe der Ereignisse wieder abgetrennt worden und die einzelnen Phasen, die dieser

Besitz durchlaufen hat, können daher bei der weiteren geschichtlichen Übersicht hier außer Betracht bleiben.

Die Zeit von der Erwerbung Österreichs durch die Habsburger bis zu Karl V. und Ferdinand I. brachte ein weiteres Erstarken der landesfürstlichen Gewalt und führte das österreichische Staatswesen vom Feudalstaat zum Beamtenstaat mit zentralistischen Tendenzen. Diese Entwicklung gelangte — zuletzt zum Teil unter dem Einfluß französisch-niederländischer Vorbilder — zu scharfer Ausbildung unter Maximilian I., dessen mit dem Innsbrucker Libell (1518) abgeschlossene Verwaltungsreform der Bildung des österreichischen Gesamtstaates vorarbeitete. Es erfolgte die Zusammenlegung von Ländergruppen zu selbständigen Verwaltungsgebieten mit eigenen kollegialen Landesbehörden (Regierungen, Regimente für die allgemeine Landesverwaltung und Finanzkammern); so entstand die Einteilung der österreichischen Länder in Niederösterreich (Österreich unter und ob der Enns, Steiermark, Kärnten, Krain), Oberösterreich (Tirol mit den welschen Konfinien, die windische Mark, Istrien mit Triest, Fiume, Görz und Friaul), endlich Vorderösterreich (die schwäbischen und elsässischen Vorlande). Im Aufbau darüber entwickelten sich die gemeinsamen Zentralbehörden, ein Hofrat als oberste Verwaltungsbehörde und Gerichtshof und eine Kanzlei; die gemeinsame Finanzkontrolle führte die Raitkammer in Innsbruck.

In diese Entwicklung der österreichischen Länder fällt die endgültige Erwerbung Ungarns und Böhmens für das Haus Habsburg und weist diesem neue Bahnen und Aufgaben.

3. Ungarn bis zur Vereinigung mit den habsburgischen Ländern.

Die Anfänge des ungarischen Staates reichen auf das Ende des 9. Jahrhunderts zurück, wo die ungarischen Stämme, unter Führung Arpads aus dem Stamme Magyar vom Nordosten her über die Nordkarpathen in die unter slavischer und fränkischer Herrschaft stehende Donauebene gelangt, sich daselbst ansiedelten. Gewöhnlich werden diese Einwanderer als zum finnisch-ugrischen Stamm gehörig bezeichnet; sprachverwandtschaftliche Beziehungen bestehen auch zwischen den Ungarn und Türken, in der Tat taucht auch für sie früh die Bezeichnung turci auf. Zu wirklicher staatlicher Gestaltung arbeiteten sich die zunächst nur für den Krieg unter monarchischen Herrschaftsformen zusammengefügten, allmählich zum Volke der Magyaren verschmolzenen Stämme erst in der 2. Hälfte des 10. Jahrhunderts durch, nachdem Ottos I. Sieg bei Augsburg (955) den Raubzügen, mit denen sie lange den Westen schwer heimgesucht hatten, ein Ende gesetzt und nach einigem Schwanken zwischen dem byzantinischen und dem westlichen Kulturkreis ihren Anschluß an diesen endgültig herbeigeführt hatte. Diese Annäherung wurde vorbereitet durch den Arpaden Geisa (972—997), unter dem das Christentum in Ungarn Eingang fand; sie wurde endgültig vollzogen von dessen Sohne Stefan I. (dem Heiligen, † 1038), der — 1001 mit der ihm vom Papst Sylvester II. gesandten Krone gekrönt — das ungarische christliche Königtum gründete und dieses zum großen Teil unter Anlehnung an fränkische Muster zum straff monarchisch regierten Staate ausbaute.

Die von ihm geschaffene Staatsordnung enthält die Keime für Einrichtungen, die, inhaltlich weiterentwickelt, in der Form zum Teil bis in die Gegenwart hereinreichen. Es entstand die Grafschaft (Komitat) mit dem Gespan (ispan, vom slav. zupan) an der Spitze, es bildeten sich als Grundlage der großen Reichsämter die Hofwürden, der Pfalzgraf (Comes Palatinus), der Hofrichter (Judex Curiae) und der Schatzmeister (Tavernicus), sowie der Rat des Königs (Senatus, Concilium), in dem jene Würdenträger Stimme hatten, der aber eine verfassungsrechtliche Bedeutung nicht besaß, ebensowenig wie die Reichsversammlungen, die jene Zeit schon kennt. Das Königtum war im Stamme der Arpaden erblich, aber innerhalb dieser Familie wählte die Nation. Die Unabhängigkeit der königlichen Gewalt begann bald der Macht des Adels zu weichen, der, auf großen Grundbesitz und dessen Immunitäten gestützt, dem Königtum einen Teil seiner Machtbefugnisse entwand und ihm konstitutionelle Beschränkungen auferlegte. Diese Veränderung in dem Charakter der königlichen Macht zeigt die goldene Bulle Andreas' II. (1222), in der die Grundrechte der ungarischen Nation niedergelegt wurden; hierher gehören die alljährliche Berufung eines aus dem Adel bestehenden Reichs- und Gerichtstags, der Schutz der persönlichen Freiheit, die Steuerfreiheit der Adligen und des Klerus, die Rechte der einzelnen gegenüber dem

Recht des Königs, Schenkungen wieder einzuziehen; sie gewährt dem Adel für den Fall einer ihren Bestimmungen nicht entsprechenden Handhabung der Königsmacht ausdrücklich das Recht des Widerstandes gegen den König. Weitere Verfassungsgarantien erwarb der Adel im Laufe des 13. Jahrhunderts, durch die der König teilweise in der Wahl des Rats beschränkt und an dessen Anhörung in bestimmten Angelegenheiten gebunden wurde.

Der Umfang der ungarischen Herrschaft erstreckte sich bereits früh auf die Siebenbürgischen Landesteile, in denen sich im 13. Jahrhundert drei Sonderverwaltungsgebiete von einander abschieden: das ungarische Land, das Széklyerland und das Gebiet der Sachsen, von denen ein Teil bereits in der frühesten Zeit des Königtums eingewandert war, die aber bedeutenderen Zuwachs erst um die Mitte des 12. Jahrhunderts erhalten hatten. Unter Ladislaus I. erfolgte 1091 die Erwerbung Kroatiens, dessen einheimische Dynastie mit Zwonimir erloschen war; Koloman I. baute sie aus, vervollständigte sie 1105 durch Eroberung der dalmatinischen Küstenstädte und nahm den Titel Rex Hungariae, Croatiae atque Dalmatiae an. Die Verwaltung des Landes wurde zuerst von einem einzigen Banus als Vertreter der königlichen Gewalt geführt, später erscheint auch ein solcher für Slavonien und ein Banus des Küstengebiets. Eine besondere Krönung für Kroatien kam außer Gebrauch. Sonderverwaltungen waren außerdem noch gewährt den Stämmen der Kumanen, die unter Bela IV. (1235—70), und den Zipser Sachsen, die unter Geisa II. (1141—61) eingegewandert waren. Erweiterungen erstrebten die Arpaden zum Teil mit Erfolg nach Norden hin über Galizien, nach Süden über Bosnien, Chulm (südlich der Narenta), Rama (in der heutigen Herzegowina) und Serbien, nach dem Osten gegen Bulgarien und die Walachei.

Mit Andreas' III. Tode erlosch 1301 das Arpadenhaus. Unter den Bewerbern um den Thron setzte sich Karl Robert von Anjou, als Enkel der Königin Maria von Neapel, einer Enkelin Belas IV., zuerst in Kroatien, dann auch in Ungarn durch (1310). Von nun ab tritt der Charakter Ungarns als Wahlreich in den Vordergrund, indes die Wahl steht, wie in der Arpadenzeit, vorwiegend unter erbrechtlichen Gesichtspunkten. Unter der Angiovinenherrschaft macht das durch das Aufsteigen einer übermächtigen Besitzaristokratie geschwächte, zum Zusammenschluß mit dem von jener gleichfalls in seiner Selbständigkeit bedrohten Kleinadel gedrängte Königtum eine eigenartige Entwicklung durch. Es bildete sich die Lehre von der heiligen Krone heraus, wonach die Stefanskrone, mit der die ungarischen Könige gekrönt wurden, die Verkörperung des Staates und der dem Gesamtvolke, d. i. den Adligen gemeinsam zustehenden obersten öffentlichen Gewalt und die Quelle alles Rechts und aller Obrigkeit bildete. Damit entsteht auch der Begriff der Mitgliedschaft an der heiligen Krone: nicht allein der König hat an ihr ein Eigenrecht, sondern wer immer seinen Besitz von ihr unmittelbar herleitet, ist ein Glied der heiligen Krone, also auch die Adligen, und neben ihnen die begüterten Kirchen und Städte, und nur mit ihnen zusammen kann der König das Reich regieren. Hierauf beruht auch die als Banderialverfassung bekannte Heeresorganisation, nach der die Stellung der Soldaten dem grundbesitzenden Adel obliegt. Die Sicherung des Besitzstands des kleinen Adels wurde durch die Avitizität genannte Gebundenheit des Grundbesitzes innerhalb des Geschlechts unter Aufhebung des freien Verfügungsrechts des Erblassers verwirklicht (Avitizitätsgesetz Ludwigs des Großen, 1351). Diese Zeit sieht auch die Weiterbildung des Komitats aus einem königlichen Verwaltungsbezirk zur autonomen Organisation des Adels.

Ludwig (I.) dem Großen, der in seiner Person mit der Herrschaft über Ungarn diejenige über Polen vereinigte, folgte dessen Tochter Maria mit ihrem Gatten, dem Luxemburger Sigmund, nach dessen Tod (1437) der Habsburger Albrecht V. als Gatte Elisabeths, der Tochter Sigmunds, mit seinem österreichischen Besitz die Kronen Ungarns und Böhmens in seiner Person vereinigte. Mit kurzer Unterbrechung, während deren der Jagellone Wladislaw III. abermals Ungarn und Polen in Personalunion verband, dauerte diese erste Habsburgerherrschaft über Österreich, Ungarn und Böhmen bis zum Tode des nachgeborenen Sohnes der Elisabeth, Ladislaus (Posthumus), dem in Ungarn von den Ständen seit 1444 bereits Johann Hunyady als Reichsverweser zur Seite gesetzt und 1457 Hunyadys Sohn, Matthias Corvinus, zum Nachfolger gewählt wurde, während Böhmen sich in der Person Georgs von Podiebrad einen König setzte. Ungarn erreichte unter Matthias (1458—90), der Georg Podiebrad Böhmen streitig machte und Mähren, Schlesien und die Lausitz, schließlich auch große Teile Österreichs mit Wien (1485) eroberte, einen Höhepunkt seiner Macht, überschritt ihn unter seinem Nachfolger, dem Jagellonen Wladislaw II. von Böhmen, dessen Regierung (1490—1516) auch im Innern in heftigen, das Reich zerrüttenden Parteikämpfen zu wachsender Einschränkung des Königtums durch Oligarchie und Adel führte. Der Staat sank in Ohnmacht und brach unter dem Stoß der seit der Eroberung Konstantinopels (1453) unaufhaltsam vordringenden Türken zusammen. Am 29. August 1526 fiel in der Schlacht bei Mohács Wladislaws' jugendlicher Sohn Ludwig II.; von seinem Tode an verknüpfen sich Ungarns Schicksale dauernd mit denen der Dynastie des ihm nachfolgenden Habsburgers.

4. Böhmen bis zur Vereinigung mit den habsburgischen Ländern.

In das von den Markomannen bei ihrem Zuge nach Westen und Süden geräumte Gebiet waren im 6. Jahrhundert n. Chr. westslavische Stämme, Tschechen nachgerückt, die unter der Familie der Przemysliden gegen Ende des 9. Jahrhunderts aus lockerem Gefüge staatlichen Zusammenhang gewannen. Militärisch und politisch vom deutschen Königtum unterstützt, vermochten die Przemysliden Böhmen gegen das Andringen der Polen zu halten und zu Beginn des 11. Jahrhunderts Mähren zu erobern, das seitdem unter der Herrschaft lehnsabhängiger Seitenfamilien mit kurzer Unterbrechung in Verbindung mit Böhmen blieb. Das schon seit dem 9. Jahrhundert bestehende Vasallitätsverhältnis zum deutschen Königtum, an das die böhmischen Herrscher Anlehnung zu suchen hatten, festigte sich unter Wratislaw II., dem der deutsche König Heinrich IV. als seine zuverlässigste Stütze die Königswürde zu persönlichem Besitze verlieh. Zu endgültigem Besitz für sich und seine — nach dem Rechte der Erstgeburt zu bestimmenden — Nachfolger erwarb die Königswürde Przemysl Otakar I. von Philipp von Schwaben (1198) und erhielt ihre Bestätigung von Kaiser Friedrich II. durch das Basler Privileg vom 26. September 1212, das für die Herrschaft in Böhmen trotz äußerlicher Aufrechterhaltung der Oberhoheit des Reichs diesem gegenüber weitgehende Unabhängigkeit sicherte. Mit solcher Gewalt in den Händen trieben seine Nachfolger eine weitausgreifende Politik des Landerwerbs, die Otakar II. in den Besitz Österreichs, Steiermarks, Kärntens und Krains setzte, aber schließlich im Kampfe gegen Rudolf von Habsburg unterlag (1278). Mit der Schlacht auf dem Marchfelde zunächst auf den früheren Herrschaftsbereich zurückgewiesen, lebte das Bestreben der Przemysliden nach Machterweiterung bald wieder mit neuen Zielen auf, die sie, abgesehen von Erwerbungen in den schlesischen Teilfürstentümern, nach Polen und Ungarn wiesen. In beiden Richtungen war ihnen nur vorübergehender Erfolg beschieden; in Ungarn mußte Wenzel III. dem Angiovinen Karl Robert weichen, in Polen blieb der Thron seinem Rivalen Wladislaw Lokietek, als Wenzel — der Letzte des Przemyslidischen Mannsstammes — 1306 ermordet wurde.

Mit der Hand der Schwester Wenzels, Elisabeth, fiel Böhmen mit seinen Nebenlanden nach einer Zwischenregierung Heinrichs von Kärnten dem Sohne des Luxemburgers Heinrich VII., Johann, zu, der dem Lande in Schlesien, der Lausitz und dem Egerlande neue Vergrößerung einbrachte. Sein Sohn Karl IV., nach Ludwigs des Bayern Tode (1346) auch deutscher König und Kaiser gestaltete diese Erwerbungen weiter aus, regelte 1348 und 1355 durch Urkunden die Verfassung des in sich geeinigten, aber hinsichtlich der Nebenländer mit landschaftlichen Sonderrechten ausgestatteten Länderbesitzes und gab ihm in der goldenen Bulle (1356) mit ausgiebigen Sonderrechten Vorrang vor den übrigen weltlichen Kurfürstentümern. Mit Karls IV. jüngerem Sohne und zweitem Nachfolger Sigmund, als Gatte der Tochter Ludwigs I. seit 1387 auch König von Ungarn, endigt 1437 die Herrschaft der Luxemburger, und es beginnt die erste bis 1457 dauernde Vereinigung beider Kronen mit Österreich unter Sigmunds Schwiegersohn Albrecht V. (II.) und dessen nachgeborenem Sohne Ladislaus. Nach dessen Tode fiel die Krone Böhmens durch Wahl Georg Podiebrad anheim, dem, gleichfalls gewählt, 1471 der Jagellone Wladislaw — seit Matthias Corvinus' Tode (1490) auch König von Ungarn — bis 1516 folgte. Die kurze Herrschaft seines Sohnes Ludwigs II. in beiden Ländern fand mit der Türkenschlacht von Mohács 1526 ihr Ende.

Die Mitwirkung des Adels — Magnaten und Ritter (Wladyken) — an der Regierung ist auch in Böhmen schon frühzeitig festgestellt. In den Besitz von Hof-, Landes- und Provinzbeamtenstellen gelangt und zum Teil auf ansehnlichen Grundbesitz gestützt, erlangen sie in der Regierung des Staates maßgebenden Einfluß, der sich in der Wladislawschen Landordnung Ende des 15. Jahrhunderts ausspricht. Die Macht des Adels steigert sich zu dem Anspruch, daß das Recht auf die königliche Herrschaft nicht allein auf dem — von Karl IV. aufgestellten — auch die weibliche Nachkommenschaft einschließenden Thronfolgerecht beruhe, sondern in jedem Fall von der Anerkennung durch den Adel und einer Krönung abhängig sein solle. Eine ständische Vertretung der Städte wurde von diesen erst 1508 erlangt.

5. Die Vereinigung der habsburgischen Länder mit Böhmen und Ungarn.

Die erneute, nunmehr dauernde Vereinigung der altösterreichischen Länder mit Böhmen und Ungarn war vorbereitet durch Verträge, die Maximilian I. mit Wladislaw II. zum Zwecke einer habsburgisch-jagellonischen Doppelheirat abgeschlossen hatte und die zu den Ehen seines Enkels Ferdinand mit Wladislaws Tochter Anna, und seiner Enkelin Maria mit Wladislaws Sohne Ludwig (II.) geführt hatten.

Nach der Katastrophe von Mohács bestritten indes die böhmischen Stände das von dem Jagellonen seiner Tochter Anna für den Fall erbenlosen Todes Ludwigs zugesicherte Erbrecht und beanspruchten das Recht der Wahl des neuen Königs, aus der allerdings Ferdinand als König hervorging, jedoch nicht ohne den Ständen in der Wahlkapitulation erhebliche Zugeständnisse gemacht zu haben; in den Nebenländern Mähren und Schlesien wurden Anna und ihr Gatte ohne Schwierigkeit als Herrscher kraft Erbrechts anerkannt. In Böhmen setzte Ferdinand 1547 die Erblichkeit des Thrones auch in der weiblichen Nachkommenschaft fest.

Ferdinands Nachfolge in Ungarn vollzog sich unter größeren Schwierigkeiten und unvollkommener. Auch hier versagten ihm die Stände zunächst die Anerkennung der Nachfolge kraft Erbrechts, die er als Gatte der Schwester Ludwigs II. beanspruchte. Dem alsdann in Preßburg zum König gewählten Ferdinand stand auf Grund einer Wahl in Stuhlweißenburg der siebenbürgische Woiwode Johann Zápolya gegenüber; während jener in dem westlichen

Teile herrschte, übte dieser in dem östlichen größeren Teile die königliche Macht aus. An diese Spaltung schlossen sich die mit kurzen Unterbrechungen $1^1/_2$ Jahrhunderte dauernden Kämpfe an, die Ungarn in ihrem Verlaufe zum Schauplatz des großen Ringens der Türken mit dem Abendlande um die Herrschaft in Europa machten. Ungarn zerfiel in drei Teile: das westliche Drittel einschließlich der westlichen Gebiete von Kroatien und Slavonien unter habsburgischer Herrschaft, Siebenbürgen samt den östlichen ungarischen Teilen, dessen Entwicklung zum gesonderten Staate nach dem Tode Johann Sigmund Zápolyas (1571) mit der Wahl Stephan Báthorys zum Fürsten zur Vollendung kam, endlich zwischen beiden das Ferdinand und Johann von den Türken abgenommene, von Ofen aus 145 Jahre verwaltete und erweiterte Gebiet. Erst die Zurückdrängung der türkischen Herrschaft nach der Befreiung Wiens führte 1687 unter Leopold I. zur Wiedervereinigung der östlichen Landesteile mit dem den Habsburgern verbliebenen Besitz.

6. Die Habsburgische Monarchie bis zur Pragmatischen Sanktion.

Die der Vereinigung Österreichs mit Böhmen und Ungarn folgende Epoche steht im allgemeinen unter dem Zeichen steigender landesfürstlicher Gewalt; sie bildet den Übergang vom dualistischen Ständestaat, in dem an der Seite des Fürsten die Stände noch hervorragenden Einfluß auf die Führung des Staates ausüben, zum absolutistischen Staat, in dem eine einheitliche Zentralverwaltung nach dem unbeschränkten Willen des Monarchen die Staatsgeschäfte leitet. Vom ständischen Gesichtspunkte aus erscheinen in der Vereinigung Österreichs, Böhmens und Ungarns in habsburgischen Händen mehr die Züge, die sie als Personalunion charakterisieren; in der Perspektive des Herrschers gesehen, tritt in dem Bilde mehr die in dem Länderbesitz tatsächlich vorhandene Einheit hervor. Aus dieser Einheit entstehen und fördern diese wiederum in Wechselwirkung die gemeinsamen Zentralstellen, deren Tätigkeit auch durch die Verbindung der österreichischen Herrschaft mit der deutschen Kaiserkrone an Bedeutung gewinnt, das Geheimratskollegium, aus dem sich später die Geheime Konferenz entwickelte, für die allgemeinen Staatsgeschäfte, der Hofkriegsrat für das gemeinsame Heerwesen und die Hofkammer für die Finanzen.

Voraussetzung der Dauer einer einheitlichen und unabhängigen landesfürstlichen Gewalt war aber, daß die Erbfolge in der Familie gegenüber dem Anspruch der Stände in Böhmen und Ungarn auf die Wahl des Herrschers durchgesetzt wurde.

In Böhmen war für diese Entwicklung der Schlag entscheidend, den die Schlacht am Weißen Berge (1620) den Ständen versetzte; sie findet ihren Ausdruck in der Charte des Absolutismus, der „verneuerten Landesordnung" vom 10. Mai 1627, die Ferdinand II. ohne Befragung der Stände oder der obersten Landesbeamten als königliches Gesetz erließ und durch die verneuerte Landesordnung für Mähren ergänzte. Dieses Grundgesetz beschränkt das Wahlrecht der Stände auf den Fall, daß kein Erbe aus der königlichen Dynastie männlichen oder weiblichen Geschlechts mehr vorhanden sei. Der König behält sich das ausschließliche Gesetzgebungsrecht vor, während den Ständen das Recht der Steuerbewilligung verblieb. Die Gleichberechtigung der deutschen Sprache neben der tschechischen wurde festgestellt. Die an das Hoflager des Königs in Wien verlegte böhmische Hofkanzlei wurde oberste Verwaltungsbehörde, neben der die Statthalterei in Böhmen selbst die Geschäfte führte. Der Sonderstellung Böhmens als Staat gegenüber den deutschen Erbländern war damit praktisch der Boden entzogen.

Nicht von gleichem Erfolge waren die Kämpfe gegen die ständische Macht in Ungarn gekrönt. Zwar vermochte sich in dem den Habsburgern verbliebenen Teile anfangs österreichischer und böhmischer Einfluß unter dem Drucke der Türkengefahr geltend zu machen; weitergehende Versuche, die Gegenreformation gegen den Widerstand der vorwiegend protestantischen Stände Ungarns mit Gewalt nach Ungarn hinüberzutragen, schlugen fehl. Der Aufstand Stephan Bocskays, den Siebenbürgen zum Fürsten (1605) wählte, führte zum Wiener Frieden (1606): den Ständen (Magnaten, Adel und freie Städte) wurde Religionsfreiheit und die Herstellung der Verfassung gewährleistet. 1608 wurde Kaiser Rudolfs Bruder Matthias auf dem Reichstag von Preßburg zum König gewählt und dabei in seinen Rechten durch die von ihm eingegangene Wahlkapitulation (Inauguraldiplom) eingeschränkt. Nach der Krönung erlassene Gesetze schufen den Reichstag in der Gestalt, wie er bis

1848 bestand, in zwei Tafeln, der Magnatentafel (Prälaten, Grafen, Barone) und der Ständetafel (Abgeordnete des Adels und der königlichen Freistädte). Erst die Erfolge der kaiserlichen Armeen gegen die Türken und deren Zusammenbruch boten Kaiser Leopold die Möglichkeit, den Reichstag zur Krönung seines Sohnes Josef als Erbkönig sowie zur Anerkennung der Erbfolge im Mannsstamme des Hauses Habsburg zu bewegen (Gesetzartikel I, II, III: 1687), die aber erst nach Niederwerfung des von Franz Rákóczi II. geführten Aufstands im Szatmarer Frieden gegen Anerkennung der Verfassung und der Unabhängigkeit des Reichs sichergestellt wurde. Auf dem gleichen Reichstage willigten die Stände in die Aufhebung des in der goldenen Bulle von 1222 gewährleisteten Widerstandsrechts gegen die Krone.

Von den ungarischen Nebenländern besaßen in dieser Epoche vor allem Slavonien, Kroatien und Dalmatien eine Sonderstellung. Die drei Länder schlossen sich zu einem gemeinsamen autonomen Körper mit eigener Ständeversammlung zusammen, ohne daß jedoch Ungarn seinen Anspruch auf ihre staatliche Verbindung mit der Stefanskrone, als deren partes annexae sie bezeichnet werden, aufgab. An der Spitze der drei Länder stand der Banus als königlicher Statthalter mit einem weiten und bedeutenden Wirkungskreis. Unter seiner Führung stand das von Slavonien, Kroatien und Dalmatien aufgestellte Heer, er führte den Vorsitz in der Ständeversammlung und nahm unter den Würdenträgern des Reichs hervorragenden Rang ein. Nach der Schlacht von Mohács huldigten die kroatischen Stände Ferdinand, während die Stände Slavoniens Johann Zápolya zu ihrem Könige wählten. Der größte Teil Slavoniens ging an die Türken verloren und gelangte erst im Karlowitzer Frieden 1699 an Ungarn und an die seit dem 16. Jahrhundert als neues Sondergebiet entstehende auf rein militärischer Grundlage verwaltete „Militärgrenze“.

Dem unmittelbaren Einfluß der Zentralgewalt entzogen, hatten schon vor der Schlacht von Mohács die drei Siebenbürger Grenzgebiete der Ungarn, Széklyer und Sachsen sich ein autonomes Sonderdasein geschaffen und es in der Union von Kapolna zu einem staatsrechtlichen Ganzen unter Woiwoden ausgebaut. Die Sondermacht erweiterte sich in den Zeiten der Spaltung des Reichs zu dem unter türkischer Oberhoheit stehenden, um mehrere ungarländische Komitate vergrößerten Fürstentum Siebenbürgen.

Aus den Provinzialversammlungen der drei Nationen entwickelte sich ein Landtag als Faktor der gesetzgebenden Gewalt und blieb es auch nach der Revindikation durch das diploma Leopoldinum vom Jahre 1691, das Siebenbürgen nebst drei ungarländischen Komitaten als eine im weiten Umfang selbständige Provinz der Heiligen Krone beließ.

7. Die Pragmatische Sanktion.

Voraussetzung für die Dauer der mit dem Ende des 17. Jahrhunderts wieder gefestigten Einheit des Habsburgischen Reichs war eine praktisch einheitliche Thronfolge in allen seinen Teilen. Gerade diese aber erschien bei Karls VI. Thronbesteigung bedroht; sie zu sichern war die Pragmatische Sanktion Kaiser Karls VI. bestimmt. Diese Bezeichnung gilt seit 1719 für die Deklaration Karls VI. vom 19. April 1713, worin das bis dahin geheime pactum mutuae cessionis et successionis vom Jahre 1703 über die Erbfolge der Söhne Leopolds I. vor dem Geheimen Rate als Hausgesetz über die Thronfolgeordnung für den gesamten Besitz des Hauses Habsburg kundgemacht worden war. Das Pactum von 1703, das Leopold I. seine Söhne Josef und Karl hatte unterzeichnen lassen, bestimmt, ausgehend von den habsburgischen Ansprüchen an den spanischen Thron, daß nach dem Aussterben des Mannsstammes der Karolinischen (spanischen) Linie die Josefinische (österreichische) Linie in das spanische Erbe treten und umgekehrt, nach dem Erlöschen des Mannsstammes der Josefinischen Linie die Karolinische Linie zur Erbfolge in den gesamten habsburgischen Besitz berufen sein solle; nach Hausrecht sollten beim Aussterben beider Mannsstämme die Erbkönigreiche und Länder an die ehelichen Töchter nach den Grundsätzen der Primogenitur unzerteilt (indivisibiliter et inseparabiliter, wie die ungarische Pragmatische Sanktion von 1722/23 sich ausdrückt) fallen. 1711 starb Josef I. und hinterließ nur zwei Töchter, Maria Josefa (spätere Gemahlin des Prinzen von Kursachsen) und Maria Amalia (spätere Gemahlin des bayerischen Kurprinzen und nachmaligen Kaisers Karl VII.). So folgte ihm denn, dem Pactum gemäß, sein Bruder als Karl VI., der nach unglücklicher Führung des spanischen Erbfolgekrieges aus Spanien zurückkehrte. In einer der Verlesung des Pactum am 19. April 1713 nachfolgenden Erklärung zog Karl VI. alsdann daraus die infolge des

Erlöschens des Mannsstammes der Josefinischen Linie für die Zukunft sich ergebenden Folgerungen dahin, daß die von Josef I. ihm hinterlassenen Erb-Königreiche und Lande unzerteilt bei seinen männlichen Erben nach dem Rechte der Primogenitur zu verbleiben haben, nach dem Abgang seines männlichen Stammes aber auf die ehelichen Töchter seines Stammes gleichfalls nach Primogenitur kommen; nach Abgang dieser weiblichen Nachkommenschaft sollten die Töchter Josefs und deren eheliche Nachkommen, nach Abgang auch dieser Linie die Töchter der Leopoldinischen Linie und endlich danach alle übrigen Linien des Erzhauses nach Erstgeburtrecht folgen. Als dem Kaiser von den ihm geborenen Kindern der Sohn nach wenigen Monaten (1716) gestorben war und somit die Thronfolge für seine Tochter Maria Theresia (geb. 1717) und auf den Fall deren Ablebens für deren jüngere Schwester Maria Anna (geb. 1718) zu sichern war, wurde den Ständen mit Ausnahme der kroatischen[1]) und ungarischen 1720 die Pragmatische Sanktion zur Anerkennung vorgelegt, zusammen mit den Testamenten Ferdinands II. von 1621 und 1635, dem Pactum und der Renunziation, die Karls Nichte Maria Josefa bei ihrer Heirat mit dem sächsischen Kurprinzen 1719 hatte eingehen müssen. Man nahm dabei sorgfältig darauf Bedacht, die Bestimmungen der Pragmatischen Sanktion als Ausfluß des souveränen Willens des Kaisers darzustellen. In Ungarn, wo Karl VI. noch im Jahre 1715 für den Fall seines Ablebens ohne männliche Erben das Recht der ungarischen Stände auf Königswahl anerkennen hatte müssen, bedurfte es, um bei dem Landtag sein Ziel zu erreichen, der Verhandlungen, die schließlich — wenn auch hier unter Formen, die nach außen hin die Unabhängigkeit des freien Willens des Kaisers wahrten — zur Annahme der Pragmatischen Sanktion in den Gesetzesartikeln I und II vom Jahre 1722/23 führten. Der Landtag beschloß darin, den Worten nach aus eigener Initiative und in Ausübung seines Wahlrechts, die weibliche Erbfolge innerhalb des Herrscherhauses, allerdings mit dem Unterschied, daß die Erbfolge nur auf die Nachkommenschaft Karls VI., Josefs I. und Leopolds I. beschränkt sein, nach deren völligem Aussterben das „ererbte, uralte, genehmigte und anerkannte Vorrecht der Stände

---

1) Diese hatten bereits 1712 die Erblichkeit der Königswürde in der weiblichen Linie anerkannt.

in bezug auf die Wahl und die Krönung ihrer Könige vorbehalten bleiben" sollte. Nach Lage der Dinge bedeutet dieser Unterschied von der Erbfolge in den österreichischen Landen heute wenig, da allein die noch herrschende Karolinische Linie etwa 80 Mitglieder zählt.

Die Pragmatische Sanktion hat so die sämtlichen Länder der Monarchie praktisch zu einer Realunion zusammengeführt und eine „für alle Fälle und insbesondere auch gegen fremde Gewalt und für die Aufrechterhaltung der inneren Ruhe dienende Vereinigung mit den benachbarten Königreichen und Erbländern" (G.-A. I, 1722/23) geschaffen, die „unteilbar und untrennbar (indivisibiliter et inseparabiliter) miteinander und zugleich mit dem Königreich Ungarn und den mit ihnen verbundenen Teilen, Reichen und Provinzen erblich zu besitzen sind (G.-A. II § 7, 1722/23). Sie ist auch heute noch nicht nur für die Frage der Nachfolge auf dem Thron entscheidend, sondern bildet auch eine der wichtigsten Grundlagen für die Beurteilung der staatsrechtlichen Gestaltung der Monarchie im allgemeinen wie für die Begründung besonderer von ungarischer Seite erhobener staatsrechtlicher Ansprüche.

8. Der österreichische Gesamtstaat bis zur Auflösung des Römischen Reiches deutscher Nation und die Annahme des österreichischen Kaisertitels.

Die Umformung des habsburgischen Besitzes zum zentralistischen Einheitsstaat, wofür die Pragmatische Sanktion den Grund gelegt hatte, bildet den Inhalt der Regierungen Maria Theresias und Josefs II. Indes, wie bereits in der Frage der Anerkennung der Herrschaft nach der Schlacht von Mohács, und in der Frage der Anerkennung der Pragmatischen Sanktion die Länder der Stefanskrone eine Sonderentwicklung zeigten, so tritt auch in diesem Stadium die dualistische Grundform des Gesamtstaats aus der Fülle der Erscheinungen deutlich hervor. Die österreichisch-böhmischen Länder heben sich zuerst unter Maria Theresia als in sich zentralisierte westliche Reichshälfte gegenüber den Ländern der Stefanskrone ab. Erst Josef II. greift mit den Zentralisierungsbestrebungen auf Ungarn über, stößt aber hier auf schärfsten Widerstand, der sich unter Leopold II. erfolgreich durchsetzt. Maria Theresias und Josefs Reformen bewegen sich durchweg in der Richtung einer Steigerung der Staatsgewalt und im Gegensatz zu den Ständen, deren Einfluß auszuschalten sie bis zur gänzlichen Nichtbeachtung bestrebt sind.

Maria Theresias Regierung brachte für die Organisation des Staates wichtige Reformen. Für die auswärtigen Angelegenheiten und diejenigen des Kaiserlichen Hauses wurde die Hof- und Staatskanzlei von der Hofkanzlei abgezweigt. Die Trennung der Justiz von der Verwaltung führte zur Schaffung einer obersten Justizstelle als oberster Gerichtshof und Justizverwaltungsbehörde für die westliche Reichshälfte, und einer Zentralbehörde für die allgemeine Verwaltung und die Finanzen (directorium in internis, in publicis et cameralibus), die sich später wieder in die böhmisch-österreichische Hofkanzlei für die Verwaltung und die Hofkammer für die Finanzen schied. Für die einzelnen Länder entstanden Landesstellen (Gubernien, Landeshauptmannschaften) und ihnen nachgeordnet die Kreisämter; durch beide Einrichtungen wurde den Ständen die Mitwirkung bei der Verwaltung entzogen und die Verbindung der untersten Verwaltungskörper mit der Zentralinstanz gesichert. Unter dem Einfluß der Kaiserin begann auch auf dem Gebiete der Rechtspflege eine teils unmittelbare Früchte tragende, teils für die spätere Rechtseinheit der westlichen Reichshälfte bedeutsame Tätigkeit. In ihre Regierung fallen auch, von ihr persönlich gefördert, die Anfänge einer Agrarreform, wie sie auch mit der allgemeinen Schulordnung vom 6. Dezember 1774 den Grund für die österreichische Volksschule legte.

Die Haltung Ungarns, wo Maria Theresia in den schweren Kämpfen um ihren Länderbesitz eine Stütze gefunden hatte, und die noch ungebrochene Macht des Adels trugen dazu bei, daß sich dort in der östlichen Reichshälfte die alten Regierungsformen (Statthalterei unter dem aus dem Adel gewählten Palatin, Reichstag, Komitatsverwaltung) fester erhielten und deren Sondergestaltung sicherten. Das hinderte die Königin, die sich die Stefanskrone in Preßburg hatte aufsetzen lassen, nicht an der Verfolgung ihrer Reformpläne; sie trat dabei in offenen Gegensatz zum Adel, der sich allen Wohlfahrtsbestrebungen zugunsten des Bürgers und Bauern entgegenstellte, und mußte schließlich, ohne den Reichstag mehr einzuberufen, auf dem Wege der Oktroyierung die notwendigen Gesetze einführen. So entstand die Bauerngesetzgebung der

Jahre 1766 bis 1768, das Urbarium, das freilich infolge des passiven Widerstandes des Adels ziemlich wirkungslos, bis 1836 das einzige Gesetz zum Schutze des ungarischen Bauernstandes blieb. In gleicher Weise vollzog sich ihre Tätigkeit auf dem Gebiete des ungarischen Schulwesens, das in ihr gleichfalls die eigentliche Gründerin der Volksschule erblickt. Anbau und Besiedelung des Landes verdanken ihr erhebliche Fortschritte; die von ihr veranlaßte deutsche Einwanderung aus Lothringen, Baden, dem Breisgau und Franken hat namentlich in dem ursprünglich von der Wiener Hofkammer aus verwalteten, seit 1778 mit Ungarn vereinigten Banat und in der Bacska der landwirtschaftlichen Entwicklung ihren Stempel aufgedrückt.

Siebenbürgen wurde von Wien aus durch die Siebenbürgische Hofkanzlei regiert, unter der das Gubernium und die Obergespane bei den Ungarn, die Oberkönigsrichter bei den Széklyern und die Nationsuniversität bei den Sachsen standen. Maria Theresia nahm als Titel den eines Großfürsten von Siebenbürgen an. Fiume wurde von Inneröſterreich 1776 abgetrennt und durch Einverleibung in Kroatien mit Ungarn vereinigt. Die wichtigsten Gebietsveränderungen während der Regierung Maria Theresias waren der Verlust Schlesiens (ausschließlich Troppau, Jägerndorf und Teschen) und der Grafschaft Glatz an Preußen, und auf Grund der ersten polnischen Teilung 1772 die Erwerbung der an Ungarn fallenden Zips sowie der polnischen Landesteile, die als Kronland zum Königreich Galizien und Lodomerien vereinigt wurden, endlich 1774 nach dem Frieden von Kutschuk-Kainardsche die Bukowina. Durch den Frieden von Teschen trat noch das Innviertel hinzu.

Einschneidender noch als die Tätigkeit Maria Theresias griffen die Reformen Josefs II. in die Gestaltung des Gesamtstaates ein und suchten ihn unter Zerstörung der alten Formen dem absoluten zentralisierten Einheitsstaate zu nähern. Er lehnte es ab, sich in Böhmen und Ungarn krönen zu lassen, berief in seinen Ländern die Stände nicht, auch in Ungarn nicht den Reichstag, ersetzte die landständische Verwaltung durch Übertragung der ihr gebliebenen Geschäfte an die von der Zentralverwaltung abhängigen Stellen, in Ungarn die Komitate durch Distriktsbehörden. Der Förderung eines gleichheitlichen Systems sollte die Einführung der deutschen Sprache in allen Ländern, auch in Ungarn dienen. Auf sozialem Gebiet griff er mit der weitgehenden Bauernbefreiung ein, die er für die verschiedenen Länder durch Patente in den Jahren 1781—89, so in dem „Leibeigenschaftsaufhebungspatent“ vom 1. November 1781 verfügte, und in der Steuer- und Urbarialregelung (1783—89) ergänzte. Ebenso umwälzend waren seine Reformen auf dem kirchlichen Gebiet, wo das Toleranzpatent vom 13. Oktober 1781 unter Wahrung der Vorzugsstellung der katholischen Konfession den Nichtkatholiken erweiterte Rechte gab, und die Aufhebung eines großen Teiles der Klöster (1782) dem für die Verbesserung des Unterrichtswesens bestimmten „Religionsfonds“ bedeutende Mittel zuführte.

Kaiser Josef vermochte seine Reformen gegen den von allen Seiten sich erhebenden Widerstand nicht zu halten. Namentlich der in Ungarn hervorgerufenen Erbitterung mußte er den größten Teil seiner Verordnungen opfern; er mußte die Krönung in Aussicht stellen und das Mitwirkungsrecht des Reichstags an der Gesetzgebung anerkennen. An der Einlösung seines Versprechens hinderte ihn der Tod.

Leopold II. ließ in den westlichen Ländern wie auch in Siebenbürgen die ständischen Einrichtungen wieder zu einem Scheindasein aufleben und manche der Josefinischen Verordnungen fallen; die absolutistische Führung der Staatsgeschäfte aber blieb im Wesen bestehen. Auch mit Ungarn, wo eine Zeitlang noch eine Leopold feindliche Stimmung herrschte, setzte sich dieser friedlich auseinander, ließ sich in Preßburg krönen und seinen Sohn Alexander zum Palatin wählen. Der Reichstag sicherte Ungarn in dem Gesetzartikel X: 1790/91 die innere Unabhängigkeit: „Auf den untertänigsten Vorschlag der Stände des Königsreichs hat Se. geheiligte Majestät gütigst anzuerkennen geruht, daß, obschon nach der durch Gesetzartikel I und II vom Jahre 1723 auch in Ungarn festgesetzten Erbfolge des weiblichen Geschlechtes des erlauchten österreichischen Hauses diese immer denselben Fürsten, welcher die übrigen Erbländer und Reiche in und außer Deutschland nach der festgesetzten Erbfolgeordnung ungeteilt und ungetrennt besitzt, zukomme: dennoch Ungarn samt den mit demselben verbundenen Teilen ein freies Land und hinsichtlich seiner ganzen gesetzlichen Verwaltung [alle Dikasterien[1]) miteinverstanden]

1) Behörden.

unabhängig, d. h. keinem anderen Reiche oder Volke unterworfen ist, sondern seinen eigenen staatlichen Bestand und seine eigene Verfassung besitzt, also auch durch Se. geheiligte Majestät und dessen Erben nach seinen eigenen Gesetzen und Gewohnheiten, nicht aber nach der Art der übrigen Provinzen (propriis legibus et consuetudinibus, non vero ad normam aliarum provinciarum), wie dies der Art. III des Reichstages vom Jahre 1715 und der Artikel XI des Reichstages vom Jahre 1741 bestimmten, zu beherrschen und verwalten sei." Andere Gesetze des Landtags von 1790/91 regelten die gesetzgebende Gewalt, die Einberufung der Reichstage, die nur dem König zustehen, aber mindestens alle drei Jahre erfolgen soll, u. a.

Die Errichtung des Erbkaisertums in Frankreich 1804 und der bereits erkennbare Niedergang des deutschen Reichs veranlaßte Franz II., um seinem Hause den Kaiserlichen Rang für alle Zeiten zu sichern, zur Annahme des österreichischen Kaisertitels. Im Patent vom 11. August 1804 ist ausgesprochen: „. . . haben Wir nach gepflogener reiflicher Überlegung beschlossen, für uns und unsere Nachfolger in dem unzertrennlichen Besitze Unserer unabhängigen Königreiche und Staaten, den Titel und die Würde eines erblichen Kaisers von Österreich (als den Namen Unseres Erzhauses), dergestalt feierlich anzunehmen und festzusetzen, daß unsere sämtliche Königreiche, Fürstentümer und Provinzen ihre bisherigen Titel, Verfassungen, Vorrechte und Verhältnisse fernerhin unverändert beibehalten sollen. Gleichwie aber alle unsere Königreiche und andere Staaten vorbesagter Maßen in ihren bisherigen Benennungen und Zustande ungeschmälert zu verbleiben haben; so ist solches insonderheit von Unserem Königreich Ungarn und den damit vereinigten Landen, dann von denjenigen Unserer Erbstaaten zu verstehen, welche bisher mit dem Römisch-deutschen Reiche in unmittelbarem Verbande gestanden sind, und auch in Zukunft die nämlichen Verhältnisse mit demselben, in Gemäßheit der von Unseren Vorfahren im Römisch-deutschen Kaisertume Unserem Erzhause erteilten Privilegien beibehalten sollen."

Die staatsrechtliche Wirkung dieses Schrittes ist später Gegenstand lebhafter Meinungsverschiedenheit gewesen. Die einen wollten darin einen ausschließlich auf den Rang des Herrschers unter den anderen kontinentalen Monarchen und den Familientitel bezüglichen, zur Erhöhung des Glanzes des Hauses bestimmten Akt ohne jeden staatsrechtlichen Inhalt erblicken, der sich auf Ungarn nie bezogen habe, für andere war er die Zusammenfassung des gesamten unter habsburgischer Herrschaft stehenden Länderbesitzes zu einem staats- und völkerrechtlichen Ganzen, bezog sich also nicht nur auf die Person des Monarchen allein, sondern auch auf das Gebiet und begriff insbesondere Ungarn in sich.

In der Tat war wohl Ausgangspunkt wie Hauptgedanke bei der Annahme des Kaisertitels ein dynastisch-höfischer, nicht ein vorwiegend staatsrechtlicher; staatliche Neubildungen unter scharfer und klarer Herausarbeitung staatsrechtlicher Begriffe entsprachen weder dem Bedürfnisse noch dem Denken der damaligen österreichischen Welt. Es galt vornehmlich, die Ranggleichheit zwischen den österreichischen und den französischen Souveränen für alle Zukunft zu gewährleisten. Seine innere Begründung findet aber dieses Bestreben in der Summe der tatsächlich in der Hand des österreichischen Herrschers vereinigten Staatsgewalten der gemäß der Pragmatischen Sanktion unteilbar vererblichen Länder, in der darin begründeten äußerpolitischen Macht und den aus beidem historisch hervorgegangenen um die Person des Herrschers oder an seinem Regierungssitze befindlichen zentralen Staatseinrichtungen. In dem am Beginne des 19. Jahrhunderts sich darbietenden Bilde der österreichisch-habsburgischen Macht treten nun infolge der Schaffung des österreichischen Kaisertitels jene gesamtstaatlichen Elemente, die namentlich innerhalb der deutsch-österreichischen Erblande bereits stark in der Richtung des Einheitsstaats wirksam gewesen waren, nunmehr auch für den Gesamtbesitz deutlicher in den Vordergrund, werden durch ihn aufs neue gestärkt und gewissermaßen symbolisiert. Auf ihn gestützt, entwickeln sich, vielfach auch unter dem Einfluß einheitsstaatlicher Tendenzen unter Beziehung auf das Gesamtgebiet die Bezeichnungen „Österreichischer Kaiserstaat, Österreichische Monarchie, Kaisertum Österreich". Hinwiederum kommen die dualistischen Elemente in diesem Bilde durch die in dem Patente vom 11. August 1804 geschehene ausdrückliche Erwähnung der besonderen Stellung Ungarns zur Geltung, wo je nach der wechselnden Kraft der sonderstaatlichen Tendenzen die Eigenschaft des Monarchen als Kaiser mehr oder weniger durch die des Königs verdrängt wird.

Mit dem Patente vom 6. August 1806 legte Franz II. die deutsche Kaiserwürde nieder; damit gelangten die bisher zum Reiche gehörigen Länder der Monarchie in den Besitz der vollen Souveränität. Mit diesen Besitzungen trat Österreich kraft der Bundesakte vom 8. Juni 1815 dem deutschen Bunde bei. Die Bundesakte hat den Umfang der österreichischen Länder, denen in den Friedensschlüssen von Campo Formio (1797), Preßburg (1805) und Schönbrunn (1809) erhebliche Teile verloren gegangen, andererseits neue Gebiete zugewachsen waren, im wesentlichen wieder auf den Stand der Zeit vor dem Preßburger Frieden gebracht. Das aus dem habsburgisch-spanischen Besitze stammende Belgien blieb indes dem neugegründeten Königreich der Niederlande, das 1795 bei der dritten Teilung Polens gewonnene Westgalizien dem mit Rußland verbundenen wiederhergestellten Königreich Polen; der österreichische Besitz in der norditalienischen Ebene wurde zum lombardisch-venetianischen Königreich zusammengefaßt. Die äußere Gestalt der Monarchie, wie sie durch die Bundesakte festgelegt worden war, hat im 19. Jahrhundert noch einige erheblichere Veränderungen erlitten: durch den Erwerb von Krakau (1846), durch die Abtretung der Lombardei (Friede von Zürich, 11. November 1859) und Venetiens (Friede von Wien, 3. Oktober 1866) und durch die Erwerbung der Gemeinde Spizza (Berliner Kongreßakte, 13. Juli 1878). Eine Erweiterung des Machtbereichs der Monarchie erfolgte auf Grund des Artikel XXV der Berliner Kongreßakte, wodurch ihr das Mandat erteilt wurde, die türkischen Provinzen Bosnien und die Herzegowina zu besetzen und zu verwalten; die Rechte der Souveränität der Monarchie wurde auf diese Provinzen mit den Allerhöchsten Handschreiben vom 5. Oktober 1908 erstreckt.

9. Die Entwicklung zum Verfassungsstaat bis zum Ausgleich mit Ungarn.

a) Der Umschwung in Ungarn. Die Neugestaltung der Verhältnisse, die der Wiener Kongreß für den europäischen Kontinent gebracht hatte, trug für die Staatsverfassung der nichtungarischen Teile zunächst keine Früchte. Die Behördenorganisation blieb die gleiche, im wesentlichen zentralistische, die ständischen Einrichtungen bestanden teils mit bescheidenem Wirkungskreis weiter, teils wurde ein solcher für sie durch neue Statute geordnet. In Ungarn, wo der Reichstag von 1812 bis 1825 nicht mehr einberufen worden war, zeigten sich bald Ansätze zu eingreifenden nationalen und politischen Reformen, unter der regen Führung des Grafen Stefan Széchény. Neben dem an Mitgliedern zahlreichen Adel, der das eigentliche ungarische Volk darstellte, der in den Komitaten innere Verwaltung, Justiz, Unterricht und direkte Steuern beeinflußte und die Macht im Reichstag innehatte, der sich überdies aller Vorrechte, wie namentlich der Steuerfreiheit erfreute, stand eine wirtschaftlich abhängige, mit Schulden und Diensten belastete Bauernschaft. Ihre Lage wurde zunächst gebessert. Die obersten Verwaltungsbefugnisse führte in den reinen Landesangelegenheiten die Statthalterei, die ungarische Hofkanzlei und die ungarische Hofkammer unter der Leitung der ungarischen Hofkanzlei, die in Wien ihren Sitz hatte, in den gemeinsamen Angelegenheiten der auswärtigen Politik die geheime Haus-, Hof- und Staatskanzlei, im Heerwesen der Hofkriegsrat, in den Finanzangelegenheiten die allgemeine Hofkammer.

In diese Organisation griffen am einschneidendsten die als ungarische Verfassung des Jahres 1848 oder 48er Gesetze bekannten XXXI ungarischen Gesetzesartikel ein, die unter dem Einflusse der Strömungen der Zeit und der Ereignisse der ersten Monate des Jahres 1848 entstanden und am 11. April 1848 verkündigt wurden. Aufgebaut auf dem Grundsatz der gesetzlichen Unabhängigkeit und Selbständigkeit Ungarns gegenüber den „durch die Pragmatische Sanktion unauflösbar mit ihm verbundenen Provinzen", begründeten die 48er Gesetze für Ungarn eine modern-parlamentarische Regierung nach belgischem Muster. Verantwortliche Minister, deren Gegenzeichnung zu jedem Regierungsakte des Königs erforderlich ist, ein jährlich zu berufender, auf breiter Grundlage gewählter Reichstag, Aufhebung der Steuerfreiheit und sonstigen Vorrechte des Adels, Preßfreiheit, Gleichberechtigung der Konfessionen, Hervorhebung der magyarischen Sprache waren die Hauptzüge dieser Gesetzgebung. Als Stellvertreter des Königs mit weitgehenden Vollmachten gilt der Palatin. Das Verhältnis zu Österreich wird nicht näher geklärt; für die Angelegenheiten, welche Ungarn und die Erbprovinzen gemeinschaftlich betreffen, ist ein Ministerposten (der Minister am Königlichen Hoflager) vorgesehen, die Vertretung der äußeren Angelegenheiten und die Befehlsgewalt über das Heer bleiben im unklaren. Kroatien, Slavonien, die Militärgrenze und Siebenbürgen sollten mit Ungarn vereinigt werden.

Der Widerstand, der sich bei den nichtungarischen Bevölkerungsteilen Ungarns, den Kroaten, den Serben in Südungarn und den Rumänen in Siebenbürgen gegen die Neuordnung erhob, führte zu dem Einbruch des kroatischen Banus Jellačić in Ungarn, zur Auflösung des ungarischen Reichstags, der gleichwohl beisammenblieb, zu Jellačić' Ernennung zum Königlichen Kommissär, schließlich zum offenen Bürgerkrieg. Das Rumpfparlament in Debreczin erließ am 14. April 1849 die Unabhängigkeitserklärung; es wurde beschlossen, daß der inzwischen nach der Abdankung Ferdinands I. (2. Dezember 1848) auf den Thron berufene Franz Josef I. und die ganze habsburgische Dynastie für immer des Thrones verlustig sein sollten. Kossuth wurde Diktator. Mit Görgeys Waffenstreckung bei Vilagos vor den auf Österreichs Wunsch von Rußland gesandten Truppen unter Paskiewitsch war der Widerstand Ungarns gebrochen, die 48er Verfassung hörte auf. Ungarn wurde zunächst unter Militärdiktatur gestellt.

b) Die Entwicklung der westlichen Länder zum Verfassungsstaat. Das Jahr 1848 ist auch hier für die Weiterbildung des Verfassungsrechts von einschneidender Bedeutung, aber trotz mancher mit Energie und gutem Willen unternommener Versuche haben weder dieses noch die nächsten folgenden Jahre der westlichen Reichshälfte den Verfassungsstaat gebracht, erst die 60er Jahre haben ihn verwirklicht. Diese Zeit ist erfüllt von dem Widerstand gegen den herrschenden Absolutismus einerseits und den Kämpfen um die Erreichung national-föderalistischer Sonderziele andererseits.

Die durch die Februarrevolution in Paris angeregten Ereignisse in Wien in den ersten Märztagen 1848, an denen die Landstände, das Wiener Bürgertum und die Studentenschaft treibenden Anteil genommen hätten, brachten die Dinge in Fluß. Am 13. März wurde der Staatskanzler, Fürst Metternich, der Jahrzehnte hindurch die Geschicke des Landes geleitet hatte und als die Verkörperung des Absolutismus betrachtet wurde, zum Rücktritt gezwungen, am 14. März wurden Aufhebung der Zensur und Preßfreiheit bewilligt, am 15. März erging das Kaiserliche Patent, durch das der Erlaß einer Verfassung angekündigt wurde. Für die Vollziehung und die Durchführung der angekündigten Reformen sollte ein an Stelle der Hofkanzleien verantwortlicher Ministerrat gebildet werden.

In Böhmen spielte sich die Bewegung mehr auf nationalistischem Boden ab. Der von der Volksversammlung im Prager Wenzelsbad vom 11. März und dem Wenzelsbader Petitionsausschuß ausgehende Druck hatte die sogenannte „böhmische Charte" vom 8. April 1848 erwirkt, wodurch in Aussicht gestellt wurde, daß Böhmen, Mähren und Schlesien unter verantwortlichen Zentralstellen in Prag und unter einem gemeinschaftlichen Landtag vereinigt werden sollten; auch wurde die Gleichstellung der böhmischen Sprache mit der deutschen als Grundsatz erklärt. Zu gesetzlicher Kraft ist diese sog. „Charte", die in der Gestalt eines Kaiserlichen Handschreibens an den Ministerpräsidenten in die Öffentlichkeit getreten war, nicht gelangt; die ihr innewohnende Bedeutung ist ihr überdies durch die österreichische Verfassung vom 25. April 1848 wieder genommen worden.

Die Pillersdorfsche Verfassung. Das auf Grund des Patents vom 17. März in Wien gebildete neue liberale Kabinett, an dessen Spitze Freiherr v. Pillersdorf stand, beeilte sich nämlich, nach belgischem Muster eine Verfassung auszuarbeiten, die, mit Patent vom 25. April verkündet, als Aprilverfassung oder nach dem Namen ihres Verfassers als Pillersdorfsche Verfassung bekannt ist. Durch sie wurden zum ersten Male die westlichen Länder unter Ausschluß der italienischen Provinzen, aber mit Einschluß Dalmatiens zu einem Staate zusammengefaßt, und dieser — gleichfalls zum ersten Male — als Ganzes Österreich genannt. Als Grundzüge dieser Verfassung treten folgende hervor: die gesetzgebende Gewalt wird vom Kaiser ausgeübt im Verein mit einem auf 5 Jahre gewählten Reichstag, der sich aus zwei Kammern, dem Senat und der Kammer der Abgeordneten, zusammensetzt. Die zentralistische Verwaltung wird geführt von einem verantwortlichen Ministerium. In den einzelnen Ländern sind die Provinzialstände zur Wahrnehmung der Provinzialinteressen und zu der daraus sich ergebenden Verwaltungstätigkeit berufen, jedoch nur soweit sie nicht als unter die allgemeinen Staatserfordernisse begriffen der Zentralverwaltung zufallen.

Der Kremsierer Entwurf. Die oktroyierte Pillersdorfsche Verfassung, der gegenüber bald die demokratische Partei mit dem Verlangen nach dem Einkammersystem und nach der Wahl einer verfassunggebenden Versammlung hervortrat, ist toter Buchstabe geblieben. Die stürmischen Vorgänge des

15. Mai brachten der demokratischen Bewegung den Erfolg in Gestalt der Proklamation vom 16. Mai, wonach die Verfassung vorläufig der Beratung des Reichstags unterzogen, und die auf Grund der Aprilverfassung erlassene Wahlordnung vom 8. Mai, die erbittert angefochten worden war, neu geprüft werden sollte. Die Feststellung der Verfassung sollte durch eine konstituierende Reichsversammlung in der Weise erfolgen, daß für den ersten Reichstag nur eine Kammer zu wählen sei. Dieser erste Reichstag, dessen Wahl auf Grund einer neuen jeden Zensus ausschließenden Wahlordnung vom 30. Mai zustande kam, trat am 22. Juli in Wien zusammen, wurde am 22. Oktober, nachdem sich die Wiener Bevölkerung aus Anlaß der Entsendung von Truppen zur Unterwerfung Ungarns gegen die Regierung erhoben, schließlich aber vor den Truppen des Fürsten Alfred Windischgrätz gebeugt hatte und dem Belagerungszustand verfallen war, am 22. Oktober geschlossen und am 15. November nach Kremsier einberufen.

Die Frucht der Wiener Beratungen des Reichstags war das Gesetz vom 7. September 1848 gewesen, das die Grundentlastung der Bauern gegen Entschädigung der Gutsherren festlegte; die Kremsierer Beratungen kamen über einen Entwurf der staatsbürgerlichen Grundrechte und einen Verfassungsentwurf (Kremsierer Entwurf) nicht hinaus. Er konnte diese nicht vollenden, weil der bevorstehenden Annahme der Entwürfe die Regierung, die darin zu sehr den Einfluß der radikalen Lehren der Zeit erblickte, am 7. März durch die Auflösung des Kremsierer Reichstags und die Oktroyierung der vom 4. März datierten Verfassung zuvorkam.

Wenn der Kremsierer Entwurf der Grundrechte an seine Spitze den Satz stellte „Alle Staatsgewalten gehen vom Volke aus", wenn darin die unbedingte Gleichheit aller Religionsgesellschaften ausgesprochen wurde, wenn ferner im Verfassungsentwurf der Vertagung und Auflösung des Reichstags die engsten Grenzen gezogen und das kaiserliche Vetorecht hinsichtlich eines vom Reichstag nach seiner Auflösung nochmals beschlossenen Gesetzentwurfs gänzlich ausgeschaltet wurde, wird dieser Widerspruch der Staatsregierung erklärlich. Was das Verhältnis des Staates zu den einzelnen Provinzen und der Nationalitäten zueinander betrifft, so versuchte der Verfassungsentwurf die grundsätzlichen Gegensätze, die durch die neuere österreichische Verfassungsgeschichte ziehen, Zentralismus und Föderalismus, zu vereinigen, indem er zwischen Reichszentralgewalt und Landesregierungsgewalt unterscheidet. Die Reichsgewalt sollte vom Kaiser gemeinschaftlich mit dem aus Volkskammer (direkt gewählte Abgeordnete) und Länderkammer (von den Landtagen gewählte Abgeordnete der einzelnen Reichsländer) bestehenden Reichstag, die Landesregierungsgewalt vom Kaiser als Landesoberhaupt gemeinschaftlich mit dem Land- oder Kreistag ausgeübt werden. Jedem Reichsland war sein eigener Landtag vorbehalten und es erhielt für diesen auf bestimmten Gebieten Autonomie; an der Spitze der Verwaltung jedes Reichslandes war ein vom Kaiser ernannter Statthalter (Landeshauptmann) vorgesehen, der für den Vollzug der Reichsregierungsgewalt und nach Maßgabe der Landesverfassungen für den Vollzug der Landesgesetze verantwortlich sein sollte. Innerhalb der größeren Reichsländer sollten Kreise mit möglichster Rücksicht auf Nationalität festgestellt werden; für diese Bezirke sollten Kreistage geschaffen werden.

Die Märzverfassung. Am 2. Dezember 1848 hatte inzwischen nach der Abdankung Kaiser Ferdinands I. und nach dem Verzicht des Thronfolgers Erzherzog Franz Karl des letzteren 18jähriger Sohn als Franz Josef I. den Thron bestiegen. Der Ausgang des Winterfeldzugs in Ungarn, wo sich Windischgrätz der Städte Ofen und Pest bemächtigt hatte und wo die — freilich noch nicht so schnell erfüllte — Hoffnung auf die völlige Unterwerfung des Landes bestand, ließ den Versuch aussichtsvoll erscheinen, die Einheit der gesamten Monarchie herzustellen. Er wurde gemacht mit der vom Grafen Stadion entworfenen oktroyierten Verfassung vom 4. März 1849.

Während der Kremsierer Entwurf in erster Linie nur die Länder diesseits der Leitha im Auge hatte und Ungarn den Beitritt nur offen ließ, umfaßt die Märzverfassung alle der Dynastie gehörigen Länder und wurde damit zur Gesamtstaatsverfassung. Ihre Grundgedanken entwickelt das Kaiserliche Manifest vom 4. März, das gleichzeitig mit der Veröffentlichung der Stadionschen Verfassung erschien. Es erklärt die Wiedergeburt der Gesamtmonarchie und die engere Verbindung ihrer Bestandteile als die Voraussetzung für die Wiederkehr der gestörten Ordnung. Den Arbeiten des Kremsierer Reichstags wird kein Lob zuteil: nach mehrmonatiger Verhandlung sei ihr Werk zu keinem Abschluß gediehen. „Erörterungen aus dem Gebiete der Theorie, welche nicht nur mit den tatsächlichen Verhältnissen der Monarchie im Widerspruche stehen, sondern überhaupt der Begründung eines geordneten Rechtszustands im Staate entgegentreten, haben die Wiederkehr der Ruhe, der Gesetzlichkeit und des öffentlichen Vertrauens in die Ferne gerückt, in den wohlgesinnten Staatsbürgern trübe Hoffnungen erzeugt, und der durch die Gewalt der Waffen zu Wien eben erst geschlagenen, in einem anderen Teile Unseres Reiches noch nicht gänzlich besiegten Partei des Umsturzes neuen Mut und neue Tätigkeit verliehen."

In der Märzverfassung gelangten bei aller Betonung der monarchischen Autorität liberale Gesichtspunkte in weitem Umfang zur Geltung und in gewisser Färbung kehren in der neuen Verfassung manche Gedanken des Kremsierer Entwurfs wieder. Das Kaisertum Österreich, d. h. der gesamte Länderbesitz der Dynastie, einschließlich Ungarn, der Militärgrenze und dem lombardisch-venetianischen Königreiche wird eine konstitutionelle Erbmonarchie, das ganze Reich ein einheitliches Zoll- und Handelsgebiet; für alle Völker des Reichs gilt nur ein allgemeines österreichisches Reichsbürgerrecht und Freizügigkeit. Den einzelnen Kronländern verbleibt nach Maßgabe der Verfassung ihre Selbständigkeit nach dem Grundsatz, daß alle Angelegenheiten, die nicht durch die Verfassung oder die Reichsgesetze als Landesangelegenheiten erklärt werden, als Reichsangelegenheiten zu gelten haben. Die gesetzgebende Gewalt wird vom Kaiser — für die Reichsangelegenheiten gemeinsam mit dem Reichstag, für die Landesangelegenheiten gemeinsam mit den Landtagen — ausgeübt. Reichsangelegenheiten sind insbesondere die Angelegenheiten des Kaiserhauses, die völkerrechtliche Vertretung des Reichs, die Beziehungen des Staats zur Kirche, das höhere Unterrichtswesen, das Heerwesen zu Land und die Seemacht, der Reichshaushalt, die Gewerbe- und Handelsangelegenheiten, Berg-, Schiffahrts-, Zoll-, Bank- und Geldwesen, das Reichsverkehrswesen (Eisenbahn, Post und Telegraphen). Der alljährlich zu berufende Reichstag besteht aus Ober- und Unterhaus. Das Oberhaus wird aus Abgeordneten, die für jedes Kronland vom Landtag gewählt werden, das Unterhaus durch direkte Wahl nach einem auf Steuerleistung oder Bildung beruhenden Wahlmodus gebildet. Die einzelnen Kronländer sollen Landesverfassungen erhalten, die ständischen Verfassungen treten außer Kraft. Ungarn tritt in die Stellung eines Kronlandes neben die übrigen; seine Verfassung wird außer

Kraft gesetzt, soweit sie nicht in den Rahmen der Reichsverfassung paßt und die Bevorzugung der magyarischen Sprache beseitigt. Die Nebenländer Ungarns wurden von ihm abgetrennt, Siebenbürgen als unabhängiges Land erklärt, die Militärgrenze der vollziehenden Reichsgewalt unterstellt, und der südöstliche Teil Ungarns als Woiwodschaft Serbien unter eigene Verwaltung mit dem Sitze in Temesvar gestellt. Ein gleichzeitig veröffentlichtes Kaiserliches Patent verkündete für die nichtungarischen Länder Glaubensfreiheit und für die gesetzlich anerkannten Religionsgesellschaften das Recht der öffentlichen Religionsübung, Preßfreiheit, Petitions-, Vereins- und Versammlungsrecht sowie Sicherstellung der Person, der Wohnung und des Briefwechsels vor willkürlichen Eingriffen.

Das Sylvesterpatent. Auch der Märzverfassung war ebenso wie den in den Jahren 1849 und 1850 dazu erlassenen Landesverfassungen keine Wirksamkeit beschieden; sie wurde, nachdem bereits im August das Ministerium als allein dem Monarchen verantwortlich erklärt worden war, durch Kaiserliches Patent vom 31. Dezember 1851 (Sylvesterpatent) aufgehoben, da sie „weder in ihren Grundlagen den Verhältnissen des österreichischen Kaiserstaates angemessen noch in dem Zusammenhang ihrer Bestimmungen ausführbar sich darstelle“. Während im Sylvesterpatent die Gleichheit der Staatsangehörigen vor dem Gesetze und die Unzulässigkeit jedes bäuerlichen Untertänigkeitsverhältnisses ausdrücklich bestätigt wurde, setzte ein Patent vom gleichen Tage die für die nicht-ungarischen Länder am 4. März 1849 verkündeten Grundrechte außer Kraft. Als einzige in der Märzverfassung vorgesehene Institution wurde der Reichsrat aus ihr hinübergerettet, dessen Zusammensetzung und Tätigkeit als beratender Körper mit Patent vom 13. April 1851 geregelt worden war. Als Ersatz der Verfassung mag man die „Grundsätze für organische Einrichtungen in den Kronländern des österreichischen Kaiserstaats“ bezeichnen, die am gleichen Tage mit der Aufhebung der Stadionschen Verfassung in Gestalt eines Handschreibens an den Ministerpräsidenten Fürsten Schwarzenberg kundgemacht wurden. Die der Beseitigung aller parlamentarischen Tätigkeit folgenden nahezu zehn Jahre absoluten Regiments über die ganze als Einheitsstaat zusammengefaßte Monarchie, denen die Reformtätigkeit des Ministers Bach ihren Stempel aufdrückte (Bach'sche Ära), trugen für deren gesamten Organismus nicht unbeträchtliche Früchte auf dem

Gebiete des Gerichts- und Verwaltungswesens, dem Gemeinderecht und Kirchenrecht (Konkordat vom 18. August 1855).

Das Oktoberdiplom. Der Ausgang des italienischen Krieges im Jahre 1859, durch den die Monarchie der Lombardei verlustig ging, bedeutet für sie zugleich den Beginn endgültigen Einlenkens in konstitutionelle Bahnen. Das Ministerium Goluchowski beschritt diesen Weg im Kaiserlichen Patent vom 5. März 1860 zunächst mit der Einsetzung des außerordentlichen verstärkten Reichsrats, einer Ausgestaltung des Reichsrats vom Jahre 1851, wie dieser eine begutachtende, beratende Körperschaft, der eine eigentliche verfassungsrechtliche Initiative nicht zustand, sondern nur die Möglichkeit hatte, bei Beratung einer ihm zugewiesenen Vorlage Lücken, Mängel und Bedürfnisse der Gesetzgebung zur Sprache zu bringen. Er sollte sich zusammensetzen aus Reichsräten auf Lebenszeit, d. i. den Erzherzogen, einigen der höheren kirchlichen Würdenträger und besonderen auf Grund ihrer Verdienste vom Kaiser ernannten Personen, sowie 38 aus den Landtagen hervorgegangenen Vertretern der Länder, die jeweils 6 Jahre dem Reichsrate angehören, aber von der Wiederwahl nicht ausgeschlossen sein sollten. Bis die Wahl und Einberufung solcher möglich war, berief der Kaiser die 38 als Ländervertreter gedachten Mitglieder aus Männern seines Vertrauens. Als Beratungsgegenstände waren bezeichnet die Festsetzung des Staatsvoranschlags, Prüfung der Staatsrechnungsabschlüsse und die Vorlagen der Staatsschuldenkommission, alle wichtigeren Entwürfe in Sachen der allgemeinen Gesetzgebung, sowie die Vorlagen der Landesvertretungen. Gemäß dem Handschreiben vom 17. Juli sollte alsdann auch ein großer Teil der Finanzgesetzgebung seinem Gutachten unterbreitet werden. Seine Beratungen waren nicht öffentlich; die Stelle eines öffentlichen stenographischen Sitzungsberichts vertrat eine amtliche Zusammenfassung in der Regierungszeitung.

Auch der bestimmt begrenzte Geschäftskreis des verstärkten Reichsrats gab diesem Gelegenheit, die Frage der staatsrechtlichen Ausgestaltung der Monarchie zu erörtern. Es ergab sich eine Scheidung in eine zentralistische Minorität, die sich für die einheitliche Erhaltung der Monarchie aussprach, und eine föderalistische Majorität, welche die Anerkennung der „historisch-politischen Individualitäten der Länder", ihrer Gleichberechtigung und Autonomie in den inneren Angelegenheiten verlangte. In Ungarn forderte gleichzeitig die öffentliche Meinung die Wiederherstellung der Verfassung. Majorität und Minorität hatten dem Throne Berichte über ihre Anschauungen vorgelegt. Die Entscheidung fiel zugunsten der ersteren mit dem „Oktoberdiplom". Es wird eingeleitet mit einem Manifest des Kaisers an seine Völker vom 20. Oktober 1860; ihm folgt das Kaiserliche Diplom zur Regelung der inneren staatsrechtlichen Verhältnisse der Monarchie; eine Anzahl Reskripte dienen der Ausführung seiner Bestimmungen. In dem Manifest führt der Kaiser aus, er habe den verstärkten Reichsrat berufen, um die Wünsche und Bedürfnisse der Länder kennen zu lernen; er erfülle seine Regentenpflicht, indem er durch Erlassung des Diploms „die Erinnerungen, Rechtsanschauungen und Rechtsansprüche" seiner Länder und Völker mit den tatsächlichen Bedürfnissen der Monarchie ausgleichend verbinde. Diesem Gedankengange folgend, betont das Oktoberdiplom, das sich selbst als ein unwiderrufliches und unabänderliches Staatsgrundgesetz bezeichnet, in den Eingangsworten die in der Pragmatischen Sanktion unabänderlich begründete Erbfolgeordnung und die darin festgelegte Unteilbarkeit und Unzertrennlichkeit der Monarchie, für deren Machtstellung dauernde Bürgschaften geschaffen werden müssen. „Nur solche Institutionen und Rechtszustände", führt das Diplom weiter aus, „welche dem geschichtlichen Rechtsbewußtsein, der bestehenden Verschiedenheit unserer Königreiche und Länder und den Anforderungen ihres unteilbaren und unzertrennlichen kräftigen Verbandes gleichmäßig entsprechen, können diese Bürgschaften in vollem Maße gewähren." Es hebt hervor, daß bei der Konzentrierung der Staatsgewalt in allen Ländern des europäischen Festlandes die gemeinsame Behandlung der höchsten Staatsaufgaben notwendig geworden ist. Die Grundzüge des Diploms sind: An der Gesetzgebung wirken die Landtage und der Reichsrat, zu dem die Landtage Mitglieder entsenden, mit. Die Mitwirkung des Reichsrats soll erfolgen bei allen den Ländern gemeinsamen Gegenständen (Münz-, Geld- und Kreditwesen, Zölle und Handelssachen, Verkehr, Militärpflicht). Die Einführung neuer Steuern und Auflagen, die Erhöhung der bestehenden Steuern und die Aufnahme und Konvertierung von Anleihen sowie die Belastung von unbeweglichem Staatseigentum sind an die Zustimmung des Reichsrats gebunden. In allen anderen Gegenständen ist die Gesetzgebung den Landtagen vorbehalten, und zwar in den zur ungarischen Krone gehörigen Ländern im Sinne ihrer früheren Verfassungen. Die Wiederbelebung der verfassungsmäßigen Einrichtungen Ungarns erfolgte durch eine Reihe von Handschreiben an den nunmehr gleichzeitig mit der Wiedererrichtung der ungarischen Hofkanzlei zum ungarischen Hofkanzler ernannten Freiherrn von Vay insoweit, als sie mit dem Diplom vereinbar waren. Dazu gehörte namentlich die Einberufung des ungarischen Landtags sowie die Wiederherstellung der Komitats- und der Gerichtsverfassung. Dem ungarischen Landtag einerseits und dem Gesamtreichsrat andererseits gegenüber steht ein Reichsrat für die nicht-ungarischen Länder zur Beratung der Gegenstände, die nicht der ausschließlichen Kompetenz des gesamten Reichsrats zukommen, zugleich aber seit einer Reihe von Jahren für diese Länder gemeinsam behandelt worden sind (der „engere Reichsrat" des Februarpatents). Der zentralistische Zug des Oktoberdiploms, der im Gesamtreichstag zum Ausdruck kommt, erhält damit einen dualistischen Einschlag, der für die spätere Verfassungsentwicklung der Monarchie in den Vordergrund tritt, während der föderative Charakter in dem weitbemessenen Einfluß der Länder auf die Gesetzgebung hervortrat.

Das Februarpatent. In den nicht-ungarischen Ländern fand das Oktoberdiplom nicht ungünstige Aufnahme, in Ungarn dagegen überwiegend heftige Ablehnung. Hier, wo der liberalen Partei unter Deák und dem Grafen Julius Andrássy die volle Wiederherstellung der 48er Gesetze als Ziel vorschwebte, betrachtete man das Diplom als unwillkommenes Geschenk, dessen Annahme ausgeschlossen schien. Die Anschauung, daß Ungarn durch die Auflehnung im Jahre 1848 seine alten Privilegien und Rechte verwirkt hätte (Verwirkungstheorie), ließ es den Urhebern des Diploms als gerecht und politisch klug erscheinen, den Ungarn ihre alte Verfassung unter Hinzunahme einiger Bestandteile aus den 48er Gesetzen zurückzugeben. In Ungarn dagegen stellte sich die Mehrheit auf den Boden der „Rechtskontinuität", d. h. der dauernden Gültigkeit der Verfassung einschließlich der 48er Gesetze, die in ihrer Wirksamkeit nur durch den Zwang der Tatsachen ausgeschaltet, niemals aber in ihrer rechtlichen Geltung beeinflußt oder vernichtet worden seien; man verlangte nichts weniger als eine restitutio in integrum, wie wenn sich die verfassungsrechtlichen Tatsachen der Jahre seit 1848 nie ereignet hätten.

Aber auch in der westlichen Reichshälfte, wo die zentralistischen Tendenzen wieder an Kraft gewannen, nahm die Sympathie für das Diplom ab. Unter dem neuen im Februar unter dem Vorsitz des Erzherzogs Rainer gebildeten Ministerium, dessen hervortretendste Kraft Ritter von Schmerling als Staatsminister war, erging das Kaiserliche Patent vom 26. Februar 1861 (Februarpatent), äußerlich als Ausführung des Oktoberdiploms, dem Wesen nach eine Fortbildung und Neugestaltung der Verfassung in zentralistischem Sinne. Dem Reichsrat des Oktoberdiploms, einer einheitlichen Körperschaft, für dessen Recht der Mitwirkung das Februarpatent die bestimmte Ordnung und Form der Ausübung enthalten sollte, waren, sowohl was seine Zusammensetzung als auch was seine Zuständigkeit anlangt, verhältnismäßig enge Grenzen gezogen; das Maß seiner Mitwirkung bei Herstellung der Gesetze war nicht genau bestimmt. Das Februarpatent ruft mit dem Gesetz über die Reichsvertretung ein aus zwei Häusern bestehendes Parlament ins Leben und macht es zum gleichberechtigten gesetzgebenden Faktor hinsichtlich aller in seine Zuständigkeit fallender Gesetze, erweitert diese Zuständigkeit dem Oktoberdiplom gegenüber und erhöht die Zahl der aus den Landtagen zu berufenden Mitglieder erheblich.

Der Reichsrat besteht nach dem Februarpatent aus dem Herrenhause und dem Hause der Abgeordneten. Jenes setzt sich zusammen aus den großjährigen Prinzen des Kaiserlichen Hauses, den vom Kaiser als Mitgliedern adeliger grundbesitzender Familien in erblicher Weise oder als Männern von Verdienst und Bedeutung auf Lebensdauer ernannten Reichsräten sowie bestimmten geistlichen Würdenträgern. Das Abgeordnetenhaus zählt 343 von den Landtagen der einzelnen Königreiche und Länder auf Grund unmittelbarer Wahl zu entsendende Mitglieder, die Zahl der auf jedes Land entfallenden Mitglieder ist einzeln festgesetzt. Zu allen zur Zuständigkeit des Reichsrats gehörenden Gesetzen ist die Übereinstimmung beider Häuser und die Sanktion des Kaisers erforderlich. Hinsichtlich der Zuständigkeit verweist das Februarpatent auf die im Oktoberdiplom aufgeführten Gegenstände, welche sich auf die allen Königreichen und Ländern gemeinschaftlichen Rechte, Pflichten und Interessen beziehen. Gegenstände der Gesetzgebung, welche den nichtungarischen Ländern gemeinsam sind, gehören vor den „engeren Reichsrat", bei dem die 85 ungarischen Mitglieder nicht zugezogen sind. Diesem fallen alle diejenigen gesetzgeberischen Aufgaben zu, die einerseits nicht zur Zuständigkeit des Gesamt-Reichsrats gehören, andererseits nicht ausdrücklich durch die Landesordnungen den einzelnen im engeren Reichsrate vertretenen Landtagen vorbehalten sind. Da weder die Zahl dieser den Landtagen vorbehaltenen Aufgaben noch ihre sachliche Bedeutung groß war, erschien das Hauptgewicht des politischen Lebens in den Gesamtreichsrat verlegt. Zuständigkeitsstreitigkeiten zwischen dem engeren Reichsrat und einem einzelnen Landtage entscheidet der Kaiser. Ein Notverordnungsparagraph gibt der Regierung die Handhabe zu selbständigen Maßnahmen während der Zeit, wo der Reichsrat nicht versammelt ist.

Als Beilagen zum Februarpatent erschienen für die zisleithanischen Länder nach dem gleichen Schema abgefaßte 15 Landes- und Wahlordnungen, denen jeweils für das einzelne Land die Kraft eines Staatsgrundgesetzes beigelegt wurde. Für Ungarn, Kroatien und Slavonien sowie Siebenbürgen verweist das Patent auf die mit dem Oktoberdiplom erfolgte Wiederherstellung ihrer Verfassungen. Dalmatiens Einverleibung in das „dreieinige Königreich Kroatien, Slavonien und Dalmatien", die von Kroatien angestrebt war, wurde noch nicht — und ist auch heute noch nicht — vollzogen.

Der gesamte Inbegriff der mit dem Februarpatent geschaffenen Grundgesetze wurde als Verfassung des Reichs erklärt. Der aus der Märzverfassung des Jahres 1849 übriggebliebene, im Jahre 1851 ins Leben gerufene beratende „Reichsrat" und der auf Grund des Patents vom 5. März 1860 eingesetzte verstärkte Reichsrat wurde aufgelöst und dafür ein „Staatsrat" mit der Aufgabe beratender Mitwirkung bei der Aufstellung der Regierungsgrundsätze, insbesondere bei den Gesetzentwürfen, bestellt.

Auch die Februarverfassung wurde von der an Kraft zunehmenden ungarischen Opposition als ein Versuch, Ungarn mit den übrigen Ländern in einen Einheitsstaat zu verschmelzen, einmütig abgelehnt. Nur hinsichtlich der Form der Ablehnung waren die Meinungen geteilt; während in dem Landtag, der am 2. April 1861 zusammentrat, ein Teil die ungarischen Forderungen, d. h. reine Wiederherstellung der 48er Gesetze, ohne weiteres durch einen Beschluß feststellen wollte (Beschlußpartei), setzte der andere Teil es durch, daß diese Forderungen im Interesse eines Ausgleichs in Form von Adressen an den Herrscher gelangte. Darin waren Oktoberdiplom und Februarverfassung als mit der ungarischen Verfassung unvereinbar, insbesondere die Weigerung als berechtigt erklärt, Fragen der Besteuerung und der Rekrutenbewilligung mit irgendeiner außerungarischen parlamentarischen Vertretung zu teilen. Die Einverleibung der partes adnexae, Kroatien-Slavoniens und Siebenbürgens, und somit auch die Vervollständigung des ungarischen Landtags durch die Abgeordneten dieser Länder, die Wiederherstellung aller 48er Gesetze und die Krönung Franz Josefs als König von Ungarn wurden verlangt, ebenso wie ein Gesetz, durch das die Abdankung des Vorgängers des Monarchen (als ungarischen Königs Ferdinand V.) anzuerkennen wäre. Die Wahl von Deputierten zum Reichstag wurde abgelehnt. Dieser Haltung des ungarischen Landtags gegen die Krone folgte am 22. August 1861 dessen Auflösung, und kurz darauf die Einführung einer als „Provisorium" bezeichneten militärischen Diktatur.

Die Sistierung der Verfassung. Erst im Jahre 1865 machte die Aussöhnung der Gegensätze Fortschritte, nachdem auch die ungarischen Führer mit dem „Osterartikel" Deáks im Pesti Napló und im Mai mit den Artikeln in der „Debatte" um einen Schritt entgegengekommen waren. Deák erkannte an, daß es für alle Länder der Monarchie, also für beide Reichshälften gemeinsame Angelegenheiten gebe, deren Umfang sich aus der Pragmatischen Sanktion ergebe, und daher nur so weit reiche, als es für die Sicherheit und gemeinsame Verteidigung unter demselben Herrscher vereinigter Länder erforderlich sei. Die gemeinsame Verteidigung sei friedlich und militärisch, für jene sorge die auswärtige Vertretung, die Diplomatie, für diese das Heer. Daraus folge die Gemeinsamkeit der auswärtigen Angelegenheiten und des Heerwesens, sowie die zur Bestreitung der Ausgaben beider notwendige Geldbeschaffung, zu der jeder Teil aus den nach seinen eigenen Grundsätzen bestimmten Staatseinnahmen eine Quote beizutragen habe. Die Behandlung der gemeinsamen Angelegenheiten sollte so erfolgen, daß zwei „mit den nötigen Vollmachten versehene Deputationen" von beiden an Bedeutung und Recht einander gleichen Faktoren zu wählen wären, die miteinander und mit dem Monarchen über die gemeinsamen Angelegenheiten verhandeln sollten. Mit Deáks Artikeln war die Entwicklung in rascheren Fluß gekommen. Die Entlassung Schmerlings, der als das Haupthindernis für eine Verständigung galt, bezeichnete den Umschwung des Regierungssystems (Juni 1865).

An die Stelle Schmerlings als Staatsminister trat Graf Belcredi. Ein Kaiserliches Patent vom 20. September 1865 hob die Februarverfassung auf und führte zugleich die Gründe für diesen Schritt auf: ein Teil des Reichs habe sich von dem gemeinsamen gesetzgeberischen Wirken auf Grund von Rechtsbedenken ferngehalten; da aber damit des Herrschers Absicht, eine dauernde verfassungsmäßige Rechtsgestaltung des Reichs zu schaffen, in ihrer Verwirklichung gefährdet sei, so wolle man nunmehr, um nicht der Form das Wesen zu opfern, den Weg der Verständigung mit den Vertretern der Völker in den östlichen Teilen des Reichs beschreiten. Da es aber rechtlich unmöglich sei, eine und dieselbe Bestimmung in einem Teile des Reichs zum Gegenstande der Verhandlung zu machen, im anderen Teile sie als bindendes Reichsgesetz zu behandeln, habe die Wirksamkeit des Gesetzes über die Reichsvertretung „sistiert" werden müssen.

In Kroatien war die Stimmung ebenso gegen das Februarpatent gewesen, wie gegen die bedingungslose Annäherung an Ungarn; der Landtag forderte die Anerkennung der vollen Unabhängigkeit Kroatiens (einschließlich Fiume und Dalmatiens) von Ungarn, und sprach, als man in Budapest diesen Wünschen nicht Folge gab, die völlige Trennung Kroatiens von Ungarn aus. Erst nach dem Abschluß der Verhandlungen zwischen Ungarn und der Krone kam eine endgültige Regelung des Verhältnisses zwischen Ungarn und Kroatien zustande.

In Siebenbürgen, wo auf Grund des Oktoberdiploms von 1860 die alte Verfassung mit den drei Nationen (Ungarn, Széklyer, Sachsen) wieder hergestellt worden war, spielte der Kampf zwischen den Ungarn und Széklyern einerseits, die für die alte Vereinigung des Landes mit Ungarn eintraten, und den zur Februarverfassung hinneigenden Sachsen, deren Abgeordnete allein am Wiener Reichsrat teilnahmen. Hatten diese den Landtag unter Schmerlings Regime am 21. August 1863 die Nichtigkeit der 48er Fusion mit Ungarn aussprechen lassen, so wurde unter Belcredi am 6. Dezember 1865 auf Grund einer neuen Landtagswahlordnung die Vereinigung mit Ungarn beschlossen.

Der Ausgleich des Jahres 1867. Am 14. Dezember 1865 trat der ungarische „Reichstag" zusammen, dem die Beratung der Verfassungsreform als Aufgabe zufiel. Das Ergebnis der das ganze folgende Jahr mit kurzer Unterbrechung infolge des Krieges ausfüllenden Verhandlungen mit der Krone, in denen ungarischerseits eine Revision der 48er Gesetze zugesagt wurde, war das Reskript vom 17. Februar 1867, das die Rechtskontinuität grundsätzlich anerkannte und die Ernennung eines selbständigen ungarischen Ministeriums ankündigte; im Juni des gleichen Jahres erfolgte in Ofen die Königskrönung. Die neuen ungarischen Verfassungsgesetze, insbesondere der XII. Gesetzartikel über die gemeinsamen Angelegenheiten, wurden im Laufe der nächsten Monate ohne vorherige Verständigung mit einer Vertretung der nichtungarischen Länder fertiggestellt (1867er Ausgleich).

Einer solchen Verständigung sollte nach den ursprünglichen Plänen die durch Kaiserliches Patent vom 2. Januar 1867 eingesetzte „außerordentliche Reichsratsversammlung" dienen, die — namentlich infolge des Eingreifens des Ministers des Äußern, Grafen Beust — gemäß kaiserlicher Entschließung vom 4. Februar 1867 durch einen „verfassungsmäßigen Reichsrat" ersetzt wurde. Dieser trat am 20. Mai zusammen, um die infolge des Ausgleichs mit Ungarn notwendig gewordenen Gesetze zu beraten. Als Regierungsvorlagen wurden vor ihn gebracht und erledigt: ein Gesetz zur Abänderung des 1861er Grundgesetzes über die Reichsvertretung, ein Gesetz zur Abänderung der in diesem Grundgesetz enthaltenen Vorschrift über die Notverordnungen, ein Gesetz über die Ministerverantwortlichkeit und ein Gesetz über die den Ländern der österreichischen[1]) Monarchie gemeinsamen Angelegenheiten. Außer diesen wurden zum Gesetz noch vier vom Verfassungsausschuß des Abgeordnetenhauses ausgearbeitete Entwürfe: über die allgemeinen Rechte der Staatsbürger, über die Einsetzung eines Reichsgerichts, über die richterliche Gewalt, über die Regierungs- und Vollzugsgewalt verabschiedet. Davon sind folgende am 21. Dezember 1867 vollzogene Gesetze zur sogenannten „Dezemberverfassung" begrifflich zusammengefaßt:

1. Gesetz, wodurch das Grundgesetz über die Reichsvertretung vom 26. Februar 1861 abgeändert wird (RGBl. Nr. 141);

1) So in der Gesetzesüberschrift, nicht „österreichisch-ungarische Monarchie".

2. Staatsgrundgesetz über die allgemeinen Rechte der Staatsbürger für die im Reichsrate vertretenen Königreiche und Länder (RGBl. Nr. 142);

3. Staatsgrundgesetz über die Einsetzung eines Reichsgerichts (RGBl. Nr. 143);

4. Staatsgrundgesetz über die richterliche Gewalt (RGBl. Nr. 144);

5. Staatsgrundgesetz über die Ausübung der Regierungs- und der Vollzugsgewalt (RGBl. Nr. 145) und

6. Gesetz, betreffend die allen Ländern der österreichischen Monarchie gemeinsamen Angelegenheiten und die Art ihrer Behandlung (RGBl. Nr. 146).

Weitere Gesetze regelten die aus der Neuordnung der Monarchie auf finanziellem und handelspolitischem Gebiete sich ergebenden Verhältnisse (wirtschaftlicher Ausgleich) [2].

Noch waren die Beziehungen zwischen Ungarn und Kroatien zu klären. Die Ausgleichsgesetze waren ohne die Mitwirkung des kroatischen Landtags zustande gekommen, der nur auf der Grundlage der Selbständigkeit Kroatiens verhandeln wollte und daher am 25. Mai 1867 aufgelöst worden war. Ein nach einer neuen Wahlordnung gewählter Landtag, den die stark zusammengeschmolzene nationale Opposition schließlich verließ, nahm die Verhandlungen wieder auf, die am 24. September 1868 mit dem Gesetzartikel XXX: 1868 ihren Abschluß dahin fanden, daß Kroatien und Slavonien, da sie seit Jahrhunderten zur Stefanskrone gehört hätten und deren Länder voneinander untrennbar seien, zusammen mit Ungarn eine und dieselbe Staatsgemeinschaft „sowohl gegenüber den übrigen unter der Herrschaft Sr. Majestät stehenden Ländern, wie gegenüber anderen Ländern" bilden, gleichzeitig aber ein bestimmtes Maß von Autonomie genießen sollten. Die 1867er ungarischen Ausgleichsgesetze wurden von Kroatien anerkannt. Die Einbeziehung des in österreichischer Verwaltung be-

---

1) Insbesondere Gesetz vom 24. September 1867 über das Verhältnis der Beiträge beider Staaten zu den Kosten der gemeinsamen Angelegenheiten (RGBl. 1868 Nr. 2, ung. Gesetzartikel XIV: 1867); Gesetz vom 24. September 1867 über die Beitragsleistung Ungarns zu den Lasten der allgemeinen Staatsschuld (RGBl. 1868 Nr. 3, ung. Gesetzartikel XV: 1867) und Gesetz vom 24. Dezember 1867 über das Zoll- und Handelsbündnis zwischen beiden Staaten (RGBl. 1868 Nr. 4, ung. Gesetzartikel XVI: 1867).

findlichen und im Reichsrat vertretenen Dalmatiens in das „dreieinige Königreich Kroatien, Slavonien und Dalmatien" wurde nicht erreicht, auch hinsichtlich des Besitzes von Fiume, das 1849 Kroatien einverleibt worden war, auf das Ungarn aber als separatum sacrae regni coronae adnexum corpus Anspruch machte, kam eine Einigung nicht zustande. Die Frage wurde erst 1870 durch ein „Provisorium", das auch heute noch in Kraft ist, gelöst. Dem kroatisch-ungarischen Ausgleich folgte noch die Auflösung („Provinzialisierung") der Militärgrenze, des Grenzstrichs, der sich, früher als Schutzzone gegen die Türken errichtet und eigenartig militärisch organisiert, vom Adriatischen Meere bis Siebenbürgen erstreckte.

Die mit dem ganzen Ausgleichswerk geschaffenen Verfassungsverhältnisse erhielten eine äußere Kennzeichnung mit dem Allerhöchsten Handschreiben vom 14. November 1868, durch das für den Titel des Monarchen in Staatsverträgen die Fassung „Kaiser von Österreich, König von Böhmen usw. und Apostolischer König von Ungarn" und die abgekürzte Form „Kaiser von Österreich und Apostolischer König von Ungarn" festgesetzt wurde. Als Bezeichnung der Gesamtheit aller unter dem Zepter des Monarchen verfassungsmäßig vereinigten Königreiche und Länder wurden die Ausdrücke „Österreichisch-Ungarische Monarchie" und „Österreichisch-Ungarisches Reich" bestimmt.

10. Die Weiterbildung des Verfassungsrechts in Österreich und in Ungarn.

In Österreich hat sich seit der Dezemberverfassung sowohl die Zusammensetzung des Reichstags wie diejenige der Landtage wesentlich geändert. Hand in Hand damit ging auch ein lebhaftes Verfassungsleben namentlich auf dem Gebiet nationaler und föderativer Bestrebungen in den Ländern.

Nach der Dezemberverfassung waren die Mitglieder des Reichsrats noch Delegierte der Landtage. Die Weigerung des böhmischen Landtags, die Abgeordneten für den Reichsrat zu wählen, führte schon 1870 zur Ausschreibung direkter Wahlen in Böhmen auf Grund des Notwahlgesetzes vom 29. Juni 1868; dieses wurde mit dem Gesetz vom 13. März 1872 dahin erweitert, daß auch schon in jedem einzelnen Falle der Nichtausübung eines Mandats direkte Wahl zulässig sein sollte und bereits mit dem Staatsgrundgesetz vom 2. April 1873 wurden die direkten Reichstagswahlen unter Zugrundelegung der vier in den Landesordnungen enthaltenen Wählerklassen (Kurien: Großgrundbesitz, Städte, Handels- und Gewerbekammern, Landgemeinden) eingeführt. Daran schlossen sich die Wahlreformen unter den Ministerien Taaffe (1882, Herabsetzung des Steuerzensus auf 5 Gulden, „Fünfguldenmänner"), Badeni (1896, Herabsetzung des Steuerzensus auf 4 Gulden, Einführung einer fünften, allgemeinen Wählerklasse ohne Steuerzensus) und Beck (1907, Abschaffung des Kurienwahlrechts, allgemeines gleiches Wahlrecht). Die Zusammensetzung der Landtage folgte der Entwicklung des Reichsratswahlrechts nach, indem das Kuriensystem nach der Badenischen Wahlreform in einigen Ländern gleichfalls durch eine allgemeine Wählerklasse erweitert wurde.

In den Ländern mit Bevölkerung verschiedener Sprachen waren die Bestrebungen nach Weiterentwicklung von nationalen Gesichtspunkten in weitem Maße beeinflußt.

So wird in Böhmen der Gedanke des böhmischen Sonderstaatsrechts ausgestaltet, der für Böhmen eine den Ländern der Stefanskrone ähnliche Stellung als selbständiger Staat innerhalb der durch die Pragmatische Sanktion vereinigten Monarchie beansprucht und sämtliche das Königreich berührenden Angelegenheiten, die nicht allen Königreichen und Ländern der Monarchie gemeinsam sind (auswärtige Angelegenheiten, Heerwesen und für beide Angelegenheiten erforderliche Finanzen), der Gesetzgebung des böhmischen Landtags und der böhmischen Landesregierung vorbehalten will. Prägnanten Ausdruck fand dieser Gedanke in den sog. Fundamentalartikeln des Jahres 1871, denen indes die landesherrliche Sanktion nicht zuteil wurde.

In Galizien haben die Bestrebungen wegen einer nationalen Sonderstellung des Landes zunächst in den Jahren 1868 und 1869 mit der Errichtung des galizischen Landesschulrats und der Einführung der polnischen Amtssprache im inneren und äußeren Verkehr Erfolg gehabt. Schule und Amt nehmen damit in Galizien überwiegend polnischen Charakter an. Weitergehende Ansprüche erhob in der gleichen Zeit der galizische Landtag, der am 24. September 1868 in der sog. Galizischen Resolution für das Land umfassende nationale Autonomie verlangte; insbesondere sollte hierzu gehören eine dem Landtage verantwortliche Landesverwaltung für innere Verwaltung, Justiz, Unterricht, öffentliche Sicherheit und Landeskultur und für deren Zwecke die freie Verfügung über eine Quote der Gesamtstaatsausgaben, deren Verwendung im einzelnen der Zuständigkeit des Reichsrats entzogen sein sollte; auch sollte eine Anzahl wichtgier Gegenstände aus der Zuständigkeit des Reichsrats ausgeschieden und dem Landtag zugewiesen werden. Das 1871 zur Regierung gelangte Ministerium Hohenwart-Schäffle kam diesen Bestrebungen weit entgegen, nach dessen Sturz indes schlief die Bewegung ein. Neuerdings ist aus Anlaß der Proklamation des Königreichs Polen für Galizien eine Weiterbildung seiner Sonderstellung angekündigt worden.

In den Beziehungen zwischen Österreich und den Ländern der ungarischen Krone waren jedesmal bei Erneuerung des auf Grund des 1867er Ausgleichs zu schließenden wirtschaftlichen Ausgleichs tiefgehende Gegensätze zu überwinden. Die Entwicklung hat auf den von diesen Vereinbarungen berührten Gebieten unter Aufrechterhaltung der 1867 für das Verhältnis beider Staaten zueinander geschaffenen Grundlage im einzelnen manche Umgestaltung mit sich gebracht. Der im Januar 1917 in seinen Grundzügen zustande gekommene neue wirtschaftliche Ausgleich bildet einen weiteren Schritt auf diesem Wege.

Aus den staatsrechtlichen Fortschritten der Länder der ungarischen Krone ist die Wahlrechtsreform des Jahres 1913 hervorzuheben, die eine beträchtliche Erweiterung des Wahlrechts im wesentlichen nach dem Maßstabe der Intelligenz mit sich brachte.

Zweiter Abschnitt.

Die Österreichisch-Ungarische Monarchie und die allen Ländern der Monarchie gemeinsamen Angelegenheiten.

1. Die rechtliche Natur der Monarchie.

Die zahlreichen Versuche, die rechtliche Natur der Österreichisch-Ungarischen Monarchie durch einen der üblichen staatsrechtlichen Begriffe der Staatenbildungen zusammenfassend zu kennzeichnen, haben zu keiner als überwiegend zu betrachtenden Auffassung, geschweige denn zur Einigkeit der Meinungen geführt[1]). Zum Teil mag dies in der Verschiedenheit rein politischer Auffassungen seinen Grund haben; der Sache nach liegt die Schwierigkeit für eine derartige begriffliche Zusammenfassung einmal in der historischen Entwicklung der Monarchie, die zu verschiedenen Zeiten im Aufbau ihres staatlichen Wesens ein verschiedenes Gesicht zeigt, sodann aber auch darin, daß die jetzt für die Gestaltung der Monarchie grundlegenden österreichischen und ungarischen Gesetze in wesentlichen Punkten nicht genau übereinstimmen oder zu verschiedenen Deutungen Anlaß geben.

Die historische Entwicklung rufen vor allem diejenigen für sich an, die auch heute noch in der Monarchie einen deren gesamte Länder umfassenden Einheitsstaat erblicken wollen. Richtig ist, daß seit der Pragmatischen Sanktion bis tief in das 19. Jahrhundert hinein die Entwicklung des habsburgischen Länderbesitzes einheitsstaatliche Tendenzen aufweist, aber diese Entwicklung bricht jäh mit dem Ausgleich des Jahres 1867 ab und lenkt zielbewußt in die Bahnen des Dualismus ein, der während der Regierung Maria

1) Eine übersichtliche Zusammenstellung der Lehrmeinungen mit näheren Literaturangaben s. bei Hauke, Grundriß des österreichischen Verfassungsrechts, 1905.

Theresias begründet ist, dessen Gedanke seither mit wechselnder Kraft in dem Herrschaftsbereich der Habsburger lebendig und zeitweise zwar wie ein Bach im Kiesbett verborgen, nie aber ganz verloren gegangen ist. Daran ändern auch nichts die mannigfachen Tatsachen, kraft deren nach außen hin Österreich-Ungarn als völkerrechtliche Persönlichkeit mit einheitlichem Willen und einheitlicher Machtbetätigung hervortritt, Tatsachen, wie die Zusammenfassung unter dem Namen der Österreichisch-Ungarischen Monarchie, die einheitliche diplomatische Vertretung und die Einheit des Heeresbefehls, der gemeinsame Hofstaat, die Verleihung von Würden und Orden mit Gültigkeit für die gesamte Monarchie. Die Gedankenkreise und die Grundanschauungen, aus denen heraus in Ungarn die 48er Gesetze entstanden, die Vorgänge, die zur Lockerung des zentralistischen System's im Oktoberdiplom und im Februarpatent geführt und schließlich den Ausgleich des Jahres 1867 zustande gebracht haben, berauben die Auffassung der Gesamtmonarchie als Einheitsstaat jedes Haltes an der Wirklichkeit.

Jene Grundanschauungen gehen von der Unabhängigkeit des Königreichs Ungarn aus, das „sich durch souveräne freie Willensäußerung zu gewissen Zwecken und unter gewissen Bedingungen mit dem ebenfalls unabhängigen und selbständigen Östereichischen Kaisertum verbunden hat, ohne auf den geringsten Teil seiner Souveränität als selbständige Nation verzichtet zu haben, obwohl es seine Zustimmung dazu gab, daß ein kleiner Teil der Regierungstätigkeit durch Exekutivorgane versehen werde, die mit Österreich gemeinsam sind"[1]). Die Vereinigung des österreichischen Hausbesitzes mit Ungarn nach der Schlacht bei Mohács sei unter ausdrücklicher Wahrung der Unabhängigkeit der ungarischen Krone und der Verfassung erfolgt, und die Pragmatische Sanktion habe — ebensowenig, wie 1804, die für Ungarn völlig wirkungslose Annahme des Kaisertitels — nichts gebracht, was die Unabhängigkeit und staatliche Selbständigkeit Ungarns hätte berühren können; nach dem Konflikt mit der Dynastie und der tatsächlichen Aufhebung der Verfassung seien im Jahre 1867 mit der Wiederherstellung der Verfassung bezüglich der praktischen Konsequenzen der Verbindung

1) Vgl. Graf Albert Apponyi, Die Rechtsnatur des Verhältnisses Ungarns und Österreichs, in der anläßlich der konstituierenden Versammlung der Ungarischen Waffenbrüderlichen Vereinigung herausgegebenen Festnummer der Zeitschrift Jogállam (Der Rechtsstaat), Budapest 1916.

der beiden Staaten neue Regeln geschaffen worden, aber das Grundprinzip: die souveräne Unabhängigkeit der ungarischen Nation, sei auch in diesen Abmachungen unangetastet geblieben. Soweit daraus eine gegenseitige Abhängigkeit zwischen beiden Staaten sich ergebe, berühre dies nicht deren selbständige staatliche Persönlichkeit, da es auch nach dem 67er Ausgleich keine über den beiden Staaten stehende, ihre Souveränität einschränkende, staatsrechtliche Einheit gebe. Weder die beschließende Tätigkeit der Delegationen noch die vollziehende Tätigkeit der gemeinsamen Minister stehe damit in Widerspruch. Jene seien nur abgeordnete Kommissionen ihrer Parlamente, diese grundsätzlich nur Organe der dem Staatsoberhaupt, hier dem Kaiser, dort dem König, zukommenden Vollzugsgewalt, gemeinsame Organe zweier, zwar in derselben Person vereinigten, staatsrechtlich aber verschiedenen Persönlichkeiten.

Diese Gedankengänge, die durchwegs den Verlauf der Ausgleichsverhandlungen und seitdem in mehr oder weniger weiter Ausdehnung die staatsrechtlichen Erörterungen namentlich von ungarischer Seite beherrscht haben, gelangen zur Auffassung der Monarchie als eines Staatenbundes, stellenweise auch einer einfachen Realunion.

Beide Auffassungen dürften einer Begriffsbestimmung zuliebe der Wirklichkeit Zwang antun, in der die Gemeinsamkeit sowohl geschichtlicher Betätigung wie auch jetzt noch der wichtigsten Staatsfunktionen, äußerer Politik und Heerwesen zu augenfällig hervortreten, um einerseits dem nur völkerrechtlichen Bande des Staatenbundes, andererseits der rein äußerlichen Verknüpfung der Realunion Genüge zu tun.

Auch bundesstaatlicher Charakter ist der Österreichisch-Ungarischen Monarchie zugeschrieben worden. Dieser Auffassung ist aber gegenüberzuhalten, daß ein verfassungsmäßig anerkanntes Bundesstaatsgebiet und eine Bundes-Staatsangehörigkeit ebenso wie eine ausgebildete, mit Souveränitätseigenschaft ausgestattete Zentralgewalt für Gesetzgebung und Vollziehung fehlt. Die Elemente, die in der Gestaltung der Monarchie an den Bundesstaat erinnern, sind, wenn auch tatsächlich vorhanden, nicht entwickelt genug und stehen einer zu stark ausgeprägten Einzelstaatsgewalt der Gliedstaaten gegenüber, um sie unter diesen Begriff einreihen zu können.

Eine scharfe begriffliche Abgrenzung des Wesens der Österreichisch-Ungarischen Monarchie ist hiernach nicht möglich; sie ist als ein eigenes Gebilde innerhalb der Völkergemeinschaft zu betrachten, in dessen Gestaltung auch nach außen zu verschiedenen Zeiten nicht immer die gleichen Züge hervortreten, vielmehr jeweils gerade diejenigen Elemente den Ausschlag geben, die nach den vorliegenden Aufgaben und den politischen Kräfteverhältnissen die überwiegenden sind. Das Bleibende in den verschiedenen Erscheinungen ist die staatliche Selbständigkeit Österreichs und Ungarns, die feste Grundlage für die Macht beider die auf der Pragmatischen Sanktion beruhende, der Sicherung gegen fremde Gewalt und Aufrechterhaltung der inneren Ruhe dienende Vereinigung der beiden Staaten der Monarchie unter einem und demselben Herrscher, das Mittel hierfür die anerkannte Gemeinsamkeit bestimmter im 67er Ausgleich im einzelnen festgesetzten (sog. pragmatischen Angelegenheiten sowie die Anwendung gleichartiger Grundsätze auf weiterem Gebiete nach Maßgabe wiederkehrender Vereinbarungen[1]).

Die grundlegenden Bestimmungen hierüber sind nicht in der äußeren Form eines Vertrags zwischen den beiden Staaten, die die Monarchie bilden, erfolgt, sie sind vielmehr niedergelegt in zwei selbständigen in Österreich und in Ungarn ergangenen Gesetzen, dem ungarischen Gesetzartikel XII: 1865/67 und dem österreichischen Delegationsgesetz vom 21. Dezember 1867 (RGBl. Nr. 146). Gleichwohl sind beide Gesetze der Ausdruck einer wechselseitigen Verpflichtung zwischen den beiden Staaten, die von keinem Teile einseitig aufgehoben oder geändert werden kann. Schon die Vorverhandlungen zu den Ausgleichsgesetzen von 1867 sind von dem Gedanken getragen, auf dem Wege gegenseitiger Vereinbarung, die durch die Ereignisse des Jahres 1848 auf die Spitze getriebenen Meinungsverschiedenheiten auszugleichen und so einen die Großmachtstellung der Monarchie sichernden Zustand herbeizuführen. Die Grundlagen für die

1) Am ehesten dürfte sich das jetzige Wesen der Monarchie, wenn man schon einen der geläufigen Rechtsbegriffe dafür finden will, mit dem des modernen „Zweckverbandes" erklären lassen. Inwieweit sich dieser Gedanke auf das staatsrechtliche Gebiet übertragen und durchführen, sowie noch weiter im Völkerrecht fruchtbringend entwickeln läßt, müßte den Gegenstand für eine besondere eingehende Untersuchung bilden.

Formulierung der Ausgleichsgesetze sind sodann in eingehenden Beratungen zwischen Vertretern der österreichischen und der ungarischen Regierung geschaffen und dann im Sinne einer Vereinbarung von Regierung zu Regierung beiderseits in bindender Weise angenommen worden. Die alsdann aus den Beratungen der gesetzgebenden Körperschaften in Österreich und in Ungarn hervorgegangenen Gesetze haben die Bedeutung der gesetzlichen innerstaatlichen Festlegung eines zwischen beiden Teilen unwiderruflich geschlossenen Übereinkommens. Dem österreichischen Reichsrat kam dabei — entgegen der ursprünglich im Sistierungsmanifest ausgesprochenen Absicht — nicht die Mitwirkung an den Unterhandlungen selbst zu, sondern lediglich die nachträgliche Genehmigung des zwischen beiden Regierungen geschlossenen Übereinkommens. Der Umstand, daß das Verhandlungsergebnis in den Formen zweier selbständiger Gesetze zu verschiedenen Zeitpunkten in den beiderseitigen Gesetzblättern erscheint, tritt zurück hinter der Tatsache, daß beide Gesetze den Inhalt gegenseitig eingegangener Verpflichtungen — dem Grundgedanken nach materiell übereinstimmend — festlegen[1]). Dabei kann freilich nicht übersehen werden, — was in der Tat die Quelle mancher praktischen Schwierigkeiten ist, — daß die beiden Gesetze nicht gleichlautend gefaßt sind, ja in einzelnen Punkten inhaltlich voneinander abweichen[1]). Wie hinter dieser Verschiedenheit von Form und Inhalt grundsätzlich auseinandergehende politische Anschauungen stehen, so geben sie solchen auch Raum zur Betätigung bei der praktischen Anwendung.

An sich war — abgesehen von der Beitragsquote zu den Kosten der gemeinsamen Angelegenheiten — das Übereinkommen als eine dauernde Regelung der durch die Pragmatische Sanktion geschaffenen Gemeinsamkeit der beiden staatlichen Machtbereiche gedacht; keines der beiden, es verkörpernden Gesetze also, auch nicht der ungarische Gesetzartikel XII: 1867 kann trotz ihrer formalen Selbständigkeit einseitig geändert werden, vielmehr bestehen die darin festgelegten Grundsätze zu Recht, bis im gegenseitigen Einverständnisse eine Revision des Vertrags zustande kommt. Andererseits ist eine solche auch durch keine Bestimmung ausgeschlossen. Allerdings wird

1) Näheres über die Vertragsnatur des Ausgleichs siehe bei Dr. Ivan Žolger, Der staatsrechtliche Ausgleich zwischen Österreich und Ungarn, Leipzig 1911, S. 252 f.

eine einseitig an den Gesetzen vorgenommene Änderung trotz ihrer rechtlichen Unverbindlichkeit weittragende Wirkung insofern haben, als es einen Druck für den anderen Vertragsteil bedeutet, sich auf eine Änderung des Vertragsverhältnisses einzulassen. Die Vereinigung der monarchischen Gewalt in einer Person, der in jedem Staate die Sanktion der Gesetze vorbehalten ist, bildet die Bürgschaft für gemeinsames Vorgehen in beiden Staaten, wie dem Monarchen auch sonst bei verschiedenen Auffassungen der beiden Regierungen die Möglichkeit tatsächlich oder verfassungsmäßig gegeben ist, einigend und ausgleichend zu wirken.

Durch Handschreiben des Kaisers und Königs vom 11. Oktober 1915 (RGBl. Nr. 328) ist für den Gebrauch eines den staatsrechtlichen Verhältnissen entsprechenden Wappens bei den gemeinsamen Einrichtungen der Österreichisch-Ungarischen Monarchie Vorsorge getroffen worden[1]). Dieses gemeinsame Wappen wird in zwei Arten geschaffen, einem mittleren und einem kleinen, während die Festsetzung eines großen Wappens einem späteren Zeitpunkt vorbehalten blieb. Es werden die nebeneinander gestellten, in sich vollständig abgeschlossenen Wappen der zur Monarchie untrennbar vereinigten Staaten Österreich und Ungarn, denen beiden im mittleren Wappen das der Länder Bosnien und Herzegowina bis zur Regelung ihrer staatsrechtlichen Stellung in der Monarchie beigefügt wird, durch das in beide Wappenschilde übergreifende und von der Collane des Ordens vom Goldenen Vließ umgebene Wappen des Herrscherhauses (Habsburg-Lothringen) und durch die der Pragmatischen Sanktion, dem § 7 des ungarischen Gesetzartikels II vom Jahre 1722/23 entnommene Devise Indivisibiliter ac inseparabiliter verbunden. Im mittleren Wappen befindet sich über dem österreichischen Wappenschild die österreichische Kaiserkrone, über dem Hauswappen die den Kaiserlichen Prinzen und Erzherzögen von Österreich und Königlichen Prinzen von Ungarn zustehende siebenbügelige Königskrone, über dem ungarischen Wappen die heilige Stefanskrone; unter dem Orden vom Goldenen Vließ sind zwischen beiden Staatswappen die Insignien der drei

1) Wegen Abbildungen und genauer Beschreibung vgl. Reichsgesetzbl. für die im Reichsrate vertretenen Länder, 1915, CLV. Stück, S. 793; s. a. Bernatzik, Unsere neuen Wappen und Titel, in Österr. Zeitschr. für öffentl. Recht, 2. Jahrg., 1915/16, S. 616.

höchsten Verdienstorden (Militär-Maria-Theresia-Orden, kgl. ungarischer Stefansorden und österreichisch-kaiserlicher Leopoldsorden) angebracht. Das kleine Wappen der Monarchie wird in derselben Anordnung wie das mittlere Wappen, jedoch unter Hinweglassung der Schildhalter und Verdienstorden aus den durch das Wappen des Herrscherhauses und das die Devise tragende Spruchband verbundenen kleinen Wappen von Österreich und Ungarn gebildet.

Die Benennungen für die beiden Staaten, aus denen die Österreichisch-Ungarische Monarchie (das Österreichisch-Ungarische Reich)[1]) besteht, sind: die „im Reichsrate vertretenen Königreiche und Länder" (Österreich, Zisleithanien, diesseitige Reichshälfte) und die „Länder der heiligen ungarischen Krone oder der heiligen Stefanskrone (Ungarn, Transleithanien). Zu diesen Ländern sind mit den Annexionsdekreten vom 5. Oktober 1908 die vorher nur okkupierten, in österreichisch-ungarischer Verwaltung befindlichen Länder Bosnien und Herzegowina getreten; ihre staatsrechtliche Stellung innerhalb der Monarchie ist noch nicht endgültig geregelt worden.

2. Der Monarch und die Dynastie.

Gemäß der Pragmatischen Sanktion ist das oberste Staatsorgan in sämtlichen zu der Österreichisch-Ungarischen Monarchie vereinigten Königreichen und Ländern der gemeinsame Herrscher, dessen Monarchenrecht in dieser Eigenschaft — seit klarer Ausbildung des Dualismus durch den Ausgleich — die Herrschaft über zwei Staaten, über die österreichischen Reichsratsländer (des Österreichischen Staates) und über die Länder der ungarischen Krone, gleichzeitig aber eine gesamtstaatliche Zuständigkeit in sich schließt.

Das so gestaltete Monarchenrecht ist in der habsburgischen (seit Karls VI. Tode habsburg-lothringischen) Dynastie im wesentlichen nach Maßgabe des Pactum mutuae cessionis et successionis und der Pragmatischen Sanktion in männlicher und weiblicher Linie erblich und geht hiernach trotz der Abweichungen der ungarischen Pragmatischen Sanktion, die praktisch ebenso belanglos sind[2])

---

1) S. oben S. 39.
2) S. oben S. 16.

wie das durch den ungarischen Gesetzartikel II: 1723 aufgestellte Erfordernis des katholischen Religionsbekenntnisses, nach dem Ableben oder Thronverzicht des Inhabers stets auf eine und dieselbe Person über. Zur Thronfolgefähigkeit gehört nach Herkommen Abstammung vom ersten Erwerber der Krone aus ebenbürtiger, mit Einwilligung des Herrschers geschlossener Ehe[1]). Weder Legitimation noch Adoption begründen ein Nachfolgerecht. Was als ebenbürtige Ehe anzusehen ist, bestimmt sich nach Herkommen und Fürstenrecht; unzweifelhaft fallen darunter die Ehen mit Mitgliedern souveräner europäischer Fürstenhäuser oder ehemals reichsständischer fürstlicher oder gräflicher Familien (Art. XIV der deutschen Bundesakte vom 8. Juni 1815).

Die Thronfolgeordnung ist in erster Reihe eine agnatische, d. h. die in männlicher Linie vom ersten Erwerber der Krone abstammenden Männer haben den Vorrang vor dem Weiberstamme (Frauen und von Frauen abstammenden Männern). Unter den Agnaten bestimmt sich die Nachfolge nach Linearordnung, fällt also zuerst der männlichen Nachkommenschaft (Linie) des letzten Throninhabers, dann derjenigen seiner Brüder, seiner Oheime usw. zu, und zwar mit Berücksichtigung der sog. Repräsentation, wonach für einen vorverstorbenen, an und für sich zur Thronfolge berufenen Mann dessen Deszendenz eintritt. Die einzelnen Linien reihen sich nach dem Rechte der Primogenitur aneinander, derart, daß also unter mehreren Söhnen der Erstgeborene und seine männliche Nachkommenschaft und nach deren Erlöschen die Linie des Nächstgeborenen zur Thronfolge berufen wird. Erst beim Aussterben des Mannesstammes tritt die weibliche Nachkommenschaft

1) Darüber spricht sich auch das nicht im ganzen veröffentlichte Hausgesetz vom 4. Februar 1839 aus; aus Anlaß der Eheschließung des Thronfolgers Erzherzog Franz Ferdinand mit der Gräfin Sophie Chotek wurde durch dessen Erklärung ausgesprochen, daß diese Ehe im Sinne der Hausgesetze als keine ebenbürtige anzusehen ist und daß daher den Kindern aus dieser Ehe ein Recht auf die Thronfolge weder in den Reichsländern noch in Ungarn zukomme. In Ungarn, wo dem Statut von 1839 die Anerkennung versagt wurde, hat der Reichstag jene Erklärung als Gesetz „inartikuliert" (Gesetzartikel XXIV: 1900). Bei den Verhandlungen darüber ist anerkannt worden, daß der Ausschluß einer morganatischen Deszendenz auch in der ungarischen Pragmatischen Sanktion gefordert ist, weil hier die Thronfolge Erzherzogen vorbehalten ist, für deren Bestimmung die Gewohnheit und die Gesetze der Dynastie maßgebend seien (s. E. Bernatzik, Neues über die Pragmatische Sanktion, in Österr. Zeitschr. für öffentl. Recht, 1915, S. 148 f.).

(Kognatenerbfolge) ein, wiederum gemäß Linearordnung und Primogeniturrecht.

Die monarchische Gewalt geht mit dem Augenblick der Erledigung des Thrones ohne weiteres auf den Thronfolger über, ohne daß es für die Rechtswirksamkeit dieses Vorganges einer weiteren Besitzergreifungshandlung bedarf; als solche ist auch nicht das im Anschluß an die Thronbesteigung ergehende Manifest oder die Ableistung des Verfassungsgelöbnisses zu betrachten. Nach dem ungarischen Gesetzartikel III: 1790 muß der neue König von Ungarn binnen 6 Monaten nach dem Todestag des verstorbenen Königs seine gesetzliche Krönung vornehmen lassen, der die Ausstellung und Beeidigung des Inauguraldiploms voranzugehen hat; mit der Krönung in Ungarn tritt der erbliche König in den Vollbesitz seiner königlichen Gewalt, indem zu den von ihm mit der Erledigung des Thrones erworbenen Verwaltungsbefugnissen die Befugnis der verfassungsmäßigen Mitwirkung an der Gesetzgebung tritt.

Außer dem Tode des Monarchen ist freiwillige Abdankung als Grund der Beendigung des Herrscherrechts, obwohl die Pragmatische Sanktion keine Vorschriften darüber enthält, in der Österreichisch-Ungarischen Monarchie anerkannt. Die Abdankung bewirkt den Übergang der monarchischen Stellung auf den verfassungsmäßigen Erben in gleicher Weise, wie der Tod des Monarchen, d. h. es gibt weder einen Thronverzicht zugunsten einer anderen als der zunächst zur Thronfolge berufenen Person, noch einen solchen auf Zeit oder unter Bedingungen, noch einen solchen unter Einschränkungen sei es in Ansehung bestimmter Herrschaftsrechte oder bestimmter Gebiete der Monarchie. In Ungarn bedarf die Thronentsagung zwar nicht, wie dies nach dem Wortlaute des Gesetzartikels III: 1867 (§ 3) angenommen werden könnte, der formalen Zustimmung des Reichstags, wohl aber muß dieser Kenntnis nehmen und den Vorgang als Gesetz beurkunden („inartikulieren"). Die Abdankung Kaiser Ferdinands I. vom 2. Dezember 1848, über die eine Mitteilung an den ungarischen Reichstag nicht stattgefunden hatte, und zugleich damit die Verzichtleistung des Erzherzogs Franz Karl auf die Thronfolge wurde durch den Gesetzartikel III: 1867 nachträglich inartikuliert, und dabei festgestellt, daß der Verzicht des nächsten Thronerben auf die Krone in gleicher Weise wie eine Abdankung zu behandeln sei.

Für den Fall der vorübergehenden oder dauernden Behinderung des Herrschers enthält die Pragmatische Sanktion keine Vorschriften. Von den späteren Gesetzen weist der § 10 der Märzverfassung des Jahres 1849 auf die Bestimmungen der Hausgesetze über die Großjährigkeit des Thronfolgers, dann über die Einsetzung einer Vormundschaft oder Regentschaft hin. Solche Vorschriften dürften daher in dem nicht veröffentlichten Familienstatut vom 3. Februar 1839 enthalten sein. Für Ungarn bestimmt nur das alte Staatsrecht, daß die Regentschaft im Falle der Regierungsunfähigkeit des Königs dem von den Ständen zu wählenden Palatin zukommt. Durch den Gesetzartikel VII: 1867 ist aber, solange die Palatinswürde im Einklange mit den Grundsätzen des verantwortlichen Regierungssystems nicht gesetzlich geregelt sein würde, die Wahl eines Palatins vertagt worden. So mag auch jetzt noch Zweifel darüber bestehen, ob eintretendes Falles, entgegen dem grundgesetzlichen Gedanken der Gemeinsamkeit des Herrschers nicht eine verschiedene Regentschaft in beiden Staaten berufen sein könnte, es sei denn, daß die Frage vorher durch identische Gesetze in Österreich und in Ungarn gelöst werden würde. Die Schwierigkeit wäre aber in gewissem Maße auch dadurch gelöst, daß die Bestimmung des Regenten, wie es in der Tat in der Theorie geschehen ist, rechtlich als eine autonome Befugnis der Dynastie anerkannt würde im Sinne der Gepflogenheiten, deren Aufrechterhaltung das pactum mutuae successionis festgesetzt hat. — Von der Regentschaft zu unterscheiden ist die lediglich unter dem Gesichtspunkt der Vollmacht zu betrachtende Beauftragung einer Person mit der vorübergehenden Führung von Staatsgeschäften; in einem solchen Falle sind die Rechte des Beauftragten streng durch den Umfang der Vollmacht begrenzt.

Auch über das Alter der Thronmündigkeit bestehen verschiedene Ansichten. Die Pillersdorfsche Verfassung und der Kremsierer Entwurf nannten das 18. Lebensjahr, die Märzverfassung verweist auf die Hausgesetze, über deren Inhalt in diesem Punkte nichts bekannt gegeben worden ist[1]).

Die Stellung des Monarchen als Beherrschers der Österreichisch-Ungarischen Monarchie kommt zunächst in seinem im

1) Ulbrich (S. 80) nimmt als Thronmündigkeitsalter das 18., Herrnritt (S. 120) in Übereinstimmung mit Haucke (S. 47) das 16. Lebensjahr an.

Jahre 1868 festgelegten Titel zum Ausdruck, der bei souveränen Akten staatsrechtlichen und diplomatischen Charakters lautet: „Kaiser von Österreich, König von Böhmen usw. und Apostolischer König von Ungarn". Unabhängig von der dualistischen Gestaltung des Reichs ist er der Inhaber der Hausgewalt über die Mitglieder der Dynastie, zu denen gerechnet werden die ebenbürtige Gemahlin des Herrschers und die ebenbürtigen Witwen seiner Vorgänger, die Erzherzoge und Erzherzoginnen [1]), die aus ebenbürtiger, hausgesetzlich genehmigter Ehe vom gemeinsamen Stammvater abstammen, endlich die ebenbürtigen Gemahlinnen der Mitglieder des Hauses [2]). Die oberste Verwaltung der Angelegenheiten des Herrscherhauses wird von einem Minister geleitet, der mit dem Minister der auswärtigen Angelegenheiten identisch ist und als solcher gemäß Allerhöchstem Handschreiben vom 4. Oktober 1895 an Stelle des Titels eines Ministers des Kaiserlichen Hauses denjenigen eines Ministers des Kaiserlichen und Königlichen Hauses führt.

Aus der Eigenschaft des Monarchen als Herrscher in seiner ganzen Stellung zum Reiche und zu seinen Teilen ergibt sich die staatsrechtliche Heiligkeit, Unverletzlichkeit und Unverantwortlichkeit seiner Person und der besondere strafrechtliche Schutz, der sie umgibt, d. h. er kann weder wegen seiner Regierungshandlungen noch wegen seiner privaten Handlungen strafgerichtlich durch ein Organ des Staates zur

1) An sich scheiden die Erzherzoginnen mit der Verehelichung und damit verbundenen Unterwerfung unter eine fremde Hausgewalt aus dem Kaiserhause aus, sie behalten aber die mit der Mitgliedschaft verbundenen Ehrenrechte. — Im Falle der Abdankung tritt auch der verzichtende Monarch in die Stellung eines der Hausgewalt des Nachfolgers unterworfenen Mitglieds der Dynastie zurück, unter Beibehaltung des kaiserlichen und königlichen Titels.

2) Die Mitglieder des Herrscherhauses genießen eine nach Herkommen sowie Haus- und Staatsgesetzen bestimmte Ausnahmestellung gegenüber den Staatsbürgern. So ist ihre Volljährigkeit auf das 20. Lebensjahr festgesetzt; sie sind von der Volljährigkeit an aus eigenem Recht Mitglieder der Oberhäuser beider Staaten, haben ihren eigenen Gerichtsstand vor dem Obersthofmarschallamt, das auch, soweit sie sich in Wien aufhalten, für ihre etwaige Vernehmung als Zeugen zuständig ist (außerhalb Wien der Präsident des Gerichtshofs erster Instanz); sie sind von verschiedenen öffentlichen Lasten, z. B. Quartierleistung und anderen Leistungen für die bewaffnete Macht, in gewissem Umfange befreit, sie haben nach Maßgabe des Hausgesetzes Anspruch auf einen Hofstaat, Apanagen usw., sie genießen besonderen strafrechtlichen Schutz.

Rechenschaft gezogen werden, Angriffe auf seine Person, seine persönliche Ehre und die Ausübung seiner Herrschaft werden sowohl nach österreichischem als auch nach ungarischem Rechte als Angriffe gegen die Staatsordnung selbst, in besonderer Art als Majestätsbeleidigung und Hochverrat bestraft. An die Stelle der Verantwortlichkeit hinsichtlich seiner Regierungsakte tritt in beiden Staaten wie in den gemeinsamen Angelegenheiten das Erfordernis der Gegenzeichnung durch den verantwortlichen Minister. In Ansehung seiner privatrechtlichen Stellung untersteht der Herrscher der allgemeinen bürgerlichen Rechtsordnung. In sonstigen Rechtsgebieten genießt der Monarch weitgehende Bevorzugungen (Zollfreiheit, Portofreiheit, Einquartierungsfreiheit u. s. w.).

Die außerhalb des Kreises der reinen Staatsverwaltung liegenden Aufgaben des Monarchen bedingen einen vom übrigen Staatsdienst getrennten Hofstaat, zu dem vor allen die vier obersten Hofchargen (Obersthofmeister, Oberstkämmerer, Obersthofmarschall und Oberststallmeister mit ihren Stäben, und die 6 verschiedenen Arten der Leibgarden, darunter zwei ungarische) gehören. Mit Ausnahme der ungarischen Leibgarden sind die Inhaber der Hofstaatsämter einheitliche Organe der Gesamtmonarchie und führen, wie alle Hofangestellten, seit 1889 die Bezeichnung „kaiserlich und königlich"; in gleicher Weise werden die Hof- und Kammertitel (k. und k. Hoflieferanten u. s. w.) bezeichnet. Bei feierlichen Gelegenheiten, welche die Länder der Ungarischen Krone als staatsrechtliche Akte betreffen, wie bei der Krönung in Ungarn, der Eröffnung und Schließung des ungarischen Reichstags, Empfang der ungarischen Delegation und bei besonderen Nationalfesten, endlich bei Eidesleistungen und Gelöbnissen geistlicher und weltlicher Würdenträger der Ungarischen Krone, sollen gemäß Handschreiben vom 20. November 1893 statt der obersten Hofchargen die ungarischen Reichsbannerherrn eintreten. Mit Handschreiben vom 13. Dezember 1895 wurde sodann ein zum gemeinsamen Hofstaat gehöriger Hofmarschall als „Sr. Kaiserlichen und Königlichen Apostolischen Majestät Hofmarschall in Ungarn" eingesetzt, der bei allen bei Hofe in Ungarn stattfindenden Hoffesten, feierlichen Empfängen und Zeremonien den exekutiven Zeremonielldienst zu leiten und den Ersten Obersthofmeister, falls dieser nicht mit Sr. Majestät in Budapest anwesend sein sollte, zu vertreten hat. Im Jahre 1903 folgte die Einrichtung eines ständigen Hofmarschallamts in Budapest. Einen ständigen ungarischen Hof gibt es im übrigen indes nicht. Eine besondere Funktion fällt dem k. u. k. Obersthofmarschallamt zu, in seiner Gestalt als „Wiener Obersthofmarschallisches Gericht", einem Gericht für bürgerliche Rechtssachen in Ansehung der Mitglieder der Dynastie und anderer privilegierter Personen. Ungarn hat aus staatsrechtlichen Rücksichten im Jahre 1909 ein eigenes ungarisches Obersthofmarschallgericht eingesetzt, Gesetzartikel XVI: 1909.

Hilfsämter des Monarchen zur Erledigung des ihn berührenden Geschäftsverkehrs sind die Kabinettskanzlei für die Zivilangelegenheiten und die Militärkanzlei für Militärsachen.

Die Kosten des Hofstaates und überhaupt der Hofhaltung sowie die Apanagen und ähnliche Zahlungen an die Mitglieder des Herrscherhauses werden bestritten aus der Hofstaatsdotation, die aus Staatsmitteln in einer bestimmten Jahressumme dem Monarchen zukommt. In der Art, wie diese Rente, die sich zurzeit (ohne die Kabinetts- und die Militärkanzlei) auf 22600000 Kronen beläuft, auf die beiden Staaten verteilt ist, kommt zum Ausdruck, daß die Hofhaltung trotz ihrer tatsächlichen Einheit nicht als eine der gemeinsamen Angelegenheiten im Sinne der Ausgleichsgesetze betrachtet wird; die Hofstaatsdotation wie der Aufwand für die Kabinettskanzlei werden von den beiden Staaten gesondert votiert und von ihnen nicht nach dem Satze der Ausgleichsquote (s. S. 71), sondern zu gleichen Teilen getragen.

Unter den Hoheitsrechten des Monarchen ist hervorzuheben die Verleihung von Titeln, Würden, Orden und sonstigen staatlichen Auszeichnungen. Die meisten der Orden werden ohne Unterschied der Staatsangehörigkeit innerhalb der Monarchie verliehen. Eine besondere Stellung nimmt der kgl. ungarische heilige Stefansorden ein.

Die auf die Leitung der Staatsgeschäfte im engeren Sinne bezüglichen Befugnisse des Monarchen als Haupt der Österreichisch-Ungarischen Monarchie, mit anderen Worten seine gesamtstaatlichen Befugnisse entsprechen dem Wesen nach der historisch gewordenen Eigenart der Monarchie und entwickeln sich aus den durch die Verfassungsgesetze in beiden Staaten festgelegten gemeinsamen Angelegenheiten. Innerhalb dieser durch die Verfasjungsgesetze allerdings nicht weit gezogenen Grenzen ist der Monarch einheitlicher Träger und einheitliches Organ des Willens beider Staaten zur Erfüllung ihrer durch die Pragmatische Sanktion aufgestellten und durch die geschichtliche Entwicklung weitergebildeten staatlichen Ziele und Aufgaben. Er vertritt die Monarchie im Verkehr mit dem Auslande und entscheidet in dieser Eigenschaft über deren auswärtige Politik, seine Person erscheint in den für die Monarchie abgeschlossenen Staatsverträgen als die vertragschließende Partei; er ratifiziert die in seinem Namen abgeschlossenen Staatsverträge, er erklärt den Krieg und schließt den Frieden, er entsendet und empfängt diplomatische Missionen. Dem gemeinsamen Monarchen steht die Leitung, Führung und innere Organisation der gesamten Armee ausschließlich zu. Er ernennt die gemeinsamen Minister, organisiert und leitet in oberster Instanz deren Geschäftsbereich und ernennt die dazugehörigen Beamten, soweit die Ernennung nicht von ihm anderen Organen überlassen ist. Die Beschlüsse der Delegationen in den beiden Staaten gemeinsamen Angelegenheiten bedürfen der Sanktion des Monarchen. Dieser bestimmt endlich in dem besonderen Falle, wo zwischen den Vertretungen beider Staaten ein Uebereinkommen über den von ihnen zu tragenden Anteil an den gemeinsamen Kosten nicht zustande kommen sollte, dieses Verhältnis zunächst auf die Dauer eines Jahres.

Die Entschließungen des Monarchen sind in Fällen, wo es sich nicht ausschließlich um Fragen der militärischen Kommandogewalt handelt, ihrem materiellen Inhalt nach abhängig einmal von der Mitwirkung der verantwortlichen gemeinsamen Ministerien, und sodann von dem sowohl verfassungsmäßigen als auch tatsächlichen Einfluß der Regierungen der beiden Staaten; in dieser Hinsicht spielen namentlich die Vertretungskörper der beiden Staaten zum Teil als Ganzes, zum Teil durch Vermittlung der Delegationen eine bedeutsame Rolle.

3. Übersicht über die gemeinsamen Angelegenheiten und deren Verwaltung.

Die Festsetzung der gemeinsamen Angelegenheiten ist erfolgt durch das österreichische Gesetz vom 21. September 1867 (RGBl. Nr. 146) betreffend die allen Ländern der Österreichischen Monarchie gemeinsamen Angelegenheiten und die Art ihrer Behandlung (sog. Delegationsgesetz) und den ungarischen Gesetzartikel XII des Jahres 1867. Als solche sind — erschöpfend — aufgezählt:

a) die auswärtigen Angelegenheiten mit Einschluß der diplomatischen und Handelsvertretung dem Auslande gegenüber, sowie die in Ansehung der internationalen Verträge notwendigen Verfügungen, jedoch vorbehaltlich der Genehmigung durch Reichsrat und Reichstag bei denjenigen Verträgen, wo nach dem Staatsrechte der beiden einzelnen Staaten eine solche Genehmigung notwendig ist;

b) das Kriegswesen einschließlich der Kriegsmarine, dagegen ausschließlich der Rekrutenbewilligung und der Gesetzgebung über die Art und Weise der Erfüllung der Wehrpflicht, der Verfügung über die örtliche Verteilung und Verpflegung des Heeres, ferner der Regelung der bürgerlichen Verhältnisse und der sich nicht auf den Militärdienst beziehenden Rechte und Pflichten der Heeresangehörigen;

c) das Finanzwesen in Ansehung der gemeinsam zu bestreitenden Auslagen, insbesondere die Festsetzung des dazu gehörigen Voranschlags und die Prüfung der darauf sich beziehenden Rechnungen, einschließlich gemeinsamer Anleihen, soweit es sich um deren Abschluß, Verwendung und Rückzahlung handelt, nicht aber die Entscheidung über die der Gesetzgebung jeder der beiden Reichshälften vorbehaltene Frage, ob eine gemeinsame Anleihe aufzunehmen ist.

In allen drei Angelegenheiten handelt es sich nicht um eine materielle Gesetzgebung, sondern nur um eine gemeinsame Verwaltung unter einem gemeinsamen verantwortlichen Ministerium, das entsprechend den aufgeführten Gegenständen aus drei Ressorts, dem Ministerium des Äußern, dem gemeinsamen Kriegsministerium und dem gemeinsamen Finanzministerium besteht. Der Geschäftskreis dieser Ministerien, deren Zahl übrigens nicht vermehrt werden kann, ist von demjenigen der Ministerien der beiden Reichsteile scharf getrennt; es ist den gemeinsamen Ministern nicht gestattet, neben den gemeinsamen Angelegenheiten auch Regierungsgeschäfte eines der beiden Staaten zu führen. Die Stelle eines Vertretungskörpers nehmen in den gemeinsamen Angelegenheiten Ausschüsse der Volksvertretungen beider Staaten, die sogenannten Delegationen, ein (s. unten S. 89).

Die Deckung des Bedarfs für die gemeinsamen Angelegenheiten, soweit dafür nicht die verhältnismäßig geringen Einnahmen der gemeinsamen Verwaltungen aufkommen, werden auf beide Staaten nach einem bestimmten Verhältnis verteilt, das auf Grund von Verhandlungen zwischen deren Vertretungen (dem österreichischen Reichsrat und dem ungarischen Reichstag) mit Gültigkeit für eine Reihe von Jahren vereinbart wird (sog. Quote, Näheres s. S. 71). Die nach Maßgabe der Quote erforderlichen Mittel werden von jedem Staate gesondert nach Maßgabe seiner eigenen Finanzgesetzgebung aufgebracht.

Von den bisher behandelten pragmatisch-gemeinsamen Angelegenheiten[1]) sind zu unterscheiden diejenigen Angelegenheiten, die (§ 59 Ges.-Art. XII) zwar nicht gemeinsam zu verwalten, also auch der Zuständigkeit der gemeinsamen Ministerien entzogen, jedoch nach gleichen von Zeit zu Zeit zu vereinbarenden Grundsätzen zu behandeln sind (sog. dualistisch-gemeinsame Angelegenheiten). Hierzu gehört zunächst die einheitliche Feststellung des Wehrsystems, die durch die Gemeinsamkeit des Kriegswesens bedingt ist. Die übrigen hierhergehörigen Gebiete sind so ausgewählt, daß mit der Identität der Grundsätze die Herstellung eines den beiderseitigen Interessen entsprechenden wirtschaftlichen und rechtlichen Zusammenschlusses erreicht wird. Als solche Gegenstände werden von den Ausgleichsgesetzen aufgezählt:

a) die Handelsangelegenheiten, insbesondere die Zollgesetzgebung;

b) die Gesetzgebung über die mit der gewerblichen Produktion in enger Verbindung stehenden indirekten Abgaben;

c) die Feststellung des Münzwesens und des Geldfußes;

d) die Verfügung hinsichtlich derjenigen Eisenbahnlinien, die das Interesse beider Reichshälften berühren.

Die Verwaltung dieser Angelegenheiten erfolgt in beiden Staaten getrennt, die Herstellung der gleichartigen Normen auf Grund von Vereinbarungen zwischen den beiderseitigen Regierungen, die dabei als zwei rechtlich voneinander unabhängige Vertragsparteien auftreten, der Erlaß der einschlägigen Gesetze durch selbständige Akte der gesetzgebenden Faktoren.

---

1) Gegenstände, deren Gemeinsamkeit als aus der Pragmatischen Sanktion fließend angesehen wird (§ 18 Gesetzartikel XII: 1867).

4. Die auswärtigen Angelegenheiten.

Die Leitung der auswärtigen Angelegenheiten bildet den Geschäftskreis des **Ministers des Äußern**, der in dieser Beziehung im Einvernehmen mit den Ministerien der Reichsratsländer und der Länder der ungarischen Krone handelt, so daß den Regierungen beider Staaten ein weitgehender Einfluß auf die Führung der allgemeinen Politik zukommt. Organisationsgemäß unterstehen ihm außer den Beamten seines Ministeriums das gesamte Personal des diplomatischen (Botschafter, Gesandte, Ministerresidenten und Geschäftsträger) und konsularischen Dienstes (Generalkonsuln, Konsuln, Vizekonsuln, Konsularagenten), einschließlich der zugehörigen Hilfsbeamten, wie Botschafts- und Legationsräte, Sekretäre, Attachés, Dolmetscher, die Militärattachés, ferner das k. u. k. Haus-, Hof- und Staatsarchiv, die k. u. k. Konsularakademie, bei der die Vorbereitung auf den Konsulardienst erfolgt. Der Minister des Äußern ist gleichzeitig Hausminister der Dynastie. Das Ministerium führt die Bezeichnung: kaiserliches und königliches Ministerium des kaiserlichen und königlichen Hauses und des Äußern.

Aus dem Wirkungskreis des Ministeriums sind hervorzuheben: die Vertretung der Rechte und Interessen des Reichs, seiner Teile wie der einzelnen Staatsangehörigen gegenüber dem Auslande, die Verhandlungen mit fremden Staaten hinsichtlich ihrer auf diplomatischen Wege vorgebrachten Anträge und Wünsche, der Abschluß von Staatsverträgen und Übereinkommen mit fremden Staaten einschließlich der Verhandlungen dazu, die Beziehungen zum Heiligen Stuhle in Beziehung auf kirchliche Angelegenheiten, die Leitung des gesamten Konsulatswesens [1]) und die Konsulargerichtsbarkeit [2]). Das gemeinsame Ministerium und seine Organe

1) Bei Feststellung der Anweisungen an die Konsuln in Handelsangelegenheiten ist das Ministerium des Äußern an ein Einvernehmen mit den beiden Handelsministern gebunden. Jeder der beiden Handelsminister hat das Recht, in Angelegenheiten seines Ressorts in direkten Schriftwechsel mit den Konsulaten zu treten, die dann die gewünschten Berichte zu erstatten haben. Näheres über den österreichisch-ungarischen Konsulardienst siehe in dem umfangreichen Werke von **Malfatti**, 2 Bände, Wien 1904.

2) Die Bestimmungen über die Ausübung der Konsulargerichtsbarkeit Österreich-Ungarns beruhen auf dem österreichischen Gesetz vom 30. August 1891 (RGBl. Nr. 136) und dem diesem entsprechenden ungarischen Gesetz-

üben in diesem Umfang ihre Tätigkeit aus, auch wenn es sich nur um das Interesse eines der beiden Staaten handelt.

Besondere Betrachtung bedürfen vom öffentlich-rechtlichen Standpunkte die Staatsverträge, und zwar in dreifacher Richtung, einmal hinsichtlich des zum Abschluß nach außen berechtigten Subjekts, sodann hinsichtlich der staatsrechtlichen Wirksamkeit des Vertrags nach innen, endlich hinsichtlich der Beendigung seiner Gültigkeit.

a) Was das nach außen zum Abschluß berechtigte Subjekt anlangt, so ergibt sich die allgemeine Regel sowohl aus der Struktur der Österreichisch-Ungarischen Monarchie als auch aus den ausdrücklichen Bestimmungen der grundlegenden Gesetze. Im Verkehr mit dem Auslande ist die Monarchie einheitliche Rechtspersönlichkeit. Der Abschluß der Staatsverträge kommt dem gemeinsamen Monarchen zu, der darin als die für die Monarchie handelnde Persönlichkeit auftritt. Er bedient sich zu diesem Zwecke der einheitlichen Organe der Monarchie, des gemeinsamen Ministers des Äußern und seiner Beauftragten. Hiermit stimmt vor allem § 1 des österreichischen Delegationsgesetzes vom 21. Dezember 1867 überein, worin als (pragmatisch-)gemeinsame Angelegenheiten erklärt werden „die auswärtigen Angelegenheiten mit Einschluß der diplomatischen und kommerziellen Vertretung dem Auslande gegenüber, sowie die in betreff der internationalen Verträge etwa notwendigen Verfügungen". Diese Vorschrift unterscheidet nicht, ob die Verträge unmittelbar Rechtsverhältnisse auf dem Gebiete der für beide Staaten pragmatisch-gemeinsamen oder dualistisch-gemeinsamen oder der für jedes Land unbedingt selbständig zu verwaltenden Angelegenheiten beider Staaten regeln. Vom Wortlaute des österreichischen Gesetzes abweichend und weniger bestimmt in dieser Richtung spricht sich § 8 des Gesetzartikels XII: 1867 aus: „Das eine Mittel der aus der Pragmatischen Sanktion fließenden gemeinsamen und simultanen Verteidigung ist die zweckmäßige Leitung der auswärtigen Angelegenheiten. Diese zweckmäßige Leitung erfordert Gemeinsamkeit bezüglich jener auswärtigen Angelegenheiten, welche die unter der Herrschaft Sr. Ma-

artikel XXXI: 1891. Die Geltungsdauer der wesentlichen Vorschriften dieser Gesetze, die ursprünglich auf 10 Jahre festgesetzt war, ist wiederholt, zuletzt durch das österreichische Gesetz vom 16. März 1914 (RGBl. Nr. 58) und den ungarischen Gesetzartikel LIV: 1913 bis 31. Dezember 1917 verlängert worden.

jestät stehenden Länder simultan betreffen. Deshalb gehören die diplomatische und kommerzielle Vertretung des Reiches gegenüber dem Auslande, sowie die hinsichtlich der internationalen Verträge etwa notwendigen Verfügungen im Einverständnisse mit den Ministerien beider Teile und unter deren Zustimmung zu den Agenden des gemeinsamen Ministers des Auswärtigen."

Von der Souveränität beider Staaten ausgehend, hat man nun namentlich von ungarischer Seite die Vorschrift dahin ausgelegt[1]), daß der Abschluß nur solcher Verträge dem gemeinsamen Minister des Äußern zustehe, die den beiden Staaten gemeinsame oder solche Angelegenheiten betreffen, hinsichtlich deren ein gemeinsamer Abschluß besonders festgelegt worden ist; in allen anderen Angelegenheiten habe Ungarn ebenso wie Österreich das Recht der freien voneinander unabhängigen Vertragsschließung, und die Tätigkeit des Ministers des Äußern als gemeinsamen österreichischen und ungarischen Ministers habe sich in derartigen Fällen darauf zu beschränken, die nötigen diplomatischen Vorkehrungen zu treffen und bei den internationalen Formalitäten in Vollmacht und in Vertretung des zuständigen ungarischen Ministers einzutreten. Es geschehe daher nur aus praktischen Gründen, wenn auch Verträge, die weder pragmatisch- noch dualistisch-gemeinsame Angelegenheiten beider Staaten betreffen, z. B. Rechtshilfe-, Auslieferungs-, Post- und Telegraphenverträge, in einer Vertragsurkunde abgeschlossen würden, jedenfalls müsse dann durch abgesonderte Unterfertigungen des Vertrags („für Österreich", „für Ungarn") die Unabhängigkeit beider Staaten zum Ausdruck kommen.

Die Praxis folgte lange Zeit hindurch nicht einheitlichen Grundsätzen; eine Reihe von Verträgen ist mit den Unterschriften von Vertretern der beiden Regierungen versehen worden, die Brüsseler Zuckerkonvention vom 5. März 1902 (RGBl. 1903 Nr. 25 und ungarischer Gesetzartikel I: 1903) trägt z. B. die Unterschriften eines Vertreters „für Österreich-Ungarn", eines „für Österreich" und eines „für Ungarn". Aus Anlaß der wirtschaftlichen Ausgleichsverhandlungen des Jahres 1907 ist eine Verständigung zustande gekommen. Zunächst bestimmte der im Jahre 1907 abge-

---

1) Siehe Desider Márkus, Ungarisches Verwaltungsrecht, 1912, S. 123.

schlossene Vertrag, betreffend die Regelung der wechselseitigen Handels- und Verkehrsbeziehungen zwischen den im Reichsrate vertretenen Königreichen und Ländern und den Ländern der heiligen ungarischen Krone[1]), in seinem Artikel II, daß die mit fremden Staaten abgeschlossenen Verträge, welche die Regelung wirtschaftlicher Beziehungen bezwecken, insbesondere Handels-, Schiffahrts- und Konsularverträge, für die im Reichsrate vertretenen Königreiche und Länder und für die Länder der ungarischen Krone gleich bindende Kraft haben. Nach Artikel III dieses Vertrags sollte die Verhandlung und der Abschluß von neuen, im Artikel II erwähnten Verträgen mit Rechtswirksamkeit für beide Staaten (vorbehaltlich der verfassungsmäßigen Genehmigung beider gesetzgebender Vertretungen) durch den gemeinsamen Minister des Äußern erfolgen, und zwar auf Grundlage von Vereinbarungen, die zwischen den Regierungen beider Staaten zu treffen wären[2]). Die in dem Schlußprotokoll des Vertrags hierzu getroffene Bestimmung, daß solche Verträge von dem Minister des Äußern oder durch einen gemeinsamen Vertreter der Gesamtmonarchie und durch je einen Vertreter Österreichs und Ungarns zu unterzeichnen sind, schließt mittelbar die Anerkennung Ungarns als Subjekt völkerrechtlicher Verträge mit fremden Staaten in sich, insoweit wenigstens, als es sich um Verträge handelt, die nicht infolge ihrer politischen Bedeutung für die Stellung der Gesamtmonarchie zu anderen Staaten (insbesondere Bündnisverträge, Friedensverträge, Verträge auf Grund politischer Kongresse und Konferenzen, wie z. B. der Haager Friedenskongresse u. s. w.), als unbedingt aus der Pragmatischen Sanktion folgende gemeinsame Angelegenheiten anzusehen und daher der Unterfertigung durch ein gemeinsames Organ der Monarchie ausschließlich vorbehalten sind. Neben den Verträgen in pragmatisch- und dualistisch-gemeinsamen Angelegenheiten kommen noch Verträge über solche Angelegenheiten in Betracht, in denen jeder der beiden Staaten ein durch keinerlei vertragsmäßige Beschränkung begrenztes Gesetzgebungs- und Verwaltungsrecht hat. In Fällen

---

1) Österreichisches Gesetz vom 30. Dezember 1907 (RGBl. Nr. 278) und ungarischer Gesetzartikel LIV: 1907.

2) Derartige Verträge sind, wenn ihr Abschluß nicht ausschließlich in französischer Sprache erfolgt, gleichförmig auch in deutscher und ungarischer Sprache auszufertigen; beide Ausfertigungen sind als Originaltexte zu unterzeichnen.

dieser Art bestimmt sich die Art der Unterfertigung danach, ob der Vertragsinhalt in Verhältnisse beider Staaten oder nur eines derselben eingreift, so daß je nach dem Inhalt außer dem gemeinsamen Minister des Äußern (oder eines anderen gemeinsamen Vertreters) Vertreter beider Regierungen oder nur ein Vertreter einer von ihnen unterzeichnet. Für alle Verträge gilt in gleicher Weise das Erfordernis der Ratifikation durch den Monarchen.

b) Den Befugnissen der zum Vertragsabschluß nach außen berufenen Organe steht mit Rücksicht darauf, daß die Verträge naturgemäß Wirkungen auf die Staaten selbst, sei es hinsichtlich ihrer Gesamtentwicklung, sei es insbesondere hinsichtlich ihrer inneren Gesetzgebung und Verwaltung im einzelnen äußern müssen, ein zweifaches Korrektiv gegenüber. Einmal müssen die Verträge im Einvernehmen mit den Regierungen der beiden Staaten, oder, wo in autonomen Angelegenheiten nur ein Staat beteiligt ist, im Einvernehmen mit der Regierung dieses Staates abgeschlossen sein. Die politischen Organe der beteiligten Staaten erlangen schon in dieser Weise auf die Frage des Vertragsabschlusses überhaupt, wie auf den Vertragsinhalt entsprechenden Einfluß, der insoweit, als die Regierung selbst von den in den gesetzgebenden Vertretungen wirksamen Kräfteverhältnissen abhängt, auch diesen zu gute kommt. Ein unmittelbarer Einfluß ist jedoch darüber hinaus den Vertretungen dadurch eingeräumt, daß bei gewissen Verträgen die verfassungsmäßige Zustimmung der Parlamente erforderlich ist.

In Österreich[1]) bedürfen einer solchen Zustimmung die Handelsverträge und diejenigen Staatsverträge, die das Reich oder Teile desselben belasten[2]) oder einzelne Bürger verpflichten oder eine Gebietsveränderung der im Reichsrate vertretenen Königreiche und Länder zur Folge haben. Im ungarischen Verfassungsrecht bestehen keine ähnlichen ausdrücklichen Vorschriften über die Fälle, in denen eine parlamentarische Zustimmung zu Staatsverträgen notwendig ist; der Gesetzartikel XII des Jahres 1867 bestimmt

---

1) § 11 Grundgesetz vom 21. Dezember 1867 über die Reichsvertretung und § 6 Staatsgrundgesetz vom 21. Dezember 1867 über die Ausübung der Regierungs- und der Vollzugsgewalt.

2) Verträge, die den Staat zu finanziellen Leistungen oder zu Duldungen auf den sonst seiner freien rechtlichen Verfügung unterliegenden Gebieten verpflichten, z. B. hinsichtlich wasserrechtlicher Verhältnisse, Eisenbahnbauten u. a.

nur, daß jedes Ministerium die internationalen Verträge seiner eigenen Legislatur mitteilen wird. Die überwiegende Meinung der ungarischen Staatsrechtslehre geht von der Regel aus, daß alle Verträge, die für die Staatsangehörigen oder für die Behörden des Landes Verpflichtungen begründen und in rechtliche Verhältnisse eingreifen, nur dann rechtsverbindlich sind, wenn sie die Zustimmung des Reichstags erhalten haben. Die Einholung einer ausdrücklichen parlamentarischen Genehmigung erscheint aber auch in Ungarn ausgeschlossen in Ansehung von Verträgen rein äußerpolitischer Natur (z. B. Bündnisverträgen), weil, abgesehen davon, daß deren Geheimhaltung im Staatsinteresse geboten sein kann, die Leitung der auswärtigen Politik dem gemeinsamen Monarchen vorbehalten ist. Praktisch ist aber auch hinsichtlich solcher Verträge der Einfluß zu beachten, der den beiderseitigen Vertretungen in gewissem Umfang infolge der den Delegationen auf Grund ihrer Mitwirkung bei der Aufstellung des Budgets der auswärtigen Angelegenheiten auf dem Wege von Interpellationen und der ihnen der Übung gemäß erteilten vertraulichen politischen Aufschlüsse eingeräumt ist. In solcher Weise wird Übereinstimmung der Regierungen mit den Vertretungen in beiden Staaten hergestellt. Eine besondere Stellung nehmen die Friedensverträge ein, deren Abschluß dem Kaiser und König kraft seiner monarchischen Stellung an der Spitze des Reichs unabhängig von einer parlamentarischen Genehmigung zukommt.

Die geschilderte Rechtslage trägt in zweierlei Hinsicht die Möglichkeit von Schwierigkeiten in sich, nämlich wenn einem Vertrag, der von den verfassungsmäßig dem Ausland gegenüber berufenen Organen abgeschlossen ist, die Genehmigung der beiden Vertretungen überhaupt versagt wird, oder wenn ein solcher von dem Parlament des einen Staates genehmigt, von dem des anderen verworfen wird. Fälle dieser Art sind zwar theoretisch nicht undenkbar, weil der Vertrag grundsätzlich als Ganzes angenommen werden muß, und nicht in einzelnen Bestimmungen durch die Legislative abgeändert werden kann. Die Lösung dieser vom rein theoretisch-staatsrechtlichem Standpunkt interessanten Schwierigkeiten ist Aufgabe praktischer Staatspolitik, die regelmäßig wohl den einen oder anderen Weg dazu auch finden wird.

Voraussetzung für die innerstaatliche Wirksamkeit der Verträge ist deren Veröffentlichung (Kundmachung); sie erfolgt für beide

Staaten getrennt, für die Reichsratsländer im österreichischen Reichsgesetzblatt, für Ungarn, wo sie in gleicher Weise wie Gesetze „inartikuliert" werden, in der ungarischen Gesetzsammlung.

c) Bei dem besonderen staatsrechtlichen Verhältnis zwischen Österreich und Ungarn bedurfte die Frage der Kündigung der gemeinschaftlich und mit Wirksamkeit für beide Staaten geschlossenen Verträge einer Regelung. In dieser Hinsicht ist im Vertrage vom Jahre 1907 über die wechselseitigen Handels- und Verkehrsbeziehungen vereinbart, daß, wenn beim Ablaufe eines der wirtschaftlichen Verträge (s. S. 75) Österreich oder Ungarn von dem darin vorbehaltenen Rechte der Kündigung gegenüber dem fremden Vertragsstaat Gebrauch machen will, dies spätestens sechs Monate vor dem Ablauf des Kündigungstermins der Regierung der anderen Reichshälfte mitgeteilt werden muß. Wird dann innerhalb dieser sechs Monate keine Einigung darüber erzielt, ob die Kündigung wirklich erfolgen soll, so ist der gemeinsame Minister des Äußern verpflichtet, die Kündigung vorzunehmen, sobald auch nur eine der beiden Reichshälften darauf besteht. Verträge ohne Ablaufstermine sind auf Wunsch einer der beiden Reichshälften spätestens sechs Monate nach Bekanntgabe dieses Wunsches an die andere zu kündigen[1]).

Besonderer Erwähnung bedürfen hier noch die Verträge, die zwischen Österreich und Ungarn als zwischen zwei selbständigen Staaten abgeschlossen werden. Beispiele hierfür sind die aus den Verhandlungen über den wirtschaftlichen „Ausgleich" im Jahre 1907 hervorgegangenen Verträge, von denen der über die wechselseitigen Handels- und Verkehrsbeziehungen bereits wiederholt erwähnt worden ist. Für Streitigkeiten aus diesem Vertrage ist ein Schiedsgericht vorgesehen. Als weitere Beispiele sind noch zu nennen: Übereinkommen über die Beiträge zu den Kosten der gemeinsamen Angelegenheiten, Zulassung von Aktien- und Versicherungsgesellschaften, zur Vermeidung der Doppelbesteuerung, über den wechselseitigen Schutz der Urheberrechte u. a. Diese unmittelbar von Regierung zu Regierung abgeschlossenen Verträge nehmen regelmäßig die Form von Gesetzen an, deren Inkrafttreten in der Schlußklausel von der Voraussetzung abhängig gemacht wird, daß

1) Dabei wurde vereinbarungsgemäß auf das Kündigungsrecht für einzelne Handelsverträge und für die Verträge ohne Ablaufstermin in gewissem Umfang verzichtet.

die darin enthaltenen, vereinbarten Bestimmungen gleichzeitig auch in dem anderen Staatsgebiete wirksam werden[1]).

5. Das Kriegswesen.

Die Gestaltung der bewaffneten Macht in der Österreichisch-Ungarischen Monarchie beruht auf den Ausgleichsgesetzen des Jahres 1867. Der vielfach angeführte ungarische Gesetzartikel XII: 1867 erklärt die Verteidigung und Aufrechterhaltung der gemeinsamen Sicherheit mit vereinigten Kräften als eine gemeinsame und wechselseitige Verpflichtung, welche direkt aus der Pragmatischen Sanktion entspringt. Alles, was auf die einheitliche Führung, Befehligung und innere Organisation der gesamten Armee und somit auch des ungarischen Heeres als eines ergänzenden Teiles der Gesamtarmee Bezug hat, untersteht der Verfügung des Monarchen. Die Heeresergänzung, das Recht der Rekrutenbewilligung, die Bestimmung der Bedingungen dieser Bewilligung und der Dienstzeit und die Verfügungen über die Dislozierung und Verpflegung des Militärs, werden als Sache der beiden Staaten für sich erklärt, ebenso ist sodann das Wehrsystem von beiden Staaten selbständig, allerdings nach gleichen zu vereinbarenden Grundsätzen einzurichten. Der Gesetzgebung beider Staaten sind ferner die bürgerlichen Verhältnisse und die sich nicht auf den Militärdienst beziehenden Rechte und Verpflichtungen der Mitglieder des Heeres vorbehalten (§§ 1 und 5 Abs. 2 österreichisches Delegationsgesetz, §§ 9, 12 bis 15 ungarischer Gesetzartikel XII: 1867).

Auf diesen vereinbarten Grundlagen bildete sich in Verhandlungen, die an den Abschluß des Ausgleichs anschlossen, und zwischen den Anhängern unbedingter Einheit des Heeres und einer starken Bewegung für dessen Zweiteilung[2]) zu vermitteln hatten, eine neue Verfassung der Wehrmacht heraus, der, wenn auch im einzelnen vielfach umgestaltet, in ihren Grundzügen auch noch die heutige Organisation entspricht. Die Verhandlungen führten zur

1) Vgl. z. B. § 5 des österreichischen Gesetzes über die Beitragsleistung der im Reichsrate vertretenen Königreiche und Länder zum Aufwande für die gemeinsamen Angelegenheiten der Österreichisch-Ungarischen Monarchie, vom 31. Dezember 1907.

2) Siehe E. v. Wertheimer, Graf Julius Andrássy; sein Leben und seine Zeit, Bd. 1, S. 334.

Erhaltung der grundsätzlichen Einheit der Armee, an die sich jedoch in Berücksichtigung ungarischer Auffassungen und in Anlehnung an die 1848 geschaffene ungarische Honvedarmee ein zweites Heer, die königlich ungarische Honved (Landwehr) für Ungarn und sodann aus Paritätsgründen eine den Honveds gleiche k. k. Landwehr für Österreich angliederte[1]).

1) Die Frage, inwieweit die gegenwärtige Gestaltung der einheitlichen Armee mit der Souveränität Ungarns und mit den 1867er Gesetzen vereinbar ist, hat im ungarischen Verfassungsleben zu heftigen politisch-staatsrechtlichen Kontroversen geführt. Insbesondere aus Anlaß einer neuen, mit erheblicher Vermehrung des Rekrutenkontingents verbundenen Wehrvorlage ist ungarischerseits 1902 die Anerkennung der staatlichen Selbständigkeit Ungarns in Gestalt der Einführung der ungarischen Dienstsprache in der gemeinsamen Armee, soweit ungarisches Gebiet und ungarische Staatsangehörige in Frage kommen, gefordert worden. Ein Teil dieser Forderungen ist in dem von einer Neunerkommission der liberalen Partei 1903 formulierten Neunerprogramm zusammengefaßt (insbesondere Änderung der Abzeichen des gemeinsamen Heeres, selbständige Regelung des Militärstrafverfahrens für Ungarn, Versetzung der Offiziere ungarischer Staatsangehörigkeit zu ungarischen Truppenteilen, entsprechende Organisierung der ungarischen Militärbildungsanstalten, Erstreckung der Rechte des Parlaments auf die im § 11 des Gesetzartikels XII: 1867 gekennzeichneten militärischen Herrscherrechte). Der bekannte Tagesbefehl von Chlopy vom 16. September 1903 spiegelt die Stellung der Krone zu diesen Forderungen wider: „Je sicherer begründet mein günstiges Urteil über den militärischen Wert, die hingebungsvolle Dienstfreudigkeit und das einmütige Zusammenwirken aller Teile meiner gesamten Wehrmacht ist, desto mehr muß Ich und will Ich an deren bestehenden und bewährten Einrichtungen festhalten. Mein Heer insbesondere — dessen gediegenes Gefüge einseitige Bestrebungen, in Verkennung der hohen Aufgaben, welche dasselbe zum Wohle beider Staatsgebiete der Monarchie zu erfüllen hat, zu lockern geeignet wären — möge wissen, daß Ich nie der Rechte und Befugnisse Mich begebe, welche seinem obersten Kriegsherrn verbürgt sind. Gemeinsam und einheitlich, wie es ist, soll mein Heer bleiben: die starke Macht zur Verteidigung der Österreichisch-Ungarischen Monarchie gegen jeden Feind. Getreu ihrem Eide wird Meine Wehrmacht fortschreiten auf dem Wege ernster Pflichterfüllung, durchdrungen von jenem Geiste der Einigkeit und Harmonie, welche jede nationale Eigenart achtet und alle Gegensätze löst, indem es die besonderen Vorzüge jedes Volksstammes zum Wohle des großen Ganzen verwertet." — Ein Teil der damaligen Forderungen der liberalen Majorität ist inzwischen durchgeführt worden, wesentliche Punkte (Dienstsprache und Abzeichen) dagegen sind unerledigt geblieben. Näheres über diese Fragen s. bei Bernatzik, a. a. O. S. 703 f. (hier insbesondere Wortlaut des Neunerprogramms), Marczali, a. a. O. S. 76 f., 105 f., Márkus, a. a. O. S. 522 f., Zolger in Österr. Zeitschr. f. öffentl. Recht, Bd. 2, S. 528.

Die bewaffnete Macht der Monarchie als Ganzes[1]) ist zunächst geschieden in die gemeinsame (k. u. k.) Wehrmacht, die (k. k. österreichische und k. ungarische) Landwehr und den (k. k. österreichischen und k. ungarischen) Landsturm. Die gemeinsame Wehrmacht umfaßt das gemeinsame k. u. k. Heer und die k. u. k. Kriegsmarine. Das gemeinsame Heer und die Landwehren haben als Bestandteil je eine Ersatzreserve, auf die zur Deckung des Kriegsstandes zurückgegriffen wird. Gemeinsames Heer und Kriegsmarine mit allen ihren Einrichtungen sind ein für die gesamte Monarchie einheitlicher Körper, der aus Angehörigen beider Staaten sowie bosnisch-herzegowinischen Landesangehörigen gebildet wird. Zu seinen Kosten tragen auf Grund eines einheitlichen Voranschlags und der Beschlüsse der Delegationen die beiden Staaten der Monarchie gemäß der vereinbarten Quote bei. An der Spitze der Verwaltung dieses Körpers steht der gemeinsame k. u. k. Kriegsminister (Reichskriegsminister)[2]) zugleich als ausführendes Organ für die Verfügungen des Monarchen als Inhabers der obersten Kommandogewalt. Die k. k. österreichische und die k. ungarische Landwehr sind als Organisationen voneinander und von dem gemeinsamen Heere getrennte, ergänzende Bestandteile der bewaffneten Macht. Die beiden Landwehren, zu denen nur Angehörige des betreffenden Staates herangezogen werden, sind im Kriege zur Unterstützung der gemeinsamen Wehrmacht und zur inneren Verteidigung, im Frieden auch zur Aufrechterhaltung der Ordnung und Sicherheit im Innern bestimmt; sie stehen unter den Landesverteidigungsministerien der beiden Staaten (in Ungarn Honvédministerium genannt), die militärische Leitung und Aufsicht liegt in den Händen der beiden Landwehroberkommandanten, ihre Angelegenheiten, insbesondere die Deckung der Kosten, sind ausschließlich solche der einzelnen Staaten, nur bei einer Mobilmachung werden die Mehr-

1) Österr. Wehrgesetz vom 5. Juli 1912 (RGBl. Nr. 128), österr. Landwehrgesetz vom 5. Juli 1912 (RGBl. Nr. 129) und ungar. Gesetzartikel XXX und XXXI: 1912; österr. Landsturmgesetz vom 6. Juni 1886 (RGBl. Nr. 90) und ungar. Gesetzartikel XX: 1886, XXXVII: 1893.

2) Für die Marineverwaltung untersteht dem Kriegsministerium eine „Marinesektion". — Die staatsrechtliche Richtigkeit des vielfach gebrauchten Ausdrucks „Reichskriegsministerium" wird namentlich von ungarischer Seite bestritten, weil daraus die Gemeinsamkeit des Ministeriums nicht erkennbar ist (s. Márkus, a. a. O. S. 48, Anm. 2).

kosten als gemeinsame Ausgaben gerechnet. Die Minister für Landesverteidigung orientieren ununterbrochen den gemeinsamen Kriegsminister über den Stand, die Ausrüstung, die örtliche Verteilung, die militärische Ausbildung und Disziplin der Landwehren; im Mobilmachungsfalle unterstehen diese den vom obersten Kriegsherrn bezeichneten Befehlshabern. Die Personen der Landwehren sind nach dem Dienstgrad und Rang den entsprechenden Personen der gemeinsamen Wehrmacht gleichgestellt und beziehen dieselben Gebühren. Auch der Landsturm ist für beide Staaten getrennt organisiert und untersteht unter ähnlichen Bedingungen wie die Landwehr den Landesverteidigungsministern der beiden Staaten. Eine gewisse Sonderstellung genießen die Landesschützen und der Landsturm in Tirol und Vorarlberg.

Der militärische Oberbefehl über die gesamte Armee steht dem Monarchen zu. Hierher gehört namentlich die Ernennung, Versetzung, Verabschiedung der Offiziere und Beamten, die Ausbildung und Disziplin der Truppen, die innere Organisation, die örtliche Verteilung im Frieden und die kriegsbereite Aufstellung des Heeres, die Ausrüstung, Bewaffnung und Bekleidung, das Inspektionsrecht und der Ausspruch des Mobilmachungsbefehls [1]).

Das Wehrsystem beruht auf dem Grundsatz der allgemeinen Wehrpflicht. Diese umfaßt zunächst die Dienstpflicht, d. h. die Pflicht zum Militärdienst im gemeinsamen Heere, in der gemeinsamen Marine oder in der Landwehr. Ihre Dauer beträgt im allgemeinen zwei Jahre Dienst in der Truppe (Präsenzdienst) und zehn Jahre in der Reserve, bei der Kavallerie und reitenden Artillerie drei Jahre Präsenzdienst und sieben Jahre in der Reserve. Für die in die Ersatzreserve Eingeteilten (Überzählige und Mindertaugliche) dauert die Dienstpflicht zwölf Jahre, sie werden zu ihrer Ausbildung zu zehnwöchigem Dienst herangezogen. Bei der Marine erstreckt sich die Dienstpflicht auf vier Jahre Präsenz, fünf Jahre Reserve und drei Jahre Seewehr. Die Begünstigung einjähriger Dauer des Präsenzdienstes erhalten Personen, die einen

---

1) Die Tatsache, daß diese Funktionen der absoluten Willensbestimmung des Herrschers unterliegen, wird auch in Ungarn anerkannt; doch besteht das Bestreben daselbst, sie der parlamentarischen Regierung unterzuordnen, wie dies bei den übrigen Verwaltungszweigen der Fall ist (Márkus, a. a. O. S. 16 f.; vgl. auch oben Anm. 1 zu S. 66).

bestimmten Grad der Schulbildung aufweisen; aus diesen Personen ergänzt sich im wesentlichen der Bestand der Armee und der Marine an Reserveoffizieren, Reservemilitärärzten und -tierärzten. Für Techniker ist ein zweijähriger freiwilliger Dienst bei der Marine vorgesehen. Die Begünstigung der Einreihung in die Ersatzreserve genießen unter gewissen Bedingungen die Besitzer ererbter landwirtschaftlicher Güter und Personen, die für den Unterhalt ihrer Familie unentbehrlich sind. Von jedem Präsenzdienst befreit sind die Kandidaten des geistlichen Standes jeder gesetzlich anerkannten Kirche und Religionsgesellschaft. Geweihte Priester und in der Seelsorge oder im Lehramt Angestellte bleiben im Frieden weiter von jeglicher Einziehung befreit und werden im Kriege zur Seelsorge verwendet.

Die Entscheidung über die Erfüllung der Wehrpflicht erfolgt auf Grund der Stellung der Wehrpflichtigen. Die Stellungspflicht beginnt mit dem 1. Januar des Kalenderjahres, wo der Wehrpflichtige das 21. Lebensjahr vollendet und endet mit dem 31. Dezember des Jahres, in dem er das 23. Lebensjahr vollendet, die als tauglich Befundenen werden „assentiert". Die Landsturmpflicht war im Frieden im allgemeinen auf die Lebenszeit vom 19. bis zum 42. Jahre festgesetzt; während des Kriegs ist sie bis auf die 50jährigen Personen erstreckt worden. Der Landsturm ist in zwei Aufgebote eingeteilt.

Die Einreihung von Rekruten erfolgt nach dem oben Gesagten nicht nur in das gemeinsame Heer, sondern auch in die Landwehr (Honvéd); ihr Wesen entspricht somit nicht dem der deutschen Landwehr, die nur ältere Jahresklassen gedienter Leute umfaßt, sondern ist ein selbständiger Heeresteil, dessen militärische Ausbildung mit der des gemeinsamen Heeres Schritt hält[1]). Die Einreihung der Rekruten in die gemeinsame Wehrmacht und in die Landwehr geschieht nach dem Verhältnis der für beide Organisationen gesetzlich festgelegten Rekrutenkontingente derart, daß durch Teilung der hiernach auf die gemeinsame Wehrmacht entfallenden Rekrutenzahl durch die der Landwehr zugewiesene eine Zahl ermittelt wird, die angibt, der wievielste in der Reihenfolge

1) Die Kommandosprache des gemeinsamen Heeres und der österreichischen Landwehr ist die deutsche, die der ungarischen Landwehr in Ungarn die ungarische, in Kroatien-Slavonien die kroatische Sprache.

der Assentierten in den Stellungslisten in die Landwehr einzureihen ist.

Durch die Wehrgesetze von 1912 wurde der Rekrutenstand bei den drei Organisationen folgendermaßen bestimmt: bei der gemeinsamen Wehrmacht außer den von Bosnien und der Herzegowina zu stellenden Rekruten für 1912: 136000, für 1913: 154000, für 1914 und die folgenden neun Jahre jährlich 159000 Mann; das Verhältnis, in dem beide Staaten sowie Bosnien und die Herzegowina beizutragen haben, wird auf Grund der Bevölkerungszahl festgesetzt; das Rekrutenkontingent der Landwehr in Österreich (mit Ausnahme von Tirol und Vorarlberg) sollte für 1912 die Stärke 20715 betragen und auf 26996 Mann für 1917 und je die folgenden sechs Jahre, dasjenige der Landwehr (Honvéd) in Ungarn sollte von 17500 Mann für 1912 bis auf 25000 Mann für 1914 und die folgenden neun Jahre erhöht werden[1]). Das Rekrutenkontingent in Bosnien und der Herzegowina wird durch Verfügung des gemeinsamen Ministeriums festgesetzt. Seit 1910 wurden daselbst jährlich 4000 Mann ausgehoben.

6. Das Finanzwesen hinsichtlich der gemeinsam zu bestreitenden Ausgaben.

Die dualistische Gestaltung der Österreichisch-Ungarischen Monarchie tritt besonders augenfällig in der Regelung des Finanzbedarfs zur Bestreitung der als pragmatisch-gemeinsam anerkannten Angelegenheiten hervor. Die hierzu nötigen Mittel werden grundsätzlich nicht durch verfassungsgemäß gemeinsame Einnahmen[2]) aufgebracht, sondern auf Grund veränderlicher Festsetzungen von den finanzwirtschaftlich völlig selbständigen Staaten durch Beiträge gedeckt. Die Monarchie als Ganzes hat also abgesehen von den unwesentlichen Einnahmen der einzelnen Dienstzweige selbst keine eigenen direkten oder indirekten

---

1) Die Ereignisse haben diese für den Friedensstand geltenden Zahlen überholt.

2) Als solche sind auch nicht die im ersten Quotengesetz von 1867 als „gemeinsame Einnahmen" erklärten Zollgefälle anzusehen, deren Erträgnisse von vornherein zur Deckung der gemeinsamen Ausgaben zu verwenden sind. Diese sind vielmehr staatsrechtlich ausschließlich selbständige Einnahmen des einzelnen Staates.

Steuern, sondern erhält nur Beiträge aus den Einnahmen der beiden Staaten.

Der auf jeden von ihnen entfallende Anteil an den gemeinsamen Kosten, die sog. Quote, wird durch eine Vereinbarung der beiderseitigen Vertretungskörper (Reichsrat und Reichstag) oder mangels einer solchen durch Bestimmung des Monarchen auf eine gewisse Zeit, in letzterem Falle auf ein Jahr festgesetzt; die Aufbringung der auf jeden der beiden Reichsteile danach entfallenden Leistungen ist ausschließlich Sache eines jeden Teiles. Die Vereinbarung wird in der Weise zustande gebracht, daß die beiden Vertretungskörper jeder aus seiner Mitte eine gleich starke Deputation wählen, die im Benehmen mit den in Betracht kommenden Ministerien einen Vorschlag ausarbeiten, der dann als Gesetzentwurf durch die Ministerien jedem Vertretungskörper mitgeteilt wird; sobald übereinstimmende Beschlüsse erfolgt sind, werden diese dem Kaiser zur Sanktion unterbreitet und in jedem Teile als Gesetz erlassen.

Die Bestimmung der Quote erfolgt regelmäßig nach Prozenten, die auf Grund einer Schätzung nach der „finanziellen Leistungsfähigkeit" der beiden Staaten bemessen sind. Nebenher sind jedoch für die Deckung der gemeinsamen Ausgaben Grundsätze aufgestellt, die das in Prozenten angegebene Verhältnis tatsächlich etwas verschieben. Zahlenmäßig hatten von 1868 bis 1900 auf Grund von Vereinbarungen die Reichsratsländer 70, Ungarn 30 vom Hundert der gemeinsamen Auslagen zu tragen; seit 1900 betrug die Quote — mangels des Zustandekommens einer Vereinbarung auf Grund wiederholter Verordnungen des Monarchen — $66^{46}/_{49}$ und $33^{3}/_{49}$; erst im Jahre 1907 ist wieder mit Gültigkeit vom 1. Januar 1908 bis Ende 1917 eine auf dem normalen Wege geschlossene Vereinbarung die Grundlage des Quotenmaßstabs geworden, der jetzt mit 63,6 gegen 36,4 Prozent festgesetzt ist.

Auf die tatsächliche Gestaltung des Deckungsverhältnisses wirkte zunächst bis 1908 die infolge der Inkorporation der Militärgrenze in Ungarn getroffene Vereinbarung ein, daß von der jährlich festzusetzenden Summe der gemeinsamen Ausgaben von vornherein zwei Prozent zu Lasten Ungarns abgezogen und nur die nach diesem Abzug verbleibende Summe von 98 Prozent nach dem jeweiligen Quotenverhältnis verteilt wurde (Militärgrenzpräzipuum). Diese Bestimmung ist seit dem Ausgleich von 1907 beseitigt.

Am wichtigsten ist aber in dieser Hinsicht der bereits im österreichischen Gesetz vom 24. Dezember 1867 (RGBl. 1868 Nr. 2) und in den ungarischen Gesetzartikeln XII und XIV: 1867 angenommene und noch fortbestehende Grundsatz, wonach die Reinerträgnisse der Zollgefälle der gesamten Monarchie als gemeinsame Einnahme erklärt sind und in der Weise zur Deckung der gemeinsamen Ausgaben der Monarchie herangezogen werden, daß erst der nach Abzug der Zollerträgnisse verbleibende Ausgabenbetrag nach Maßgabe der Quote anteilsweise zu tragen ist. Das Reinerträgnis der Zollgefälle ist der Betrag, der von dem Gesamtergebnis der von den Zollbehörden Österreichs, Ungarns sowie Bosniens und der Herzegowina an den Reichsgrenzen erhobenen Zölle nach Abzug der Gefällsrückgaben (Steuerrestitutionen) und Zollgefällssicherstellungen, ferner der Zollregiepauschalien sowie des für Bosnien und die Herzegowina festgesetzten Zollpauschales bleibt.

Für die tatsächliche Belastung der beiden Reichsteile fällt ferner der Maßstab ins Gewicht, nach dem diese die sog. Verzehrungsrestitutionen, d. h. diejenigen Vergütungen zu tragen haben, die für gezahlte Inlandsteuer auf Bier, Branntwein, Zucker, Petroleum bei der Ausfuhr solcher Güter ins Ausland gezahlt werden und um die nach dem oben Gesagten die Zolleinnahme vermindert, somit der von beiden Staaten nach der Quote zu tragende Betrag erhöht wird. Nachdem früher diese Beträge nach Maßgabe der Quote, dann im Verhältnis des Bruttoertrags der Steuer verteilt worden waren, wird jetzt der Anteil an diesen die Zolleinnahmen mindernden Zahlungen nach dem Verhältnis der tatsächlichen Ausfuhr aus jedem Staate berechnet.

Zu erwähnen ist auch in diesem Zusammenhang das seit 1899 bestehende Überweisungsverfahren. Es beruht auf dem Gedanken, daß die inneren Abgaben auf gewisse Erzeugnisse (zunächst [1894] auf Branntwein, später [1899] auch auf Zucker, Bier und Petroleum) mit Rücksicht auf ihre Eigenschaft als Verzehrungssteuern dem Gebiete zugute kommen müßten, wo die Verzehrung erfolgt, nicht dem Produktionsgebiete, in dem die Steuer erhoben wird. Infolgedessen finden genaue Feststellungen über die Versendung der genannten Erzeugnisse zwischen

Österreich und Ungarn (sowie Bosnien und der Herzegowina) statt. Derjenige Staat, der davon nach dem anderen mehr ausführt, als er einführt, muß dem anderen Staate als dem Konsumstaate den auf diesen Überschuß treffenden Steuerbetrag überweisen.

7. Die Staatsschulden.

Im 1867er Ausgleich hatte sich Ungarn auf den Standpunkt gestellt, daß ihm die in der vorkonstitutionellen Zeit eingegangenen Staatsschulden kraft seiner staatsrechtlichen Stellung, als „ohne die gesetzliche Einwilligung des Landes kontrahiert", nicht zur Last fallen könnten. Aus Billigkeits- und politischen Rücksichten wurde aber im ungarischen Gesetzartikel XII die Bereitwilligkeit ausgesprochen, einen Teil der Staatsschuldenlast gemäß näherer Vereinbarung zu übernehmen. Diese wurde im Jahre 1867 noch getroffen und in dem österreichischen Gesetz vom 24. Dezember 1867 (RGBl. 1868 Nr. 3) und dem ungarischen Gesetzartikel XV: 1867 gesetzlich festgelegt.

Hiernach blieben die Reichsratsländer allein als Schuldner der 3 Milliarden Gulden betragenden Staatsschuld mit einem Zinsenerfordernis von etwa 122 Mill. Gulden. Zur Deckung dieser Zinsen sollte aber Ungarn vom Jahre 1868 an einen dauernden Jahresbeitrag von 29188000 Gulden, darunter 11,7 Mill. in klingender Münze, zahlen. Die Berechnung erfolgte derart, daß Österreich zunächst 25 Millionen Gulden allein und von dem Rest 60%, Ungarn 30% übernahm. Dieser Beitrag Ungarns konnte nach freiem Ermessen durch Amortisationen oder Kapitalsrückzahlungen vermindert werden. Die bestehenden verschiedenen Arten der Staatsschulden sollten nach Möglichkeit in eine einheitliche Rentenschuld umgewandelt werden, was durch das Gesetz vom 20. Juni 1868 (RGBl. Nr. 66) unter Festsetzung eines Zinsfußes von 5% und gleichzeitiger Belastung mit einer Steuer von 16% geschah, so daß sich für diese Rentenschuld eine Verzinsung von 4,2% ergab. Die Kapitalsrückzahlung bei solchen Schuldtiteln, die ihrer Natur nach zur Umwandlung in die Rentenschuld nicht geeignet waren, sollte Österreich zur Last fallen, wie diesem auch alle durch diese Tilgungen wegfallenden Zinsen und sonstigen Einnahmen zukommen sollten; Ungarn trug zu diesen Rückzahlungen jährlich 1 Million Gulden bei, wozu noch ein Beitrag von 150000 Gulden trat, der zur Amortisation des mit der allgemeinen österreichischen Bodenkreditanstalt eingegangenen und nahezu zur Hälfte auf den ungarischen Kameralgütern eingetragenen Domänenanlehens von 60 Mill. Gulden bestimmt war (Staatsdomänen, Pfandbriefe). Diese Zahlung von 150000 Gulden jährlich sollte mit der vollständigen Entlastung der ungarischen Kameralgüter nach dem Tilgungsplane 1912 entfallen.

Im Anfang des 20. Jahrhunderts entstand der Plan, die durch die Konversion im Jahre 1868 geschaffene Rentenschuld auf eine 4prozentige zu konvertieren. Diese Konversion wurde aber, trotzdem das Gesetz vom 16. Februar 1903 (RGBl. Nr. 37) die Regierung hierzu hinsichtlich der gesamten Schuld ermächtigt hatte, nicht für ihren Gesamtbetrag durchgeführt, vielmehr blieb in Berücksichtigung des von seiten Ungarns eingelegten Einspruchs ein Rest von rund 1400 Mill. Kronen als annähernder Kapitalswert des auf Ungarn entfallenden Zinsenbeitrags von insgesamt 30188000 Gulden jährlich ausgenommen („ungarischer Rentenblock").

Über die genaue Berechnung dieses Kapitalswerts bestanden zwischen den beiden Regierungen Meinungsverschiedenheiten insofern, als ihr Österreich den dem tatsächlichen Zinsgenuß entsprechenden Satz von 4,2%, Ungarn den Nominalzinsfuß von 5% zugrunde legen wollte; hiernach wäre die zur Ablösung des jährlichen ungarischen Zinsenbeitrags nötige Summe nach der ungarischen Berechnungsweise niedriger gewesen, als nach der österreichischen (etwa 1200 Mill. gegen 1400 Mill. Kronen). Die Ausgleichsverhandlungen des Jahres 1907 haben zu einer Einigung geführt[1]: Als dauernder Jahresbeitrag Ungarns zum Zinsendienst der österreichischen Staatsschuld wird ein Betrag von 58339339 K festgesetzt; diesen Zinsenbeitrag verpflichtet sich Ungarn durch Kapitalszahlung in barem Geld binnen 22 Jahren abzulösen, sobald Österreich zur Konvertierung des „ungarischen Blocks" schreitet; das Recht, über die Konvertierung nach freiem

[1] Additional-Übereinkommen zu dem Übereinkommen in betreff der Beitragsleistung der Länder der heiligen ungarischen Krone zu den Lasten der allgemeinen Staatsschuld vom 8. Oktober 1907; Nr. III des österreichischen Gesetzes vom 30. Dezember 1907 (RGBl. Nr. 278).

Ermessen zu befinden, wurde der Österreichischen Regierung nunmehr eingeräumt. Dem ungarischen Standpunkt wurde dagegen das Zugeständnis gemacht, daß, sofern die Ablösung innerhalb 10 Jahren von der Konversion der Blockrente an erfolgen sollte, die Kapitalisierung auf der Grundlage von 4,325% aufzustellen war (= 1348886462 K); die Kapitalisierung nach Ablauf dieser 10 Jahre berechnet sich nach einem mit den Jahren bis auf 4,2% fallenden Zinsfuß und ergibt infolgedessen entsprechend höhere Beträge. Ungarn hat damit hinsichtlich der vorkonstitutionellen Schulden der Monarchie eine Kapitalsverpflichtung übernommen. Die zur Ausführung dieser Verpflichtung seinerzeit auszugebenden Obligationen der ungarischen Staatsrentenschuld werden in steuer- und gebührenrechtlicher Beziehung in Österreich den österreichischen Staatsrentenpapieren gleichgestellt.

In den Ausgleichsgesetzen des Jahres 1867 war auch vorgesehen, daß zur Bestreitung der Kosten der pragmatisch-gemeinsamen Angelegenheiten (s. S. 55) ein gemeinsames Anlehen aufgenommen werden könnte. Dies ist indes niemals geschehen.

8. Die nach gleichen Grundsätzen zu behandelnden Angelegenheiten.

Von den Angelegenheiten, die nach den 1867er Ausgleichsgesetzen nach gleichen von Zeit zu Zeit zu vereinbarenden Grundsätzen behandelt werden sollen (S. 57), scheiden hier zunächst die auf die Feststellung des Wehrsystems bezüglichen Vorschriften aus; sie sind bereits bei der Übersicht über das Heerwesen der Monarchie berücksichtigt (S. 65).

Die übrigen Vereinbarungen zwischen beiden Staaten beziehen sich auf das wirtschaftliche Gebiet, auf dem „die gegenseitigen Berührungen und Interessen" so wichtig und zahlreich sind, um von Zeit zu Zeit den Abschluß eines Zoll- und Handelsbündnisses zu rechtfertigen. Dieses erstreckt sich vor allem auf die Behandlung eines großen Teiles des Handels; daran schließen sich Abmachungen über die mit der industriellen Produktion in enger Verbindung stehenden indirekten Steuern, über das Münzwesen und das Eisenbahnwesen. Die einschlägigen Abmachungen entstehen unter Wahrung der rechtlichen Unabhängigkeit beider Staaten und ihres selbständigen gesetzlichen Verfügungsrechts durch

Verhandlungen der beiderseitigen Ministerien[1]), aus denen übereinstimmende oder gleichartige in beiden Ländern verfassungsgemäß zu verabschiedende Gesetzentwürfe hervorgehen. Gleichviel, ob sie der äußeren Form nach als Gesetze oder Verträge erscheinen, enthalten sie gegenseitige Verpflichtungen, deren einseitige Aufhebung oder Abänderung nicht angängig ist. In ihrer Gesamtheit bilden sie zusammen mit den jeweiligen Vereinbarungen über die Quote und die Staatsschuld den „wirtschaftlichen Ausgleich", der bei aller Verschiedenheit der äußeren Erscheinungsformen eine weitgehende gegenseitige wirtschaftliche Verkettung, Durchdringung und Einigung hervorbringt.

Auf dem Wege von Verhandlungen sind zunächst nach dem ersten, im Gefolge der politischen Ausgleichsverhandlungen 1867 geschlossenen wirtschaftlichen Ausgleich noch zwei weitere Zoll- und Handelsbündnisse auf je zehn Jahre geschlossen worden (1878, 1887). An den dritten, durch einige Einzelabmachungen ergänzten Ausgleich schloß sich ein langjähriger vertragsloser Zustand an, der durch heftige innerpolitische Kämpfe gekennzeichnet war. Die auf Grund wiederholter Verständigung zwischen den beiderseitigen Ministerien festgesetzten Normen wurden in Ungarn durch Gesetz erlassen, in Österreich durch Notverordnung auf Grund des § 14 der Verfassung (s. S. 128) oktroyiert (Zustand der Reziprozität). Parlamentarische beiderseitige Erledigung gelang schließlich 1906 bei dem als Grundlage für die Handelsverträge mit Deutschland, Italien, Rußland und der Schweiz 1903 vereinbarten autonomen Zolltarif, der in Österreich als gemeinsamer, in Ungarn als ungarischer veröffentlicht wurde. Erst Ende 1907 ging aus den Verhandlungen beider Regierungen wieder ein eigentlicher, parlamentarisch genehmigter Ausgleich hervor, der bis Ende 1917 gilt. Die Verhandlungen über seine Erneuerung sind im wesentlichen abgeschlossen; sein Inhalt ist indes noch nicht veröffentlicht. Hier muß daher noch der geltende Ausgleich dargestellt werden; er ist enthalten in drei österreichischen Gesetzen vom 30. Dezember 1907 und in den ungarischen Gesetzartikeln XII bis XVI: 1907 und umfaßt die Verträge vom 8. Oktober 1907 über die Handels- und Verkehrsbeziehungen zwischen beiden Staaten, über die Vermeidung der Doppelbesteuerung, und über die Staatsschulden (s. S. 73), sowie einige neue Vorschriften über die gegenseitige Zulassung von Ver-

---

1) Durch Verhandlungen der Quotendeputationen der beiden Parlamente, soweit es sich um Quotenabmachungen handelte (s. oben S. 71).

sicherungsgesellschaften, endlich die vereinbarten Bestimmungen über die Quote. Als Hauptpunkte sind folgende zusammenzufassen:

A. Handels- und Verkehrsbeziehungen.

Die Gebiete beider Staaten nebst Bosnien und der Herzegowina[1]) bilden — abgesehen von den Zollausschlüssen — ein einheitliches Zollgebiet, innerhalb dessen eine Zwischenzollinie und eine sich darauf stützende Erhebung von Ein-, Aus- oder Durchfuhrabgaben unzulässig ist. Mit inneren Abgaben dürfen Gegenstände, die aus dem Gebiete des einen Staates in den anderen eingeführt werden, nur in dem Maße belastet werden, in dem die Erzeugnisse des einführenden Staates innerhalb seines eigenen Gebiets belastet werden. Die innerhalb der einheitlichen Zollgrenze des „Vertragszollgebiets der beiden Staaten der Monarchie" zu erhebenden Zollabgaben richten sich nach den für beide Staaten identischen Zolltarifgesetzen[2]). Die Erhebung der Abgaben geschieht zwar durch Organe der selbständigen Finanzverwaltungen beider Staaten (in Bosnien und der Herzegowina durch solche der Landesregierung), ihr Erträgnis nach Abzug der Kosten der Zollverwaltung (Zollregiepauschalien) ist aber von vornherein zur Bestreitung der gemeinsamen Ausgaben der Monarchie (s. oben S. 72) bestimmt.

Nähere Vereinbarungen sind sodann über die bindende Wirkung wirtschaftlicher Verträge für beide Staaten, den Abschluß und die Kündigung solcher Verträge getroffen (vgl. oben S. 59 f.).

Im Seewesen (Seeschiffahrt, Seesanitätswesen, Seefischerei) besteht weitgehende Einheitlichkeit der grundlegenden Vorschriften. Schiffe und Angehörige der beiden Staaten sind in bezug auf die Ausübung der Seeschiffahrt einander gleichgestellt, die Berufsbedingungen für Seeleute nach gleichen Grundsätzen geregelt und die Zeugnisse darüber in beiden Staaten gültig, die Schiffahrtsgebühren in den Häfen beider Staaten mit geringen Ausnahmen grundsätzlich gleich. Leuchttürme, die dem Verkehre nach den Häfen beider Staatsgebiete dienen, werden auf gemeinschaftliche Kosten erbaut. Auch bei der Binnenschiffahrt (Ausübung der Schiff-

---

1) und das Fürstentum Liechtenstein.

2) Der „Vertragszolltarif der beiden Staaten der Österreichisch-Ungarischen Monarchie" ist als Anlage A dem Handelsvertrag vom 8. Oktober 1907 angeschlossen.

fahrt, Flußpolizei, Korrektion und deren Instandhaltung) sind die Verhältnisse in gegenseitigem Einvernehmen der beiden Staaten zu ordnen, die Angehörigen beider Staaten ebenfalls einander gleichgestellt.

Die Hauptbahnen in beiden Staatsgebieten sollen, soweit militärische oder andere Interessen dies erfordern, nach einheitlichen Grundsätzen gebaut, betrieben und verwaltet werden (Grundzüge des Verkehrs für Hauptbahnen, Signalwesen, Betriebsreglement). Auch hinsichtlich der Tarife und der Güterklassifikation ist in dem Vertrage Bestimmung getroffen.

Das gesamte Konsulatswesen untersteht dem gemeinsamen Minister des Äußern; die Errichtung und Aufhebung von Konsularämtern und die Feststellung der ihnen in Handelsangelegenheiten zu erteilenden Weisungen erfolgt im Einvernehmen mit den beiden Handelsministern, die auch ihrerseits ebenso wie die Ackerbauminister in Angelegenheiten ihrer Ressorts von den Konsulaten unmittelbar bestimmte Berichte verlangen, überdies auch besondere Fachberichterstatter ins Ausland senden können.

Das Salz- und Tabakgefälle wird nach gleichartigen Vorschriften verwaltet. Auf dem Gebiete der mit der industriellen Produktion zusammenhängenden indirekten Abgaben (Bier-, Branntwein-, Mineralöl- und Zuckersteuer) können Steuersystem und die sonstigen wesentlichen Punkte der Gesetzgebung nur in beiderseitigem Einverständnis vorgenommen werden, auch hat jeder der beiden Staaten sonstige Verfügungen zu vermeiden, durch welche die Konkurrenzfähigkeit der beteiligten Industrie des anderen Teiles beeinträchtigt werden könnte; eintretenden Falles dürfen solche Beeinträchtigungen durch Ausgleichsabgaben abgewendet werden. Für den Verkehr mit versteuertem Branntwein, Bier, Mineralöl und Zucker zwischen den beiden Staaten bleibt das oben S. 72 berührte Überweisungsverfahren im wesentlichen bestehen, und kann nur in gegenseitigem Einverständnis geändert werden. Für die einzelnen Abgabearten enthält Artikel XIII des Vertrags und das Schlußprotokoll dazu besondere Bestimmungen[1]).

1) Über die Einzelheiten der mit diesem Gebiete zusammenhängenden besonderen Vereinbarungen, die in die beiderseitigen wirtschaftlichen Verhältnisse tief eingreifen, siehe insbesondere Bernatzik, 2. Aufl., S. 661 f., und Márkus, Ungarisches Verwaltungsrecht, S. 204 f.

Den beiden Staaten ist hinsichtlich verschiedener in dem Vertrage geregelter Gegenstände ein gewisses Recht der Kontrolle über das Verfahren des anderen Staates eingeräumt. So sind zur gegenseitigen Überwachung der Einhaltung eines übereinstimmenden Verfahrens bei der Einhebung der Zölle Inspektoren bestellt, die das Recht haben, in den Geschäftsgang der Zoll- und Finanzbehörden des anderen Staates Einsicht zu nehmen und über ihre Wahrnehmungen ihren vorgesetzten Ressortministern zu berichten (Artikel VI). Ferner steht beiden Staaten das Recht zu, sich von der Einhaltung der Bestimmungen des Vertrags über die Verzehrungssteuern im Gebiete des anderen Staates durch besonders zu entsendende Beamte zu überzeugen (Artikel XIII).

Gegenseitige Bindung und die Möglichkeit gegenseitiger Kontrolle besteht hinsichtlich des metrischen Maß- und Gewichtssystems sowie der Bestimmungen über den Feingehalt von Gold- und Silberwaren.

Auf dem Gebiet des Handels und Gewerbes (mit Ausnahme des Gewerbebetriebs im Umherziehen) sind die Angehörigen beider Staaten hinsichtlich des Gewerbeantritts, der Gewerbeausübung sowie der Steuern und Abgaben, Errichtung von Niederlassungen, die Lieferung von Arbeiten und Waren auf Bestellung, und hinsichtlich des Geschäftsbetriebs als Handlungsreisende gleichgestellt. Über die innere Regelung dieser Angelegenheiten verfügt jeder Staat frei.

Das gleiche gilt hinsichtlich des Erfindungsschutzes, der bis 1893 einheitlich war. Es sind aber die Angehörigen des einen Staates, sowie Personen, die in diesem ihren Wohnsitz oder ihre Niederlassung haben, den Angehörigen des anderen Staates in dessen Gebiete hinsichtlich des Schutzes der Erfindungen gleichgestellt. Ist ein Patent in dem einen Staate von einer der genannten Personen angemeldet und wird dieselbe Erfindung alsdann innerhalb dreier Monate auch in dem anderen Staate angemeldet, so geht diese Anmeldung allen Anmeldungen derselben Erfindung vor, die nach dem Zeitpunkt der Anmeldung im Heimatstaate eingereicht worden sind, und verliert durch Umstände, die nach dem Zeitpunkt der im Heimatstaate zuerst bewirkten Anmeldung eingetreten sind, nicht den Charakter der Neuheit.

Auch in Ansehung des Schutzes von Handels- und Fabrikmarken, Mustern und Modellen sowie der im

Handel benutzten Namen, Firmen, Wappen und Benennungen von Etablissements besteht gegenseitiger Schutz. Für einheimische Marken wird mit der bei der zuständigen Eintragungsbehörde eines der beiden Staaten bewirkten Eintragung der gesetzliche Schutz auch für das Gebiet des anderen Staates erworben, ohne daß es hierfür der Bestellung eines Vertreters im Gebiete des letzteren bedarf; das gleiche gilt für die Hinterlegung von Mustern und Modellen. Die für die Verwaltung des Markenschutzwesens zuständige Zentralbehörde jedes der beiden Staaten kann erklären, daß einer in dem anderen Staate eingetragenen Marke der Schutz in ihrem Staate nicht gewährt werden kann. Eine derartige Verweigerung des Schutzes darf aber nur aus Gründen erfolgen, die auch gegenüber einer einheimischen Marke nach dem Gesetze geltend gemacht werden können; keiner der beiden Staaten soll einer in dem anderen Staate eingetragenen Marke den Schutz lediglich deshalb verweigern, weil sie den in seinem Gebiete bestehenden Vorschriften über die äußere Zusammensetzung und Gestaltung der Marken nicht entspricht, sofern sie in dieser Beziehung nur der Gesetzgebung des anderen Staates entspricht. Eingehende Bestimmungen sind hinsichtlich des Gebrauchs der öffentlichen Wappen beider Teile und hinsichtlich der Verwendung nationaler Farben, Abbildungen von Monumenten oder von Namen berühmter Persönlichkeiten vereinbart.

Das Post-, Telegraphen- und Telephonwesen wird in jedem der beiden Staaten selbständig geregelt. Jeder Staat hat seine eigene Post- und Telegraphenverwaltung. Der gegenseitige Verkehr soll durch besondere Übereinkommen festgestellt werden, und sich mangels solcher nach den Bestimmungen des Weltpostvertrags und des internationalen Telegraphenvertrags richten.

Aktiengesellschaften (Kommanditgesellschaften auf Aktien), Gesellschaften mit beschränkter Haftung, Versicherungsgesellschaften und Erwerbs- und Wirtschaftsgenossenschaften, die im Gebiet des einen Staates gesetzmäßig errichtet sind, können ihre Wirksamkeit auf das Gebiet des anderen Staates in den dort gesetzlich zulässigen Geschäften ausdehnen und daselbst Zweigniederlassungen begründen. Sie sind dann den einheimischen Gesellschaften usw. gleichgestellt. Besondere Vorschriften finden sich in den österreichischen Gesetzen vom 27. Juni 1878 (RGBl. Nr. 63) und vom 30. Dezember 1907 (in diesem über den Geschäftsbetrieb der Versicherungsgesellschaften, RGBl. Nr. 279).

Weiterhin enthält der Vertrag über die gegenseitigen Handels- und Verkehrsbeziehungen noch Bestimmungen über den Verkehr mit Tieren und tierischen Rohprodukten namentlich im Hinblick auf Seuchengefahr, sodann solche über Maßregeln zum Schutze der Weinproduktion und des Verkehrs mit Weinen. Ungarn verpflichtete sich darin zum Erlaß eines neuen Weingesetzes, insbesondere zum Schutze des Naturweins. Dieser Zusage, die mit Rücksicht auf die strengen Vorschriften des österreichischen Weingesetzes vom 12. April 1907 erteilt worden war, ist Ungarn durch das strenge Weingesetz, Gesetzartikel XLVII: 1908 nachgekommen. Endlich wurde noch eine Reform des Geschäftsverkehrs an der Budapester Börse in Aussicht gestellt.

Zur Vorbereitung und zur Vermittelung gleichartiger Grundlagen für die in beiden Staaten gleich geltenden Wirtschaftsverträge, für die Gesetzgebung und Verwaltung der Zölle, der indirekten Abgaben usw. ist eine Zoll- und Handelskonferenz vorgesehen. Zu dieser treten die beiderseitigen Handels-, Finanz- und Ackerbauminister und andere Ressortminister, nötigenfalls auch der gemeinsame Minister des Äußern und Fachmänner zusammen. Die Ressortminister der beiden Staaten sowie der gemeinsame Minister des Äußern haben das Recht, die Einberufung der Zoll- und Handelskonferenz jederzeit zu verlangen.

Die Beilegung etwaiger zwischen den beiden Staaten auftretenden Meinungsverschiedenheiten über Auslegung oder Anwendung des Vertrags kann auf Verlangen eines Teiles durch einen Schiedsspruch erfolgen. Ausgenommen sind jedoch von dieser Möglichkeit die Fragen über die Form des Abschlusses und über die Kündigung wirtschaftlicher Verträge, die mit der Leitung des Konsulatswesens zusammenhängenden Angelegenheiten und die landwirtschaftlichen Angelegenheiten (Viehverkehr, Veterinärpolizei). Einbezogen in die schiedsrichterliche Regelung sind die Abmachungen hinsichtlich der Staatsschuld. Jede der beiden Regierungen wählt ihre Schiedsrichter aus einer Liste von vier Angehörigen des eigenen Staates aus, und zwar für den einzelnen Streitfall zwei. Der Obmann des Schiedsgerichts wird einer besonderen Liste entnommen, für die jede Regierung zunächst fünf Personen aus den obersten richterlichen Kreisen des anderen Staates bezeichnet. Die österreichische Regierung wählt alsdann aus den von der ungarischen, diese aus den von der österreichischen Regierung vorgeschlagenen Persönlichkeiten je zwei Personen; aus diesen vier Personen wird dann im gegebenen Fall der Obmann durch das Los bestimmt wird. Eine dem Vertrag über die Handels- und Verkehrsbeziehungen angegliederte Geschäftsordnung regelt im einzelnen das Verfahren.

B. Das Abkommen zur Vermeidung der Doppelbesteuerung.

Bei dem vielfachen Übergreifen der Tätigkeit wirtschaftlicher Unternehmungen von einem Staatsgebiet auf das andere bestand die Gefahr einer doppelten Besteuerung, der vorzubeugen, das zweite Abkommen des Ausgleichs von 1907 bestimmt war. Die Besteuerung von Erwerbsunternehmungen hält sich an die Betriebsstätten. Wird eine Unternehmung von den in dem einen Staate befindlichen Betriebsstätten aus auf das andere Staatsgebiet ausgedehnt, ohne daß dortselbst gleichfalls eigentliche Betriebsstätten errichtet werden, so findet eine Besteuerung in dem anderen Staate nicht statt. Halten aber Unternehmungen in beiden Staatsgebieten Betriebsstätten, so sind diese selbständig nach den Steuergesetzen des Betriebsortes wie die einheimischen Betriebe zu besteuern. Einnahmen oder Ausgaben der verschiedenen Betriebsstätten sind getrennt nachzuweisen; sind solche Posten für die in zwei Staatsgebieten befindlichen Betriebe gemeinsam und nicht auszuscheiden, so werden sie nach einem gemeinsamen Schlüssel aufgeteilt. Der Begriff der Betriebsstätte ist genau ausgeführt. Besondere Bestimmungen enthält das Abkommen hinsichtlich der k. k. priv. Donau-Dampfschiffahrtsgesellschaft und sonstiger Donauschiffahrtsunternehmungen sowie für Personen, die sich im Gebiet des anderen Staates in bestimmter dienstlicher Eigenschaft (Hofdienst, Heeresdienst, Beamtendienst in gemeinsamer Behörde) aufhalten, die Besteuerung von Kreditinstituten und Versicherungsanstalten, die ihren Hauptsitz im einen Staate, im anderen aber Zweigniederlassungen besitzen.

C. Geldwesen.

Die Ausgleichsgesetze des Jahres 1867 führen das Münzwesen und den Geldfuß unter den Angelegenheiten auf, die —

vorbehaltlich des Prägungsrechts des Monarchen als Herrscher jedes der beiden Staaten — innerhalb des Zollbundes einheitlich zu regeln und nur in gegenseitigem Einvernehmen abzuändern seien. In Ausführung dieses Grundsatzes wurde im ersten Zoll- und Handelsbündnis von 1867 (s. oben S. 76) die österreichische Währung bis zu ihrer gesetzlichen Abänderung als gemeinsame Landeswährung erklärt; gleichzeitig wurden jedoch Vorlagen zur Einführung der Goldwährung in Aussicht genommen, bei der die Grundsätze der Pariser Münzkonferenz möglichst zur Geltung zu bringen sein sollten. Die österreichische Silberwährung, die hiernach, da sich der Plan des Übergangs zur Goldwährung zunächst als unausführbar erwies, noch bis zum Ende des 19. Jahrhunderts die formelle Grundlage des Geldwesens der Monarchie bildete, beruhte auf dem im Jahre 1857 zwischen Österreich und den meisten deutschen Staaten abgeschlossenen Münzvertrag, der für Österreich als gesetzliche Währungsmünze den österreichischen Gulden — 45 Gulden auf 500 g Feinsilber mit einer Legierung von $^{9}/_{10}$ — festsetzte. Die Lage der Staatsfinanzen hatte aber bereits vorher zur Ausgabe förmlicher Staatsnoten genötigt, neben denen erhebliche Beträge uneinlösbarer, wie jene mit Zwangskurs versehener Banknoten umliefen, so daß die Silberwährung in Wirklichkeit der Papierwährung weichen mußte und der Papiergulden — auch nach der infolge des Sinkens des Silberpreises notwendig gewordenen Einstellung der freien Silberprägung im Jahre 1879 — die eigentliche Einheit der österreichisch-ungarischen Währung wurde.

Mit dem im Jahre 1892 grundsätzlich beschlossenen Übergang zur Goldwährung hebt ein neuer Abschnitt in der Währungsgeschichte der Monarchie an. Durch das Gesetz vom 2. August 1892 (RGBl. Nr. 127, ungarische Gesetzartikel XVII und XVIII: 1892) wurde an die Stelle der bisherigen österreichischen Währung die Goldwährung mit der Krone zu 100 Hellern als Rechnungseinheit gesetzt. Als Goldmünzen mit unbeschränkter Zahlungskraft werden Zwanzig- und Zehnkronenmünzen hergestellt, und zwar aus 1 kg Münzgold ($^{900}/_{1000}$ fein) 147,6 Zwanzigkronen-, 295,2 Zehnkronenstücke, d. h. 2952 Kronen, oder aus 1 kg reinem Gold 164 Zwanzigkronen-, 328 Zehnkronenstücke, d. h. 3280 Kronen. Als gesetzliches Wertverhältnis ist festgesetzt 1 Goldkrone = 0,85 deutsche Mark = 1,05 Frank = 0,042 Pfd. Sterling. Das Verhältnis der neuen Münzeinheit, der Krone zum bisherigen österreichischen Gulden betrug 1 zu 2. Als Scheidemünze werden ausgeprägt Fünfkronen-, Zwei- und Einkronenstücke in Silber, Zwanzig- und Zehnhellerstücke in Nickel, Zwei- und Einhellerstücke in Bronze. Ihre Zahlungskraft ist im Privatverkehr beschränkt, d. h. niemand ist verpflichtet in Ein- und Zweikronenstücken mehr als 50, in Fünfkronenstücken mehr als 250, in Nickelmünzen mehr als 10 und in Bronzemünzen mehr als 1 Krone in Zahlung anzunehmen. Staats- und öffentliche Kassen nehmen Silbermünzen in jedem Betrage, Nickel- und Bronzestücke bis zum Betrag von 10 Kronen. Die Ausprägung findet in den Münzämtern beider Staaten unbeschränkt statt; Zwanzigkronenstücke sind auch für Private gegen eine Prägegebühr herzustellen. Die Scheidemünzen werden in beiden Staaten nur für Rechnung des Staates geprägt, und zwar ist der auf jeden von diesen entfallende Betrag nach dem Verhältnis von 70 zu 30 kontingentiert. Ungarn prägt seine Münzen mit ungarischer Aufschrift. Der österreichischen Regierung ist noch die Prägung der im Orient und Afrika gangbaren Maria-Theresia-Taler vorbehalten worden. Die Einzelheiten wurden zwischen beiden Staaten durch einen Währungs- und Münzvertrag geordnet, dessen Endigung zunächst auf den Schluß des Jahres 1910, im Jahre 1911 auf den Schluß des Jahres 1917, d. i. gleichzeitig mit dem Ablauf des Zoll- und Handelsvertrags von 1907 vereinbart worden ist.

Zur Durchführung der Währungsreform wurden die Staatsnoten und Münzen alter Währung eingezogen; die Beschaffung des hierzu nötigen Goldes, zu welchem Zweck zum Teil von beiden Regierungen aufgenommene Goldanleihen herangezogen wurden, erfolgte ohne erhebliche Schwierigkeit unter Mitwirkung der Österreichisch-Ungarischen Bank. Mit der Notverordnung vom 21. Sept. 1899 (RGBl. Nr. 176, II. bis IV. Teil, ungarische Gesetzartikel XXX bis XXXVIII: 1899) erhielt das Reformwerk insofern einen äußeren Abschluß, als nunmehr die Kronenwährung zur ausschließlichen und obligatorischen Rechnungsgrundlage, insbesondere auch für den gesamten Staats- und öffentlichen Haushalt erklärt und Anordnung für die Einziehung des bis dahin noch uneingelösten Restbetrags von 112 Mill. Gulden ö. W. getroffen wurde. Auch diese Einziehung ist seit dem Jahre 1903 durchgeführt.

9. Die Österreichisch-Ungarische Bank.

Das Zettelbankwesen findet sich in den Ausgleichsgesetzen vom Jahre 1867 nicht unter den Gegenständen aufgezählt, die für die Monarchie nach gleichen Grundsätzen zu regeln sind; auch sonst enthalten jene Gesetze ebensowenig wie das im gleichen Jahre zustande gekommene Zoll- und Handelsbündnis irgendwelche Bestimmungen hierüber. Zur Zeit des Ausgleichs bestand die im Jahre 1816 hauptsächlich zum Zwecke der Einlösung des damals schwer entwerteten Papiergelds gegründete, mit dem alleinigen Privileg der Banknotenausgabe ausgestattete Österreichische Nationalbank, deren Noten sowohl in Österreich wie in Ungarn umliefen. Ihr Privileg war zuletzt im Jahre 1841 auf 25 Jahre erneuert, aber bereits durch das österreichische Bankgesetz vom 27. Dezember 1862 durch ein neues ersetzt worden, dessen Gültigkeit bis Ende 1876 lief. Zum Teil als Entgelt für das Notenprivileg wurde aus den von früheren Anleihegeschäften der Bank mit dem Staat vorhandenen Guthaben der Bank ein Betrag von 80 Mill. Gulden ausgeschieden (sog. 80-Millionenschuld), der bis zum Ende des Privilegs von der Bank als zinsloses Darlehen dem Staate überlassen wurde; dieser verpflichtet sich dafür, eine jährliche Pauschalsumme von 1 Mill. Gulden insoweit zu entrichten, als dies zur Deckung einer 7prozentigen Dividende für die Aktionäre erforderlich sein sollte. Hinsichtlich der übrigen Schulden des Staates an die Bank wurde entsprechend baldige Abtragung vereinbart. Aus Anlaß der 1867er Ausgleichsverhandlungen sind zwischen dem österreichischen und dem ungarischen Ministerium Vereinbarungen getroffen worden, durch die der bisherige Zustand aufrecht erhalten wurde. Die folgenden Jahre über schwebten schwierige Verhandlungen über die Bankorganisation, in denen namentlich auch das Recht Ungarns, in gleicher Weise wie Österreich eine selbständige Notenbank zu errichten, stark betont wurde. Das Ergebnis der Verständigung war im Jahre 1878 die Umwandlung der Nationalbank in die auf dualistisch-paritätischer Grundlage eingerichtete „Österreichisch-Ungarische Bank", mit je einem Direktor in Wien und Budapest, die ein neues, bis 1887 laufendes Privileg erhielt. Ungarn übernahm dabei 30% der 80-Millionenschuld, die bereits während des Laufs des Privilegs durch die Staatsanteile am Bankgewinn und die Notensteuer verringert werden sollte. Das

Privileg, das sich seit 1887 auch auf Bosnien und die Herzegowina erstreckt, wurde 1887 bis 1897, sodann mehrere Male auf ein Jahr, endlich durch Gesetz vom 8. August 1911 (RGBl. Nr. 157) und den ungarischen Gesetzartikel XVIII: 1911 bis Ende 1917 erneuert und dabei das Recht Ungarns zur Einrichtung einer eigenen Bank wiederholt ausdrücklich anerkannt; der Zoll- und Handelsvertrag und die übrigen wirtschaftlichen Vereinbarungen laufen nunmehr zu gleicher Zeit mit dem Bankprivilegium ab.

Die Österreichisch-Ungarische Bank (Osztrák-magyar bank) ist eine Aktiengesellschaft mit dem Sitze in Wien und einem Aktienkapital von 210 Mill. Kronen, welche ihre statutenmäßige Tätigkeit sowohl in den Reichsratsländern als auch in Ungarn sowie in Bosnien und der Herzegowina ausübt. Hauptanstalten befinden sich in Wien und Budapest, Zweiganstalten sind nach Bedürfnis in der Provinz errichtet. Bei der Organisation der Bankleitung ist der Grundsatz der Parität nach Möglichkeit durchgeführt. Das oberste Verwaltungsorgan der Bank ist der Generalrat, der aus 12 von der Generalversammlung der Aktionäre für die Dauer von 4 Jahren gewählten Mitgliedern — und zwar 6 österreichischen, 6 ungarischen Staatsangehörigen — ferner dem Gouverneur, dem österreichischen und dem ungarischen Vizegouverneur sowie ihren Stellvertretern besteht. Der Gouverneur, die Vizegouverneure, die entsprechend ihrer Staatsangehörigkeit an der Spitze der Wiener und der Budapester Hauptanstalten stehen, und ihre Stellvertreter werden vom Monarchen auf je 5 Jahre ernannt. Der Generalrat vertritt die Bank nach außen, führt die Firma der Bank, leitet den Geschäftsbetrieb, bestimmt den einheitlichen Zinsfuß im Diskontgeschäft und ist überhaupt nach Maßgabe der Statuten zu allen Verfügungen berechtigt, die nicht der Generalversammlung vorbehalten sind. Der Generalrat wählt aus seiner Mitte ein Exekutivkomitee, das insbesondere die Ausführung der Bestimmungen über das Verhältnis des Metallschatzes zum Banknotenumlauf zu überwachen hat; er ernennt den Generalsekretär, der als oberster Beamter der Bank die Leitung sämtlicher Geschäftszweige im Namen und unter der Aufsicht des Generalrats führt, die leitenden Beamten der Bankanstalten und der Geschäftsabteilungen des Zentraldienstes. In Wien und Budapest besteht je eine Direktion, welche aus dem Vizegouverneur, dessen Stellvertreter und 6 Generalräten der entsprechenden Staatsangehörigkeit gebildet ist; ihnen steht das ausschließliche Recht der Bemessung des Bankkredits im Diskont- und Darlehensgeschäft zu, sie setzen vor allem die Grenze fest, bis zu welcher der Bankkredit von einzelnen Personen und Firmen benutzt werden kann, errichten nach Bedarf Banknebenstellen für das Diskontgeschäft und ernennen die zur Prüfung der zum Diskont angebotenen Wechsel aus den Kreisen des Handels und der Industrie heranzuziehenden Zensoren. Sie versehen ihr Amt unentgeltlich. Als ausführendes Organ wirkt bei jeder Direktion der ihr vom Generalrat beigegebene Zentralinspektor, der zugleich die Aufsicht über die Bankanstalten des Staatsgebiets ausübt.

Die Staatsaufsicht über die Geschäftsführung wird durch je einen Kommissär (und deren Stellvertreter) für jeden Staat ausgeübt, denen in den Sitzungen der Generalversammlung des Generalrats, des Exekutivkomitees und der ständigen Kommissionen beratende Stimme und sonstige zur Durchführung der Kontrolle erforderliche Rechte zustehen. Der vom Regierungskommissär gegen eine Maßnahme erhobene Einspruch hat aufschiebende Wirkung. Kommt alsdann zwischen der Regierung und der Bank eine Einigung nicht zustande, so entscheidet, je nachdem es sich um Auslegung von Gesetzen oder um Fragen des Staatsinteresses handelt, ein Schiedsgericht oder das Gesamtministerium des Staates.

Die zugelassenen Geschäfte der Bank sind in dem Bankstatut (Art. 56) einzeln aufgeführt (Diskont-, Lombard-, Depositen- und Girogeschäft, Edelmetallhandel usw.; ferner Hypothekengeschäft). Darüber hinaus hat sie für die ganze Monarchie das Banknotenprivilegium, mit der Maßgabe, daß Noten unter 50 K nur in Stücken zu 20 K und zu 10 K und nur bis zu einem zwischen den beiden Finanzministerien vereinbarten Betrag ausgegeben werden dürfen. Neuerdings sind auch Banknoten zu 2 K zulässig erklärt worden. Die grundsätzliche Verpflichtung der Bank, ihre Noten auf Verlangen gegen gesetzliches Metallgeld österreichischer oder ungarischer Prägung einzulösen, ist durch besondere Bestimmung des Statuts noch suspendiert geblieben, ohne daß dadurch das Recht der Bank, in der Zwischenzeit Zahlungen in gesetzlichem Metallgeld zu leisten oder Banknoten in solchem einzulösen, berührt worden wäre. Für das Verhältnis des Metallschatzes zum Banknotenumlauf ist durch das

Bankstatut vom Jahre 1911 der Grundsatz aufgestellt worden, daß jedenfalls der Gesamtbetrag der umlaufenden Banknoten mindestens zu zwei Fünfteln durch gesetzliches Metallgeld oder durch inländische Handelsgoldmünzen oder ausländische Münzen in Gold oder Gold in Barren, der Rest des Notenumlaufs einschließlich aller sofort fälligen Verbindlichkeiten bankmäßig gedeckt sein müsse (durch Wechsel, Effekten, Coupons, Edelmetalle). Der Bank wurde dabei gestattet, ihren Besitz an Wechseln auf ausländische Plätze und an ausländischen Noten, soweit diese in Gold oder in einer dem Golde gleichwertigen Metallwährung zahlbar sind, bis zur Höhe von 60 Mill. Kronen in den Bestand ihres Barvorrats einzurechnen. Wenn der Betrag der umlaufenden Banknoten den Barvorrat um mehr als 600 Mill. Kronen übersteigt, so hat die Bank von dem Überschusse eine Steuer von jährlich 5% an die beiden Staatsverwaltungen zu entrichten.

Von dem Jahreserträgnisse der Geschäfte und des Vermögens der Bank erhalten die Aktionäre nach Abzug der Auslagen zunächst 4% des eingezahlten Kapitals. 10% des verbleibenden Erträgnisses gehen in den Reservefonds, 2% in den Pensionsfonds, der darüber hinausgehende Gewinn fällt den Aktionären und den beiden Staatsverwaltungen nach einem bestimmten Maßstabe zu, der mit der Höhe des Gewinns den Staaten steigende Anteile sichert.

Durch besondere Bestimmungen ist namentlich noch vorgesehen, daß das gesamte Bankgeschäft unter Abtrennung des Hypothekengeschäfts durch die beiden Staaten im Falle des Ablaufs des Privilegs oder der Auflösung der Bank vor dessen Ablauf übernommen werden kann.

Die Schuld des Staates an die Bank (80-Millionenschuld) wurde bereits auf Grund einer Kaiserlichen Verordnung vom 21. September 1899 durch ein Übereinkommen zwischen den Regierungen und der Bank auf 30 Mill. Gulden (60 Mill. Kronen) herabgesetzt, indem die österreichische Regierung 30 Mill. Gulden in Gold an die Bank bezahlte, während die Bank zu Lasten des Reservefonds einen Betrag abschrieb, um den die noch nach Abzahlung dieser 30 Millionen verbleibende Schuld den Betrag von 30 Mill. Gulden überstieg. Diese Restschuld von 30 Millionen blieb seitdem und bleibt auch während des laufenden Privilegiums ungetilgt als zinsloses Darlehen bestehen. Hinsichtlich des Anteils

Ungarns an der Schuld wurde 1899 vereinbart, daß zur Tilgung der von Österreich abzubezahlenden 30 Millionen die ungarische Finanzverwaltung 9 Mill. Gulden in 50 gleichen unverzinslichen Jahresraten an Österreich vom 1. Januar 1900 ab zu entrichten, ebenso zur Tilgung der nach Ablauf des Privilegiums von Österreich zu deckenden Restschuld von 30 Millionen von dem auf das Erlöschen des Privilegiums folgenden Tage ab in gleicher Weise beizutragen hätte. Dieser Zahlungsmodus beruht darauf, daß von seiten Ungarns kein unmittelbares Schuldverhältnis gegenüber der Bank anerkannt, sondern die Schuld als eine rein österreichische betrachtet wurde [1]).

Mit Verordnung vom 4. August 1914 ist die österreichische Regierung im Hinblick auf die durch den Kriegszustand eingetretenen Verhältnisse ermächtigt worden, im Einvernehmen mit der ungarischen Regierung außerordentliche Maßnahmen hinsichtlich der Geschäftsführung der Österreichisch-Ungarischen Bank zu treffen und zu diesem Zweck auch von den Bankstatuten abweichende Bestimmungen in Wirksamkeit zu setzen.

10. Die Delegationen.

Insoweit mit der Anerkennung gemeinsamer Angelegenheiten für beide Staaten der Monarchie auch ein jedenfalls nach außen hin in die Erscheinung tretendes einheitliches staatliches Handeln gegeben war, mußte auch, entsprechend dem konstitutionellen Geiste, von dem das ganze Ausgleichswerk getragen war, ein Organ geschaffen werden, dem innerhalb dieses Rahmens die Aufgaben der vertretenden Körperschaft zufielen. Allerdings in der Form eines für beide Staaten gemeinsamen Zentralparlaments mit materieller Gesetzgebung konnte ein derartiges Organ nicht ins Leben gerufen werden; ein solches Zentralparlament widersprach vor allem den Grundanschauungen, die jenseits der Leitha über das Verhältnis Ungarns zu den übrigen Ländern der Monarchie herrschten, und die treibenden Kräfte des Ausgleichs auf ungarischer Seite waren sorgfältig darauf bedacht, nicht einen Körper zu schaffen, der den Keim für ein Zentralparlament in sich tragen

1) Österreichische Notverordnung vom 21. September 1899 (RGBl. Nr. 176), II. Teil, Gesetz vom 8. August 1911 (RGBl. Nr. 157), die ungarischen Gesetzartikel XXXVIII: 1899 und XVIII: 1911.

und das Verhältnis der beiden Staaten einem solchen der Gliedstaaten zum Bundesstaat entgegenführen könnte. So entstand die Institution der von den beiden Vertretungskörpern entsandten Delegationen.

Die Delegationen sind kein selbständiger einheitlicher Vertretungskörper, sondern sie sind — auch nach ihrem ganzen Bestand voneinander getrennte — besondere Organe des österreichischen Reichsrats und des ungarischen Reichstags[1]). Ihre Mitglieder sind aus den Mitgliedern beider Vertretungen entnommen, Verlust der Mitgliedschaft in diesen bringt auch den Verlust der Mitgliedschaft in der Delegation, verfassungsmäßige Auflösung des Vertretungskörpers Beendigung des gesamten Daseins der beteiligten Delegation mit sich. Sie sind indes mit selbständigen staatlichen Funktionen ausgestattet; ihre Beschlüsse sind nicht etwa vorbereitende Vorschläge für die Beratung in den beiderseitigen Vertretungen, sondern haben eine von diesen unabhängige und selbständige rechtliche Existenz. Einmal sind die Mitglieder der Delegationen nicht an Aufträge, Vollmachten oder Auffassungen der Vertretungskörper, aus denen sie hervorgegangen sind, gebunden, und sodann gehen die übereinstimmenden oder gemeinsamen Beschlüsse der Delegationen, ohne etwa erst der formellen Billigung von seiten der Parlamente beider Staaten zu bedürfen, unmittelbar an den Monarchen zur Sanktion. Sie unterscheiden sich also von der zur Vereinbarung der Beitragsquote vorgesehenen Deputation, deren Vorschläge der ordnungsgemäßen Beschlußfassung jedes der beiden Vertretungskörper unterzogen werden oder deren Gutachten in Ermangelung einer Einigung die Grundlage der Verhandlungen beider Vertretungen zu bilden hat[2]).

Ein „Gesetzgebungsrecht" ist den Delegationen zwar durch den Wortlaut des österreichischen Delegationsgesetzes zugedacht[3]); die dem ungarischen Gesetzartikel XII zugrunde liegenden

1) Vielfach werden sie auch mit dem leicht zu Mißverständnissen führenden Ausdruck „Ausschüsse" charakterisiert.

2) Delegationsgesetz vom 21. Dezember 1867, § 36, Gesetzartikel XII: 1867 §§ 18 bis 21, 41.

3) § 6: „Das den Vertretungskörpern beider Reichshälften (dem Reichsrate und dem ungarischen Reichstage) zustehende Gesetzgebungsrecht wird von denselben, insoweit es sich um die gemeinsamen Angelegenheiten handelt, mittels zu entsendender Delegationen ausgeübt."

Anschauungen indes schließen die Anerkennung des Rechts, Gesetze zu geben, für dieses Organ aus. Praktisch verringert sich dieser anscheinende Gegensatz erheblich, da die gemeinsamen Angelegenheiten nach ihrem Umfang und ihrer Art der materiellen Gesetzgebung schon an sich wenig Raum bieten, und die Gepflogenheit beider Staaten hat den ungarischen Standpunkt angenommen. Soweit eine Gesetzgebung auf dem Gebiet der gemeinsamen Angelegenheiten in Frage kommt, so wird sie durch gleichartige im gegenseitigen Einvernehmen zustande gekommene Gesetze beider Staaten geschaffen. Formell erscheinen die Beschlüsse der Delegationen als Gesetze, werden aber nicht in einem gemeinsamen Gesetzblatt, sondern in den Gesetzblättern der beiden Staaten veröffentlicht.

Den Delegationen kommt vor allem die Feststellung des vom gemeinsamen Ministerium im Benehmen mit den Ministern der beiden Staaten ausgearbeiteten gemeinsamen Budgets zu. Dieses darf sich nur mit solchen Aufgaben beschäftigen, die als pragmatisch-gemeinsame Aufgaben anerkannt sind. Die über den Staatshaushalt gefaßten Beschlüsse binden die beiden Staaten insofern, als der auf jeden nach den Vereinbarungen über die Beitragsleistung zu den gemeinsamen Ausgaben entfallende Anteil in ihren Staatshaushalt aufzunehmen ist. Die Delegationen üben ferner durch die Prüfung der Rechnungen, Fragestellung an die Minister, Ernennung von Kommissionen eine Kontrolle über die Verwaltung der gemeinsamen Angelegenheiten aus, die in dem wenigstens im Grundsatze anerkannten Rechte der Ministeranklage gipfelt [1]). Die Beratungen der Delegationen bieten diesen die regelmäßige Gelegenheit, die auswärtige Politik in ihrem gesamten Umfang und die Heeresangelegenheiten in den Kreis der Erörterung zu ziehen, wie andererseits dadurch die gemeinsamen Minister, namentlich der Minister des Äußern, in die Lage kommen, sich über Fragen der Politik innerhalb ihres Geschäftsbereichs vor der Öffentlichkeit auszusprechen. Endlich entscheiden die Delegationen (übrigens ein praktisch noch nicht vorgekommener Fall) über die Modalitäten der Aufnahme, Verwendung und Rückzah-

1) Die Zusammensetzung des Gerichts ist in den Ausgleichsgesetzen näher bestimmt. Ein eigenes Gesetz über die Verantwortlichkeit des gemeinsamen Ministeriums sollte die näheren Bestimmungen über die Anklage, das Verfahren und das Erkenntnis feststellen, indes ein solches Gesetz ist nicht erlassen worden.

lung eines gemeinsamen Darlehens. Innerhalb ihres Wirkungskreises haben sie das Recht zu Vorschlägen (Initiative).

Jede der beiden Delegationen besteht aus 60 Mitgliedern; die österreichische wird zu zwei Dritteln aus dem Hause der Abgeordneten, nach einem bestimmten, die einzelnen Länder berücksichtigenden Verteilungsplane, von den in den Ländern gewählten Mitgliedern des Hauses, zu einem Drittel aus dem Herrenhause, die ungarische in gleichem Verhältnis aus den beiden Häusern des Reichstags entnommen, wobei von den dem ungarischen Abgeordnetenhause angehörenden Mitgliedern vier, von den dem Magnatenhause angehörenden eines dem kroatisch-slavonischen Landtag angehören müssen. In gleicher Weise werden für jede Delegation 30 Ersatzmänner ernannt. Die Wahl gilt auf ein Jahr. Die Mitglieder der Delegationen genießen die parlamentarischen Immunitätsrechte, wie sie ihnen als Mitgliedern der Körperschaften, aus denen sie hervorgegangen sind, zustehen.

Die Delegationen werden alljährlich vom Monarchen berufen, und zwar dem Wunsche der ungarischen Legislative entsprechend, abwechselnd nach Wien und Budapest. Sie verhandeln, beraten und beschließen regelmäßig für sich in abgesonderten Sitzungen, die Regierungsvorlagen gelangen an sie gesondert durch das gemeinsame Ministerium. Jede stellt ihre Geschäftsordnung fest und wählt aus ihren Mitgliedern ihren Präsidenten und den Vizepräsidenten, die Schriftführer und ihr sonstiges Bureau. Zur Beschlußfähigkeit der Reichsrats-Delegation ist außer dem Vorsitzenden die Anwesenheit von wenigstens 30 Mitgliedern und zur Gültigkeit eines Beschlusses die absolute Stimmenmehrheit der Anwesenden erforderlich, nach dem ungarischen Gesetze ist hierfür die Mehrheit sämtlicher Mitglieder erforderlich. Die Sitzungen sind in der Regel öffentlich, doch kann die Öffentlichkeit auf Antrag des Präsidenten oder von mindestens fünf Mitgliedern ausgeschlossen werden.

Voraussetzung für die *Wirksamkeit der Beschlüsse* der Delegationen und für die Einholung der Sanktion durch den Monarchen ist Übereinstimmung beider Delegationen. Diese wird in der Weise festgestellt oder herbeigeführt, daß jede der Delegationen der anderen ihre Ansichten und Beschlüsse in Schriftsätzen (sog. Nuntien) mitteilt, und zwar jede in ihrer Sprache (deutsch, ungarisch) unter Beifügung einer Übersetzung in der anderen Sprache.

Im Falle von Meinungsverschiedenheiten können gemeinsame — öffentliche — Sitzungen behufs Herstellung einer Übereinstimmung abgehalten werden, in denen ohne Debatte mit absoluter Mehrheit über den Gegenstand abgestimmt wird. Um indes die Gleichheit zwischen beiden Ausschüssen zu wahren, muß sich auf Seite der in der Mehrzahl anwesenden Delegation eine entsprechende Anzahl von Mitgliedern, die durch das Los bestimmt werden, der Abstimmung enthalten. Der Vorsitz wechselt nach erstmaliger Bestimmung durch das Los zwischen den Präsidenten beider Delegationen ab. Derartige Sitzungen müssen auf den Antrag einer der beiden Delegationen abgehalten werden, sobald ein dreimaliger Nuntienwechsel ohne Erfolg geblieben ist.

11. Bosnien und die Herzegowina.

Der Grund zu der heutigen Zugehörigkeit Bosniens und der Herzegowina zur Österreichisch-Ungarischen Monarchie ist in den Umwälzungen gelegt worden, welche die orientalischen Wirren der 70er Jahre des vorigen Jahrhunderts und deren abschnittsweise Lösung im Jahre 1878 hervorgebracht haben. Angebahnt durch die in Reichsstadt getroffenen Abmachungen vom 8. Juli 1876, über die Gestaltungen des Friedens von San Stefano vom 3. März 1878 hinwegschreitend, hat der Berliner Vertrag vom 13. Juli 1878 der Österreichisch-Ungarischen Monarchie die bis dahin jahrhundertelang unter türkischer Herrschaft befindlichen Provinzen Bosnien und die Herzegowina zur Besetzung und Verwaltung überwiesen. Der Artikel 25 der Berliner Kongreßakte bestimmte zugleich, daß Österreich-Ungarn auf die Verwaltung des zu Bosnien gehörigen Sandschaks von Novibazar keinen Anspruch machte, aber, „um die Aufrechterhaltung des neuen politischen Zustandes ebenso wie die Freiheit und Sicherheit der Kommunikationswege zu sichern", das Recht habe, in diesem Teile des ehemaligen Vilajets von Bosnien Garnisonen zu halten und militärische sowie Handelsstraßen zu besitzen.

In schweren Kämpfen hat die Monarchie ihr hiermit erworbenes Besatzungsrecht durchgeführt, durch den Vertrag mit der Türkei vom 21. April 1879 den Übergang der staatlichen Gewalt auf seinen Herrschaftsbereich geregelt und ihn, nicht, wie in einem

Geheimprotokoll vor Abschluß des Berliner Vertrags zugesagt war, auf Zeit, sondern ohne zeitliche Einschränkung, wenn auch unter formeller Anerkennung der Souveränitätsrechte der Türkei, gesichert. Nur hinsichtlich einzelner Grundsätze, die sich auf die Verwaltung im einzelnen bezogen, fand eine Bindung statt, namentlich sollte die Kultusfreiheit der Mohammedaner aufs peinlichste beobachtet, deren Verkehr mit ihren geistlichen Oberhäuptern gewährleistet, der Name des Sultans in den öffentlichen Gebeten der Mohammedaner wie bisher genannt, auch, soweit es üblich sei, die Hissung der ottomanischen Flagge auf den Minaretten zugelassen werden. Die bisherigen Beamten sollten, ihre Eignung für den Dienst vorausgesetzt, auch in der neuen Verwaltung beibehalten und nach Möglichkeit auch durch einheimische Kräfte ersetzt werden. Die Einnahmen des Gebiets wurden ausdrücklich zur Deckung der Bedürfnisse der beiden Länder bestimmt, für die ottomanischen Münzen freier Kurs in ihnen vereinbart.

Die praktische Weiterbildung des auf diese Weise aus dem ihn umgebenden staatlichen Zusammenhang herausgehobenen und in seinen Grundzügen näher bestimmten politischen Organismus hat dessen Verknüpfung mit der Monarchie aus einem ursprünglich als völkerrechtlich gedachten Verhältnis mit dem Ausbau der tatsächlich ausgeübten staatlichen Herrschaft durch die Monarchie mehr und mehr einer Verbindung staatsrechtlichen Charakters genähert. Die Rechtslehre hat dies auf der einen Seite unter scharfer Betonung der völkerrechtlichen Entstehungstatsachen bestritten, andererseits ist sie so weit gegangen, daß der Übergang der Provinzen in österreichisch-ungarische Verwaltung als verschleierte Form derivativen Landerwerbs bezeichnet wurde. Auch die Analogie Elsaß-Lothringens ist zur Erklärung der Beziehungen der beiden Länder als Reichsländer, und zwar bereits vor der Annexion, herangezogen worden. In Wirklichkeit bildet die Gestaltung des Verhältnisses Bosniens und der Herzegowina zu Österreich und Ungarn bis zur Annexion eine jener Erscheinungen, wie sie die Geschichte der Staaten ohne Rücksicht auf die üblichen rechtlichen Begriffe hervorgebracht hat und stets ins Leben rufen kann.

Von den Schritten auf dem Wege zu dem angedeuteten staatsrechtlichen Verhältnis ist zunächst zu nennen das Gesetz vom 20. Dezember 1879 (RGBl. Nr. 136, ungarischer Gesetzartikel

LII: 1879), durch das Bosnien und die Herzegowina in das auf der Grundlage des Zoll- und Handelsbündnisses vom 27. Juni 1878[1]) bestehende allgemeine Zollgebiet der Österreichisch-Ungarischen Monarchie aufgenommen wurde. Die Grenzzollinie der Monarchie gegenüber Bosnien und der Herzegowina wurde aufgehoben, die gemeinsame Zollgrenze bis zu den Gebieten Serbiens, der Türkei und Montenegros ausgedehnt, die Geltung der mit fremden Staaten geschlossenen oder zu schließenden Zoll- und Handelsverträge sowie der für beide Ländergebiete gemeinsamen Vorschriften über die Erhebung und Verwaltung der Zölle auf das so geschaffene erweiterte Zollgebiet übertragen, Tabak- und Salzmonopol eingeführt, die Regelung der Bier-, Branntwein- und Zuckersteuer derjenigen der Monarchie angepaßt. Ferner wurden die zwischen den beiden Staaten der Monarchie getroffenen Vereinbarungen über das Münzwesen, die Staatsnoten und das Privilegium der Österreichisch-Ungarischen Bank für Bosnien und die Herzegowina als gültig erklärt, sodann das Maß- und Gewichtssystem und die Bestimmungen über den Feingehalt von Gold- und Silberwaren auf diese Gebiete ausgedehnt. Ein Erlaß des gemeinsamen Ministeriums vom 7. April 1879 ordnete die Ausstellung von Pässen für Angehörige des Okkupationsgebiets, die aus der Türkei in dieses zurückkehrten, in dem Sinne, daß hierfür sowohl die österreichisch-ungarische Botschaft in Konstantinopel als auch die türkischen Behörden zuständig sein sollten, deren Pässe aber von der Botschaft visiert werden mußten. Bald darauf wurde aber die Ausstellung der Pässe den österreichisch-ungarischen Konsulaten ausschließlich übertragen. Die Bewohner des Okkupationsgebiets wurden in der Türkei den österreichisch-ungarischen Konsulargerichten unterstellt. Im Anfang 1880 erfolgte die Aufhebung der österreichisch-ungarischen Konsulate und der fremden, auf Grund der Kapitulationen mit der Türkei ausgeübten Konsulargerichtsbarkeit.

Einen weiteren Schritt bildeten die zwischen beiden Regierungen vereinbarten bosnischen Verwaltungsgesetze (österreichisches Gesetz vom 22. Februar 1880, RGBl. Nr. 18, und ungarischer Gesetzartikel VI: 1880), durch die den beiden Staaten ein Einfluß auf die Verwaltung von Bosnien und der Herzegowina eingeräumt wurde.

---

1) Siehe S. 76.

Insbesondere sind die Richtung und die Grundsätze der vom gemeinsamen Ministerium, und zwar im besonderen in dessen Namen gemäß früherer Bestimmung vom gemeinsamen Finanzministerium zu leitenden Verwaltung und die Anlage von Eisenbahnen im Einvernehmen mit den Regierungen der beiden Ländergebiete der Monarchie festzustellen. Die Kosten der Verwaltung sind nach Möglichkeit durch die eigenen Einkünfte der besagten Gebiete zu decken, Zuschüsse sind im Sinne der bestehenden Gesetze für die gemeinsamen Angelegenheiten im Einvernehmen mit den beiden Regierungen aufzubringen; bleibende Aufwendungen, die nicht in den Bereich der laufenden Verwaltung gehören, wie für Eisenbahnen, öffentliche Bauten u. s. w., sind nach Maßgabe gleicher in beiden Teilen der Monarchie übereinstimmend zustande gekommener Gesetze von der Monarchie zu tragen. Durch derartig paktierte Gesetze sind ferner zu regeln die Zolleinrichtungen, diejenigen indirekten Abgaben, die in beiden Teilen der Monarchie nach vereinbarten Gesetzen gehandhabt werden, sowie das Münzwesen. Jede Änderung des bestehenden Verhältnisses der besetzten Gebiete zur Monarchie bedarf der übereinstimmenden Genehmigung der Gesetzgebung beider Teile der Monarchie.

Die nächste Etappe auf dem Wege der Durchdringung des Landes war die Schaffung eines Wehrgesetzes für Bosnien und die Herzegowina, das durch Allerhöchste Entschließung vom 24. Oktober 1881 festgestellt, am 4. November 1881 veröffentlicht wurde. Es beruhte grundsätzlich auf dem Gedanken der allgemeinen Wehrpflicht, ließ jedoch die Stellvertretung zu und sah auch im übrigen eine weitgehende Berücksichtigung der mohammedanischen Anschauungen hinsichtlich der Befreiung bestimmter Berufe vom Militärdienst vor. Die aus diesem System der Aushebung hervorgegangenen Truppen bildeten einen Bestandteil der gemeinsamen Wehrmacht der Monarchie, der zur Verteidigung nicht nur Bosniens und der Herzegowina, sondern der gesamten Monarchie herangezogen werden konnte.

Die Entwicklung der Dinge auf politischem Gebiete, namentlich die Einführung der türkischen Verfassung, die den Keim schwieriger Auseinandersetzungen in sich barg, haben die Österreichisch-Ungarische Regierung in die Notwendigkeit versetzt, die staats- und völkerrechtliche Stellung Bosniens und der Herzegowina einer Klärung entgegenzuführen. Dies geschah durch vier Handschreiben vom 5. Oktober 1908 [1]), von denen zwei an die Ministerpräsidenten Österreichs und Ungarns und eines an den gemeinsamen Minister des Äußern, eines an den gemeinsamen Finanzminister gerichtet, und worin ausgesprochen war, der Kaiser und König habe sich „bestimmt gefunden, die Rechte seiner Souveränität auf Bosnien und die Herzegowina zu erstrecken und die für sein Haus geltende Erbfolgeordnung auch für diese Länder in Wirksamkeit zu setzen, sowie ihnen gleichzeitig verfassungsmäßige Einrichtungen zu gewähren". Gleichzeitig kündigt der Monarch zur Kundgebung der friedlichen Absichten, die ihn bei dieser unabweislichen Verfügung geleitet haben, die Räumung des Sandschaks von Novibazar von den dahin verlegten Truppen an. Gemäß § 5 der bosnischen Verwaltungsgesetze wurden den beiden Parlamenten Gesetzentwürfe zur Legalisierung der Maßregel eingebracht. Damit war auch äußerlich der letzte Rest des völkerrechtlichen Verhältnisses der beiden Länder zur Türkei beseitigt und die Annexion der Gebiete vollzogen, ein Schritt der — so gering dieser Rest tatsächlich für das rein juristische Bild gewesen sein mag, — politisch von größter Tragweite war. Sie erhellt nicht nur daraus, daß Österreich-Ungarn sich zur Ablösung der noch vorhandenen Rechte der Türkei mittels einer Zahlung von $2^1/_2$ Mill. türkischer Pfund verstand, sondern wird auch ohne weiteres aus dem durch die Annexion hervorgerufenen mehrere Monate lang dauernden Zustand höchster internationaler Spannung klar.

Die Lösung dieser Spannung kam in dem Vertrage Österreich-Ungarns mit der Türkei vom 26. Februar 1909 zum Ausdruck, in dem diese ausdrücklich den durch die Entschließung der Österreichisch-Ungarischen Regierung geschaffenen Zustand anerkannte, wogegen Österreich-Ungarn auf seine Rechte hinsichtlich des Sandschaks Novibazar verzichtete und zur Ablösung des der Türkei in Bosnien und der Herzegowina gehörigen Immobiliarbesitzes die oben erwähnte Summe zusagte. Der Vertrag enthält nun die näheren Bestimmungen zur Ausführung dieser Änderungen in den völkerrechtlichen Beziehungen hinsichtlich der Staatsangehörigkeit, der Freizügigkeit, der Eigentums- und sonstigen persönlichen Rechte, der Verhältnisse des Kultus und der frommen Stiftungen (Vakufs). Gleichzeitig wurde der Abschluß eines Handelsvertrags

1) Wiener Zeitung vom 7. Oktober 1908, Nr. 231.

mit der Türkei in Aussicht gestellt, der in Kraft treten sollte, insoweit die anderen Handelsverträge der Türkei abgeschlossen und in Kraft getreten sein würden. Dem Vertrage mit der Türkei folgte innerhalb kurzer Zeit die Zustimmung der europäischen Mächte zur Aufhebung des Artikel 25 der Berliner Kongreßakte.

Die staatsrechtliche Sanktionierung der neugeschaffenen Verhältnisse sollte zunächst in zwei Gesetzen durchgeführt werden, zu denen entsprechend den oben erwähnten Allerhöchsten Reskripten beiden Parlamenten Entwürfe zugingen. Der ungarische Entwurf wich indes von der Fassung des österreichischen einmal insofern ab, als darin lediglich die Kenntnisnahme von der neuen Verfügung ausgesprochen war, während der österreichische Entwurf auf deren Genehmigung abgestellt war. Sodann aber ist in dem ungarischen Entwurf von Bedeutung, daß nach ihm die Erstreckung der Souveränitätsrechte des Königs mit der Rücksicht auf die alten Bande, welche seine Vorfahren auf dem ungarischen Thron an jene Länder knüpften, begründet wurde. Damit hatte man ungarischerseits die sog. Reinkorporationsklausel des älteren ungarischen Königsrechts im Auge, wie sie im Gesetzartikel II: 1723 als eine der Bedingungen der Anerkennung der weiblichen Thronfolge aufgenommen war, d. h. das Versprechen des Königs, Länder, die einmal zur Stefanskrone gehört haben, aber ihm später entrissen seien (sog. Avulsen), beim Wiedererwerb ihr zu reinkorporieren. Diese Auffassung geht von der Annahme aus, daß eine uralte Verbindung zwischen Bosnien, — das mit dem ehemaligen „Rama" identisch erklärt wurde, — und der ungarischen Krone bestanden und sich auch in dem Königstitel durch fortgesetzte Erwähnung dieses Herrschaftsverhältnisses [1]) trotz seiner durch das Kriegsrecht erfolgten Lösung als Anspruch erhalten habe; gestützt auf dieses historische Recht der Krone Ungarns, wollte die ungarische Regierung, wie sie dies auch durch den Mund ihres Ministerpräsidenten damals in der Sitzung des Reichstags vom 11. November 1908 ausgesprochen hat, in den angeführten Worten des Gesetzentwurfs ihren Anspruch auf die Wiedervereinigung dieser zurück-

1) Im Titel des Königs von Ungarn sind folgende 10 Königreiche angeführt: Ungarn, Bulgarien, Cumanien, Lodomerien, Galizien, Dalmatien, Kroatien, Slavonien, Serbien, Rama; ihre Fahnen werden bei der Königskrönung von ungarischen Magnaten getragen.

gewonnenen Teile mit dem Königreich zur Geltung bringen. Auf österreichischer Seite begegnete diese Auffassung entschiedenem Widerspruch, zu dessen Begründung man sich namentlich auf das der Okkupation zugrunde liegende europäische, der Österreichisch-Ungarischen Regierung erteilte Mandat und die zu ihrer Durchführung von Österreich gebrachten Opfer berief; überdies wurde darauf hingewiesen, daß in der Zustimmung Ungarns zu dem § 5 des Verwaltungsgesetzes von 1880, wonach zu jeder Änderung des Verhältnisses Bosniens und der Herzegowina zur Monarchie die Genehmigung der beiderseitigen Parlamente nötig ist, auch ein Verzicht auf die historischen, die Länder berührenden Ansprüche zu erblicken sei. Die Entwürfe zu den Annexionsgesetzen sind infolge der angedeuteten in das politische Gebiet hinüberspielenden Meinungsverschiedenheiten unerledigt, die tatsächliche Gestaltung der Verhältnisse nach der Annexion aber dadurch unberührt geblieben.

Diese Gestaltung ist durch die vom Monarchen mit Zustimmung der beiden Regierungen, jedoch ohne Beteiligung der Parlamente erlassene, am 17. Februar 1910 verkündete „bosnische Verfassung" geschaffen worden. Die staatsrechtlich wichtigsten Bestandteile dieser Verfassung sind das Landesstatut und die Wahlordnung für den Landtag; zu diesen treten noch die Geschäftsordnung für den Landtag, ein Vereins- und ein Versammlungsgesetz sowie ein Gesetz über die Bezirksräte.

In den einleitenden Worten der Verfassung ist ausgesprochen, daß die durch das Gesetz vom 22. Februar 1880 für die Verwaltung Bosniens und der Herzegowina festgelegten Grundlagen bis zur verfassungsmäßigen Änderung dieser Gesetze aufrechterhalten bleiben, und daß durch die verfassungsmäßigen Einrichtungen Bosniens und der Herzegowina deren durch Gesetze beider Staaten der Monarchie festgestellten Beziehungen zwischen diesen Staaten nicht berührt werden sollten. Im Landesstatut werden sodann Bosnien und die Herzegowina als ein einheitliches besonderes Verwaltungsgebiet erklärt, das unter der Leitung und Oberaufsicht des k. u. k. gemeinsamen Ministeriums von der diesem unterstellten und verantwortlichen Landesregierung in Sarajevo verwaltet wird. Die im Lande bestehenden Gerichts- und Verwaltungsbehörden bleiben in ihrer bisherigen Organisation, die weiter unten noch kurz berührt werden soll, bestehen. In allen Angelegenheiten, die außerhalb des

Wirkungskreises der Landesregierung liegen, deren gesetzliche Tragweite sich jedoch auf Bosnien und die Herzegowina erstreckt, sind über die besonderen Interessen der beiden Länder Vertreter der Landesverwaltung zu hören.

Die Vorschriften des Landesstatuts über die allgemeinen bürgerlichen Rechte stellen in ihrem Beginn den Begriff der Landesangehörigkeit als Korrelat dessen auf, was in einem Gemeinwesen mit völlig ausgebildeter staatlicher Entwicklung mit dem Begriff der Staatsangehörigkeit ausgedrückt wird[1]. Wer diese Landesangehörigkeit besitzt, ist auf Grund dieses Statuts weder österreichischer noch ungarischer, sondern rein „bosnisch-herzegowinischer Landesangehöriger"; auch ist er nicht etwa in dieser Eigenschaft österreichisch-ungarischer Staatsangehöriger, da es eine allgemeine Reichsbürgerschaft für die Österreichisch-Ungarische Monarchie nicht gibt. Als bosnisch-herzegowinische Landesangehörige gelten, solange ihre anderweitige Zugehörigkeit nicht nachgewiesen wird, alle, die in Bosnien und der Herzegowina geboren sind, und die in diesen Ländern aufgefundenen und erzogenen Findlinge. Die Landesangehörigkeit wird in Zukunft erworben durch eheliche Geburt von landesangehörigen Eltern oder uneheliche Geburt von einer landesangehörigen Mutter, durch Verehelichung mit einem landesangehörigen Gatten, durch Anstellung eines österreichischen oder ungarischen Staatsangehörigen im öffentlichen Dienste in Bosnien und der Herzegowina, und endlich durch ausdrückliche Verleihung.

Den Landesangehörigen werden durch das Landesstatut in Anlehnung an das österreichische Staatsgrundgesetz vom 11. Dezember 1867 allgemeine staatsbürgerliche Rechte gewährleistet, Freizügigkeit, Schutz der persönlichen Freiheit gegen willkürliche Verhaftung, Unabhängigkeit der Justiz, Glaubens- und Gewissensfreiheit, Preßfreiheit, Freiheit der Wissenschaft und ihrer Lehre, Lehre, Unverletzlichkeit des Brief- und Depeschengeheimnisses usw. Im Falle eines Krieges oder einer Kriegsgefahr oder von Unruhen kann der Ausnahmezustand erklärt werden, auf Grund dessen eine Beschränkung der verschiedenen Freiheitsrechte zulässig ist.

---

1) Siehe v. Keller und Trautmann, Kommentar zum (deutschen) Reichs- und Staatsangehörigkeitsgesetz vom 22. Juli 1913, S. 746 f.

Als praktisch von erheblicher Bedeutung sind die Vorschriften über die Einrichtung einer Volksvertretung hervorzuheben, bei deren Zusammensetzung namentlich den eigenartigen ethnischen und konfessionellen Verhältnissen des Landes Rechnung zu tragen war. Der bosnisch-herzegowinische Landtag zählt 92 Mitglieder, nämlich 20 Virilisten (kraft amtlicher Stellung berufene Personen, unter denen neben den Präsidenten des Obergerichts, der Advokatenkammer und der Handels- und Gewerbekammer sowie dem Bürgermeister von Sarajevo namentlich Vertretern der Konfessionen Sitze zugewiesen waren) und 72 Abgeordnete, deren Wahl auf fünf Jahre nach der gleichzeitig erlassenen Wahlordnung zu erfolgen hat. Wahlberechtigt sind im allgemeinen aktiv die männlichen eigenberechtigten Landesangehörigen über 24 Jahren, die im Lande mindestens seit einem Jahre ihren Wohnsitz haben, ferner unter den gleichen Voraussetzungen österreichische und ungarische Staatsangehörige, die in Bosnien und der Herzegowina als Landesbeamten, Lehrer oder im Landesbahndienst angestellt oder in einer Gemeinde dieser Länder wahlberechtigt sind. Das passive Wahlrecht, von dem die Beamten und Lehrer ausgeschlossen sind, beginnt mit der Vollendung des 30. Lebensjahrs. Das aktive Wahlrecht steht auch in der ersten Kurie Frauen zu, muß aber in diesem Fall durch Bevollmächtigte ausgeübt werden. Die Wahl erfolgt in drei Wählerkurien, von denen jede eine bestimmte Anzahl Abgeordnete zu wählen hat, die erste 18, die zweite 20, die dritte 34. Die erste Kurie teilt sich in zwei Wählerklassen. In der ersten wählen alle islamitischen Grundbesitzer, die an Grundsteuer mindestens 140 K entrichten; Grundbesitzern anderer Konfessionen, die an Grundsteuer mindestens 140 K entrichten, steht es frei, ihr Wahlrecht in der ersten Klasse oder in dem Wahlkörper der zweiten Klasse auszuüben, dem sie ihrer Konfession nach angehören. In der zweiten Klasse wählen die Personen, die mindestens 500 K direkte Steuern bezahlen oder einem gewissen höheren Bildungszensus entsprechen. Die zweite Kurie wird gebildet von allen nicht der ersten angehörigen Wählern in den Städten, die dritte unter der gleichen Voraussetzung von den Wählern der Landgemeinden. Innerhalb der den Kurien zugewiesenen Zahl von Abgeordneten, und zwar innerhalb der ersten für sich allein, innerhalb der zweiten und dritten zusammengenommen, sind die Mandate nach Konfessionen (Katholiken, Islamiten, Serbisch-Orthodoxen) verteilt; außerdem entfällt in der zweiten Kurie auf die Israeliten ein Mandat. Die Wahlbezirke und Mandate sind in einem Anhang zur Wahlordnung tabellarisch zusammengestellt. Die Angehörigen von Konfessionen, denen wegen der geringen Zahl ihrer Bekenner kein selbständiges Mandat im Landtag zugewiesen ist, sind berechtigt, an ihrem Wohnsitz je nach ihrer Zugehörigkeit zu den einzelnen Kurien an den Wahlen in einem der konfessionellen Wahlkörper der betreffenden Kurie teilzunehmen.

Das Präsidium des Landtags, der sich in der Regel alle Jahre einmal auf Allerhöchste Einberufung versammelt, wird alljährlich unter alternierender Berücksichtigung der drei Hauptkonfessionen vom Kaiser und König berufen. Den Mitgliedern des Landtags stehen die üblichen Immunitätsrechte zu. Der Landeschef, der Zivialadlatus und die Sektionschefs wie die Kommissare der Landesverwaltung sind zur Teilnahme an den Beratungen berechtigt und müssen auf Verlangen gehört werden. Der Landtag wählt aus seiner Mitte für die ganze Landtagsperiode neun Mitglieder, die den Landesrat bilden; ihm kommt eine gewisse beratende Stellung in solchen öffentlichen Angelegenheiten zu, an denen Bosnien und die Herzegowina beteiligt sind.

Die sachliche Zuständigkeit des bosnisch-herzegowinischen Landtags ist zunächst insofern beschränkt, daß diejenigen Gegenstände, auf die er seine Beratungen erstrecken kann, ausdrücklich im Landesstatut aufgezählt sind, wie z. B. bürgerliches, Handels-, Straf- und Polizeistrafrecht, Vereins-, Versammlungs- und Presserecht, Sanitätswesen, Fremdenpolizei und Paßwesen, Landwirtschaft, soziale Fürsorge, Unterrichts- und geistliche Angelegenheiten, Forstrecht und Forstpolizei sowie auf dem Gebiete der Finanzverwaltung namentlich das Budgetrecht, Besteuerungsrecht und Schuldenwesen. Als allgemeine Beschränkung kommt noch hinzu der Grundsatz, daß alle Angelegenheiten, welche nicht bloß Bosnien und die Herzegowina, sondern auch einen oder beide Staaten der Monarchie berühren, ihrem Wirkungskreis entzogen sind, also vor allem die im Sinne der Ausgleichsgesetze gemeinsamen oder im gemeinsamen Einvernehmen festzustellenden, die im österreichisch-ungarischen Handelsvertrage von 1907 geregelten oder in ähnlichen Vereinbarungen zu regelnden Angelegenheiten, ferner die in dem Gesetze über die Herstellung eines gemeinsamen Zollverbands mit

Bosnien und der Herzegowina vom Jahre 1879 geregelten und die nach den bosnischen Verwaltungsgesetzen von 1880 auch in Bosnien und der Herzegowina nur auf Grund übereinstimmender Gesetze der beiden Staaten der Monarchie zu regelnden Angelegenheiten. Ein Mitwirkungsrecht bei Änderungen der Landesverfassung steht dem Landtag ebensowenig zu, wie es seiner Befragung bei deren völliger Aufhebung bedarf. Auch innerhalb der ihm verbleibenden Zuständigkeit sind dem Landtag insofern Schranken errichtet, als alle hierhergehörigen Regierungsvorlagen vor ihrer Einbringung, die von ihm beschlossenen Gesetzentwürfe vor Einholung der Allerhöchsten Sanktion, der Zustimmung der Regierungen der beiden Staaten der Monarchie bedürfen.

Neben dem hiernach nicht unerheblich eingeengten autonomen Gesetzgebungsrecht des bosnischen Landtags steht einmal der Einfluß der Delegationen, der sich in den pragmatischen Angelegenheiten in der Feststellung des Voranschlags für die beiden Länder und in der Prüfung des Rechenschaftsberichts des gemeinsamen Finanzministers über deren Verwaltung geltend macht; hierzu kommt ferner die Zuständigkeit der Volksvertretungen Österreichs und Ungarns, deren Gesetzgebungsrecht nicht nur auf den Gebieten der nach den 1867er Ausgleichsgesetzen und nach späteren Vereinbarungen im Einvernehmen zwischen beiden Staaten nach einheitlichen Grundsätzen zu regelnden Gegenstände eintritt, sondern auch von den bosnischen Verwaltungsgesetzen von 1880 in Ansehung außerordentlicher finanzieller Leistungen der Monarchie vorgeschrieben ist, soweit solche außerhalb des Bereichs der laufenden Verwaltung für bleibende Anlagen, wie für Eisenbahnen, öffentliche Bauten u. dgl. in Anspruch genommen werden. Neben diese Zuständigkeiten tritt, soweit diese noch Raum lassen, das Verordnungsrecht des Monarchen.

Die Organisation der Verwaltung läuft in einer Spitze aus, die das gemeinsame Finanzministerium als im Namen des gemeinsamen Ministeriums der Monarchie handelnd, bildet; daneben besteht noch die Zuständigkeit des k. u. k. Kriegsministeriums für die Militärangelegenheiten und für das Post- und Telegraphenwesen. Dem Ministerium untergeordnet ist die Landesregierung mit dem Landeschef als höchstem Beamten, mit welcher Stelle der Armeeinspektor des Landes betraut ist. Die Stelle des früher für die Zivilverwaltung zuständigen, dem Landeschef unterstellten, mit gewissen Sonderrechten ausgestatteten Zivildlatus ist seit 1912 durch die des Landeschefstellvertreters ersetzt. Innerhalb der Landesregierung sind 6 Abteilungen voneinander geschieden, deren jeder ein bestimmter Geschäftskreis (politisch-administrativ, Finanz-, Justiz-, Wirtschaftswesen, Kultus und Unterricht sowie Bau- und Eisenbahnwesen) zugeteilt ist. Das Land ist verwaltungsmäßig in 6 Kreise unter Kreisvorstehern eingeteilt, die im allgemeinen ein Aufsichtsorgan für die innere Verwaltung bilden, aber auch als mittlere Verwaltungsinstanz entscheidend auftreten. Als untere Verwaltungsbehörden dienen die unter Bezirksvorstehern stehenden Bezirksämter, denen stellenweise noch Bezirksexposituren nachgeordnet sind. Für die staatlichen Verwaltungsgeschäfte der Landeshauptstadt Sarajevo ist ein unmittelbar unter der Landesregierung stehender Regierungskommissär bestellt [1]).

An der inneren Verwaltung nehmen in beratender Weise gewählte Bezirksverwaltungsräte teil, die zweimal im Jahre zur Erörterung kultureller und wirtschaftlicher Fragen berufen werden.

Die Selbstverwaltung ist noch in der Entwicklung begriffen. Das Landgemeindewesen ist durch ein Gesetz vom 8. Februar 1907 hauptsächlich in Anlehnung an die ursprünglichen Formen und alten Gebräuche geregelt (Dorfvorsteher, Rat der Dorfältesten), im ganzen aber der Natur der Dinge nach noch wenig durchgebildet. Aus der Ordnung des städtischen Selbstverwaltungsrechts ist namentlich die Gemeindeorganisation der aus dem Bereich der allgemeinen Landesverwaltungsbehörden ausgeschiedenen Landeshauptstadt Sarajevo hervorzuheben, in der die innere Verwaltung unterer Instanz zwischen dem Stadtmagistrat und dem Regierungskommissar geteilt ist. Die Stadt hat eine Gemeindevertretung, die aus dem zu zwei Dritteln gewählten, zu einem Drittel von der Regierung ernannten Gemeinderat sowie dem als hauptsächliches ausführendes Organ der Stadtgemeinde gedachten Stadtmagistrat und den Bezirksmuktaren besteht; an der Spitze der Gemeindevertretung befinden sich, von der Regierung ernannt, ein Bürgermeister und 2 Vizebürgermeister.

1) Auf die viel erörterte interessante Frage über die rechtliche Natur des bosnisch-herzegowinischen Bezirksverhältnisses kann hier nicht näher eingegangen werden; vgl. hierzu Schmid, S. 69 f.

Auch die Ausgestaltung der Verfassung der übrigen Stadtgemeinden ist noch im Flusse, bewegt sich aber, wie das Statut von Mostar vom 16. Februar 1907 und das Gesetz vom 21. März 1907 über die Verwaltung der städtischen Gemeinden beweisen, in der Richtung erweiterter Selbstverwaltung unter Beteiligung gewählter Organe, der Gemeinderäte, deren Beschlüsse von dem Erfordernisse staatlicher Genehmigung in weitem Maße befreit werden.

Oberste Gerichtsbehörde ist das Obergericht in Sarajevo, mit einem Scheriatsobergericht für die nach den Religionsgesetzen der Mohammedaner (Scheri) zu beurteilenden Angelegenheiten, namentlich des Ehe-, Familien- und Erbrechts. Als nächstuntere Instanz sprechen die Kreisgerichte Recht. Beide sind Kollegialgerichte. Die unterste Gerichtsinstanz bilden als Einzelgericht die Bezirksgerichte, auf die seit 1907 die richterlichen Funktionen der Bezirksämter übergegangen sind, und die zu diesen gehörigen Scheriatsbezirksgerichte. Handels- und sonstige Sondergerichte gibt es nicht.

Die Erteilung der Verfassung an Bosnien und die Herzegowina hat den Meinungsstreit über die rechtliche Natur dieses Bestandteils der Österreichisch-Ungarischen Monarchie aufs neue aufleben lassen. Einig ist man sich jetzt im allgemeinen so ziemlich nur darüber, daß es sich trotz des Vorhandenseins einiger zum Wesen des Staates gehörigen Kennzeichen nicht um einen Staat im eigentlichen Sinne handelt. Schon das Abhängigkeitsverhältnis, in dem die Länder trotz der verfassungsmäßigen Einrichtungen zu den beiden Staaten der Monarchie und den Organen der Monarchie selbst stehen, muß eine derartige Annahme ausschließen. Sodann sind Bosnien und die Herzegowina als Reichslande bezeichnet worden, wobei ihr Verhältnis zur Monarchie mehr oder weniger als analog demjenigen Elsaß-Lothringens zum Deutschen Reiche aufgefaßt wurde. In Wirklichkeit tauchen bei der Vergleichung des staatsrechtlichen Verhältnisses Elsaß-Lothringens zum Reich — und zwar auch des bis 1911 bestandenen — und der Stellung Bosniens und der Herzegowina innerhalb der Monarchie so grundlegende Verschiedenheiten auf, daß der Versuch als undurchführbar aufgegeben werden muß. Man hat Bosnien und die Herzegowina als Provinzen mit umfassender Autonomie bezeichnet, selbst der Begriff der Kolonie ist herangezogen worden, nicht wohl ohne mit den gebrauchten Begriffen Vorstellungen zu verbinden, die sich mit den ihnen sonst zugehörigen gebräuchlichen Vorstellungen schwerlich decken. Die eigenartige durch geschichtliche und auch heute noch stark durch politische Gesichtspunkte bedingte Gestaltung der Österreichisch-Ungarischen Monarchie mußte sich auch in den Formen widerspiegeln, die der Verwaltung eines überdies zuerst nicht in vollkommener Souveränität gemeinsam erworbenen, vordem absolutistisch beherrschten Landbesitzes zu geben waren. So erscheinen Bosnien und die Herzegowina als ein Österreich und Ungarn gemeinsam gehöriges, unter der Herrschaft des gemeinsamen Monarchen stehendes Sondergebiet, das unter einer nach politischen Zweckmäßigkeitserwägungen bemessenen Anlehnung an die Formen des Verfassungsstaates von den höchsten Organen der Monarchie und ihrer Staaten beherrscht wird, wobei sich deren Zuständigkeit und Einfluß im allgemeinen nach Maßgabe der ihnen auch sonst im Organismus der Monarchie zukommenden Funktion verteilt.

Dritter Abschnitt.

Die im Reichsrate vertretenen Königreiche und Länder. (Österreich.)

1. Staat und Herrscher.

A. Gebiet und Charakter des Österreichischen Staates.

Die amtliche Bezeichnung „die im Reichsrate vertretenen Königreiche und Länder" ist eine aus den Ausgleichsverhandlungen des Jahres 1867 hervorgegangene Schöpfung. Man hat damals teils aus historischen, teils aus politischen Gründen nicht dazu schreiten wollen, amtlich die Bezeichnungen „Österreich" und „Österreichisches Kaisertum" für die zisleithanischen Länder der Monarchie allein einzuführen, wie das zum erstenmal in der Pillersdorfschen Verfassung des Jahres 1848 (s. S. 25) in Aussicht genommen war. Tatsächlich ist jetzt die Bezeichnung „Österreich" als der übliche Gesamtbegriff für den Staat und das Gebiet der Länder diesseits der Leitha angenommen.

Das hiernach benannte Österreich umfaßt die Königreiche Böhmen, Dalmatien, Galizien und Lodomerien samt Krakau, die Erzherzogtümer Österreich unter der Enns und ob der Enns, die Herzogtümer Salzburg, Steiermark, Kärnten, Krain und die Bukowina, die Markgrafschaft Mähren, das Herzogtum Ober- und Niederschlesien, die gefürstete Grafschaft Tirol, das Land Vorarlberg, die Markgrafschaft Istrien, die gefürstete Grafschaft Görz und Gradiska und die Stadt Triest mit ihrem Gebiete.

In der Beurteilung des staatsrechtlichen Zusammenhanges dieser Glieder des österreichischen Staates stehen sich den bestehenden politischen Grundtendenzen entsprechend die föderalistische (bundesstaatliche) Auffassung und die zentralistische (einheitsstaatliche, unitarische) gegenüber.

Die förderalistische Auffassung ist bestrebt, diejenigen Elemente, welche auf eine staatsrechtliche Sonderexistenz der Länder schließen lassen oder Keime zu einer solchen bilden, in der Darstellung zu unterstreichen und in der politischen Entwicklung zu stärken. Mit einem gewissen Recht weist sie darauf hin, daß den einzelnen Reichsratsländern nicht nur durch deren geschichtliche Entwicklung, sondern auch kraft der positiven Verfassung eine höhere Rolle als diejenige abhängiger Provinzen des Kaiserstaates zugewiesen ist. Zwar würde die ihnen überlassene weitgehende Selbstverwaltung an sich immer noch mit dem Begriffe der Provinz verträglich sein. Über diese Rolle hinaus aber erhebt sie die ihr verfassungsmäßig gewährleistete Befugnis eigener Gesetzgebung, die selbständig neben die Reichsgesetzgebung tritt und durch diese nicht ohne weiteres beseitigt werden kann; in Angelegenheiten, die verfassungsmäßig zum Wirkungskreise der Landesgesetzgebung gehören, wird Landesrecht nicht durch Reichsrecht gebrochen. Die Zusammensetzung der österreichischen Reichsratsdelegation vollzieht sich gesondert nach den einzelnen Ländern. Als äußeres Kennzeichen möge hier noch die Benennung der Länder mit durchwegs der Staatenterminologie entlehnten Titeln erwähnt sein. Zu der Fülle der zu einem wirklichen Staate unentbehrlichen Machtbefugnisse fehlt es ihnen aber an den Voraussetzungen.

Die zentralistische Auffassung, die den Einheitsstaat sei es als verwirklicht oder doch zur Beseitigung der Folgen politischer und sozialer Unterschiede als erstrebenswert betrachtet, hat in erster Linie für sich die nach Zahl und Wichtigkeit weitaus überwiegende Gesetzgebungskompetenz des österreichischen Staates anzuführen, die überdies der unmittelbaren Einwirkung der Länder — wie sie sich etwa in einer dem deutschen Bundesrat entsprechenden Einrichtung denken ließe — entrückt ist. Auch da, wo die Gesetzgebung den Ländern überlassen ist, erlangen die Beschlüsse der Landesvertretungen Gesetzeskraft nicht durch die Sanktion des Herrschers in seiner Eigenschaft als Landesherrn, sondern des Kaisers, welche die Gegenzeichnung des zuständigen österreichischen Ministers trägt. Es besteht für die Angehörigen der gesamten Reichsratsländer nur eine gemeinsame österreichische Staatsangehörigkeit; eine Landesangehörigkeit gibt es nicht. Über das ganze Gebiet erstreckt sich eine von einheitlichen Zentralen aus und von Mitgliedern eines einheitlich organisierten Staatsdienstes geleitete Verwaltung, und die Rechtsprechung ergeht in ganz Österreich allein im Namen des Kaisers. Die Einteilung des Staates in Verwaltungs- und Gerichtsbezirke ist der Entscheidung der Landesvertretungen entzogen und von den Grenzen der Länder unabhängig. Auch in völkerrechtlicher Beziehung fehlt den Ländern die Eigenberechtigung, sie sind nicht befugt, selbständig völkerrechtliche Verträge zu schließen.

Trotz den nach dem Vorstehenden weitbemessenen Rechten der Länder besteht somit über ihnen eine einheitliche Staatsgewalt, während sie selbst der staatlichen Souveränität entbehren. Österreich ist hiernach bei aller Dezentralisation als Einheitsstaat anzusehen.

Die aus dem geschichtlichen Werden dieses Staates hervorgegangenen Rudimente staatähnlichen Sonderbestandes der Länder sowie die Scheidung der Bevölkerung in verschiedene Nationalitäten haben den nicht im geschriebenen Recht, sondern in den staatsrechtlichen und politischen Erörterungen des verstärkten Reichsrats (1860) geprägten Begriff der „historisch-politischen Individualitäten“ und den Anspruch auf Erweiterung der Sonderstellung der zu solchen zusammengefaßten Länder entstehen lassen. Hervorzuheben sind in dieser Beziehung namentlich die Länder der böhmischen Krone, Böhmen, Mähren und Schlesien, wo sich mit unter dem Einfluß des Nationalitätenkampfes die Formel des „böhmischen Staatsrechts“ für die Bestrebungen nach Umgestaltung des Verhältnisses dieser Länder zur Monarchie entwickelte. Diese Bewegung, die als staatsrechtlichen Ausgangspunkt die verneuerte Landesordnung Ferdinands II. nahm und die spätere Verfassungsentwicklung leugnete, war unter dem Ministerium Hohenwart-Schäffle 1871 zu einer gewissen Stärke angewachsen und vermochte die vom Prager Landtag angenommenen sog. „Fundamentalartikel“ hervorzubringen; darin wurden für Böhmen die Anerkennung der Eigenschaft als souveräner Staat und für dessen Gesetzgebung alle diejenigen das Land betreffenden Angelegenheiten in Anspruch genommen, die nicht für Österreich-Ungarn gemeinsam wären; die auf Böhmen entfallenden Mitglieder der Delegationen sollten unmittelbar vom böhmischen Landtag gewählt, für gewisse der westlichen Reichshälfte gemeinsame Angelegenheiten ein aus Mitgliedern der Landtage bestehender Delegiertenkongreß geschaffen werden. Das Ministerium Hohenwart mußte dem gegen die Fundamentalartikel gerichteten Widerstand weichen; der Entwurf ist nicht zum Gesetz geworden, und die widerstreitenden Bestrebungen betätigten sich später mehr auf dem Gebiete des Sprachenrechts. Ähnliche Bestrebungen nach Erweiterung der Autonomie lebten in Galizien[1]), zeitweise auch innerhalb des italienischen Teiles von Tirol auf.

B. Der Herrscher.

Die Dynastie, die Thronfolge, die Beendigung des monarchischen Rechts, die Hofstaatsdotation, die Organe des Hofdienstes, die militärische Kommandogewalt und die Ehrenrechte des Monarchen sind bereits bei der Übersicht über die Verfassung der Gesamtmonarchie erörtert worden. Angesichts der Vereinigung des Herrschaftsrechts über beide Staaten der Monarchie in einer Person kann eine Trennung der Darstellung in diesen Punkten weder zweckmäßig sein, noch würde dabei die staats- und völkerrechtliche Stellung des Herrschers der Österreichisch-Ungarischen Monarchie in ihrer Eigenart zum Ausdruck gelangen.

Mit diesen rechtlichen Verhältnissen, die ohne Beziehung auf beide Staaten zugleich nicht gedacht werden können, ist freilich die Stellung des Herrschers nach allen ihren Seiten noch nicht erschöpft; sie umfaßt eine weite Reihe von Vorrechten und Befugnissen, die unmittelbare Beziehungen immer nur zu *einem* der beiden Staaten aufweisen, Rechte, die aus der Eigenschaft des Monarchen als oberstes Organ gerade dieses einen Staates hervorgehen. Diese Rechte sind daher nach Staaten getrennt, somit hier *für Österreich*, darzustellen. Sie finden sich auf allen Gebieten des Staatslebens; zunächst *den Volksvertretungen gegenüber*, deren Bestand der Einwirkung des Herrschers nach drei Richtungen untersteht, nämlich hinsichtlich der Ernennung eines Teiles der Mitglieder, beim Herrenhaus und den Landtagen auch der Vorsitzenden, hinsichtlich der Berufung, Vertagung und Schließung der Vertretungen, endlich hinsichtlich der Auflösung der Landtage und des Abgeordnetenhauses des Reichsrats. Der Kaiser hat sodann Befehlsgewalt auf allen *dem Einfluß der*

---

1) Anläßlich der Proklamation des Königreichs Polen ist am 4. November 1916 auch für Galizien eine Neuregelung im Sinne einer ausgedehnten Länderautonomie in Aussicht gestellt worden. Über die Art, wie diese Absicht ausgeführt werden soll, ist Näheres zurzeit noch nicht bekannt (vgl. auch S. 40).

verfassungsmäßigen Vertretungen entzogenen Gebieten staatlicher Betätigung im Rahmen der bestehenden Gesetze, also namentlich bei der Ernennung oder Bestätigung von Beamten der Staats- und Selbstverwaltung, der Bestimmung politischer Ziele und der Grundsätze der Verwaltung, der Organisation der Behörden (soweit nicht das parlamentarische Budgetrecht in Betracht kommt), bei der Verleihung von Auszeichnungen; diese Befehlsgewalt steht hinter der gesamten Tätigkeit der Verwaltung, soweit sie nach Ermessen handelt. Hierzu treten die Befugnisse des Kaisers auf dem kirchlichen Gebiete. Die Befehlsgewalt des Kaisers äußert sich sodann weiter auf den von der Zustimmung der Volksvertretung abhängigen Gebieten in der Erteilung der Gesetzessanktion und, wo die Voraussetzungen für die Ausübung des Notverordnungsrechts nach § 14 des Staatsgrundgesetzes vorhanden sind, in der selbständigen Erlassung des Gesetzesbefehls. Die Rechte des Kaisers stehen endlich der strafrechtlichen Gewalt der Gerichte insoweit selbständig gegenüber, als auf dem Wege der Abolition gerichtliche Verfahren verhindert, eine erfolgte Verurteilung auf dem Wege der Begnadigung (Amnestie) unwirksam gemacht werden kann. Jeder Regierungsakt des Kaisers bedarf zu seiner Gültigkeit der Gegenzeichnung des verantwortlichen Ministers.

C. Die Staatsangehörigen.

Das österreichische Recht kennt nur eine allgemeine österreichische Staatsangehörigkeit. Eine Kronlandsangehörigkeit als ein dem Begriff der Staatsangehörigkeit entsprechendes Verhältnis zum Kronlande gibt es nicht; eine solche Bezeichnung kann nur den Besitz des Heimatrechts in der Gemeinde eines Kronlandes bedeuten. Andererseits ist dem Staatsrecht der Monarchie entsprechend ihrer dualistischen Verfassung der Begriff einer „österreichisch-ungarischen" Staatsangehörigkeit völlig fremd[1]).

Die Bestimmungen über die Staatsangehörigkeit sind nicht, wie in den meisten Ländern, in einem einheitlichen Gesetze zusammengefaßt. Wesentliche Bestimmungen finden sich in den §§ 28—31 des allgemeinen Bürgerlichen Gesetzbuchs; weitere Bestimmungen sind in zahlreichen Vorschriften aus

---

1) Es gibt nur österreichische oder ungarische Staatsangehörige oder bosnisch-herzegowinische Landesangehörige.

älterer und jüngerer Zeit verstreut und vielfach durch eine langjährige Verwaltungspraxis ergänzt. Hiernach erfolgt der Erwerb der österreichischen Staatsangehörigkeit durch Abstammung, durch Legitimierung, durch Verehelichung, durch Verleihung und durch Eintritt in den öffentlichen Dienst. Durch Abstammung, auch wenn die Geburt im Ausland erfolgt, erwirbt das eheliche Kind eines Österreichers und das uneheliche Kind einer Österreicherin die österreichische Staatsangehörigkeit; Findelkinder, die auf österreichischem Boden geboren werden, haben die Vermutung der österreichischen Staatsangehörigkeit für sich. Ein uneheliches Kind, dessen Mutter Ausländerin und dessen Vater österreichischer Staatsangehöriger ist, erwirbt die österreichische Staatsangehörigkeit, wenn es von seinem Vater legitimiert wird und durch die Legitimation unter dessen väterliche Gewalt gelangt. Eine Ausländerin, die einen Österreicher heiratet, erwirbt die österreichische Staatsangehörigkeit. Zum Erwerb der österreichischen Staatsangehörigkeit durch Verleihung bedarf es eines ausdrücklichen Antrags, der für minderjährige Personen von dem gesetzlichen Vertreter gestellt werden muß. Wer sich um die österreichische Staatsangehörigkeit bewirbt, muß außer seiner Unbescholtenheit und gesicherten Erwerbslage die Zusicherung des Heimatsrechts in einer österreichischen Gemeinde nachweisen. Der Verlust der österreichischen Staatsangehörigkeit tritt ein durch Legitimation eines unehelichen, nicht eigenberechtigten Kindes einer Österreicherin durch deren Ehe mit dem ausländischen Vater, sodann durch Verehelichung einer Österreicherin mit einem Ausländer, endlich durch Auswanderung, wenn dabei die Absicht der Aufgabe der Staatsangehörigkeit nach Lage der Umstände anzunehmen ist.

Heimatrecht. Jeder österreichische Staatsangehörige ist in einer Gemeinde zuständig, d. h. er hat in einer Gemeinde das Recht der Zugehörigkeit, das Heimatrecht, durch das ihm das Recht auf Aufenthalt in der Gemeinde und gegebenenfalls Armenversorgung gewährleistet ist. Die Bestimmungen hierüber sind enthalten in dem Heimatgesetz vom 3. Dezember 1863 (RGBl. Nr. 105) und der Novelle vom 5. Dezember 1896 (RGBl. Nr. 222). Dieses Heimatrecht können nur Österreicher erwerben, und zwar nur in einer Gemeinde. Es gründet sich auf Abstammung derart, daß eheliche Kinder die Heimat des Vaters, uneheliche die der Mutter mit der

Geburt, legitimierte Kinder die des Vaters mit der Legitimation erwerben, ferner auf Verehelichung, durch die die Ehefrau in das Heimatrecht des Mannes eintritt. Ein weiterer Entstehungsgrund des Heimatrechts ist die ausdrückliche Aufnahme, hinsichtlich deren die Gemeinde nur insoweit gebunden ist, daß sie demjenigen Österreicher von der Gemeinde des Aufenthaltsortes nicht versagt werden darf, der nach erlangter Eigenberechtigung bis zur Bewerbung zehn Jahre sich freiwillig und ununterbrochen in dieser Gemeinde aufgehalten hat, ohne in dieser Zeit Armenunterstützung empfangen zu haben. Diesen Rechtsanspruch können auch die bisherige Heimatgemeinde des Berechtigten und seine Rechtsnachfolger im Heimatrechte (Frau, Kinder) erheben (Ersitzung des Heimatrechts); von Ausländern kann dieser Anspruch in der Weise erworben werden, daß die Aufenthaltsgemeinde unter der gegebenen Voraussetzung verpflichtet ist, das Heimatrecht für den Fall der Erwerbung des Nachweises der österreichischen Staatsangehörigkeit dem Beteiligten zuzusichern. Ohne einen besonderen Aufnahmeakt tritt das Heimatrecht ein für Hof-, Staats-, Landes- und Gemeindebeamte, für Beamte der öffentlichen Fonds, Notare, Geistliche und Lehrer, und zwar in derjenigen Gemeinde, in der sich ihr Amtssitz befindet.

Die Gliederung der in ihrer Gesamtheit das Volk ausmachenden Staatsangehörigen in sozialer Beziehung hat seit der Anerkennung des Grundsatzes der Gleichheit der Staatsbürger vor dem Gesetze an Bedeutung verloren, insbesondere ist der Adel rechtlich, abgesehen davon, daß er die Voraussetzung für die Berufung zum erblichen Herrenhausmitglied und zu bestimmten Hofwürden sowie für die Gründung von Fideikommissen bildet, im wesentlichen nur mehr ein soziales Ehrenrecht. Die Gliederung in Berufsstände äußert sich in mannigfachen für die Angehörigen bestimmter Berufe erlassenen Sonderbestimmungen, die ihren Grund in der Notwendigkeit haben, Garantien für eine ungehinderte Ausübung der Tätigkeit zu schaffen und deren Wirksamkeit zu fördern, oder Entschädigung für bestimmte in der Berufsarbeit liegende Beschränkungen zu gewähren. Hierher gehören die Vorrechte des Beamtenstandes und der sonstigen Angehörigen des öffentlichen Dienstes in Ansehung des Heimatrechts, des Gemeindewahlrechts (keine Rücksicht auf Steuerleistungen), der Steuerpflicht, der Geschworenenpflicht und der Heranziehung zur Vormundschaft, ferner die Ausschließung der aktiven Militärpersonen von der Ausübung der politischen Rechte. Die Verschiedenheit beruflicher Erwerbstätigkeit ist weiter berücksichtigt bei der Zusammensetzung öffentlicher Vertretungskörper (Wählerkurien für die Bezirksvertretungen und Landtage, insbesondere Berücksichtigung der Handels- und Gewerbekammern), in der Schaffung bestimmter Berufsorganisationen (Handels- und Gewerbekammern, Advokaten- und Ärztekammern, landwirtschaftliche Berufsgenossenschaften, Gewerbegenossenschaften) sowie in der Sondergesetzgebung für einzelne Berufszweige.

Praktisch und politisch spielt im österreichischen Staate die Gliederung des Volkes in nationaler Hinsicht eine besondere Rolle. Österreich ist ein Nationalitätenstaat, d. h. ein Staat, dessen Bevölkerung zusammengesetzt ist aus Gruppen verschiedener Nationalität, und zwar in einem derartigen zahlenmäßigen Verhältnis, daß trotz weitgehender Verschiedenheit in der Stärke der Gruppen jeder einzelnen gegenüber den übrigen eine gewisse Bedeutung zukommt. Diese Nationalitäten sind außer den Deutschen die Tschechen, Polen, Ruthenen, Slovenen, Serbokroaten, Italiener und Rumänen; daneben kommen in gewissem Umfang noch die Juden in Betracht[1]). Die dem Nationalismus holden, ihn zum Teil künstlich züchtenden Theorien der ersten Hälfte des 19. Jahrhunderts, die namentlich die Selbständigkeit auch der kleinen Nationen und den Zusammenschluß der durch staatliche Grenzen voneinander getrennten Volksteile predigten, haben auch in Österreich ihre Wirkung nicht verfehlt und gegenüber dem bisher vorwiegenden deutsch-zentralistischen Charakter des Staatswesens den Ruf nach Anerkennung der Nationalitäten innerhalb der staatsrechtlichen Organisation und ihrer Gleichberechtigung ausgelöst. Diese Gedankenrichtung, die mit den Bemühungen national gesinnter Geister nach linguistischer und literarischer Ausbildung der Volkssprachen Hand in Hand ging, schwoll mit der Revolution des Jahres 1848 zu einer mächtigen Bewegung an, führte bereits damals zu dem vorübergehenden Erfolge, daß durch das Kaiserliche Reskript vom 8. April 1848 (der sog. böhmischen Charte) den Tschechen die Zusage erteilt wurde,

1) Über die nationale Zusammensetzung siehe die statistische Übersicht am Schlusse dieses Buches und Grund, Landeskunde von Österreich-Ungarn, Sammlung Göschen, Nr. 244, S. 82 f.

wonach die Gleichstellung ihrer Sprache mit der deutschen in Böhmen, Mähren und Schlesien in allen Zweigen der Staatsverwaltung und des öffentlichen Unterrichts als Grundsatz zu gelten habe. Seither haben entsprechende Bestrebungen, namentlich auf dem Gebiete des Sprachenrechts, einen hervorragenden Anteil an den Kämpfen um den staatsrechtlichen Einfluß auf die Politik des Landes wie der Monarchie gebildet. Der Übergang zu konstitutionellen Einrichtungen hat sodann der Bewegung neue Kräfte zugeführt und die Stellung der deutschen Sprache, die bis 1848 in den österreichischen Ländern fast ohne Einschränkung Staatssprache gewesen war, in allen Gebieten mit nichtdeutscher Bevölkerung, namentlich auch in Galizien, wo der Aufstand in Russisch-Polen nationale Rückwirkungen hervorbrachte, zurückgedrängt.

Das österreichische Nationalitätenrecht beherrscht der Grundsatz des Artikels 19 des Staatsgrundgesetzes vom 21. September 1867 (RGBl. Nr. 142): „Alle Volksstämme des Staates sind gleichberechtigt, und jeder Volksstamm hat ein unverletzliches Recht auf Wahrung seiner Nationalität und Sprache. Die Gleichberechtigung aller landesüblichen Sprachen in Schule, Amt und öffentlichem Leben wird vom Staate anerkannt. In den Ländern, in welchen mehrere Volksstämme wohnen, sollen die öffentlichen Unterrichtsanstalten derart eingerichtet sein, daß ohne Anwendung eines Zwanges zur Erlernung einer zweiten Landessprache jeder dieser Volksstämme die erforderlichen Mittel zur Ausbildung in seiner Sprache erhält." Aus der allgemeinen und den verschiedensten Deutungen Raum lassenden Fassung dieser Vorschrift ist ein Teil der vielen Streitfragen zu erklären, die seitdem die Erörterung über die Behandlung von Nationalitätsproblemen erschwert haben. Zu diesen gehört, wenn man von der Frage absieht, ob in dem Artikel 19 nicht nur ein der Ausfüllung durch spätere eingehende gesetzliche Bestimmungen vorbehaltenes „Verheißungsgesetz" zu erblicken sei, mangels irgendwelcher gesetzlicher Anhaltspunkte die Frage, was unter den Ausdrücken „landesübliche Sprachen" und „Landessprachen" zu verstehen ist, ob insbesondere eine Sprache als landesüblich schon dann anzunehmen ist, wenn sie in irgendeinem Bezirk eines der österreichischen Länder vorkomme, und ob daneben unabhängig der Begriff der deutschen Sprache als Staatssprache bestehen geblieben, auch inwieweit bei der Regelung im einzelnen Reichsgesetzgebung, Landesgesetzgebung oder Verwaltung zu beteiligen sei[1]). Welcher Nationalität jemand angehört, ist nach der Rechtsprechung des Verwaltungsgerichtshofs eine Tatbestandsfrage, die mangels gesetzlicher Bestimmungen nach allgemeinen, dem Begriff entsprechenden Merkmalen zu lösen ist; für den einzelnen ist diese Frage Sache des Bewußtseins und des Gefühls, weshalb für deren Beurteilung in erster Linie die Erklärung des Beteiligten selbst maßgebend ist.

Die Nationalitäten werden zunächst berücksichtigt in der Zusammensetzung des Abgeordnetenhauses des österreichischen Reichsrats insofern, als — abgesehen von Mähren und der Bukowina, wo ein Ausgleich der Nationalitäten in anderer Weise bewirkt wird — die auf die einzelnen Länder entfallenden Mandate mittels der Wahlkreiseinteilung nach einem bestimmten Verhältnis auf die einzelnen Nationalitäten verteilt sind. In Mähren und in der Bukowina ist die Wählerschaft nach nationalen Wählerklassen geteilt, und zwar sowohl zum Zwecke der Wahlen zum Reichsrat, als auch für diejenigen zu den Landtagen (s. a. S. 139).

Ganz besonders aber ist die Frage, wie die Gleichberechtigung der Stämme durchzuführen ist, mit der Frage nach der Gleichberechtigung der Sprachen verwachsen. Im Reichsrat tritt dies weniger hervor; im Herrenhaus ist die deutsche Sprache die allein herrschende, im Abgeordnetenhaus besteht eine gewisse, wenn auch beschränkte Rücksicht auf die Verschiedenheiten der Nationalitäten darin, daß auch der Gebrauch der nichtdeutschen Landessprachen bei den Reden erlaubt ist, wobei allerdings die Aufnahme in das amtliche Stenogramm unterbleibt, und daß Petitionen in allen acht Sprachen angenommen werden. Das Reichsgesetzblatt erscheint in den verschiedenen landesüblichen Sprachen, der deutsche Wortlaut ist aber der maßgebende. Die Landesgesetzblätter sind in den Landessprachen herausgegeben; für einen Teil der Länder gelten in dieser Hinsicht ausdrückliche Vorschriften, so ist der authentische Text in Galizien polnisch, in Böhmen deutsch und tschechisch, in Krain deutsch und slovenisch.

Schwieriger steht es um die Verwirklichung der Gleichberechtigung der Sprachen im sonstigen öffentlichen Leben, im Amt und in der Schule, mit anderen Worten in

1) Zu vergleichen besonders die Ausführungen bei Bernatzik, Die österreichischen Verfassungsgesetze, 2. Aufl., S. 879 f.

der sog. Geschäftssprache. In zahlreichen Verordnungen und sonstigen Bestimmungen ist ein ziemlich verwickelter, zum Teil noch in der Schwebe befindlicher Rechtszustand geschaffen, dessen Fortbildung juristisch und politisch zu den lebhaftesten Kämpfen geführt hat[1]). Was den Amtsverkehr anlangt, so handelt es sich dabei um die innere Amtssprache, d. h. die Frage, in welcher Sprache der Verkehr innerhalb einer Behörde und von einer Behörde zu einer anderen sich abspielt, und um die äußere Amtssprache, d. h. die Frage, in welcher Sprache die Mitteilungen, Bekanntmachungen, Entscheidungen von der Behörde nach außen an die Parteien oder die Öffentlichkeit ergehen. Im Schulunterricht kommt in Betracht die Festsetzung der Unterrichtssprache, die hinsichtlich der Arten von Schulen zu unterscheiden ist. In den Volksschulen ist der Unterricht in der landesüblichen Sprache zu erteilen; beim Vorhandensein bestimmter Voraussetzungen müssen auch Schulen für nationale Minderheiten errichtet werden (Minoritätsschulen). Ein Zwang zur Erlernung einer zweiten Landessprache darf bei den einsprachigen Volksschulen gemäß dem oben wiedergegebenen Artikel 19 nicht ausgeübt werden. Die Unterrichtssprache bei den höheren Lehranstalten und Hochschulen ist nicht einheitlich geregelt; hinsichtlich der Gymnasien entscheidet das Ermessen der Regierung, für die Realschulen haben die Länder verschiedene Grundsätze autonom aufgestellt, die Frage der Sprache bei den Hochschulen wird individuell entschieden.

Eine Berücksichtigung der Nationalitäten findet auch in der Zusammensetzung von Behörden statt, so bei der Bildung des Landesschulrats und unter gewissen Voraussetzungen auch der Ortsschulräte in Böhmen, Mähren und in Tirol, ferner in den

---

1) Bekannt sind z. B. die Kämpfe, die 1897 aus Anlaß der für Böhmen und Mähren erlassenen Sprachenverordnungen des Ministeriums Badeni entbrannten; durch diese Verordnungen sollten die beiden Landessprachen im äußeren und inneren Dienstverkehr derart gleichgestellt werden, daß alle Ämter und Gerichte mit den Parteien in der Sprache zu verkehren hätten, in der sie sich an das Amt gewandt, daß ferner bei den Behörden die Sprache des mündlichen Einbringers oder der Eingabe einer Partei für die gesamte Erledigung maßgebend sei. Von den Beamten wurde Beherrschung beider Sprachen verlangt. Diese Verordnungen wurden 1898 wieder aufgehoben. — Eingehendes Material enthält Fischel, Das österreichische Sprachenrecht, 3. Aufl., 1914.

gleichen Ländern bei der Bildung der Landeskulturräte, in Böhmen und Mähren auch bei derjenigen der Ärztekammern.

D. Die allgemeinen politischen Rechte der Staatsangehörigen (Freiheitsrechte).

Begrifflich ist die Zwangsgewalt des Staates über seine Angehörigen nicht eingeschränkt, tatsächlich aber unterliegt sie Grenzen, die im wesentlichen der Staatszweck nach Maßgabe der bestehenden Kulturverhältnisse und herrschenden Anschauungen ohne weiteres fordert und die in den modernen Verfassungen in verschiedener Schattierung, aber im wesentlichen mit dem gleichen Grundgedanken als Selbstbeschränkung des Staates zugunsten der Freiheitssphäre seiner Angehörigen als sogenannte Grundrechte niedergelegt sind.

Solche Rechtssätze über den Schutz der Staatsangehörigen gegen Eingriffe des Staates in deren Freiheit sind auch in dem österreichischen Staatsgrundgesetz vom 21. Dezember 1867 (RGBl. Nr. 142) über die allgemeinen Rechte der Staatsbürger aufgestellt. An der Spitze steht der Grundsatz der Gleichheit vor dem Gesetze, aus dem sich der gleiche Zutritt zu den Ämtern und die Unzulässigkeit jedes Grund- und Hörigkeitsverhältnisses ergibt. Für Ausländer wird der Eintritt in öffentliche Ämter von der Erwerbung des Staatsbürgerrechts abhängig gemacht. Auch die Freiheit der Berufswahl gehört in diesen Zusammenhang. Die Freizügigkeit der Person und des Vermögens innerhalb des Staatsgebiets unterliegt keiner Beschränkung, die Freiheit der Auswanderung ist nur durch die Wehrpflicht beschränkt. Jeder Staatsbürger kann an jedem Orte des Staatsgebiets seinen Aufenthalt und Wohnsitz nehmen, Liegenschaften erwerben und über sie verfügen, und unter den gesetzlichen Bedingungen jeden Erwerbszweig ausüben.

Die Freiheit der Person ist grundsätzlich zugesichert; selbstverständlich unterliegt sie den Beschränkungen, die unter Schaffung von Garantien gegen Mißbrauch Strafrecht und Strafprozeß oder die gesetzlichen Bestimmungen über die Stellung unter Polizeiaufsicht, Unterbringung in Zwangsarbeitsanstalten und Besserungsanstalten mit sich bringen; entsprechendes gilt auch für die Grundsätze von der Unverletzlichkeit des Hausrechts sowie des Brief- und Schriftengeheimnisses.

Das Eigentum ist unverletzlich; eine Enteignung gegen den Willen des Eigentümers kann nur in den Fällen und in der Art eintreten, welche das Gesetz bestimmt. Ein zusammenfassendes Enteignungsgesetz, durch das die Fälle der zwangsweisen Abtretung von Eigentum näher aufgezählt würden, besteht in Österreich nicht, solche sind in einer Reihe von Verwaltungsgesetzen[1]) aufgeführt; ob daneben noch § 365 des Allgemeinen Bürgerlichen Gesetzbuchs in Betracht kommt, wonach jedes Mitglied des Staats, wenn es das allgemeine Beste erheischt, das Eigentum an einer Sache abtreten muß, und ob diese Bestimmung die Grundlage für neue Fälle der Enteignung schafft, ist streitig.

Die Freiheit der staatsbürgerlichen Betätigung ist geschützt durch das Petitionsrecht und das Vereins- und Versammlungsrecht; für dieses letztere enthalten die Gesetze vom 15. November 1867 (RGBl. Nr. 134 und 135) die näheren Vorschriften. Das Vereinsgesetz schließt aus dem von ihm ins Auge gefaßten Kreise geistliche Orden, Kongregationen und auf Gewinn berechnete Vereine, sowie Gewerbsgenossenschaften, Unterstützungskassen Gewerbetreibender und die bergrechtlichen Bruderladen aus. Gesetz- und rechtswidrige, ebenso staatsgefährliche Vereine können untersagt werden, solche Verbote sind indes durch Rekursmöglichkeit mit Garantien gegen Willkür umgeben. Einer Genehmigung bedarf es zur Gründung eines Vereins nicht, auch nicht bei politischen Vereinen, die im übrigen einigen Sonderbestimmungen unterliegen; es genügt Anzeige der Gründung. Entsprechende Grundsätze gelten im allgemeinen für Versammlungen. Wer eine Volksversammlung oder überhaupt eine allgemeine zugängliche Versammlung ohne Beschränkung auf geladene Gäste veranstalten will, muß dies wenigstens drei Tage vorher unter Angabe des Zweckes, des Ortes und der Zeit der Versammlung der Behörde schriftlich anzeigen. Zur Abhaltung von Versammlungen unter freiem Himmel und zu öffentlichen Aufzügen ist die vorhergehende Erlaubnis der Behörde erforderlich. Versammlungen, deren Zweck den Strafgesetzen zuwiderläuft, oder deren Abhaltung die öffentliche Sicherheit oder das öffentliche Wohl gefährdet, können verboten werden. Auf Wahlversammlungen findet das Versammlungsgesetz keine Anwendung

---

1) Z. B. Eisenbahn-Enteignungsgesetz vom 18. Februar 1878 (RGBl. Nr. 30).

(zu vergl. auch Gesetz vom 26. Januar 1907 — RGBl. Nr. 18 —). Während der Reichsrat oder ein Landtag versammelt ist, darf an dem Orte ihres Sitzes und in einem Umkreis von fünf Meilen keine Versammlung unter freiem Himmel gestattet werden.

Über die staatsbürgerliche Betätigung hinaus ist die allgemeine geistige Betätigung des Bürgers durch den Grundsatz der freien Meinungsäußerung, insbesondere den der Preßfreiheit gesichert. Jedermann hat das Recht, durch Wort, Schrift, Druck oder bildliche Darstellung seine Meinung innerhalb der gesetzlichen Schranken frei zu äußern. Die Presse darf weder unter Zensur gestellt noch durch das Konzessionssystem beschränkt werden; administrative Postverbote finden auf inländische Druckschriften keine Anwendung. Die Grundlage für das Recht der Presse in Österreich bildet das Preßgesetz vom 17. Dezember 1862 (RGBl. 1863 Nr. 6 und 7), das aber seitdem verschiedentlich abgeändert worden ist. Es gibt hiernach in Österreich keine Präventivzensur; periodische Druckschriften sind gleichzeitig mit dem Beginn der Austeilung, nur Broschüren von einem geringeren Umfang als 5 Bogen 24 Stunden vorher bei der Behörde zu hinterlegen. Die Herausgabe periodischer Druckschriften ist von jeglicher behördlichen Konzession unabhängig, es bedarf nur einer Anmeldung. Von dieser Ausnahme abgesehen, sind Buchdruckerei und der Handel mit Presseerzeugnissen konzessionspflichtig. Hausierhandel mit Druckschriften ist verboten.

Volle Glaubens- und Gewissensfreiheit ist jedermann gewährleistet. Der Genuß der bürgerlichen und politischen Rechte ist von dem Religionsbekenntnisse unabhängig, doch darf den staatsbürgerlichen Pflichten durch das Religionsbekenntnis kein Abbruch geschehen. Niemand kann zu einer kirchlichen Handlung oder zur Teilnahme an einer kirchlichen Feierlichkeit gezwungen werden, insofern er nicht der nach dem Gesetze hierzu berechtigten Gewalt eines anderen untersteht. Das Gesetz über die interkonfessionellen Verhältnisse vom 25. Mai 1868 (RGBl. Nr. 49) regelt einen Teil dieser Angelegenheiten im einzelnen. Es bestimmt zunächst von vornherein über das Religionsbekenntnis von Kindern, daß eheliche oder diesen gleichstehende Kinder, falls die Eltern demselben Bekenntnis angehören, der Religion der Eltern folgen müssen; bei gemischten Ehen folgen — vorbehaltlich anderer vertragsmäßiger Regelung zwischen den Eltern — die Söhne der

Religion des Vaters und die Töchter der Religion der Mutter. Auf alle Fälle müssen die Kinder einer Konfession angehören, welcher zum mindesten einer der beiden Elternteile angehört. Uneheliche Kinder folgen der Religion der Mutter. Reverse an Geistliche usw. über die religiöse Kindererziehung sind nicht rechtswirksam. Das hiernach für ein Kind bestimmte Religionsbekenntnis darf in der Regel so lange nicht verändert werden, bis es aus eigener freier Wahl eine solche Änderung vornimmt. Vom vollendeten 14. Lebensjahr an hat jedermann ohne Unterschied des Geschlechts die freie Wahl des Religionsbekenntnisses; es bedarf keiner Entlassung aus der bisherigen Religionsgemeinschaft, der Beteiligte braucht nur mittels einer Anzeige bei der politischen Behörde den Austritt aus seiner Religionsgenossenschaft zu erklären. Ein Eintritt in eine andere Religionsgenossenschaft muß damit nicht notwendig verbunden sein, so daß der Austretende auch konfessionslos bleiben kann. Kein Diener oder Angehöriger einer Kirche darf Angehörigen einer anderen Konfession gottesdienstliche oder seelsorgerische Handlungen aufdrängen, ebensowenig von Angehörigen einer anderen Konfession für kirchliche Handlungen Gebühren fordern, es sei denn, daß eine solche wirklich auf Verlangen verrichtet worden ist. Ein Bürger ist weder zur Teilnahme an den gottesdienstlichen Handlungen der eigenen Kirche noch zur Arbeitsruhe an Feier- und Festtagen einer Kirche, der er nicht angehört, gezwungen; nur muß an Festtagen in der Nähe der Kirche alles unterlassen werden, was eine Störung oder Beeinträchtigung der Feier zur Folge haben könnte. Keine Religionsgemeinde kann genötigt werden, sich des Glockengeläuts an Tagen zu enthalten, an welchen dasselbe nach den Satzungen einer anderen Religion zu unterbleiben hat.

Die Glaubensfreiheit findet ihren Ausdruck weiter in der Kultusfreiheit, die der Staat allen gesetzlich anerkannten Kirchen- und Religionsgesellschaften zusichert. Das Nähere über die Stellung der Kirchen innerhalb des Staates wird an anderer Stelle dargestellt werden (s. S. 172).

Sicherung der wissenschaftlichen Betätigung gewährt der Grundsatz: die Wissenschaft und ihre Lehre ist frei. Zur Gründung von Unterrichtsanstalten und Erteilung von Unterricht ist jedermann berechtigt, der seine Befähigung dazu in gesetzlicher Weise nachweist; die Frage des Bedürfnisses nach einer Schule wird nicht aufgeworfen. Für den häuslichen Unterricht bedarf es keines Nachweises der Befähigung zum Unterricht. Für den Religionsunterricht in den Schulen ist von der beteiligten Kirche oder Religionsgesellschaft zu sorgen. Dem Staat steht hinsichtlich des Unterrichts- und Erziehungswesens die oberste Leitung und Aufsicht zu. Hierzu hat das Gesetz vom 25. Mai 1868 (RGBl. Nr. 48) über das Verhältnis der Schule zur Kirche nähere Normen erlassen.

Die im Staatsgrundgesetz als zulässig erklärte Aufhebung einiger dieser Grundrechte auf Zeit oder für bestimmte örtlich begrenzte Gebiete wird in dem Gesetz vom 5. Mai 1869 (RGBl. Nr. 66) geregelt. Hiernach können im Falle eines Kriegs[1]) oder bevorstehenden Kriegs, im Falle innerer Unruhen, und wenn sich hochverräterische oder sonst die Verfassung bedrohende oder die persönliche Sicherheit gefährdende Umtriebe offenbaren, die Rechte der Freiheit der Person, der Unverletzlichkeit der Wohnung, des Briefgeheimnisses, das Vereins- und Versammlungsrecht sowie das Preßrecht ganz oder teilweise aufgehoben werden; ferner sind Ausnahmsverordnungen für die Handhabung der Polizei- und Strafgewalt vorgesehen. Diese Erklärung des sog. „Ausnahmezustands" erfolgt auf Grund eines Beschlusses des Gesamtministeriums nach eingeholter Genehmigung des Kaisers. In dem Gesetze sind die allgemeinen Wirkungen des Ausnahmezustands näher angegeben. Die Sicherung der persönlichen Freiheit, die in der Vorschrift einer kurz bemessenen Frist für die Ablieferung eines Verhafteten an den Richter besteht, wird durch Ausdehnung dieser Frist auf 8 Tage gemindert, Ausweisungen, Hausdurchsuchungen, Beschlagnahme und Eröffnung von Briefen werden in erweitertem Umfang für zulässig erklärt, die Gründung neuer Vereine und die Abhaltung von Versammlungen wird an eine Genehmigung geknüpft. Das Erscheinen oder die Verbreitung von Druckschriften kann von der Behörde eingestellt, ihre Verbreitung durch Postverbot unterdrückt, bei periodischen Druckschriften die Hinterlegung von Pflichtexemplaren bis zu drei Stunden vor Ausgabe angeordnet werden. Daneben sind polizeiliche Anordnungen vorgesehen über die Herstellung und das Tragen von Waffen, über das Paß- und Meldungswesen, das Verhalten an öffentlichen Orten und das Tragen von

1) Für den gegenwärtigen Krieg siehe Breitenstein und Koropatnicki, Die Kriegsgesetze Österreichs, Wien 1916.

Abzeichen. Zu solchen polizeilichen Anordnungen ist nötigenfalls der Landeschef vorbehaltlich späterer Entscheidung des Gesamtministeriums befugt.

Rechtsstellung der Ausländer. Entsprechend den Grundsätzen des völkerrechtlichen Verkehrs sind Ausländer in Österreich den Einheimischen zwar im allgemeinen gleichgestellt, doch erleidet diese Gleichstellung nicht unerhebliche Einschränkung, was den Zutritt zu öffentlichen Ämtern, die politischen Rechte[1]) und die Ausübung bestimmter Berufe (Redaktion von Zeitschriften, Lehrtätigkeit, Rechtsanwaltschaft, Notariat und ärztliche Praxis) betrifft. Ausländer können, soweit sie dem Staate lästig fallen, aus dem Staatsgebiete ausgewiesen werden.

2. Die Aufstellung der staatlichen Normen.

A. Allgemeines. Die Willensakte, durch die der Staat die für seine Einrichtung, sein organisches Leben und die Erfüllung seiner Aufgaben, insbesondere die Tätigkeit seiner Behörden, wie für das Verhalten der seiner Gewalt Unterworfenen (Einheimische und Ausländer) erforderlichen Rechtsvorschriften aufstellt, sind vornehmlich Gesetz und Verordnung. In der amtlichen Sprache des Verfassungsstaats und in der Sprache des täglichen Lebens, auch in Österreich, beruht die Unterscheidung zwischen beiden auf formellen Merkmalen. Als Gesetz wird hiernach ohne Rücksicht auf den Inhalt bezeichnet ein Ausspruch staatlichen Willens, der unter der Mitwirkung und Zustimmung der Volksvertretung auf Grund des hierfür verfassungsmäßig festgesetzten Verfahrens zustande gekommen, vom Herrscher ausgesprochen ist. Verordnung ist jede allgemeine Anordnung der Staatsgewalt, sei es des Herrschers selbst, sei es ihrer Organe, die ohne jene zustimmende Mitwirkung zustande kommt. Die vorkonstitutionelle Zeit kennt als Rechtsquellen Patente, Hofdekrete, Reskripte, Verordnungen.

B. Die Gesetzgebung. Eine ausdrückliche Vorschrift darüber, welche Vorschriften in der Form des Gesetzes, welche in der einer Verordnung zu erlassen sind, ist in den Verfassungsgesetzen Österreichs nicht erlassen worden. § 11 des Staatsgrundgesetzes

---

1) Ausländer sind z. B. von der Mitgliedschaft an politischen Vereinen ausgeschlossen und dürfen nicht als Ordner oder Leiter öffentlicher Versammlungen auftreten.

vom 21. Dezember 1867 über die Reichsvertretung (RGBl. Nr. 141) zählt zwar eine Reihe von Gegenständen auf, die zum Wirkungskreise des Reichsrats gehören. Diese Aufzählung dient aber, wenn sie auch gewisse Anhaltspunkte enthält, letzten Endes lediglich der Abgrenzung der Zuständigkeit der Reichsgesetzgebung von derjenigen der Landesgesetzgebung, regelt aber nicht allgemein die Frage, ob bei der Aufstellung von Bestimmungen über einen dieser Gegenstände im einzelnen Falle gerade die Gesetzgebung, also insbesondere die Mitwirkung der Volksvertretung erforderlich ist, vielmehr kann auf den dort bezeichneten Gebieten je nach Lage der zu ordnenden Verhältnisse auch die Verordnung und allgemeine Verfügung der Zentrale eingreifen und hat es in zahlreichen Fällen getan. Auch der § 12 des Staatsgrundgesetzes schreibt nur vor, daß die Gegenstände der Gesetzgebung, die nach § 11 dem Reichsrate nicht ausdrücklich vorbehalten sind, in den Wirkungskreis der Landtage gehören, mit anderen Worten, die Landtage können sich einer Materie nicht schon deshalb bemächtigen, weil diese nicht in der Aufzählung des § 11 enthalten ist, sondern nur dann, wenn die zu schaffenden Vorschriften ihrer Art nach mittels eines Gesetzes zu erlassen sind. Auch begriffliche Unterscheidungen, wie Rechtsnorm und Verwaltungsnorm in dem Sinne, daß jene durch Gesetz, diese durch Verordnung zu erlassen wäre, geben für die praktische Entscheidung keinen genügenden Anhalt. Die Aufgabe ist vielmehr von Fall zu Fall zu lösen. Hinsichtlich einzelner Gegenstände schreiben bereits vorhandene positive Vorschriften den Weg der Gesetzgebung vor, wie z. B. Artikel 1, 5, 10, 12 des Staatsgrundgesetzes über die allgemeinen Rechte der Staatsbürger, ferner §§ 2, 3, 4 des Staatsgrundgesetzes vom 21. Dezember 1867 über die richterliche Gewalt (RGBl. Nr. 144) in Ansehung der Einrichtung und Zuständigkeit der Gerichte, des Wirkungskreises der Militärgerichte und der Gerichtsbarkeit für Übertretungen der Polizei- und der Gefällsstrafgesetze. Umgekehrt kann für die Schaffung bestimmter Rechtsnormen der Erlaß einer Verordnung ausdrücklich vorgesehen sein. Dies gilt z. B. für die Erklärung des Ausnahmezustandes auf Grund des Gesetzes vom 5. Mai 1869 (RGBl. Nr. 66). Bei einzelnen Materien ist der Erlaß eines Gesetzes auch auf Grund älterer Bestimmungen aus der vorkonstitutionellen Zeit notwendig; auch können Angelegenheiten, die bereits einmal durch ein Gesetz geregelt sind, nur durch Gesetze verändert oder neu geordnet werden. In Zweifelsfällen werden vielfach politische Erwägungen den Ausschlag geben[1]).

Die österreichischen Gesetze sind entweder Reichsgesetze oder Landesgesetze, beide vom Kaiser, jene mit Zustimmung des Reichsrats, diese mit Zustimmung der Landtage als Kundgebung eines und desselben gesetzgeberischen Willens erlassen. Infolgedessen könnte ein später ergangenes Landesgesetz für den Bereich seiner Wirksamkeit, die sich allerdings nicht über das Landesgebiet erstrecken kann, theoretisch wenigstens ein Reichsgesetz abändern und umgekehrt; die Beobachtung der Regeln über Zuständigkeit von Reichstag und Landtag wird praktische Unzuträglichkeiten in dieser Hinsicht zu vermeiden haben. Ein Reichsgesetz braucht sich nicht notwendig in seiner Gültigkeit auf das gesamte Gebiet der Reichsratsländer zu erstrecken, sondern kann auch rechtliche Verhältnisse auf dem ihr zugehörigen Gebiet nur für ein Land oder mehrere einzelne Länder regeln, einmal dadurch, daß die Wirksamkeit eines Gesetzes über einen an sich der Reichsgesetzgebung zugehörigen Gegenstand durch diese auf ein bestimmtes Land beschränkt wird, und sodann in der Weise, daß ein Gegenstand der Landesgesetzgebung auf Grund Beschlusses des an sich zuständigen Landtags dem Reichsrat zur Behandlung und Erledigung überwiesen wird. Die Ausscheidung der Zuständigkeit zwischen Reichsrat und Landtag ist in den Staatsgrundgesetzen, vornehmlich in den §§ 11 und 12 des Staatsgrundgesetzes vom 21. Dezember 1867 über die Reichsvertretung erfolgt. Die Zuständigkeit zwischen Reichsgesetzgebung und Landesgesetzgebung kann geteilt sein, z. B. wenn jener die Aufstellung der Grundsätze, dieser aber innerhalb der so gezogenen Grenzen die Regelung im einzelnen überwiesen ist, oder wenn in einem Reichsgesetze Abänderungen, insbesondere Erweiterungen der Landesgesetzgebung überlassen sind.

Von den sonstigen Unterscheidungen der Gesetzgebung sind hervorzuheben die sog. paktierten Gesetze, d. h. solche, die infolge der dualistischen Gestaltung der Monarchie für die den beiden Staaten gemeinsam und für die in beiden nach gleichen Grundsätzen zu ordnenden Angelegenheiten zu erlassen sind. Ihre Wirksamkeit wird in dem einen Staate regelmäßig von dem Eintritt der Wirksamkeit im anderen abhängig gemacht.

---

1) Eine Aufzählung bringt Ulbrich, Österreichisches Staatsrecht (neu bearbeitet), S. 238 f.

Ein Gesetz kann sowohl aus der Initiative der Regierung als aus derjenigen der Vertretungskörper entstehen; die Regierung bedarf zur Einbringung eines Gesetzes regelmäßig der Zustimmung, der sog. Vorsanktion des Kaisers. Zu jedem Gesetze ist die Übereinstimmung beider Häuser des Reichsrats erforderlich. Kann bei einem Finanzgesetz über einzelne Posten oder bei einem Rekrutengesetz über die Höhe des Kontingents keine Übereinstimmung beider Häuser erzielt werden, so gilt die kleinere Ziffer als bewilligt. Die unter der Zustimmung der Volksvertretung festgestellte Vorschrift wird zum Gesetz durch die Sanktion, d. h. durch die Erteilung des Gesetzesbefehls durch den Kaiser. Eine Frist, innerhalb deren die Sanktion ausgesprochen sein muß, ist nicht vorgesehen, es steht dem Kaiser frei, die Sanktion aufzuschieben oder zu unterlassen. Das sanktionierte Gesetz muß die Gegenzeichnung des oder der verantwortlichen Minister tragen. Es ist sodann zu veröffentlichen oder „kundzumachen". Für Reichsgesetze besteht zu diesem Zwecke das „Reichsgesetzblatt für die im Reichsrate vertretenen Königreiche und Länder", in dem außerdem die zur öffentlichen Bekanntmachung bestimmten Staatsverträge und die auf Grund der Reichsgesetze erlassenen Verordnungen aufgenommen werden. Es wird in allen landesüblichen Sprachen der Reichsratsländer herausgegeben, den authentischen Wortlaut enthält aber die deutsche Ausgabe. In Ermangelung anderweiter ausdrücklicher Bestimmung beginnt die Wirksamkeit einer im Reichsgesetzblatt enthaltenen Kundmachung mit dem 45. Tage nach Ablauf des Tages, an dem die deutsche Ausgabe des sie enthaltenden Stückes ausgegeben worden ist. Die Veröffentlichung der Landesgesetze erfolgt in den Landesgesetz- und Verordnungsblättern. An die Stelle des 45. Tages tritt hier für die Wirksamkeit der 15. Tag. Die Prüfung der Gültigkeit gehörig kundgemachter Gesetze, und zwar sowohl der Reichs- wie der Landesgesetze, steht den Gerichten nicht zu (§ 7 Staatsgrundgesetz über die richterliche Gewalt vom 21. Dezember 1867, RGBl. Nr. 144).

C. Die Verordnung. Außer durch die Gesetzgebung erläßt der Staat bindende allgemeine Befehle durch die Verordnungen, die ohne Mitwirkung der Volksvertretung zustande kommen. Die österreichische Gesetzgebung entbehrt einer eingehenderen Regelung des Verordnungsrechts; mit dem § 11 des Staatsgrundgesetzes vom 21. Dezember 1867 über die Regierungs- und Vollzugsgewalt (RGBl. Nr. 145) ist die Materie durchaus nicht erschöpft, wenn darin ausgeführt ist: „Die Staatsbehörden sind innerhalb ihres amtlichen Wirkungskreises befugt, auf Grund der Gesetze Verordnungen zu erlassen und Befehle zu erteilen und sowohl die Beobachtung dieser letzteren als der gesetzlichen Anordnungen selbst gegenüber den hierzu Verpflichteten zu erzwingen." Diese Vorschrift umfaßt namentlich die Fälle, wo zur Durchführung eines Gesetzes im einzelnen weitere Bestimmungen notwendig sind. Solche Bestimmungen erfolgen meist auf Grund eines im Gesetze enthaltenen ausdrücklichen Auftrags an eine staatliche Behörde, die für den Vollzug der Gesetze nötigen Bestimmungen zu erlassen, oder auf Grund einer den Selbstverwaltungskörpern erteilten Ermächtigung, die Befugnis dazu läßt sich aber auch vielfach ohne weiteres aus dem Inhalt des Gesetzes herleiten. Die Frage, inwieweit darüber hinaus ein selbständiges Verordnungsrecht des Monarchen und kraft seines Auftrags der staatlichen Organe erstreckt, mit anderen Worten: Bestehen und Umfang eines selbständigen Verordnungsrechts, das nicht auf einer Verfassungs- oder gesetzlichen Ermächtigung beruht, wird wissenschaftlich nicht einheitlich beantwortet[1]). Man wird angesichts der Verfassungsentwicklung, die Österreich durchgemacht hat, annehmen müssen, daß dem Kaiser als dem Träger der gesamten Staatsgewalt ein Verordnungsrecht insoweit zusteht, als nicht die Form eines Gesetzes vorgeschrieben, oder was dasselbe ist, soweit nicht der Anspruch der Volksvertretung auf seine Beteiligung an der Erlassung einer staatlichen Norm reicht. Das in diesem Umfang anerkannte Verordnungsrecht kann vom Kaiser den Ministerien und sonstigen Behörden übertragen werden. Die Entscheidung darüber, inwieweit von diesem Verordnungsrecht Gebrauch gemacht werden soll, wird im einzelnen Falle nach politischen Gesichtspunkten und Zweckmäßigkeitserwägungen zu beurteilen sein (vgl. oben S. 124). Selbstverständlich darf eine Verordnung nicht dem Inhalt eines Gesetzes widersprechen. Die Gerichte üben hinsichtlich der Gültigkeit der Verordnungen im einzelnen Falle ein Prüfungsrecht aus. Die Verordnungen bedürfen gleichfalls der

---

1) Siehe Arndt, Das selbständige Verordnungsrecht in Österreich, in Österr. Zeitschr. f. öffentl. Recht, 2. Jahrg., S. 397 f.

Kundmachung, die je nach ihrem Inhalt und dem Organ, von dem sie ausgehen, im Reichsgesetzblatt, den Landesgesetzblättern, durch die Tagespresse, öffentlichen Anschlag usw. erfolgt.

D. Die Notverordnungen nach § 14 des Staatsgrundgesetzes. Das österreichische Verfassungsrecht hat dem Kaiser den Erlaß staatlicher Normen, zu deren Zustandekommen an sich der Volksvertretung das Recht der Mitwirkung zugestanden ist, für die Zeit vorbehalten, wo der Reichsrat nicht versammelt[1]) ist, gleichwohl aber die dringende Notwendigkeit solcher Anordnungen einen Aufschub nicht duldet. Unter dieser Voraussetzung können solche Anordnungen unter Verantwortung des Gesamtministeriums durch Kaiserliche Verordnung erlassen werden, sofern sie keine Änderung der Staatsgrundgesetze bezwecken, keine dauernde Belastung des Staatsschatzes und keine Veräußerung von Staatsgut betreffen. Solche Verordnungen haben provisorische Gesetzeskraft; sie müssen von sämtlichen Ministern unterzeichnet sein und mit ausdrücklicher Beziehung auf den § 14 des Staatsgrundgesetzes über die Reichsvertretung vom 21. Dezember 1867 (RGBl. Nr. 141) kundgemacht werden. Sie ersetzen hiernach die eigentlichen Gesetze und haben insofern die Bedeutung und die Wirkung außerordentlicher Gesetze für die Dauer ihrer Gültigkeit; ihr Inhalt unterliegt infolgedessen auch ebensowenig dem richterlichen Prüfungsrecht, wie derjenige der Gesetze. Die Gesetzeskraft dieser sog. Notverordnungen „erlischt", wenn die Regierung es unterlassen hat, sie dem nächsten nach der Kundmachung zusammentretenden Reichstage, und zwar zunächst dem Abgeordnetenhause innerhalb vier Wochen nach dessen Zusammentritt zur Genehmigung vorzulegen, oder wenn sie die Genehmigung eines der beiden Häuser des Reichsrats nicht erhalten. Es kommt im Gesetze nicht zu ganz deutlichem Ausdruck, daß das „Erlöschen" unmittelbar mit der Erfüllung einer der genannten Voraussetzungen eintritt. Der Schlußabsatz des § 14 erklärt das Gesamtministerium dafür verantwortlich, daß solche Verordnungen, sobald sie ihre provisorische Gesetzeskraft verloren haben, sofort außer Wirksamkeit gesetzt werden; diese Vorschrift hat indes wohl nur die Kundmachung darüber im Auge, daß die Notverordnung ihre provisorische Gesetzeskraft verloren

---

1) Dabei ist es gleichgültig, ob der Grund in der Vertagung, Schließung oder Auflösung des Reichsrats liegt.

hat. Ist die Notverordnung fristgerecht dem Reichsrat vorgelegt, so bleibt ihre Gesetzeskraft so lange bestehen, bis ein Beschluß eines der beiden Häuser die Versagung der Genehmigung ausspricht. Der Umstand, daß der Reichsrat eine derartige Vorlage in der Session, in der sie an ihn gelangt ist, unerledigt gelassen hat, berechtigt weder zur Annahme einer stillschweigenden Zustimmung, noch ist darin eine stillschweigende Ablehnung zu erblicken. Vielmehr steht die Wirksamkeit der Notverordnung alsdann dauernd unter der Möglichkeit, durch einen Beschluß eines der beiden Häuser beendigt zu werden. Die Verwerfung führt die Außerkraftsetzung vom Augenblick des Beschlusses an herbei; bis dahin hatte die Notverordnung volle Gültigkeit, deren Wirkungen nicht mehr nachträglich in sich zusammenfallen. Die Genehmigung wirkt dagegen ex tunc. Streitig ist die Frage, ob bei internationalen Verträgen, soweit sie nach ihrem Inhalt der Zustimmung der Volksvertretung bedürfen, diese Zustimmung durch eine Notverordnung ersetzt werden kann[1]).

E. Die Staatsverträge. Auf dem Wege der Staatsverträge werden auch für die inneren Verhältnisse des Staates sei es neue Rechtssätze geschaffen oder die Anwendung bestehender beeinflußt. Ferner kommen in Betracht die Verträge, welche eine Veränderung des Staatsgebiets zur Folge haben. Die Grundsätze über die Befugnis zum Abschluß der Staatsverträge und der Umfang, in dem eine Mitwirkung der Volksvertretung zu deren staatsrechtlicher Gültigkeit in Betracht kommt, sind oben S. 62 angegeben worden[2]). Voraussetzung für die Wirksamkeit des Vertrags nach innen ist dessen Kundmachung, soweit erforderlich nach

---

1) Die Notverordnungen nach § 14 haben seit 1899 eine erhebliche Rolle im politischen Leben Österreichs gespielt. In den Jahren 1897—1904 sind 76 Notverordnungen erlassen worden, darunter 3 betreffend Verträge mit auswärtigen Staaten, 5 betreffend das Verhältnis zwischen Österreich und Ungarn, 13 Budgetprovisorien, 13 Angelegenheiten der Besteuerung. Vgl. Bericht des Verfassungsausschusses Nr. 2668 der Beilagen des stenographischen Protokolls des Abgeordnetenhauses XVII. Session 1906, und Bericht der Herrenhauskommission über die Ausgleichsvorlagen 1907, Nr. 23 der Beilagen zu den stenographischen Protokollen des Herrenhauses XVIII. Session 1907. — Näheres über die Frage: Staatsvertrag und Notverordnung siehe Pitamic, Die parlamentarische Mitwirkung bei Staatsverträgen in Österreich, S. 119.

2) Vgl. auch die angeführte Schrift von Pitamic.

erlangter Zustimmung der Volksvertretung. Eine nähere Bestimmung darüber, welche Staatsverträge im Reichsgesetzblatt zu veröffentlichen sind, besteht nicht.

Auch die beiden Staaten der Österreichisch-Ungarischen Monarchie schließen miteinander Verträge, namentlich solche, deren Notwendigkeit sich aus dem staatsrechtlichen Verhältnis zwischen beiden Staaten ergibt, insoweit gewisse Rechtsgebiete als gemeinsame Angelegenheiten oder nach gemeinsam vereinbarten Grundsätzen zu regeln sind.

3. Die Volksvertretung.

A. Der Reichsrat.

Die Volksvertretung der österreichischen Länder wird gebildet durch den Reichsrat, der aus dem Herrenhause und dem Hause der Abgeordneten besteht (Grundgesetz über die Reichsvertretung vom 21. Dezember 1867 — RGBl. Nr. 141).

Mitglieder des Herrenhauses sind die großjährigen Prinzen des Kaiserlichen Hauses, ferner als erbliche Mitglieder die großjährigen Häupter von Adelsgeschlechtern, die in den Reichsratsländern durch ausgedehnten Grundbesitz hervorragen und vom Kaiser die erbliche Reichsratswürde verliehen erhalten, sodann eine Reihe kirchlicher Würdenträger für die Dauer ihres Amtes, nämlich alle Erzbischöfe und diejenigen Bischöfe, denen fürstlicher Rang zukommt[1]), endlich als Mitglieder auf Lebenszeit vom Kaiser auf Grund ihrer Verdienste berufene Männer österreichischer Staatsangehörigkeit. Die Zahl der lebenslänglichen Mitglieder darf 170 nicht überschreiten und nicht unter 150 verbleiben. Eine Höchstziffer für die Mitgliederzahl des Herrenhauses im ganzen besteht nicht. Die Mitgliedschaft im Herrenhause ist für erbliche und lebenslängliche Mitglieder kein Hindernis für die Wahl in das Abgeordnetenhaus; nur ruht die Tätigkeit im Herrenhause für die Dauer der Ausübung des Abgeordnetenmandats.

Das Abgeordnetenhaus geht aus Wahlen hervor. Die Dezemberverfassung von 1867 hatte die indirekte Wahl festgesetzt in der Art, daß der Landtag jedes Kronlandes eine bestimmte Zahl

1) Darunter auch der Fürstbischof von Breslau trotz seiner Ausländereigenschaft, weil seine Diözese auch österreichische Landesteile umfaßt.

entsendete. 1873 wurden die direkten Wahlen nach dem Grundsatz der „Interessenvertretung" eingeführt, zunächst in 4 Wählerklassen (Großgrundbesitz, Städte, Handels- und Gewerbekammern und Landgemeinden), später 1896 unter Hinzunahme einer fünften sog. allgemeinen Wählerklasse. Die Wahlreform des Kabinetts Freiherr v. Beck vom Jahre 1907 brachte mit Abschaffung der Wählerklassen ein wenigstens dem Grundsatze nach allgemeines, gleiches, direktes Wahlrecht. Das Haus zählt 516 Mitglieder, und zwar entfällt auf jedes der Kronländer eine bestimmte Anzahl (Böhmen 130, Dalmatien 11, Galizien, Lodomerien und Krakau 106, Oberösterreich 22, Niederösterreich 64, Salzburg 7, Steiermark 30, Kärnten 10, Krain 12, Bukowina 14, Mähren 49, Ober- und Niederschlesien 15, Tirol 25, Vorarlberg 4, Istrien 6, Görz und Gradiska 6, Triest 5). Die Wahl erfolgt auf 6 Jahre.

Beide Häuser des Reichsrats sind getrennte Körperschaften, die einander grundsätzlich gleichstehen, jedoch mit der Maßgabe, daß Vorlagen zu Finanzgesetzen und dem Rekrutengesetz sowie Not- und Ausnahmsverordnungen dem Abgeordnetenhause zuerst zugehen müssen. Jedem der Häuser steht die Gesetzesinitiative zu. Gemeinsame Sitzungen sind ausgeschlossen, eine Vereinigung — räumlich — ist nur üblich bei Eröffnung und Schließung des Reichsrats und bei Leistung des Verfassungseides durch den Kaiser.

Der Reichstag ist vom Kaiser alljährlich, womöglich in den Wintermonaten zu einer Session zu berufen; in der Praxis hat sich die Jahres-Session nicht durchwegs als solche erhalten, sondern zeitweise verschoben, so daß es in einem Jahre mehrere Sessionen, andererseits in mehreren Jahren nur eine Session gab. Die Sessionen werden entsprechend den Wahlperioden zu Legislaturperioden zusammengefaßt. Der Kaiser kann die Session vertagen oder schließen. Bei der Vertagung wird die parlamentarische Tätigkeit zwar gehemmt, nicht aber ganz beendet; die parlamentarischen Arbeiten behalten ihre Bedeutung, können nach Wiedereröffnung der Arbeiten weiter zu Ende geführt werden (Kontinuität der Geschäfte). Bei der Schließung hört die gesamte Tätigkeit des Hauses auf. Die Organe beider Häuser legen alsdann ihre Funktionen nieder, doch bleiben die Präsidenten und Vizepräsidenten des Herrenhauses und des Abgeordnetenhauses mit der Führung der laufenden Geschäfte bis zum Wiederzusammentritt des Reichsrats betraut; alle parlamentarischen Arbeiten (Ent-

9*

würfe, Ausschußberichte usw.) werden hinfällig und müssen bei Beginn einer neuen Session von Anfang an wieder aufgenommen werden, es sei denn, daß mit Kaiserlicher Genehmigung einzelne Ausschüsse für die Beratung von Gesetzentwürfen zur Fortsetzung der Arbeiten ermächtigt werden[1]) (Diskontinuität der Sessionen). Der Kaiser kann ferner das Abgeordnetenhaus auflösen mit der Wirkung, daß die Mandate der Abgeordneten erlöschen und Neuwahlen anzuordnen sind; gleichzeitig sind die Arbeiten des Herrenhauses einzustellen. Ein Anklageverfahren gegen einen Minister auf Grund der Ministerverantwortlichkeit wird weder durch die Vertagung noch durch die Schließung des Reichsrats noch durch die Auflösung des Abgeordnetenhauses gehemmt.

Beide Häuser sind nach ihrer paritätischen Stellung auch getrennt organisiert; jedes von ihnen besitzt insbesondere seine eigenen Funktionäre in dem Präsidenten, den Vizepräsidenten, den Schriftführern, Ordnern. Das Präsidium des Herrenhauses wird vom Kaiser ernannt, dasjenige des Abgeordnetenhauses von diesem selbst gewählt; die übrigen Funktionäre werden in beiden Häusern durch Wahl bestimmt.

Die Grundlage für den Verkehr und das Verfahren der beiden Häuser im einzelnen bildet außer dem Grundgesetz über die Reichsvertretung vom 21. Dezember 1867 das Gesetz vom 12. Mai 1873 über die Geschäftsordnung des Reichsrats (RGBl. Nr. 94), dessen Vorschriften dann durch die autonomen Geschäftsordnungen weiter ausgebaut sind. Hervorzuheben sind besonders folgende Grundsätze: Das Haus der Abgeordneten prüft die Gültigkeit der Wahlakte; bis zur Entscheidung übt der Gewählte vorläufig die Rechte eines Abgeordneten provisorisch aus. Jedes Haus handhabt die Sitzungspolizei und innere Disziplin selbständig. Die Sitzungen beider Häuser sind öffentlich, doch kann ausnahmsweise die Öffentlichkeit auf Verlangen des Präsidenten oder auf Antrag von zehn Mitgliedern aufgehoben werden. Die Minister und Chefs der Zentralstellen sind berechtigt, an allen Beratungen teilzunehmen und ihre Vorlagen persönlich oder durch einen Bevollmächtigten zu vertreten, andererseits kann jedes Haus die Anwesenheit der

---

1) Gesetz vom 30. Juli 1867 über die Behandlung umfangreicher Gesetze im Reichsrate (RGBl. Nr. 104).

Minister fordern. Sie müssen auf Verlangen jederzeit gehört werden; an der Abstimmung können sie teilnehmen, wenn sie Mitglieder eines Hauses sind. An die Minister können Interpellationen gerichtet werden, die dem Präsidenten schriftlich, und zwar im Herrenhause mit wenigstens 10, im Abgeordnetenhause mit wenigstens 15 Unterschriften versehen, zu übergeben sind. Der Interpellierte kann die Beantwortung sogleich vornehmen, für eine spätere Sitzung zusagen oder mit Angabe der Gründe ablehnen. Die Beschlüsse des Hauses erfolgen regelmäßig mit einfacher Stimmenmehrheit; zu einem gültigen Beschlusse ist die Anwesenheit von 100 Mitgliedern im Abgeordnetenhause, von 40 Mitgliedern im Herrenhause erforderlich. Änderungen in bestimmten Staatsgrundgesetzen können nur mit Zweidrittel-Mehrheit, solche von gewissen Anordnungen der Reichsratswahlordnung von 1907 nur bei Anwesenheit von 343 Mitgliedern beschlossen werden. Die Regierung kann ihre Vorlagen nach Belieben in das eine oder andere Haus zuerst einbringen, nur die Finanzvorlagen, das Rekrutengesetz und die Notverordnungen werden zuerst in das Abgeordnetenhaus eingebracht. Die beiden Häuser verkehren miteinander entweder mündlich durch Botschaften oder schriftlich durch ihre Präsidenten. Wo eine Übereinstimmung beider Häuser über Vorlagen notwendig ist, wird sie durch gegenseitige Mitteilung der Beschlüsse herbeigeführt; zur Beratung des Jahresbudgets, eines sonstigen Finanzgesetzes, des Rekrutengesetzes oder einer dringenden Regierungsvorlage kann behufs Erzielung einer Übereinstimmung eine aus beiden Häusern gewählte Konferenz zusammentreten. Der amtliche Verkehr mit den Ministern und Zentralstellen findet nur durch die Präsidenten statt; mit Landesvertretungen dürfen die beiden Häuser nicht in Verbindung treten, auch nicht Kundmachungen irgendeiner Art erlassen.

Für die *rechtliche Stellung der Abgeordneten* gilt vor allem der Grundsatz, daß mit der Wahl kein Auftragsverhältnis zwischen Wählern und Gewählten entsteht, daß dieser vielmehr ausschließlich das allgemeine Beste des Staats zu vertreten hat. Alle Mitglieder haben ihr Stimmrecht persönlich auszuüben. Den Mitgliedern beider Häuser stehen zur Sicherstellung unabhängiger Wahrnehmung ihrer Aufgabe die üblichen parlamentarischen Immunitäten zur Seite (berufliche Immunität wegen der in Ausübung der parlamentarischen Stellung erfolgten Stimmabgaben und Äußerungen, außerberufliche Immunität, insofern die Strafverfolgung eines Mitgliedes während der Dauer der Session gewissen Einschränkungen unterliegt). Im übrigen ist zu nennen das Recht auf Tagegelder während der Session und Reisekostenentschädigung.

Die Mitgliedschaft erlischt im Herrenhause je nach dem Grunde der Zugehörigkeit zum Hause mit dem Ausscheiden aus der Dynastie, Verlust des kirchlichen Amtes oder der Eigenschaft als Haupt der adeligen Familie oder der österreichischen Staatsangehörigkeit, sowie durch Verzicht. Die Mitgliedschaft im Abgeordnetenhause endigt mit Ablauf der Wahlperiode, Auflösung des Reichsrats, Ungültigkeitserklärung der Wahl, Verzicht, Entziehung der Mitgliedschaft.

Die Zuständigkeit des Reichsrats. Der Geschäftskreis des Reichsrats ist zweifacher Art; es fällt ihm zu einmal die Mitwirkung bei der Gesetzgebung und sodann die Ausübung einer Aufsicht über die Verwaltung.

Sein Wirkungskreis als an der Gesetzgebung teilnehmender Faktor ist zunächst durch § 11 des Staatsgrundgesetzes über die Reichsvertretung vom 21. Dezember 1867 (RGBl. Nr. 141) von dem Bereich der Landesgesetzgebung abgegrenzt. Diese Abgrenzung berührt eines der in der Praxis schwierigsten Gebiete des öffentlichen Rechts Österreichs. Der Wirkungskreis des Reichsrats ist zunächst gekennzeichnet durch den allgemeinen Satz, daß ihm die Angelegenheiten zustehen, welche sich auf Rechte, Pflichten und Interessen beziehen, die allen im Reichsrate vertretenen Königreichen und Ländern gemeinschaftlich sind, soweit sie nicht nach den Vereinbarungen mit Ungarn zwischen diesem und den übrigen Ländern der Monarchie gemeinsam zu behandeln sein werden[1]). Die Angelegenheiten, in denen daher dem Reichsrat die Mitwirkung an Gesetzen zufällt, lassen sich in folgende Gruppen teilen:

1. Auf dem Gebiete der Beziehungen zu anderen Staaten:
   a) die Prüfung und Genehmigung der Handelsverträge und derjenigen Staatsverträge, die das Reich oder Teile desselben

---

[1]) Auch Gesetze über solche Angelegenheiten sind vom Reichsrat votiert worden, da hinsichtlich ihrer ein Gesetzgebungsrecht der Delegationen gemäß der ungarischen Auffassung über die staatsrechtliche Stellung der Delegationen nicht besteht.

belasten, oder einzelne Bürger verpflichten, oder eine Gebietsveränderung der Reichsratsländer zur Folge haben;

b) die Gesetzgebung betreffend die Form der Behandlung der durch die Vereinbarung mit Ungarn als gemeinsam festgestellten Angelegenheiten.

2. Auf dem Gebiete der Grundlagen des österreichischen Staates:

a) die zur Durchführung der Staatsgrundgesetze über die allgemeinen Rechte der Staatsbürger, über das Reichsgericht, über die richterliche, Regierungs- und Vollzugsgewalt zu erlassenden und dort berufenen Gesetze;

b) die Gesetzgebung über jene Gegenstände, welche sich auf Pflichten und Verhältnisse der einzelnen Länder untereinander beziehen.

3. Auf dem Gebiete des Heerwesens:

alle Angelegenheiten, die sich auf die Art und Weise sowie auf die Ordnung und Dauer der Militärpflicht, ferner auf Leistungen für die bewaffnete Macht beziehen, insbesondere die jährliche Bewilligung der Rekruten.

4. Auf dem Gebiete des Staatshaushalts:

die Feststellung der Voranschläge, die Prüfung der Abschlüsse, die jährliche Steuerbewilligung, die Aufnahme und Umwandlung von Anleihen, die Veräußerung und Belastung unbeweglichen Staatsvermögens, die Gesetzgebung über Monopole und Regalien, überhaupt alle Finanzangelegenheiten, welche den Reichsratsländern gemeinsam sind.

5. Auf dem Gebiete des Wirtschaftslebens:

a) die Regelung des Geld-, Münz- und Zettelbankwesens, der Zoll- und Handelsangelegenheiten;

b) die Kredit-, Bank-, Privilegien- und Gewerbsgesetzgebung (mit Ausschluß der Propinationsrechte), über Maß und Gewicht, Marken- und Musterschutz;

c) das Reichsverkehrswesen im eigentlichen Sinn (insbesondere Post-, Telegraphen-, Eisenbahn-, Schiffahrtswesen).

6. Auf dem Gebiete der inneren Verwaltung:

a) die Gesetzgebung über Staatsangehörigkeit und Heimatsrecht, über Fremdenpolizei, Paßwesen und Volkszählung;

b) die Gesundheits-, Seuchen- und Tierseuchengesetzgebung;

c) die Gesetzgebung über das Vereins- und Versammlungsrecht und die Presse, den Schutz des geistigen Eigentums, sowie über die konfessionellen Verhältnisse;
d) die Feststellung der Grundsätze des Unterrichtswesens bezüglich der Volksschulen und Gymnasien, dann die Gesetzgebung über die Universitäten.

7. Auf dem Gebiete des Rechtswesens:
a) die Gesetzgebung über die Grundzüge der Organisierung der Gerichts- und Verwaltungsbehörden;
b) die Strafjustiz- und Polizeistrafgesetzgebung, sowie die Zivilrechtsgesetzgebung, mit Ausschluß der Gesetzgebung über die Einrichtung der öffentlichen Bücher und über solche Gegenstände, welche auf Grund der Landesordnungen und des Grundgesetzes über die Reichsvertretung in den Wirkungskreis der Landtage gehören, ferner die Gesetzgebung über Handels- und Wechselrecht, See-, Berg- und Lehensrecht.

Ist einer der vorstehenden Gegenstände durch Ausübung des Notverordnungsrechts geregelt, so steht dem Reichstag das Genehmigungsrecht hinsichtlich der Notverordnung zu.

Das Aufsichtsrecht des Reichsrats über die Staatsverwaltung wird ausgeübt durch Interpellationen, Besprechung von Petitionen, Einsetzung besonderer Kommissionen, denen vom Ministerium die erforderlichen Auskünfte zu erteilen sind; es äußert sich in Resolutionen und in Adressen an die Krone, und besitzt als schärfste Waffe die Geltendmachung der Ministerverantwortlichkeit (Ministeranklage s. S. 144). Gemäß § 11 des Reichsvertretungsgesetzes steht dem Reichsrat die Prüfung der Staatsrechnungsabschlüsse und der Ergebnisse der Finanzgebarung zu, die dem Reichsrat vom obersten Rechnungshof vorgelegt werden. Für die Kontrolle der Staatsschuld besteht eine aus der Mitte des Reichsrats gewählte Kommission von 6 Mitgliedern (4 aus dem Abgeordnetenhause, 2 aus dem Herrenhause, Gesetze vom 10. Juni 1868, RGBl. Nr. 53, 54).

Über die Wahl der Abgeordneten bestehen folgende durch das Grundgesetz vom 26. Januar 1907 (RGBl. Nr. 15) und die dazu ergangene Reichsratswahlordnung festgestellte Grundsätze:

Das aktive Wahlrecht: Zur Wahl eines Abgeordneten ist jede Person männlichen Geschlechts, die das 24. Lebensjahr zurückgelegt hat, die österreichische Staatsangehörigkeit besitzt und innerhalb der Reichsratsländer in der Gemeinde, in welcher das Wahlrecht auszuüben ist, am Tage der Ausschreibung der Wahl seit mindestens einem Jahre ihren Wohnsitz gehabt hat. Ausgeschlossen sind nach den Bestimmungen der Reichsratswahlordnung vom Wahlrechte Personen, die unter väterlicher Gewalt, Vormundschaft oder Kuratel stehen oder Armenunterstützung erhalten, ferner Personen, über deren Vermögen der Konkurs eröffnet ist, Personen, die wegen gewisser Delikte vorbestraft sind oder denen die väterliche Gewalt entzogen ist. Ausgenommen vom Wahlrechte sind die in dauernder oder zeitiger aktiver Dienstleistung befindlichen Offiziere und ihnen gleichgestellten Militärpersonen sowie die Personen des Mannschaftsstandes der bewaffneten Macht und der Gendarmerie.

Das passive Wahlrecht: Wählbar ist jeder über 30 Jahre alte Mann, der die österreichische Staatsangehörigkeit seit mehr als drei Jahren besitzt, der nicht in ähnlicher Weise, wie beim aktiven Wahlrecht angegeben, vom Wahlrechte ausgenommen oder ausgeschlossen ist.

Das Staatsgebiet ist in Wahlbezirke eingeteilt, wobei auf die Gliederung in städtische und ländliche Bevölkerung, gewerbliche und landwirtschaftliche Interessen und namentlich auf Nationalität und Sprache Rücksicht genommen ist (s. oben S. 116). Auf jeden Wahlbezirk entfällt ein Abgeordneter mit folgenden Ausnahmen: in Ostgalizien werden mit Rücksicht auf die Bevölkerungsmischung zwischen Polen und Ruthenen zwei Abgeordnete für den Bezirk gewählt, von denen derjenige als zweiter gewählt gilt, der mehr als ein Viertel der abgegebenen Stimmen erhalten hat; in Mähren und der Bukowina werden für die Wahl in den Wahlkreisen nationale Wählerkörper gebildet, die jeder einen Abgeordneten wählen. Die Landesgesetzgebung kann den Wahlzwang einführen; hiervon haben mehrere Länder Gebrauch gemacht, so Ober- und Niederösterreich, Mähren, Salzburg u. a.

Die Wahlen finden auf Grund der vorher festgestellten Wählerlisten an einem und demselben Tage statt; die Wahl ist schriftlich und geheim und muß persönlich ausgeübt werden. Die Leitung der Wahl liegt in Händen der Wahlkommission, die über die Zulassung zur Stimmabgabe und über die Gültigkeit einzelner Stimmen entscheidet und das Wahlergebnis feststellt. Gewäht ist

— abgesehen von der oben erwähnten Ausnahme für Ostgalizien — wer mehr als die Hälfte der gültig abgegebenen Stimmen erhalten hat. Wird diese Zahl nicht erreicht, so findet eine engere Wahl statt zwischen den beiden Personen, für die verhältnismäßig die meisten Stimmen abgegeben worden sind.

B. Die Landtage.

Die Landtage sind einerseits die parlamentarische Vertretung der Landeseinwohner in den das Land betreffenden Angelegenheiten, andererseits oberste Organe der Landesselbstverwaltung. Ihre Zusammensetzung und Stellung beruht auf den Landesordnungen und Landtagswahlordnungen, die gleichzeitig mit dem Kaiserlichen Patent vom 26. Februar 1861 (RGBl. Nr. 20) für die im Reichsrat vertretenen Königreiche und Länder erlassen worden sind. Diese Grundlagen sind seitdem vielfach sowohl durch die Reichsgesetzgebung als auch durch Landesgesetze verändert worden, insbesondere sowohl was ihre Zuständigkeit als auch was die Art ihrer Berufung und ihre innere Einrichtung anlangt. Sie bilden, wenn auch in ihren neueren Gestaltungen immer unabhängiger von ihrem Ursprung, die Fortsetzung der ehemaligen ständischen Einrichtungen, deren Spuren sich z. B. in den sog. Virilstimmen und in den Wählerkurien erhalten haben. Zu Anbeginn ihrer Wirksamkeit stimmten die 15 Landtagsordnungen und -wahlordnungen im wesentlichen miteinander überein, im Laufe der Zeit haben sich mannigfache Unterschiede entwickelt, namentlich hinsichtlich des Wählerkreises und der Vornahme der Wahlen. In der Hauptsache weisen sie aber auch heute noch gemeinsame Züge auf.

Die Zahl ihrer Mitglieder ist in den einzelnen Ländern verschieden, die höchste Zahl weist Böhmen auf mit 242, die niedrigste Vorarlberg mit 26 Mitgliedern, Niederösterreich mit Wien zählt 127, Mähren 151, Galizien 161 Mitglieder. Sie setzen sich zusammen nach dem Grundsatz der Interessenvertretung:

1. Die sog. Virilisten, die auf Grund ihrer öffentlichen Stellung ihren Sitz im Landtage haben; dies sind die Erzbischöfe und Bischöfe und die Rektoren der Universitäten, in einigen Ländern auch anderer Hochschulen.
2. Auf Grund von Wahlen (und zwar für 6 Jahre) die Vertreter der drei Wählerklassen oder Kurien. Dies sind:

a) Vertreter des Großgrundbesitzes; diese Klasse fehlt in Vorarlberg, in Dalmatien ist sie durch die „Höchstbesteuerten" ersetzt, in einzelnen Ländern bestehen Unterabteilungen;
b) Vertreter der Stadtgemeinden und Industrieorte[1]);
c) Vertreter der Handels- und Gewerbekammern;
d) Vertreter der Landgemeinden;
e) in einzelnen Ländern (so z. B. in Ober- und Niederösterreich, Kärnten, Salzburg, Steiermark, Mähren, Vorarlberg) Vertreter einer allgemeinen Wählerklasse, entsprechend der 1896 erfolgten Erweiterung des Reichstagswahlrechts auf eine solche Klasse.

In Mähren ist der Landtag für die ihm zustehenden Wahlen in drei Kurien geteilt, nämlich zwei nationale Kurien (deutsch und böhmisch) der von den Städten, Industrieorten, Handels- und Gewerbekammern, Landgemeinden und der allgemeinen Wählerklasse gewählten Abgeordneten, und die Kurie der Abgeordneten aus dem großen Grundbesitz mit dem Erzbischof von Olmütz und dem Bischof von Brünn. Eine ähnliche nationale Kurieneinteilung innerhalb des Landtags besteht in der Bukowina.

Die Landtage bilden nur eine einzige Kammer. An ihrer Spitze steht der vom Kaiser ernannte Präsident, der je nach den einzelnen Ländern verschieden, so in Böhmen Oberstlandmarschall, in Niederösterreich und Galizien Landmarschall, sonst Landeshauptmann benannt wird, und dessen Stellvertreter. Die Landtage werden vom Kaiser berufen, und vom Präsidenten nach Beendigung der Geschäfte oder im Allerhöchsten Auftrag geschlossen. Die Sitzungen sind regelmäßig öffentlich. Im übrigen entspricht das Verfahren und der Geschäftsgang im großen und ganzen den üblichen parlamentarischen Einrichtungen; an die Stelle der Minister tritt der Statthalter (Landespräsident), der aber anders wie jene dem Landtag nicht verantwortlich ist. Die Beratungsgegenstände gelangen an den Landtag als Regierungsvorlagen, als Vorlagen des Landesausschusses oder durch Anträge einzelner Mitglieder. Zu Beschlüssen ist die Anwesenheit von mehr als der Hälfte der Gesamtzahl aller Mitglieder, und zur Gültigkeit eines

1) In Niederösterreich ist Wien nicht in der Wählerklasse der Städte vertreten, vielmehr wählt Wien mit seinen 21 Gemeindebezirken in der allgemeinen Wählerklasse.

Beschlusses die absolute Stimmenmehrheit der Anwesenden nötig. Für die Abänderung der Landesordnung, wie auch sonst in manchen Ländern für andere Gesetze, ist eine qualifizierte Majorität erforderlich. Die Abgeordneten, deren Stellung im wesentlichen derjenigen der Reichsratsabgeordneten analog ist, haben nicht im Auftrag oder Interesse ihrer Wählerklasse, sondern als Landesvertreter nach allgemeinem Besten ihre Stimme abzugeben.

Für den Wirkungskreis der Landtage kommt zunächst ihre Mitwirkung als Vertretung der Landeseinwohner bei der staatlichen Gesetzgebung in Betracht. Diese Mitwirkung besteht vor allem in der Zustimmung zum Erlaß der Landesgesetze innerhalb ihrer Zuständigkeit. Als Landesangelegenheiten in diesem Sinne sind zunächst in den Landesordnungen aufgezählt: alle Anordnungen betreffend die Landeskultur, die aus Landeskosten bestrittenen öffentlichen Bauten, die näheren Anordnungen innerhalb der Grenzen der allgemeinen Gesetze über die Gemeindeangelegenheiten, die Kirchen- und Schulangelegenheiten, die Vorspannleistung und Verpflegung des Heeres; auch können dem Landtag durch besondere Verfügung andere Gegenstände überwiesen werden. Die Dezemberverfassung hat diese Zuständigkeit durch die allgemeine Bestimmung (§ 12 Reichsvertretungsgesetz vom 21. Dezember 1867) dahin erweitert, daß alle Angelegenheiten, die nicht ausdrücklich der Zuständigkeit des Reichsrats vorbehalten sind, in den Wirkungskreis der Landtage gehören. Im Jahre 1907 ist den Landtagen auch die Gesetzgebung auf dem Gebiete des Straf- und Polizeistrafrechts, sowie des bürgerlichen Rechts in solchen Angelegenheiten überwiesen, die auf Grund der Landesordnungen und des Reichsvertretungsgesetzes der Landesgesetzgebung zugehören, sowie in gewissem Umfange die Organisation der staatlichen Verwaltungsbehörden. Die Übertragung der Mitwirkung an einem Gesetz durch den an sich zuständigen Landtag auf den Reichstag ist zulässig; in diesem Fall wird die Materie durch Reichsgesetz geregelt. Die Ausscheidung der Zuständigkeit zwischen Reichstag und Landtag kann in der Praxis zu erheblichen Zweifeln und Kompetenzkonflikten führen. Im übrigen besitzen die Landtage eine Einwirkung auch auf die Reichsgesetzgebung, indem sie zu kundgemachten allgemeinen Reichsgesetzen, soweit eine Rückwirkung auf das Land in Betracht kommt, und wegen des Erlasses allgemeiner Gesetze, die durch die Landesbedürfnisse erforderlich erscheinen, Anträge zu stellen befugt sind. Auch eine gutachtliche Tätigkeit kann von der Regierung den Landtagen aufgetragen werden. Auf diesem Wege sind die Landtage auch zu einer Kontrolle der Verwaltung des Landes in der Lage; im übrigen kann eine solche Kontrolle auch auf dem Wege von Interpellationen, Adressen an den Monarchen, Entgegennahme von Petitionen ausgeübt werden.

Als obersteS Organ der Landesselbstverwaltung verwaltet der Landtag das Landesvermögen und das Landesschulwesen, setzt den Landeshaushalt fest, beschließt über die Organisation des Beamtenkörpers des Landes und über die Aufbringung der zur Erfüllung der Landeszwecke erforderlichen Mittel. Hierzu ist er berechtigt, Zuschläge zu den direkten Steuern bis zu 10 Prozent zu erheben; höhere Zuschläge bedürfen der Kaiserlichen Genehmigung.

Die Führung der laufenden Geschäfte der Selbstverwaltung obliegt dem Landesausschuß, der aus dem Präsidenten des Landtags (s. S. 139) und gewählten Beisitzern besteht. Er verwaltet insbesondere, und zwar in Verantwortlichkeit gegenüber dem Landtag, das Landesvermögen, die Landesfonds und Anstalten, ernennt die Beamten, vertritt das Land in allen Rechtsangelegenheiten, bereitet die Geschäfte des Landtags vor, nimmt die Vorprüfung über die Gültigkeit der Wahlen vor und führt die Aufsicht über Gemeinden und Bezirksverbände.

Die Landtagswahlordnungen bieten ein in ihren Einzelheiten ziemlich vielgestaltiges Bild; die Entwicklung in den Ländern hat miteinander nicht ganz gleichen Schritt gehalten, namentlich weil die Landesgesetzgebung in den zahlreichen Novellen, mit denen die Wahlordnungen den neuen Bedürfnissen und dem Fortschritt des Reichstagswahlrechts Rechnung trugen, verschiedene Wege eingeschlagen hat. Gleichwohl tragen sie auch heute noch gemeinsame Grundzüge, vor allem besteht der Zusammensetzung der Landtage entsprechend durchweg die Einteilung der Wähler in Klassen: Großgrundbesitz, Handels- und Gewerbekammern, Stadtgemeinden und Industrialorte, Landgemeinden und — bei einem Teile der Länder — allgemeine Wählerklasse.

Voraussetzung für das Wahlrecht in der Klasse des Großgrundbesitzes ist Eigentum an Gutsbesitz, und zwar meist vormaligem herrschaftlichen (landtäfeligen) Grundbesitz, und bestimmte

Leistung an Realsteuern. Miteigentümer haben sich über die Person des Wahlberechtigten zu einigen, juristische Personen wählen durch die zu ihrer Vertretung berechtigte Person. In Dalmatien, wo an Stelle des Großgrundbesitzes die Höchstbesteuerten treten, gibt die Steuerleistung die Grenze für die Wahlberechtigung in dieser Klasse ab. Die Handels- und Gewerbekammern scheiden als eigentliche Wählerklasse aus; sie tragen ihr Wahlrecht in sich als Selbstverwaltungskörper, die ihre Abgeordneten auf Grund innerer Wahl durch ihre eigenen Mitglieder ernennen. In den Klassen der Stadt- und Landgemeinden ist das Wahlrecht entweder vom Gemeindewahlrecht oder von einer Steuerleistung abhängig gemacht. In der allgemeinen Wählerklasse wird ein Österreicher zur Ausübung des Wahlrechts zugelassen, wenn er eine bestimmte Zeit in der Gemeinde ansässig ist. Nach der niederösterreichischen Landtagswahlordnung ist überdies für die allgemeine Wählerklasse mit Ausnahme von Wien [1]) neben einer dreijährigen Seßhaftigkeit Besitz des Gemeinderechts verlangt. In manchen Ländern haben bestimmte Personen als solche ein Wahlrecht (meist auf Grund kirchlicher oder weltlicher Stellung). An allgemeinen Bedingungen aktiven Wahlrechts sind zu nennen österreichische Staatsangehörigkeit, Alter von 24 Jahren, Eigenberechtigung, Unbescholtenheit. In der Großgrundbesitzerklasse steht auch Frauen das Wahlrecht — auszuüben durch Vollmacht — zu; inwieweit in den Wählerklassen der Städte und Landgemeinden Frauen ein Wahlrecht ausüben können, richtet sich da, wo als Voraussetzung des Landtagswahlrechts das Gemeindewahlrecht vorgeschrieben ist, nach diesem. Verschiedene Wahlordnungen schließen Frauen in diesen Klassen ausdrücklich aus.

Für das passive Wahlrecht sind österreichische Staatsangehörigkeit, Vollendung des 30. Lebensjahrs, Besitz der bürgerlichen Rechte und aktives Wahlrecht in dem Lande die üblichen Voraussetzungen.

Die Wahlbezirke für die einzelnen Klassen sind in den Landtagswahlordnungen festgesetzt, ebenso wie die Zahl der Abgeordneten, die jeder Wahlbezirk zu wählen hat. So bildet meist das

1) Die Stadt Wien ist nach der niederösterreichischen Landtagswahlordnung von der Wahlklasse der Städte ausgenommen; jeder seiner 21 Bezirke bildet einen Wahlbezirk für sich und zwar in der allgemeinen Wählerklasse, so daß Gemeindezugehörigkeit hier nicht gefordert wird.

Land für den Großgrundbesitz einen Wahlbezirk; für die Wahl in den Klassen der Städte und Landgemeinden wird das Land in mehrere Wahlbezirke geteilt, die entweder eine Stadt allein oder einen Stadtbezirk oder mehrere Gemeinden zusammen umfassen. In Mähren[1]) ist die Wählerschaft in den Städten, den Landgemeinden und in der allgemeinen Wählerklasse in dieser Weise nicht nur territorial, sondern auch national voneinander getrennt, es gibt also deutsche und böhmische Wahlbezirke derart, daß jede Gemeinde sowohl eine deutsche als auch eine tschechische Wählerschaft aufweist. Eine ähnliche nationale Gliederung der Wählerschaft und Einteilung der Wahlbezirke ist 1910 in der Bukowina eingeführt worden; hier ist das ganze Land für die Wählerklasse der Gemeinden und die allgemeine Wählerklasse unter dem Gesichtspunkt der Nationalitäten in vierfacher Weise eingeteilt in rumänische, ruthenische, deutsche und polnische Wahlbezirke, die sich geographisch ganz oder teilweise decken. Für die Wahlen des großen Grundbesitzes in der Bukowina ist die Wählerschaft nach Nationalitäten in sechs Wahlkörper geteilt.

Die Wahlen zu den Landtagen sind meist geheim und schriftlich, auch regelmäßig direkt, nur in den Landgemeinden einiger Länder erfolgt die Wahl indirekt durch Wahlmänner. In einzelnen Ländern (Mähren, Schlesien, Vorarlberg, Oberösterreich, Salzburg) ist die Wahlpflicht eingeführt.

Die Ausübung des Wahlrechts (zum Reichstag und Landtag wie zu den sonstigen öffentlichen Körperschaften) steht unter besonderem Schutz (Gesetz vom 26. Januar 1907 — RGBl. Nr. 18).

4. Die Organisation der Behörden.

A. Die Ministerien.

Die oberste Leitung der Staatsverwaltung ist zentralisiert, und zwar in Ministerien, deren Geschäftskreise (Ressorts) nach Gegenständen der Verwaltung voneinander abgeschieden sind. Jeder Teil der staatlichen Tätigkeit gehört — abgesehen vom Obersten Rechnungshofe — einem Ministerium an. Die Inhaber dieser Ämter sind einmal die verfassungsmäßigen Berater der Krone, sodann die

1) Näheres siehe bei R. v. Herrnritt, Die Ausgestaltung des österreichischen Nationalitätenrechts durch den Ausgleich in Mähren und in der Bukowina, in Österr. Zeitschr. f. öffentl. Recht, 1. Jahrg., S. 583 f.

Träger der Verantwortung für die Gesetzmäßigkeit der Staatsverwaltung sowie endlich die obersten Leiter der einzelnen Verwaltungszweige. Die Zahl der Ministerien ist in Österreich nicht gesetzlich beschränkt; sie beträgt zurzeit neun: Inneres, Kultus und Unterricht, Handel, Ackerbau, Eisenbahnen, öffentliche Arbeiten, Justiz, Finanzen und Landesverteidigung [1]). Daneben findet sich auch die Stellung von Ministern ohne Ressort, bei deren staatsrechtlicher Stellung die Beratung der Krone in den Vordergrund tritt. In dieser Eigenschaft erscheinen die sog. Landsmannminister als Vertrauenspersonen für die Wahrnehmung der Interessen bestimmter Volksstämme. Die Festsetzung der Geschäftskreise im einzelnen erfolgt durch Kaiserliche Entschließungen und durch die Vollzugsklausel der Gesetze, worin deren Ausführung einem oder mehreren Ministerien zugewiesen wird; neue Ministerien, wie 1908 das Ministerium für öffentliche Arbeiten, sind durch Kaiserliche Verordnung geschaffen worden. Die sämtlichen Minister bilden zusammen, zur Aufrechterhaltung der Einheit der Verwaltung, den Ministerrat unter der Leitung des Ministerpräsidenten [2]), wobei jedoch nicht an eine kollegiale Behörde mit bindenden Majoritätsbeschlüssen zu denken ist; der Minister, der die Verantwortung für einen Beschluß nicht übernehmen will, ist in der Lage, sein Amt dem Kaiser zur Verfügung zu stellen.

Nach § 1 des Gesetzes vom 25. Juni 1867 über die Verantwortlichkeit der Minister (RGBl. Nr. 101) bedarf jeder Regierungsakt des Kaisers zu seiner Gültigkeit der Gegenzeichnung eines verantwortlichen Ministers. Bei Not- und Ausnahmsverordnungen ist die Unterfertigung durch sämtliche Minister vorgeschrieben.

Die Haftung der Minister für die Gesetzmäßigkeit der Regierungsakte des Kaisers und ihrer eigenen Geschäftsführung erhält ihre verfassungsmäßige Garantie in dem Recht des Reichsrats auf Erhebung der Ministeranklage. Die Mitglieder des Ministerrats können vom Reichsrate zur Verantwortung gezogen werden für alle innerhalb ihres amtlichen

1) Zu unterscheiden vom (gemeinsamen) Kriegsministerium. — Neuerdings ist aus Anlaß der Kriegsnotwendigkeiten ein Minister für Volksernährung ernannt worden.

2) Siehe Kraus, Die Stellung des Ministerpräsidenten nach österreichischem Rechte, in Österr. Zeitschr. f. öffentl. Recht, 2. Jahrg., S. 413.

Wirkungskreises ihnen zur Last fallenden Handlungen und Unterlassungen, wodurch sie vorsätzlich oder aus grober Fahrlässigkeit die Verfassung der im Reichsrate vertretenen Königreiche und Länder, eine Landesordnung oder ein anderes Gesetz verletzt haben. Die mit der selbständigen Leitung eines Ministeriums betrauten Beamten sind den Ministern in Ansehung der Verantwortlichkeit gleichgestellt. Das Recht zur Anklage steht jedem der beiden Häuser des Reichsrats zu. Der Antrag auf Erhebung der Klage muß im Herrenhause von 20 Mitgliedern, im Abgeordnetenhause von 40 Mitgliedern unterzeichnet sein; für die Zulässigkeit der Anklage, die zeitlich begrenzt ist, bedarf es der Zweidrittelmehrheit des Hauses. Zur Entscheidung ist ein Staatsgerichtshof zuständig, in den jedes Haus 12 nicht dem Reichsrat angehörige, unabhängige gesetzkundige Staatsangehörigen auf 6 Jahre zu wählen hat. Im einzelnen Falle entscheidet ein Kollegium von 12 Richtern. Zu einem Schuldspruch sind zwei Drittel der Richterstimmen nötig. Die gesetzliche Folge der Verurteilung ist die Entfernung des Verurteilten aus dem Rate der Krone, auch kann auf Entfernung aus dem Staatsdienste, Verlust der politischen Rechte, sowie beim Vorliegen eines Tatbestandes, der durch das allgemeine Strafrecht mit Strafe bedroht ist, auf die allgemeinen Strafen, endlich auf Verpflichtung des Verurteilten zum Schadenersatz erkannt werden. Begnadigung durch den Kaiser ist nur auf Antrag des Hauses zulässig, das die Klage erhoben hat.

Von den österreichischen Ministerien sind die gleichfalls in Wien befindlichen gemeinsamen Ministerien, die auf Grund des Ausgleichs errichtet sind, streng zu unterscheiden: Ministerium des Äußern, gemeinsames Kriegsministerium und gemeinsames Finanzministerium. Durch ausdrückliche gesetzliche Bestimmung sind sie von der Führung der Geschäfte in einem Ministerium eines der beiden Reichsteile ausgeschlossen, s. a. S. 56.

B. Die Verwaltung.

Die allgemeine Landesverwaltung, neben die noch Sonderbehörden für bestimmte Geschäftsgebiete treten, gliedert sich einmal örtlich, sodann nach Instanzen. Die Behörden der allgemeinen Landesverwaltung werden als politische Behörden bezeichnet, deren Geschäftsumfang sich über die Geschäftskreise mehrerer Ministerien erstreckt. Ihre Organisation ist in den Grundzügen geregelt durch das Gesetz vom 19. Mai 1868 (RGBl. Nr. 44) über die Errichtung der politischen Landesbehörden. Zunächst bieten die Länder (einzelne von ihnen zu einem Sprengel zusammengefaßt, Tirol mit Vorarlberg, Triest mit Görz, Gradiska und Istrien) die Grundlage für die mittleren Behörden, die politischen Landesbehörden (Statthaltereien in Prag, Zara, Lemberg, Wien, Linz, Graz, Brünn, Innsbruck, Triest, Landesregierungen in Salzburg, Laibach, Klagenfurt, Czernowitz, Troppau), die an ihrer Spitze stehenden Beamten (Landeschefs) führen dementsprechend die amtliche Bezeichnung Statthalter oder Landespräsident. Ihnen nachgeordnet sind die Bezirkshauptmannschaften, die Polizeidirektionen in einzelnen Landeshauptstädten, in den Städten mit eigenem Kommunalstatut (Statutarstädte) die Kommunalämter (Bürgermeister und Magistrat). Sonderbehörden sind die Landes- und Bezirksschulräte, die Bergbehörden (4 Berghauptmannschaften, unter diesen Revierbergämter) und die Finanzbehörden (Finanzlandesbehörden, diesen untergeordnet Steueradministrationen für die direkten Steuern, soweit nicht die politischen unteren Behörden zuständig, Finanzbezirksdirektionen für die indirekten Steuern. Mit dem Vorsitz im Landesschulrat und in der Landesfinanzbehörde ist dem Landeschef die erforderliche Einwirkung auf die einschlägigen Zweige der Landesverwaltung gewährleistet. Zu Sonderbehörden ist noch organisiert das Post- und Telegraphenwesen (Direktionen mit unterstellten Post- und Telegraphenämtern), das Eisenbahnwesen (Staatsbahndirektionen und die ihnen nachgeordneten Behörden), endlich die Verwaltung der Staatsforste und Staatsdomänen.

Unmittelbar dem Kaiser unterstellt ist die für die Überwachung des österreichischen Staatshaushalts eingerichtete unabhängige Zentralstelle, der oberste Rechnungshof.

Für gewisse Geschäftsgebiete sind den Ministerien Beiräte angegliedert, die aus technischen Sachverständigen und Vertretern der in Frage kommenden wirtschaftlichen Interessen zusammengesetzt sind, wie z. B. der Industrie und Landwirtschaft, Eisenbahnrat, Versicherungsbeirat. Ihre Tätigkeit im Verhältnis zur Regierung ist nicht eine beschließende, sondern lediglich gutachtliche.

C. Die Selbstverwaltung.

Die obersten Selbstverwaltungskörper in Österreich bilden die Länder, die, ausgestattet mit eigenem Vermögen, eigener

Auflagengewalt und eigenen Organen, öffentliche Aufgaben nach eigener Bestimmung erfüllen (siehe S. 107, 141). Als eine zweite Gruppe von Verbänden mit ausgedehntem Selbstverwaltungsrecht bestehen in Österreich die Gemeinden. Ihr Recht ist durch das Reichsgesetz vom 5. März 1862 (RGBl. Nr. 18) in den Grundzügen festgelegt und durch die Landesgesetzgebung in den Gemeindeordnungen und -wahlordnungen und den Statuten für die größeren Städte ausgestaltet worden. Das Staatsgebiet ist von Gemeindegebieten gebildet derart, daß, von bestimmten Ausnahmen abgesehen (kaiserliche Residenzen und in Galizien und der Bukowina die selbständigen Gutsbezirke), kein Gebietsteil außerhalb eines Gemeindeverbands steht. Die persönliche Mitgliedschaft an diesen Verbänden gliedert sich in Gemeindeangehörigkeit, die auf dem Besitz des Heimatrechts (Bürgerrechts) in der Gemeinde (siehe S. 112), und Gemeindegenossenschaft, die auf dem mit Steuerleistung verbundenen Wohnsitz oder in dessen Ermangelung auf Eigentum oder dem Betrieb einer Erwerbsunternehmung in der Gemeinde beruhen. Außerhalb des Gemeindeverbands stehen die Ortsfremden oder Auswärtigen.

Eine übliche, wenn auch begrifflich schwer faßbare Unterscheidung teilt den Wirkungskreis der Gemeinden in einen sog. selbständigen und einen übertragenen, je nachdem die Staatsordnung den Gemeinden Handlungsfreiheit überlassen oder bestimmte an sich dem Staate vorbehaltene Geschäfte den Gemeinden zugewiesen hat. Der selbständige Wirkungskreis umfaßt das weite Gebiet der gesamten engeren Gemeindeinteressen, somit eigene Vermögensverwaltung und das Recht der Besteuerung, die polizeiliche Tätigkeit im Interesse der Sicherheit und Wohlfahrt der Gemeindebevölkerung, die Armenpolizei, das Volks- und Mittelschulwesen, kurz den gesamten auf die Gemeinde bezüglichen Interessenkreis, soweit diese Betätigung den Gemeinden nicht gesetzlich verboten ist. Der übertragene Wirkungskreis setzt sich zusammen aus einer Reihe von Einzelaufgaben, zu deren Erfüllung sich der Staat der Gemeinden als Organ bedient (Mitwirkung bei der Vorbereitung der Wahlen, bei der Steuerverwaltung, Heeresergänzung u. a.).

Zur Erfüllung der Aufgaben der Gemeinden dienen die Einkünfte des Gemeindevermögens, die als Zuschläge zu den Staatssteuern erhobenen Gemeindeumlagen sowie besondere durch Landesgesetz eingeführte Gemeindesteuern.

Die Verwaltung der Gemeinde liegt in den Händen der Gemeindevertretung, die aus dem Gemeindeausschuß als beratendem, beschließendem und überwachendem Organ und dem Gemeindevorstand als Vollzugsorgan in den laufenden Angelegenheiten besteht. Die Wahlen zu diesen Organen, an denen sowohl Gemeindeangehörige wie Gemeindegenossen teilzunehmen berechtigt sind, werden in den verschiedenen Ländern durch Gemeindewahlordnungen geordnet. Allgemeiner Grundsatz ist die Wahl nach Wahlkörpern, die nach der Steuerleistung gebildet und an deren erster und zweiter Klasse meist die sog. Honoratioren (Kapazitäten, Intelligenzwähler, d. h. Personen, die auf Grund ihrer Stellung oder Bildung Anspruch auf Wahlrecht haben, wie Beamte, Ärzte, Geistliche usw.) angegliedert werden. Ausnahmen und Ausschluß vom Wahlrecht entsprechen im wesentlichen den auch sonst im staatlichen Wahlrecht üblichen Grundsätzen. Der Gemeindevorstand wird vom Gemeindeausschuß gewählt.

Die Verwaltung von Städten ist auf Grund von Gemeindestatuten eingerichtet, die diesen Städten eine besondere Stellung innerhalb der sonstigen Kommunalverbände einräumen, namentlich dadurch, daß ihnen die gesamten Aufgaben der unteren politischen Verwaltungsbehörde zugewiesen sind und ihre Bürgermeister der kaiserlichen Bestätigung bedürfen; auch ist ihre Organisation ihrer Größe entsprechend stärker gegliedert. Die ausführende Tätigkeit bei solchen Städten liegt in den Händen des Magistrats (auch Stadtrat), der aus dem Bürgermeister und den ihm unterstellten Berufsbeamten besteht.

Als Selbstverwaltungskörper höherer Ordnung bestehen die Bezirksverbände (mit kurienweise gewählter Bezirksvertretung und Bezirksausschuß) in Steiermark, Böhmen und Galizien, deren Aufgaben meist auf dem Gebiete der Landeskultur und Wohlfahrt liegen und aus dem eigenen Vermögen sowie Zuschlägen zur Staatssteuer bestritten werden.

Die unteren Kommunalverwaltungen unterliegen dem Aufsichtsrecht einerseits des Staates, der die Innehaltung ihres eigenen Wirkungskreises, die sonstige Gesetzmäßigkeit ihrer Verfügungen überwacht und Rechtsverletzungen in dieser Hinsicht entgegentritt, sowie bei Nichterfüllung der eigenen Aufgabe der Gemeinde durch Selbstleistung eingreift. Im übertragenen Wirkungskreis steigert sich die Staatsaufsicht zu unmittelbarer Beeinflussung.

Im eigenen Wirkungskreis werden die Gemeinden von den **höheren Selbstverwaltungsverbänden** beaufsichtigt, denen namentlich die Entscheidung über Beschwerden und die Genehmigung bestimmter Beschlüsse der unteren Kommunalorgane zusteht.

D. **Verwaltungsrechtspflege.**

Der Rechtsschutz gegen Verfügungen der Verwaltungsbehörden ist in Österreich nicht, wie z. B. in Preußen oder Bayern, in einer Reihe von verwaltungsgerichtlichen Instanzen durchgeführt, sondern in einer einzigen Instanz vereinigt, die von dem für alle Reichsratsländer errichteten, mit unabhängigen Berufsjuristen besetzten **Verwaltungsgerichtshof** (in Wien) gebildet wird.

Die Grundlage für die Wirksamkeit des Verwaltungsgerichtshofs im allgemeinen bildet das seitdem in verschiedenen Punkten abgeänderte Gesetz vom 22. Okt. 1875 (RGBl. 1876 Nr. 36); seine Zuständigkeit umschreibt der dem Art. 15 des Staatsgrundgesetzes vom 21. Dezember 1867 über die richterliche Gewalt entsprechende § 2 dieses Gesetzes, wonach der Verwaltungsgerichtshof in allen Fällen zu erkennen hat, in denen jemand durch eine gesetzwidrige Entscheidung oder Verfügung einer Verwaltungsbehörde (Organe der Staats- wie der Selbstverwaltung) in seinen Rechten verletzt zu sein glaubt. Positive Voraussetzung für seine Zuständigkeit ist vor allem Erschöpfung des Instanzenwegs der Verwaltungsbehörden, negative, daß keiner der Fälle vorliegt, in denen seine Zuständigkeit ausdrücklich ausgenommen ist. Dies gilt vor allem von den Fällen, in denen die Verwaltungsbehörden nach freiem Ermessen zu entscheiden haben, und in denen den ordentlichen Gerichten die Entscheidung zusteht oder gemäß dem Staatsgrundgesetze vom 21. Dezember 1867 dem Reichsgericht vorbehalten ist; weiterhin sind insbesondere der Rechtsprechung des Verwaltungsgerichtshofs entzogen die für beide Reichshälften gemeinsamen oder in beiden nach gleichen Grundsätzen zu behandelnden Angelegenheiten, in letzterem Falle, sofern die angefochtene Verfügung im Einvernehmen mit einer gemeinsamen Verwaltungsbehörde oder der Verwaltungsbehörde der anderen Reichshälfte getroffen ist oder auf einer in gleichem Wege vereinbarten Verordnung beruht. Die Entscheidungen des Verwaltungsgerichtshofs schaffen nicht an Stelle einer als unrechtmäßig erkannten Verfügung unmittelbar neue Verfügungen, sondern sie heben jene nur auf; dadurch aber, daß die Verwaltungsbehörde an die in der Entscheidung niedergelegte Rechtsauffassung gebunden ist, wird die rechtmäßige Verfügung herbeigeführt. Das Verfahren ist in der Regel in ein schriftliches Vorverfahren und die mündliche öffentliche Hauptverhandlung geschieden, die allerdings nicht notwendig beide in einem Rechtsstreit stattfinden müssen. Verhandlung und Entscheidung erfolgt regelmäßig in Senaten von vier Räten und einem Vorsitzenden.

Eine weitere gerichtliche Organisation zur Sicherung öffentlicher Rechte ist durch das Staatsgrundgesetz vom 21. Dezember 1867 betreffend die Einsetzung eines Reichsgerichts (RGBl. Nr. 143) geschaffen und mit dem Gesetze vom 18. April 1869 (RGBl. Nr. 44) näher ausgestattet. Das Reichsgericht, das gleichfalls in Wien seinen Sitz hat, entscheidet zunächst in zwei Klassen streitiger Angelegenheiten des öffentlichen Rechts, nämlich einmal über Ansprüche einzelner Königreiche und Länder an den österreichischen Staat in seiner Gesamtheit und umgekehrt, der Königreiche und Länder unter sich, und über Ansprüche, die von Gemeinden, Körperschaften oder einzelnen Personen an eines der Länder oder an den Staat gestellt werden, sofern der ordentliche Rechtsweg nicht gangbar ist; sodann aber ist das Reichsgericht rechtsprechende Behörde über Beschwerden der österreichischen Staatsangehörigen wegen Verletzung der ihnen durch die Verfassung gewährleisteten politischen Rechte, nachdem die Angelegenheit im gesetzlich vorgeschriebenen Verwaltungswege ausgetragen worden ist. Hierher gehört beispielsweise der Schutz der Freizügigkeit, der Auswanderungsfreiheit, Glaubens- und Gewissensfreiheit, des Vereins- und Versammlungsrechts. Das Reichsgericht ist besetzt mit einem Präsidenten und einem Stellvertreter, die vom Kaiser frei ernannt werden, mit 12 Mitgliedern nebst 4 Ersatzmännern, die der Kaiser auf Ternavorschlag des Reichsrats beruft. Sämtliche üben ihre Tätigkeit ehrenamtlich aus, erhalten jedoch gewisse Entschädigungen. Bei dem Verfahren, das nur auf Antrag eingeleitet wird, ist, wie beim Verwaltungsgerichtshof ein schriftliches Vorverfahren und die mündliche Verhandlung zu unterscheiden. Die Entscheidung über Rechtsverletzungen geht nur dahin, ob eine solche stattgefunden hat, diejenige über Ansprüche spricht sich über den Bestand und Umfang des Anspruchs selbst aus.

Weiterhin aber entscheidet das Reichsgericht über Kompetenzkonflikte, und zwar sowohl positive wie negative, zwischen Gerichts- und Verwaltungsbehörden (über die Frage, ob eine Angelegenheit im Rechts- oder Verwaltungswege auszutragen ist), sodann über positive (wenn jede der beteiligten Stellen das Entscheidungsrecht in einer Verwaltungssache beansprucht) zwischen einer Landesvertretung und der obersten Regierungsbehörde, zwischen autonomen Landesorganen verschiedener Länder und zwischen dem Verwaltungsgerichtshof und den ordentlichen Gerichten[1]). Kompetenzkonflikte zwischen dem Reichsgericht und dem Verwaltungsgerichtshof werden vor einem gemischten Senate ausgetragen, der aus je 4 Mitgliedern beider Gerichtshöfe und dem Präsidenten des obersten Gerichtshofs besteht[1]).

Eine verwaltungsrechtliche Spruchtätigkeit üben außer dem Verwaltungsgerichtshof und dem Reichsgericht noch aus: der Staatsgerichtshof bei Ministeranklagen, der Patentgerichtshof bei Berufungen gegen die vom Patentamt ergangene Nichtigkeitserklärung eines Patents, sowie die ordentlichen Gerichte in Angelegenheiten, wo zunächst Verwaltungsbehörden über widerstreitende Ansprüche von Privatpersonen zu entscheiden haben (z. B. Lohnklagen von Dienstboten, Wildschadensansprüche).

E. Die Rechtspflege.

Der Grundsatz der Trennung der Verwaltung von der Justiz ist in Österreich im wesentlichen durchgeführt[2]). Die Rechtsprechung auf dem Gebiete des Privatrechts und des Strafrechts (abgesehen von Gefälls-, Konsular- und Militärgerichtsbarkeit und dem obersthofmarschallischen Gericht) liegt in den Händen der ordentlichen Gerichte, deren Stellung in den Hauptzügen in dem Grundgesetz über die richterliche Gewalt vom 21. Dezember 1867 (RGBl. Nr. 144), in den Einzelheiten durch weitere Gesetze geregelt ist. Ihre Tätigkeit wird, wie alle Gerichtsbarkeit im Staate, im Namen des Kaisers ausgeübt; ihre Unabhängigkeit ist mit den im modernen Rechtsstaate üblichen Garantien (Anstellung auf Lebenszeit, Absetzbarkeit nur im gerichtlichen Wege) umgeben.

Die Vorschriften über die Organisation und Zuständigkeit der ordentlichen Gerichte in bürgerlichen Rechtssachen sind

---

1) Gesetz vom 22. Oktober 1875 (RGBl. 1876 Nr. 37).

2) Ausnahmen siehe Ulbrich, Österreichisches Staatsrecht, 1909, S. 363.

enthalten in der Jurisdiktionsnorm vom 1. August 1895 (RGBl. Nr. 111)[1]). Die Gerichtsbarkeit in diesen Rechtssachen wird, soweit sie nicht durch besondere Gesetze vor andere Behörden oder Organe verwiesen sind, in erster Instanz durch Bezirksgerichte, Bezirksgerichte für Handels- und Seesachen, Kreis- und Landesgerichte, Handelsgerichte sowie Handels- und Seegerichte, durch Oberlandesgerichte und durch den Obersten Gerichtshof ausgeübt. Die Berufung gegen Urteile und Beschlüsse der Bezirksgerichte geht in zweiter Instanz je nach dem Gegenstande an die Kreis- und Landesgerichte oder an die Handelsgerichte oder an die Handels- und Seegerichte (in Wien, Prag und Triest), oder an die Handelssenate oder an die zur Ausübung der Gerichtsbarkeit in Angelegenheiten des Bergbaues berufenen Senate der Kreis- und Landesgerichte. In dritter Instanz hat der Oberste Gerichtshof zu entscheiden. Gegen die in erster Instanz von den Kreis- und Landesgerichten, sowie den Handelsgerichten erlassenen Entscheidungen geht der Rechtszug in zweiter Instanz an die Oberlandesgerichte, in dritter an den Obersten Gerichtshof. Bei den Bezirksgerichten wird die Gerichtsbarkeit durch Einzelrichter, bei den übrigen Gerichten im allgemeinen durch Senate ausgeübt. Bei den Senaten der selbständigen Handelsgerichte und den Senaten der Kreis- und Landesgerichte, welche die Gerichtsbarkeit in Handels- oder Seesachen (Handelssenate) oder in Angelegenheiten des Bergbaues (bergrechtliche Senate) in erster und zweiter Instanz ausüben, werden in Rechtssachen der streitigen Gerichtsbarkeit Laienrichter zugezogen.

Zur Austragung von gewerblichen Rechtsstreitigkeiten zwischen gewerblichen Unternehmern und Arbeitern, ferner zwischen Arbeitern desselben Betriebs untereinander sind Gewerbegerichte errichtet. Ihre gesetzliche Regelung ist durch das Gesetz vom 27. November 1896 (RGBl. Nr. 218) erfolgt. Das Gewerbegericht besteht aus einem vom Justizminister ernannten richterlichen Beamten als Vorsitzendem und Beisitzern, die zur Hälfte von den Unternehmern, zur Hälfte von den Arbeitern aus ihrer Mitte gewählt werden; es verhandelt und entscheidet in Senaten, die aus dem Vorsitzenden oder dessen Stellvertreter und

---

1) Über Besetzung und innere Einrichtung siehe das Gerichtsorganisationsgesetz vom 27. November 1896 (RGBl. Nr. 217).

zwei Beisitzern — einer aus dem Unternehmerkreise, einer aus dem Arbeiterkreise — bestehen. Die Berufung geht an den Gerichtshof erster Instanz, in dessen Sprengel das Gewerbegericht seinen Sitz hat.

In Strafsachen urteilen gemäß der Strafprozeßordnung vom 23. Mai 1873 in erster Instanz die Bezirksgerichte, die Kreis- und Landesgerichte sowie die Geschworenengerichte, die zur Aburteilung besonderer Straftaten, u. a. auch der politischen und durch Verbreitung einer Druckschrift begangenen Verbrechen und Vergehen zuständig sind. In zweiter Instanz entscheiden die Kreis- und Landesgerichte in Ansehung der Erkenntnisse der Bezirksgerichte, die Oberlandesgerichte und der Oberste Gerichtshof in Ansehung der Erkenntnisse der Gerichtshöfe erster Instanz. Die Wirksamkeit der Geschworenengerichte kann hinsichtlich aller ihnen zugewiesenen strafbaren Handlungen oder einzelner Arten von diesen zeitweilig, jedoch längstens auf ein Jahr für ein bestimmtes Gebiet eingestellt werden, wenn dies zur Sicherung einer unparteiischen und unabhängigen Rechtsprechung notwendig ist (Gesetz vom 23. Mai 1873, RGBl. Nr. 120). Die Einstellung erfolgt nach Anhörung des Obersten Gerichtshofs durch eine Verordnung des Gesamtministeriums, auch ist die Regierung verpflichtet, diese Verordnung beiden Häusern des Reichsrats, wenn dieser versammelt ist, sogleich, andernfalls unmittelbar nach dessen Zusammentritt vorzulegen und sie sofort aufzuheben, sobald eines der beiden Häuser es verlangt.

5. Das Recht des öffentlichen Dienstes.

Der öffentliche Dienst ist in Österreich wie in anderen modernen Staaten der Dienst, der von einzelnen Personen sowohl dem Staate wie den ihm zur Erfüllung staatlicher Aufgaben eingegliederten Selbstverwaltungskörpern geleistet wird. Er beruht in seinem Rechtsgrund auf gesetzlicher Dienstpflicht (Wehrpflicht, Geschworenenpflicht) oder auf Vertrag; in letzterem Falle scheidet er sich in zweifacher Richtung einmal insofern, als die in den öffentlichen Dienst eintretende Person entweder von dem ausführenden staatlichen Organ (Kaiser, Minister, Landesausschuß, Bürgermeister usw.) ernannt oder von einer Mehrzahl von Personen durch Wahl berufen wird, und sodann insofern, als das

Dienstverhältnis entweder öffentlichrechtlicher oder privatrechtlicher Natur sein kann. Weitere Unterscheidungen sind nach der Art des geleisteten Dienstes Zivil- und Militärdienst, nach der Vorbildung dazu und Dauer des Dienstverhältnisses Berufs- und Laiendienst (z. B. in der Rechtsprechung, der Gemeindeverwaltung), nach der Art der Gegenleistung des Staates oder der Gemeinde auf Grund einer Vergütung geleisteter besoldeter und ehrenamtlicher Dienst. Für den österreichischen Zivilstaatsdienst ist von Belang die formelle Unterscheidung nach der Bedeutung der Funktionen und der Rangstellung in Beamte, d. h. die in die 11 Rangklassen gemäß dem Gesetze vom 15. April 1873 (RGBl. Nr. 47) gehörigen Personen und Diener (Unterbeamte).

Das Recht des öffentlichen Staatsdienstes in Österreich hatte sich bis 1914 aus einer schwer übersehbaren Anzahl von Gesetzen, älteren Hofkanzlei- und Hofkammerdekreten, Reskripten, Ministerialentschließungen und sonstigen Dienstanweisungen zusammengesetzt, in denen die einzelnen Verhältnisse der verschiedenen Arten des Dienstes näher geregelt waren. Das Gesetz vom 25. Januar 1914, betreffend das Dienstverhältnis der Staatsbeamten und der Staatsdienerschaft (Dienstpragmatik, RGBl. Nr. 15) hat nunmehr das Dienstverhältnis der pragmatisch angestellten Staatsbediensteten mit Ausnahme der Minister und der mit der selbständigen Leitung eines Ministeriums betrauten Beamten, des Präsidenten des Obersten Rechnungshofs, der richterlichen Beamten und der im staatlichen Lehramt stehenden Personen einheitlich nach dem Beispiele der ausländischen Gesetzgebung kodifiziert und gegenüber dem bisherigen Zustand, der vielfach der rechtlichen Regelung entbehrte, eine weitgehende Sicherung und Besserung der Rechtslage der Staatsangestellten mit sich gebracht. Auf die richterlichen Beamten sind jedoch bis zum Zustandekommen eines in Aussicht genommenen Gesetzes über das gesamte Dienstverhältnis der Richter diejenigen Bestimmungen der Dienstpragmatik für anwendbar erklärt worden, durch die unbeschadet der verfassungsrechtlichen Sonderstellung der Richter die wirtschaftliche und dienstliche Stellung der richterlichen Beamten mit der der übrigen Beamten auf eine Stufe gehoben werden konnte. Die Bestimmungen über Anstellung, Beginn der Dienstzeit, Vorbereitungsdienst, Verhalten der Beamten sind auf die Richter nicht übertragen worden, auch nicht, von wenigen Ausnahmen abgesehen, diejenigen über das Disziplinarverfahren, das für die Richter in besonderer Weise geregelt ist. Das Gesetz hält an der gegebenen Einteilung der pragmatisch angestellten Staatsbediensteten in Beamte und Diener fest.

Die Begründung des Dienstverhältnisses erfolgt durch die Anstellung; sie hat die durch die allgemeine und besondere Eignung des Bewerbers bedingte Anstellungsfähigkeit zur Voraussetzung. Die für die einzelnen Dienstzweige namentlich über den Vorbereitungsdienst und die erforderlichen Prüfungen bestehenden Vorschriften sind ausdrücklich aufrecht erhalten worden. Für die Anstellungsfähigkeit sind vier allgemeine Voraussetzungen aufgestellt: die österreichische Staatsbürgerschaft, ehrenhaftes Vorleben, unbeschränkte Handlungsfähigkeit und volle Eignung zur Erfüllung der Dienstobliegenheiten. Bei Erlangung der endgültigen Anstellung als Beamter findet eine einmalige Beeidigung der Staatsbeamten statt. Zur Beseitigung jeder Rechtsunsicherheit in der Stellung der Beamten ordnet das Gesetz eingehend das Verfahren, wonach deren Qualifikation vorzunehmen ist. Aus den Vorschriften über die Beamtenpflichten ist die Verpflichtung zur Anzeige des Abschlusses einer Ehe und das Verbot der Teilnahme an der Verwaltung von Aktien- oder anderen auf Gewinn berechneten Gesellschaften im Vorstande, Verwaltungs- oder Aufsichtsrat hervorzuheben. Im übrigen ist dem Beamten die Übernahme von Nebenbeschäftigungen, soweit sie mit seiner Beamtenstellung im Einklang stehen, unter der Voraussetzung der Meldung an seine vorgesetzte Behörde freigestellt. Aus dem Dienstverhältnis ergibt sich außer dem Anspruch auf die der Rangklasse des Beamten entsprechende Stellung, auf den Titel und sonstige Ehrenrechte der Anspruch auf Dienstbezüge. Diese richten sich nach dem Dienstrang — sämtliche mit Gehalt angestellte Beamte sind in 11 Rangklassen eingeteilt — und bestehen aus Gehalt und Funktions- oder Aktivitätszulage. Die gesetzliche Grundlage für die Bezüge bildeten die Gesetze vom 15. April 1873 (RGBl. Nr. 47/49), deren Vorschriften seitdem durch neuere Gesetze (vergl. insbesondere Gesetz vom 19. Februar 1907, RGBl. Nr. 34) weitergebildet worden sind. Außerdem hat die Dienstpragmatik ein allgemeines System des Vorrückens der Beamten in höhere Gehaltsklassen oder in das Gehalt höherer Rangklassen nach Maßgabe ihrer Dienstzeit eingeführt.

Als Sicherung der Erfüllung der aus dem Staatsdienstverhältnis sich ergebenden Beamtenpflichten (Erledigung der dienstlichen Aufgaben, Unparteilichkeit, Unbestechlichkeit, Wahrung des Amtsgeheimnisses, dienstlicher Gehorsam) besteht die Disziplinargewalt des Staates. Das Gesetz vom 25. Januar 1914 hat an Stelle der bisherigen veralteten Bestimmungen ein neues Disziplinarrecht geschaffen. Entsprechend der Natur des Disziplinarrechts sind darin keine Definitionen strafbarer Tatbestände aufgenommen oder einzelne Tatbestände mit bestimmten Strafen bedroht. Es gibt nur ein einziges allgemeines Disziplinarvergehen, die Verletzung der Standes- und Amtspflichten, die je nach der Schwere der Pflichtverletzung mit Ordnungs- oder Disziplinarstrafen verfolgt werden. Als Ordnungsstrafen, die außer von der Disziplinarkommission von dem Vorstande der Dienstbehörde und dem Vorstande jeder übergeordneten Behörde verhängt werden können, gelten Verwarnungen und Geldbußen. Als Disziplinarstrafen sind aufgeführt: der Verweis, die Ausschließung vom Einrücken in höhere Dienstbezüge, Minderung des Gehaltes, Versetzung in den Ruhestand mit geminderten Bezügen und die Entlassung. Disziplinarstrafen können nur auf Grund eines vorschriftsmäßig durchgeführten Disziplinarverfahrens durch Erkenntnis der zuständigen Disziplinarkommissionen verhängt werden. Die Mitglieder dieser Kommissionen werden aus Beamten bestellt und sind in Ausübung ihres Amtes selbständig und unabhängig. Die Kommissionen verhandeln und entscheiden in Senaten, die aus dem Vorsitzenden und vier Beisitzern bestehen; von den Beisitzern müssen wenigstens zwei rechtskundig sein. Zur Vertretung der dienstlichen Interessen ist bei den Disziplinarkommissionen ein Disziplinaranwalt bestellt. Die Entscheidung erfolgt auf Grund einer obligatorischen mündlichen Verhandlung. Gegen die Erkenntnisse der Disziplinarkommission erster Instanz ist binnen 14 Tagen nach Zustellung des Disziplinarerkenntnisses die Berufung an die Disziplinar-Oberkommission zulässig. Für den Fall des Hervortretens neuer Tatsachen und Beweismittel ist eine Wiederaufnahme des Verfahrens vorgesehen.

Die Disziplinarbehandlung richterlicher Beamter ist durch das Gesetz vom 21. Mai 1868 (RGBl. Nr. 46) mit besonderen Sicherungen umgeben. Das Gesetz unterscheidet zwischen Ordnungs- und Disziplinarstrafen. Während die ersteren auch von dem aufsichtführenden Vorgesetzten ausgesprochen werden können, darf eine Disziplinarstrafe gegen einen richterlichen Beamten nur durch Erkenntnis des zuständigen Disziplinargerichts (Disziplinarsenats) nach vorausgegangener mündlicher Verhandlung verhängt werden. Zuständig ist der Oberste Gerichtshof in Senaten zu 8 Mitgliedern für die bei diesem angestellten Richter und für die Präsidenten, Vizepräsidenten und Räte der Oberlandesgerichte, sowie für die Präsidenten und Vizepräsidenten der Gerichtshöfe erster Instanz, sodann das Oberlandesgericht in Senaten zu 4 Mitgliedern für alle übrigen bei diesem, bei den Gerichtshöfen erster Instanz und den Bezirksgerichten angestellten richterlichen Beamten. Die Entscheidung erfolgt in mündlicher Verhandlung; gegen Erkenntnisse des Disziplinarsenats der Oberlandesgerichte ist binnen 8 Tagen nach Zustellung Berufung zum Obersten Gerichtshof zulässig. Das Urteil kann auf Ordnungsstrafen (Mahnung, Verweis) und auf eigentliche Disziplinarstrafen (Versetzung auf einen anderen Posten ohne Gewährung der Umzugskosten, mit oder ohne Minderung der Dienstbezüge, Versetzung in den Ruhestand mit Verminderung der Ruhestandsbezüge, Dienstentlassung) lauten.

Neben der Unterwerfung der Beamten unter die Disziplinargewalt steht deren Haftung für strafbare Handlungen, die auf Grund des allgemeinen Strafrechts im Wege des Strafprozesses geltend gemacht wird, ferner deren Haftung dem Staate gegenüber für einen dem Staate durch eine Dienstverletzung zugefügten Schaden, über dessen Feststellung im allgemeinen im Verwaltungswege entschieden wird; gegen das sog. Defektenverfahren, in dem über einen fehlenden Betrag an Geld usw. entschieden wird, ist der Rechtsweg zulässig.

Für die formelle Entscheidung darüber, ob im einzelnen Falle eine Haftpflicht des Staates für Verfehlungen der Beamten besteht, ist der Rechtsweg zuständig. Eine allgemeine Haftpflicht dieser Art ist indes nicht festgesetzt. Besondere Bestimmungen in dieser Hinsicht enthält das österreichische Recht über Entschädigungen für eine gesetzwidrig verfügte oder verlängerte Verhaftung, für den Fall des Erlöschens oder der Aufhebung einer von der Sicherheitsbehörde vorgenommenen Beschlagnahme einer Druckschrift, für den Fall unschuldig erlittener Verurteilung (Gesetz vom 16. März

1892, RGBl. Nr. 64) und über die Haftung für die von richterlichen Beamten in Ausübung ihrer amtlichen Wirksamkeit verursachten Rechtsverletzungen (Art. 9 Staatsgrundgesetz über die richterliche Gewalt vom 21. Dezember 1867, RGBl. Nr. 144, und Syndikatsgesetz vom 12. Juli 1872, RGBl. Nr. 112).

Hinsichtlich der persönlichen Haftung der Beamten für Amtshandlungen gegenüber den beteiligten Privatpersonen hat Artikel 12 des Grundgesetzes über die Regierungs- und Vollzugsgewalt (RGBl. Nr. 145) eine gesetzliche Regelung vorgesehen, die indes bis jetzt noch nicht erfolgt ist. Nach dem noch geltenden Hofdekret vom 14. März 1806 (JGSlg. Nr. 758) sind die Zivilgerichte zur Aburteilung solcher Klagen nicht zuständig. Hinsichtlich der Minister bestimmt § 24 des Gesetzes über die Ministerverantwortlichkeit vom 25. Juli 1867 (RGBl. Nr. 101), daß der Staatsgerichtshof auf die Verpflichtung des Verurteilten zur Ersatzleistung zu erkennen hat, wenn der Betrag und die Person des Berechtigten feststeht; andernfalls kann das Urteil die Verpflichtung zur Ersatzleistung aussprechen und die Feststellung des Betrags dem ordentlichen Rechtswege vorbehalten (Adhäsionsprozeß). Die Inanspruchnahme der richterlichen Beamten wegen der von ihnen in Ausübung ihrer amtlichen Wirksamkeit verursachten Rechtsverletzungen richtet sich nach dem Syndikatsgesetz vom 12. Juli 1872 (s. o.).

Eine völlige Beendigung des Staatsdienstes findet nur beim Austritt aus dem Dienstverhältnis und bei der Entlassung auf Grund strafgerichtlichen und Disziplinarerkenntnisses statt. Jeder Beamte ist berechtigt, seinen Austritt aus dem Dienstverhältnis zu erklären, und die Annahme dieser Erklärung darf nur verweigert werden, wenn der Beamte in Disziplinaruntersuchung steht oder noch Geldverbindlichkeiten aus dem Dienstverhältnis zu erfüllen hat. Der ausgetretene Beamte ist gegenüber der Staatsverwaltung von allen Pflichten mit Ausnahme derjenigen zur Verschwiegenheit in Amtssachen frei, verliert aber auch die ihm auf Grund seiner Anstellung als Staatsbeamten zustehenden Ansprüche. Als Veränderungen des Dienstverhältnisses dagegen, unter Aufhebung der dienstlichen Tätigkeit auf Zeit oder auf Dauer, sind zu betrachten: die zeitweilige Enthebung vom Dienste (Suspendierung im Falle strafrechtlicher oder Disziplinarverfolgung, Entmündigung oder Konkurs), ferner die Außerdienststellung, die von Amts wegen eintritt, wenn sich ein Beamter um das Mandat eines Abgeordneten bewirbt, für die Dauer der Bewerbung und des Mandats. Weiterhin kommt in Betracht die Beurlaubung eines Beamten mit Wartegebühr im Falle einer Organisationsveränderung oder sonstiger Umstände, welche die weitere Dienstleistung eines Beamten aus dienstlichen Rücksichten nicht zulässig erscheinen lassen, sodann die Versetzung in den zeitlichen Ruhestand (Quieszierung) und in den dauernden Ruhestand (Pensionierung im Falle der dauernden Dienstunfähigkeit); die Unterscheidung richtet sich nach der voraussichtlichen Dauer der Dienstunfähigkeit. Weitere Veränderungen im Dienstverhältnis sind: die Versetzung und der Diensttausch. Die Verfügungen der Staatsgewalt sind hinsichtlich der richterlichen Beamten im Interesse der Unabhängigkeit des Richterstandes wesentlich beschränkt, namentlich was deren Versetzung, Beurlaubung mit Wartegebühr (Quieszierung und Pensionierung) anlangt.

Die Versorgung des Beamten und im Falle seines Todes seiner Hinterbliebenen ist durch zahlreiche Gesetze und Verfügungen im einzelnen geregelt, doch sind auch wichtige Bestimmungen des Pensionsrechts im Rahmen der Dienstpragmatik vom 25. Januar 1914 einbezogen worden. Namentlich ist dadurch die Rechtslage der Beamten, die ihre Dienstfähigkeit oder ihr Leben infolge einer Erkrankung oder eines Unfalls eingebüßt haben, wesentlich gebessert. Von besonderen Vorschriften ist hervorzuheben das Gesetz vom 22. Juli 1868 betreffend die Ruhegehalte der Minister (RGBl. Nr. 111), wonach jedem Minister für den Fall seiner Enthebung vom Amt, sie mag auf sein Ansuchen erfolgt sein oder nicht, ein Ruhegehalt von 8000 Kronen ohne Rücksicht auf die Dauer seiner Dienstfähigkeit gebührt, soweit ihm nicht auf Grund der allgemeinen Pensionsbestimmungen ein höheres Ruhegehalt zusteht. Von den allgemeinen Gesetzen auf diesem Gebiete kommen namentlich die Gesetze vom 14. Mai 1896 über die Versorgungsgenüsse der Zivilstaatsbeamten und ihrer Hinterbliebenen (RGBl. Nr. 74), vom 19. Februar 1902 (RGBl. Nr. 220) und vom 14. Juli 1910 (RGBl. Nr. 132, 133) in Betracht.

Einem eigenen Beamtenrecht unterliegt einerseits der Militärstaatsdienst infolge der im Wesen dieses Staatsdienstes liegenden Besonderheiten, andererseits der Dienst in den Selbstverwaltungskörpern (mit Einschluß des Berufsdienstes) infolge der Verschiedenheit dieses Dienstes vom Staatsdienst hinsichtlich des Subjekts der Dienstgewalt.

6. Der Staatshaushalt.

A. Die Aufstellung des Haushaltsplanes. Der Staatshaushalt der im Reichsrat vertretenen Königreiche und Länder wird für das früher mit dem Kalenderjahr geltende gleiche, jetzt vom 1. Juli an gerechnete Verwaltungsjahr durch ein Gesetz, das Finanzgesetz, festgestellt. Das Staatsgrundgesetz vom 21. Dezember 1867 über die Reichsvertretung (§ 11) weist dem Wirkungskreise des Reichsrats die Feststellung der Voranschläge des Staatshaushalts, insbesondere die jährliche Bewilligung der einzuhebenden Steuern, Abgaben und Gefälle zu. Die wesentlichen Bestimmungen des Gesetzes, dessen Entwurf wie alle Finanzvorlagen dem Abgeordnetenhause zuerst zugehen muß, betreffen zunächst den nach ordentlichen und außerordentlichen Ausgaben und Einnahmen der Ressorts geordneten, innerhalb dieser weiter bis ins einzelne in Kapitel, Titel und Paragraphen gegliederten Voranschlag, der als Anlage dem Finanzgesetz beigegeben ist, sodann die Ermächtigung zur Erhebung der staatlichen Abgaben nach den bestehenden Vorschriften und zur Veräußerung unbeweglichen Staatseigentums; weitere Bestimmungen beziehen sich auf den Anleihedienst und die Fortsetzung von Einnahmen und Ausgaben über das Verwaltungsjahr hinaus.

Ein bei der Ausführung des Finanzgesetzes sich ergebender über den Voranschlag hinausgehender Bedarf wird, soweit er für bereits budgetmäßig festgestellte Zwecke notwendig ist, durch Überschreitungen gedeckt, während für Zwecke, die im Voranschlag noch nicht genehmigt sind, Nachtragskredite gefordert werden. Virements, d. h. Verwendung der bei einem Etatstitel für einen bestimmten Zweck genehmigten Mittel für andere Ausgabeposten, sind nicht ohne besondere Ermächtigung zulässig. Ist bei Beginn des Verwaltungsjahres das neue Finanzgesetz noch nicht verabschiedet, so wird mit Budgetprovisorien abgeholfen, in denen die Regierung die Ermächtigung zur Weitererhebung der Steuern und zur Fortsetzung der Ausgaben erhält. Staatsrechtliche Meinungsverschiedenheit besteht mangels klarer gesetzlicher Regelung hinsichtlich des Falles, daß infolge von parlamentarischen Schwierigkeiten ein Finanzgesetz nicht zustande kommt. Es wird der Standpunkt vertreten, daß die in den Steuergesetzen ausgesprochene Verpflichtung des Steuerzahlers in keiner Weise auf ein Jahr beschränkt ist, daß der Staat somit dem Steuerpflichtigen gegenüber auch ohne Finanzgesetz die Zahlung fordern kann, wobei allerdings die Regierung dem Parlament gegenüber für die budgetlose Einhebung der Steuern verantwortlich ist. Demgegenüber findet sich auch die Auffassung, daß angesichts des Budgetbewilligungsrechts des Reichsrats die Einziehung der Steuern und Abgaben, ohne daß die Regierung durch ein Finanzgesetz ermächtigt ist, nicht statthaft sei. Praktisch ist die Schwierigkeit wiederholt durch Budgetprovisorien überwunden worden, die auf Grund des § 14 des Staatsgrundgesetzes über die Reichsvertretung als Notverordnung erlassen wurden; nach dem Wortlaut erscheint dies in einem parlamentarischen Notstand begründete Mittel mit der Maßgabe zulässig, daß durch das Budgetprovisorium weder die Aufnahme von Staatsanleihen noch die Veräußerung von Staatsgut vorgesehen wird.

B. Die Finanzkontrolle. Die Kontrolle über den gesamten Staatshaushalt wird von dem Obersten Rechnungshof auf Grund der Kaiserlichen Verordnung vom 21. November 1866 (RGBl. Nr. 140) ausgeübt. Dieser ist als selbständige, von keinem Ministerium abhängige und diesen gleichgestellte Zentralbehörde organisiert, führt nach Maßgabe einer besonderen Geschäftsordnung die Kontrolle, die sich sowohl auf die Prüfung der Gebarung mit dem Staatsvermögen als auch deren Übereinstimmung mit den bestehenden Vorschriften und Verwaltungsgrundsätzen, insbesondere mit dem Finanzgesetz erstreckt. Das Ergebnis wird im Staats-Zentral-Rechnungsabschluß als der Übersicht über die Finanzgebarung eines Jahres zusammengefaßt; dem Kaiser wird nach Schluß jeden Jahres ein Rechenschaftsbericht erstattet. Die Prüfung der Staatsrechnungsabschlüsse und der Ergebnisse der Finanzgebarung auf Grund der Prüfung des Obersten Rechnungshofs ist dem Parlament vorbehalten, dem auch das Recht zusteht, der Regierung die Entlastung (Absolutorium) zu erteilen.

C. Die Finanzbehörden. Die Finanzverwaltung steht unter der obersten Leitung des Finanzministeriums, dem die Finanzlandesbehörden für die Gebiete der politischen Landesbehörden mit der Bezeichnung Finanzlandesdirektionen (in den größeren Kronländern) oder Finanzdirektionen (in den kleineren) unter der Leitung der Landeschefs untergeordnet sind. An zweiter Stelle stehen nach den Landeschefs technische Beamte als Finanzlandesdirektoren und Finanzdirektoren. Als diesen Behörden unterstellt sind zu nennen die Finanzbezirksdirektionen in einigen größeren Kronländern, von deren Wirkungskreis die Angelegenheiten der direkten Besteuerung abgetrennt und den Steuerbehörden erster Instanz (Bezirkshauptmannschaften, Steueradministrationen) überwiesen sind, sowie die Finanzinspektoren und Gebührenbemessungsämter in kleineren Verwaltungsgebietien. Daneben bestehen als Sonderbehörden die Generaldirektion der Staatslotterie, die Generaldirektion der Tabakregie (nebst den ihr unterstehenden Tabakfabriken, den Tabakeinlösungsämtern und den Tabakverschleißmagazinen), die Direktion der Staatsschuld (mit der Staatsschuldenkasse), das Hauptpunzierungsamt (für Feststellung des Feingehalts von Gold- und Silberwaren, unter ihm die Punzierungsämter), die Salinenverwaltung und die Salzverschleißämter, das Hauptmünzamt, die Zollämter, Steuerämter u. a.

D. Die Staatseinnahmen. Zunächst bezieht Österreich erhebliche Einnahmen aus den Erträgen wirtschaftlicher im Staatsbetriebe befindlichen Unternehmungen, die zum Teil mit privatwirtschaftlichen Betrieben konkurrieren, zum Teil dem Staate allein vorbehalten sind; hierher gehören vor allem die Einnahmen aus den Staatsforsten und Domänen, aus den staatlichen Bergwerken, den Staatseisenbahnen, aus dem Post- und Telegraphendienst, der Staatsdruckerei und dem Schulbücherverlag. Hieran schließen sich die Erträgnisse der eigentlichen Finanzmonopole (Lotto[1]), Salz, Tabak[2])); sie ersetzen beim Salz- und Tabakmonopol die Verbrauchsabgabe auf diesen Bedarfsgegenständen. Die hauptsächliche Grundlage der Staatseinnahmen bilden aber die aus Abgaben herrührenden Beträge, und zwar nach der Terminologie des Staatsvoranschlags die direkten Steuern, die Zölle und die indirekten Abgaben, welche die Gebühren und indirekten Steuern,

1) Das Zahlenlotto wird gemäß dem Gesetz vom 3. Januar 1913 (RGBl. Nr. 94) durch allmähliche Einschränkung aufgehoben und durch Klassenlotterien in eigener Verwaltung ersetzt.

2) Hierzu tritt noch das Schießpulvermonopol, dessen Erträgnisse aber nicht in die österreichische Staatskasse fließen, sondern im Budget des gemeinsamen Kriegsministeriums verrechnet werden.

übrigens amtlich auch die Erträgnisse von Salz- und Tabakmonopol sowie des Lottos in sich schließen. Von diesen sind die Einnahmen aus den Zöllen nach Abzug der Steuerrestitutionen und der Verwaltungspauschalien zur Deckung der Kosten der Österreich und Ungarn gemeinsamen Ausgaben zu verwenden. Im folgenden sind einige der wichtigeren unter diesen Einnahmequellen in ihren Grundzügen kurz zu kennzeichnen.

a) Die Monopole.

Das auf alten Regalien beruhende Salzmonopol ist durch die Zoll- und Monopolsordnung vom 11. Juli 1835 geregelt. Alles von der Natur erzeugte Kochsalz ist Staatseigentum; die Gewinnung des Salzes wird vom Staate betrieben. Die Entdeckung von Salzlagern und Salzquellen unterliegt der Anzeigepflicht; Private dürfen Salz nur in einigen Salinen Istriens und Dalmatiens (Salzkonsortien) und als Nebenprodukt bei der Fabrikation gewisser Chemikalien erzeugen. Der Verkauf (Verschleiß) des Salzes erfolgt durch ärarealische Niederlagen zu einem im Verordnungsweg festgesetzten Preise (Salzverschleißtarif). Die Regelung des Salzmonopols gehört, da auch Ungarn ein solches besitzt, zu den Angelegenheiten, die nach gleichen zwischen beiden Staaten der Monarchie zu vereinbarenden Grundsätzen behandelt werden müssen. Gemäß dem mit Ungarn paktierten Gesetze vom 7. Juni 1868 (RGBl. Nr. 70) muß jedem der beiden Reichsteile die Abgabe von dem daselbst verbrauchten Salz möglichst gesichert werden; die Salzpreise sind daher so einzurichten, daß sich der Transport aus den Reichsratsländern nach Ungarn oder umgekehrt im Privathandel nicht rentieren könne. Die Änderung und die Errichtung neuer Verschleißmagazine darf nur in gemeinschaftlichem Einvernehmen erfolgen (vergl. auch Art. XIII des Vertrags über die wechselseitigen Handels- und Verkehrsbeziehungen vom Jahre 1907). Zu gewerblichen, industriellen, landwirtschaftlichen und Heilzwecken wird Salz, zum Teil denaturiert, zu ermäßigten Preisen abgegeben (Fabriksalz, Düngesalz, Viehsalz, Salzsole).

Die Anfänge des Tabakmonopols führen in das 18. Jahrhundert zurück; es wurde gleichfalls in den Grundzügen durch die Zoll- und Monopolsordnung von 1835 näher geregelt. Der Tabakbau ist nur mit behördlicher Genehmigung zugelassen; die

Blätterernte ist an die Monopolverwaltung abzuliefern, in deren Händen allein sich auch die Herstellung von Tabakfabrikaten befindet. Der Absatz der Tabakerzeugnisse erfolgt auf der Grundlage eines vom Finanzministerium festgesetzten Preises an die Verleger und an die Verschleißer; von letzteren gelangt der Tabak unmittelbar an den Verbraucher. Einfuhr von Tabak und Tabakfabrikaten ist abgesehen von dem von Reisenden mitgeführten Tabak in beschränkter Menge nur mit Genehmigung der Finanzbehörden gegen Zahlung hoher Zoll- und Lizenzgebühren zulässig.

b) Die direkten Steuern.

Die direkten Steuern zerfallen in die Realsteuern (Grund- und Gebäudesteuer) und die Personalsteuern (die allgemeine Erwerbsteuer, die besondere Erwerbsteuer von den zur öffentlichen Rechnungslegung verpflichteten Unternehmungen, die Rentensteuer, die Einkommensteuer und die Besoldungssteuer von höheren Dienstbezügen).

Der Grundsteuer (Gesetz vom 24. Mai 1869, RGBl. Nr. 88) unterliegen alle Grundflächen, welche im Wege der landwirtschaftlichen Bodenkultur benutzbar sind, und zwar auch dann, wenn sie dieser Benutzung durch eine die Steuerfreiheit nicht begründende Bestimmung entzogen sind. Bestimmte Arten von Grundstücken, bei denen ihrer Natur nach eine landwirtschaftliche Nutzung nicht in Frage kommt, sind von der Grundsteuer befreit. Die Steuer wird bemessen nach dem abzuschätzenden (abstrakten) Reinertrag eines Grundstücks, d. h. dem nach Abzug der Bewirtschaftungskosten vom Rohertrage verbleibenden Überschuß, der von den benutzbaren Grundstücken nachhaltig erzielt werden kann. Die Feststellung des Reinertrags erfolgt nach Kulturgattungen (Äcker, Wiesen, Gärten, Weingärten, Waldungen u. s. w.) und Bonitätsklassen durch Schätzungskommissionen. Die Aufzeichnungen über die der Besteuerung zugrunde zu legenden Merkmale (Lage, Ausmaße, Kulturgattung u. s. w.) sind im Grundsteuerkataster enthalten, der fortlaufend durch Eintragung der für die Steuerpflicht erheblichen Veränderungen zu ergänzen ist (Evidenzhaltung) und von 15 zu 15 Jahren zu revidieren ist. Die auf die einzelne Parzelle entfallende Steuer wird in der Weise berechnet, daß jede Parzelle zur Erreichung des durch die Grundsteuer einzubringenden Gesamtbetrags, der Grundsteuerhauptsumme, nach dem Verhältnis des ermittelten Reinertrags der verschiedenen Parzellen beizutragen hat. Das Verhältnis der Grundsteuerhauptsumme zum ermittelten Katastralreinertrag ergibt das Grundsteuerprozent (jetzt 19,3% gemäß dem Gesetz vom 23. Januar 1914, RGBl. Nr. 14).

Die Gebäudesteuer (Hofkanzleidekret vom 29. Februar 1820 und Gesetze vom 25. März 1880, RGBl. Nr. 39, vom 9. Februar 1882, RGBl. Nr. 17, vom 1. Juni 1890, RGBl. Nr. 97, vom 12. Juli 1896, RGBl. Nr. 120, vom 8. Juli 1902, RGBl. Nr. 144, vom 28. Dezember 1911, RGBl. Nr. 242, und vom 23. Januar 1914, RGBl. Nr. 14) wird in zwei Formen erhoben, der Hauszinssteuer und der Hausklassensteuer. Der Hauszinssteuer unterliegen alle Gebäude, die in Orten gelegen sind, wo die Vermietung der Gebäude vorherrscht (ganz hauszinssteuerpflichtige Orte), oder Gebäude außerhalb dieser Orte, sofern ihre Nutzung ganz oder teilweise aus Vermietung gezogen wird, mit Ausnahme der nicht mehr als drei Wohnbestandteile enthaltenden und in eine der drei untersten Klassen des Hausklassensteuertarifs eingereihten Gebäude. Die Steuer wird bemessen nach dem vereinbarten oder, bei Selbstbenutzung des Hauses durch den Eigentümer, bei unentgeltlicher oder ausnahmsweise billiger Überlassung, oder im Falle Leerstehens des Mietobjekts nach dem möglichen Zinsertrag[1]); von diesem Ertrag wird nach der Verschiedenheit der Orte ein bestimmter Teil für Erhaltungs- und Amortisationskosten abgezogen und so die Grundlage für die in Prozenten ausgedrückte Steuer gewonnen. Die Prozentsätze sind in den Landeshauptstädten 26 2/3%, in den übrigen Orten 20% mit Ausnahme von Tirol und Vorarlberg, wo 15% des Ertrags erhoben werden. Hiervon wird auf Grund der neueren Personalsteuergesetzgebung ein Nachlaß von 12,5% gewährt. In der Form der Hausklassensteuer werden Abgaben erhoben für Wohngebäude, die nicht in den ganz hauszinssteuerpflichtigen Orten belegen sind und nicht durch Vermietung genutzt werden, und solche mit höchstens drei Wohnungsbestandteilen, die vom Eigentümer bewohnt und nur teilweise vermietet sind. Zum Zweck der Bemessung der Abgabe sind die in Betracht kommenden Wohngebäude in Klassen eingeteilt, und zwar nach der Zahl der Wohnräume. Be-

1) Auf Grund von Vergleichung mit den ähnlichen Gebäuden (Parifikationszins).

sondere Begünstigungen in Ansehung der Gebäudesteuer genießen Neubauten, Zubauten, Aufbauten und Umbauten im allgemeinen und Kleinwohnungsbauten insbesondere.

Die verschiedenen Entwicklungsstufen der österreichischen Personalsteuer sind zunächst das Erwerbsteuerpatent vom 31. Dezember 1812 (zur Besteuerung der Personen, die eine gewinnbringende Beschäftigung betreiben), das die Steuerpflichtigen in vier Klassen und die Steuersätze im einzelnen nach äußeren Merkmalen feststellte, sodann das Einkommensteuerpatent vom 29. Oktober 1849, das noch in teilweiser Anlehnung an jenes im wesentlichen ein Ertragsteuersystem darstellte, ferner die Steuerreform des Jahres 1896 (Gesetz vom 25. Oktober 1896 betreffend die direkten Personalsteuern, RGBl. Nr. 220), durch die das alte Ertragsteuersystem verbessert und durch eine wirkliche Einkommensteuer vervollständigt wurde, endlich die Personalsteuernovelle vom Jahre 1914 (Gesetz vom 23. Januar 1914, RGBl. Nr. 13)[1]. Nach der durch die Novelle geschaffenen Rechtslage sind in die Personalsteuer folgende Gruppen einbegriffen: die allgemeine Erwerbsteuer, die Erwerbsteuer von den der öffentlichen Rechnungslegung unterworfenen Unternehmungen, die Rentensteuer, sowie die Einkommensteuer und Besoldungssteuer von höheren Dienstbezügen; dazu kommt eine besondere Abgabe von den Bezügen der Mitglieder des Vorstandes, Aufsichts- und Verwaltungsrates von Aktiengesellschaften und Kommanditgesellschaften auf Aktien (Tantièmenabgabe).

Der allgemeinen Erwerbsteuer unterliegt jeder Inländer und Ausländer, der in den im Reichsrate vertretenen Königreichen und Ländern eine Erwerbsunternehmung betreibt oder eine auf Gewinn gerichtete Beschäftigung ausübt; ausgenommen sind die der öffentlichen Rechnungslegung unterworfenen Unternehmungen, deren Besteuerung besonders geregelt ist, Beschäftigung im Dienstverhältnisse gegen Sold und Lohn sowie der Betrieb der Land- und Forstwirtschaft samt deren Nebenbetrieben; diese jedoch insbesondere mit Ausnahme der Brauereien und anderen Unternehmungen industriellen Charakters. Eine Reihe von Befreiungsansprüchen, die jedoch erst im einzelnen Fall geltend zu machen

[1] Ein unterm gleichen Tage erlassenes Gesetz (RGBl. Nr. 14) regelt die Überweisungen aus Staatsmitteln an die Landesfonds.

sind, wie z. B. für Beschäftigung im Selbstbetrieb, ist vorgesehen. An allgemeiner Erwerbsteuer ist alljährlich eine Hauptsumme (Erwerbsteuerhauptsumme) aufzubringen, die auf die einzelnen Steuerpflichtigen in folgender Weise aufgeteilt wird. Es werden einmal auf Grund der in der letztvorangegangenen Veranlagungsperiode festgestellten Steuerschuldigkeit nach dem Ausmaß der Steuer vier Erwerbsteuerklassen gebildet; in die erste Klasse gehören die Steuerpflichtigen, denen mehr als 2000 K, in die zweite, denen zwischen 300 und 2000, in die dritte, denen zwischen 60 und 300, in die vierte, denen unter 60 K an jährlicher Steuerschuldigkeit vorgeschrieben ist. Ferner besteht eine örtliche Gliederung der Steuerpflichtigen nach Veranlagungsbezirken. Die Angehörigen jeder Steuerklasse in einem Veranlagungsbezirk bilden eine Steuergesellschaft, für deren jede eine Erwerbsteuerkommission aus teils ernannten, teils von den Angehörigen der Steuergesellschaft gewählten Mitgliedern gebildet wird. Diese Kommissionen weisen dem einzelnen Steuerpflichtigen auf Grund seiner Erklärungen einen Steuersatz zu, der der mittleren Ertragsfähigkeit des Betriebs im Verhältnis zur mittleren Ertragsfähigkeit der Gewerbe und Beschäftigungen der anderen Steuerpflichtigen der Steuerklasse entspricht. Jede Steuergesellschaft hat ein Gesellschaftskontingent aufzubringen, das auf die einzelnen Steuerpflichtigen alljährlich von der Steuerbehörde nach Verhältnis der von der Erwerbsteuerkommission zugemessenen Steuersätze verteilt wird. Zu diesem Zwecke werden die Steuersätze aller Steuerpflichtigen der Gesellschaft zusammengezählt; je nachdem der Gesamtbetrag größer oder kleiner ist als das aufzubringende Kontingent, so wird von den Steuersätzen so viele Prozent abgezogen oder zugeschlagen, als nötig ist, um das Kontingent zu decken.

In besonderer Weise ist die Erwerbsteuer von den der öffentlichen Rechnungslegung unterworfenen Unternehmungen geregelt. Hierher gehören Aktiengesellschaften, Kommanditgesellschaften auf Aktien, Gewerkschaften, Versicherungsunternehmungen, öffentliche Kreditinstitute, Staatseisenbahnen, Erwerbs- und Wirtschaftsgenossenschaften, Sparkassen, unter gewissen Voraussetzungen Gesellschaften m. b. H. Eine Reihe besonders bezeichneter Unternehmungen sind indes von der Besteuerung ausdrücklich ausgenommen. Die Grundlage zur Bemessung der Erwerbsteuer für die von der Steuer betroffenen Unternehmungen bilden in der Regel die in dem letzten dem Steuerjahr vorausgegangenen Geschäftsjahre erzielten bilanzmäßigen Überschüsse, gleichviel ob sie als Zinsen, Dividenden, Tantième verteilt, in Reservefonds hinterlegt, auf künftige Rechnung vorgetragen oder in anderer Weise (Vergrößerung des Kapitals, Heimzahlungen, Garantiebeiträge an andere Unternehmungen u. s. w.) verwendet werden. Die Steuer beträgt im allgemeinen 10%, jedenfalls aber nicht weniger als eins vom Tausend des Anlagekapitals, bei Versicherungsgesellschaften auf Aktien nicht weniger als eins vom Tausend der Jahresnettoprämien. Aktiengesellschaften, die für das der Besteuerung zugrunde gelegte Jahr mehr als 10% Dividende verteilt haben, zahlen eine Dividendensteuer von 2 bis 4%. Den Erwerbs- und Wirtschaftsgenossenschaften, die den Verkehr auf die Mitglieder beschränken, und bestimmten Arten von Vorschußkassen sind besondere, durch die Genossenschaftssteuer-Novelle vom 3. Jan. 1913 (RGBl. Nr. 5) erweiterte Begünstigungen zugestanden.

Die Rentensteuer erfaßt die Bezüge aus Vermögensobjekten und Vermögensrechten, die nicht schon durch die Grund-, Gebäude-, Erwerb- oder Besoldungssteuer unmittelbar getroffen sind. Solche Bezüge sind insbesondere die Zinsen und Renten von Staats-, öffentlichen Fonds- und ständischen Obligationen und sonstigen öffentlichen Anleihen, von Pfandbriefen, Hypothekarforderungen, Schuldschein- und Kontokorrentforderungen, Pachtzinsen, Renten (Zeitrenten, Leibrenten), Alimentationszahlungen u. s. w. Aus den Bestimmungen über die Befreiungen ist hervorzuheben, daß Personen, deren Gesamteinkommen den Betrag von 1600 K jährlich nicht übersteigt, der Rentensteuer nicht unterliegen. Die Rentensteuer beträgt im allgemeinen 2 Prozent; die Zinsen von Staats- und öffentlichen Anleihen, die vor der Reform von 1896 einer zehnprozentigen Besteuerung unterworfen waren, werden mit 10 Prozent, Pachtzinsen für verpachtete Gewerbe mit 3, Zinsen von Spareinlagen bei Sparkassen, Genossenschaften usw. mit $1^1/_2$ Prozent versteuert.

Die Einkommensteuer trifft einmal das gesamte Reineinkommen derjenigen physischen Personen, die in Österreich ihren Wohnsitz haben oder sich daselbst länger als ein Jahr aufhalten, ohne Rücksicht auf deren Staatsangehörigkeit (nicht dagegen das der juristischen Personen mit Ausnahme der ruhenden Erbschaft), ferner das Einkommen von Inländern, die im österreichischen Staatsdienste oder im gemeinsamen Dienste im Ausland wohnen, soweit sie nicht dort zu den entsprechenden direkten Staatssteuern herangezogen werden. Das auf Grundbesitz, Gewerbebetrieb, Staatsbezügen beruhende, aus dem Auslande stammende Einkommen solcher Personen ist indes von der Einkommensteuer ausgenommen, sofern es in dem Lande, aus dem es herrührt, erweislich bereits einer Einkommensteuer unterliegt und das betreffende Land nach den Grundsätzen der Gegenseitigkeit verfährt. Personen, die im Inlande weder einen Wohnsitz haben noch sich ein Jahr daselbst aufhalten, sind einkommensteuerpflichtig hinsichtlich gewisser aus inländischen Quellen fließender Einkommen, wie aus Grundbesitz, Hypothenkenforderungen, die auf inländischem Grundbesitz eingetragen sind, inländischen Erwerbsunternehmungen, Dienstbezügen aus inländischen öffentlichen Kassen. Als steuerfreies Existenzminimum ist der Betrag von 1600 K festgesetzt. Als Einkommen gilt die Summe aller Einnahmen der Steuerpflichtigen mit Einschluß des Mietwerts der Wohnung im eigenen Hause oder sonstiger freier Wohnung und der im Haushalt verbrauchten Erzeugnisse eigener Wirtschaft. Bei der Ermittelung des steuerpflichtigen Einkommens sind von den Einnahmen abzuziehen Verwaltungs-, Betriebs- und Erhaltungskosten, einschließlich der Abschreibungen, Versicherungsprämien, bei Lebensversicherungen jedoch nur bis zum Betrag von 600 K, Beiträge zu Kranken-, Unfall-, Alters- und ähnlichen Versicherungskassen, die direkten Steuern mit Ausnahme der Einkommensteuer, Zuschläge, sonstige Umlagen, Zinsen von Geschäfts- und Privatschulden, und Amortisationsbeträge zur Tilgung eines auf dem Grundbesitz des Steuerpflichtigen haftenden Schuldkapitals. Die Bemessung der Steuer erfolgt nach einem Steuertarif nach einzelnen progressiv steigenden Einkommenstufen. Für Steuerpflichtige mit einem steuerpflichtigen Einkommen von mehr als 2400 K, zu deren Haushalt keine Person gehört, deren Einkommen mit dem des Haushaltvorstands gemeinsam zu veranlagen ist, erhöht sich die tarifmäßig festgesetzte Einkommensteuer um 15 Prozent, für Steuerpflichtige, zu deren Haushalt nicht mehr als eine solche Person gehört, um 10 Prozent. Dieser „Aufschlag für minderbelastete Haushalte" ist vielfach als „Junggesellensteuer" bezeichnet worden, ist aber allgemein auf Personen berechnet, deren Leistungsfähigkeit infolge der geringeren Zahl der zu versorgenden Haushaltsmitglieder eine höhere ist (kinderlose Ehepaare, elternlose Waisen, ruhende Erbschaften usf.). Die Veranlagung erfolgt im allgemeinen auf Grund der eigenen Angaben (Bekenntnisse) der Steuerpflichtigen und nach einem von der Steuerbehörde vorzunehmenden vorbereitenden Verfahren durch Schätzungskommissionen, gegen deren Entscheidung Berufungskommissionen angerufen werden können.

Die Besoldungssteuer von höheren Dienstbezügen ist eingeführt für Empfänger von Dienstbezügen, die den jährlichen Betrag von 6400 K erreichen oder übersteigen. Diese haben neben der Einkommensteuer einen nach einem Stufentarif festgesetzten Betrag zu entrichten.

c) Die indirekten Steuern.

An indirekten Abgaben kommen zunächst die Zölle in Betracht, deren Reinerträgnis zur Deckung der gemeinsamen Ausgaben der Österreichisch-Ungarischen Monarchie zu verwenden ist (s. S. 70, 72). Für die Bemessung der Zölle dienen als Grundlage der autonome Zolltarif und die diesen modifizierenden Zollverträge (Tarifverträge und Meistbegünstigungsverträge).

Das Patent vom 25. Mai 1829 über die „allgemeine Verzehrungssteuer" ordnete die Besteuerung des Verbrauchs verschiedener Lebensmittel bei der Einfuhr in die „geschlossenen Städte" sowie die Besteuerung von Wein, Most, Bier, Branntwein und Fleisch auf dem offenen Lande. In Geltung geblieben ist von dieser Steuer nach Neuregelung der Besteuerung von Bier, Branntwein und Fleisch noch die als Torsteuer an den Grenzen der „Verzehrungssteuerlinien" zwischen geschlossenen Städten und offenem Land erhobene „Linienverzehrungssteuer" auf bestimmte in Tarifen[1]) aufgezählte Gegenstände des Verbrauchs sowie die Wein- und Moststeuer außerhalb der geschlossenen Städte. Hierher gehören auch der Dazio consumo in Dalmatien, die Abgaben von Naturwein, der in den Gemeindegebieten von Wien und Triest erzeugt wird, die Besteuerung von Kunst- und Halbwein in den als geschlossen erklärten Städten und die Verzehrungssteuern von Wein und Fleisch außerhalb der geschlossenen Städte.

Die Biersteuer ist hauptsächlich geregelt durch Kaiserliche

1) Besondere Tarife für Wien und Triest.

Verordnung vom 17. Juli 1899 (RGBl. Nr. 120). Besteuert wird die Bierwürze, d. h. die zuckerhaltige Flüssigkeit, aus welcher mittels der Gärung Bier erzeugt werden kann, der aber ein Gärungsmittel noch nicht beigemischt worden ist, entsprechend der Menge und jedem Grad Extrakt nach dem 100-teiligen Saccharometer; den kleineren Brauereien werden Nachlässe gewährt.

Die Branntweinsteuer (Gesetz vom 20. Juni 1888, RGBl. Nr. 95, Kais. Vdg. vom 17. Juli 1899, RGBl. Nr. 120, Gesetze vom 8. Juli 1901, RGBl. Nr. 86, und vom 23. Januar 1914, RGBl. Nr. 11, Kais. Vdg. vom 30. Juni 1915, RGBl. Nr. 187) wird erhoben als Produktionsabgabe bei der Erzeugung oder Konsumabgabe beim Übergang in den freien Verkehr.

Zu den indirekten Steuern gehören ferner noch die Zuckersteuer (Kaiserliche Verordnung vom 17. Juli 1899, RGBl. Nr. 120) als Fabrikatsteuer und die Mineralölsteuer (Gesetz vom 26. Mai 1882, RGBl. Nr. 55), beide erhoben bei der Wegbringung aus der Erzeugungsstätte in den freien Verkehr nach der Menge des Erzeugnisses, und die Schaumweinsteuer (Gesetz vom 2. Februar 1914, RGBl. Nr. 40).

Außer diesen indirekten Steuern sind noch die mannigfachen Abgaben zu nennen, die, teils als Steuern, teils als Stempel oder Gebühren bezeichnet, verschiedene Formen des Verkehrs erfassen. Solche Vorgänge sind beispielsweise: Erbgang (Erbschaftssteuer, und als deren Ersatz bei juristischen Personen Gebühren-Äquivalent), Vermögensübertragungen unter Lebenden (Urkundengebühr bei Schenkungen, Immobiliargebühr), sonstige Verträge der verschiedensten Art (Aktien- oder Emissionsgebühren), Kreditverkehr (Wechselstempel, Scheckgebühr, Effektenumsatzsteuer, Couponsgebühr, Gebühr auf Schuldverschreibungen), Transportverkehr (Fahrkarten- und Frachturkundenstempel), Wetten, Verlosungen, Lotteriegewinne. Im übrigen bestehen für eine Reihe von sonstigen Urkunden des allgemeinen Verkehrs sowie für gerichtliche und andere amtliche Handlungen besondere Gebührensätze.

Keine eigentliche Staatsabgabe ist die unter der Bezeichnung „Militärtaxe“ eingeführte Wehrsteuer, deren Erträgnis nicht der Staatskasse, sondern einem eigenen Fonds, dem Militärtaxfonds, zu dem Zwecke zufließt, um Unterstützungen für solche Personen und deren Angehörige zu gewähren, die infolge Erfüllung der Wehrplicht hilfsbedürftig geworden sind.

E. Die Staatsschulden[1]). Die Aufnahme von neuen Anleihen und die Konvertierung der bestehenden Staatsschulden gehört zum Wirkungskreis des Reichsrats und bedarf eines Gesetzes[2]). Die Verwaltungsgeschäfte obliegen der Direktion der Staatsschulden. Dem Reichsrat steht eine Kontrolle der gesamten Verwaltung des Staatsschuldenwesens zu, die er durch eine besondere aus 2 Mitgliedern (und 1 Ersatzmann) des Herrenhauses und 4 Mitgliedern (und 2 Ersatzmännern) des Abgeordnetenhauses bestehende Kommission ausübt.

7. Staat und Kirche.

A. Geschichtlicher Überblick.

Das Verhältnis des Staats zur Kirche war in Österreich von der Regierung Josefs II. an gekennzeichnet einerseits durch Anerkennung der herrschenden Stellung der katholischen Kirche, andererseits durch eine erweiterte Geltendmachung des staatlichen Einflusses auf ihre inneren und äußeren Verhältnisse. Nebenher ging die Duldung nichtkatholischer Bekenntnisse, auf der Grundlage des Toleranzpatents vom 13. Oktober 1781, durch das den Anhängern der augsburgischen und helvetischen Konfession sowie den nicht unierten Griechen ein „Privatexercitium" ihrer Religion mit entsprechenden Einschränkungen des äußeren Auftretens gewährt wurde; das Vorrecht öffentlicher Religionsausübung blieb der katholischen Kirche. Dieses System des Staatskirchentums, das bis zu den Umwälzungen der 48er Jahre, wenn auch in manchen Richtungen abgeschwächt, erhalten blieb, wurde abgelöst durch das der Koordination von Staat und Kirche, das beide als grundsätzlich in ihrem Wirkungskreis gleichberechtigte rechtliche Machtorganisationen nebeneinander gelten läßt und eine gegenseitige Abgrenzung ihrer Befugnisse und Interessen zur Grundlage der staatlichen und kirchlichen Wirksamkeit macht.

Nachdem schon die Märzverfassung des Jahres 1849 den Grundsatz ausgesprochen hatte, daß jeder gesetzlich anerkannten Kirche das Recht der gemeinsamen, öffentlichen Religionsübung

1) Vgl. auch S. 73.

2) Dies ist der Fall nur für eigentliche Darlehensgeschäfte, nicht für gewöhnliche Ressortschulden.

und die selbständige Ordnung und Verwaltung ihrer Verhältnisse gewährleistet sein soll, ergingen unter steigendem Einflusse der katholischen Anschauungen über das Wesen und die Rechte der Kirche eine Reihe von Verordnungen, die das Josefinische Staatskirchentum bis auf geringe Reste beseitigten; die Entwicklung gipfelte in dem Konkordat vom 18. August 1855, das — mit dem Patent vom 5. November 1855 (RGBl. Nr. 195) als Staatsgesetz veröffentlicht — die gesamten Beziehungen zwischen Staat und Kirche nach dem System der rechtlichen Gleichstellung von Staat und Kirche unter weitgehender Berücksichtigung des kanonischen Rechts regelte, wobei namentlich Schule, Ehegesetzgebung und Ehegerichtsbarkeit dem kirchlichen Machtbereich zugesprochen wurden. Politischer Widerstand gegen die Tendenzen des Konkordats führte bald eine rückläufige Bewegung herbei und erreichte in der Gesetzgebung der Jahre 1867 und 1868 namentlich die Wiederherstellung des Eherechts nach dem allgemeinen bürgerlichen Gesetzbuch für die Katholiken, die Einführung der Zuständigkeit der weltlichen Gerichte in Ehesachen der Katholiken, den Erlaß neuer Bestimmungen über das Verhältnis der Kirche zur Schule und eine Regelung der interkonfessionellen Verhältnisse im Sinne der Parität. Der Verkündigung des Unfehlbarkeitsdogmas auf dem Vatikanischen Konzil folgte am 30. Juli 1870 die Erklärung der Regierung, daß infolge der Annahme des neuen Dogmas, weil damit eine wesentliche Änderung des Kontrahenten eingetreten sei, das Konkordat aufgehört habe zu bestehen. Die kirchenpolitische Gesetzgebung des Jahres 1874 schuf für die Beziehungen zwischen Staat und Kirche neue Normen auf dem Boden der staatlichen Kirchenhoheit, nach deren Grundsätzen der Staat die rechtliche Stellung der Kirche innerhalb des Staates und das Verhältnis der Religionsgesellschaften untereinander von sich aus durch seine eigene Gesetzgebung und nach seinen eigenen Interessen ordnet, dabei aber seiner eigenen Wirksamkeit durch Gewährung weitgehender Selbstverwaltung der als öffentlich-rechtliche Korporationen anerkannten Religionsgesellschaften und durch Sicherung der Glaubensfreiheit Grenzen zieht, ohne dem Schutz- und Aufsichtsrecht zu entsagen. Mit Gesetz vom 4. Mai 1874 wurde das Patent vom 5. November 1855 (RGBl. Nr. 50), das den Inhalt des Konkordats zum Staatsgesetz erhob, seinem vollen Inhalt nach als aufgehoben erklärt.

B. Das geltende Recht[1]).

a) Allgemeines. Das konfessionelle Recht Österreichs ist aufgebaut auf dem Grundsatz der Glaubens- und Gewissensfreiheit, den Artikel 14 des Staatsgrundgesetzes vom 21. Dezember 1867 (RGBl. Nr. 142) aufstellt. Das Wichtigste ist zu diesem Grundsatz oben (S. 120) erwähnt worden. Für die Stellung der Religionsgesellschaften und Bekenntnisse im Staate enthalten Artikel 15 und 16 jenes Staatsgrundgesetzes die Grundlage. „Jede gesetzlich anerkannte Kirche und Religionsgesellschaft hat das Recht der gemeinsamen öffentlichen Religionsübung, ordnet und verwaltet ihre inneren Angelegenheiten selbständig, bleibt im Besitze und Genusse ihrer für Kultus-, Unterrichts- und Wohltätigkeitszwecke bestimmten Anstalten, Stiftungen und Fonds, ist aber, wie jede Gesellschaft, den allgemeinen Staatsgesetzen unterworfen. Den Anhängern eines gesetzlich anerkannten Religionsbekenntnisses ist die häusliche Religionsübung gestattet, insofern dieselbe weder rechtswidrig noch sittenverletzend ist."

Anerkannte Kirchen und Religionsgesellschaften sind in Österreich: die katholische Kirche mit ihren drei Riten, dem römisch-katholischen, dem griechisch-katholischen oder griechisch-unierten und dem armenisch-katholischen, die evangelische Kirche des augsburgischen und helvetischen Bekenntnisses, die griechisch-nichtunierte (griechisch-orientalische) Kirche, die israelitische Religionsgesellschaft, die Lippowaner und die orientalischen Armenier (beide in der Bukowina), die Altkatholiken, die evangelische Brüderkirche (Herrenhuter Brüderkirche) und die Mennoniten. Im Jahre 1912 sind hierzu die „Anhänger des Islam nach hanefitischem Ritus" getreten[2]).

Die Voraussetzungen für die Anerkennung (Aufnahme) einer neuen Religionsgesellschaft sind in dem Gesetze vom 20. Mai 1874 (RGBl. Nr. 68) festgesetzt, das zugleich in seinen Bestimmungen über die Organisation der Kirche den Anspruch der staatlichen Kirchenhoheit auf Überwachung und Beeinflussung der Religionsgesellschaften zum Ausdruck bringt. Hiernach wird den

1) Über das zahlenmäßige Verhältnis der Konfessionen zueinander siehe die Tabelle am Schlusse dieses Buches.

2) Die anglikanische Kirche hat zwar Bethäuser und Kapellen in Österreich, entbehrt aber der rechtlichen Anerkennung.

Anhängern eines bisher gesetzlich nicht anerkannten Religionsbekenntnisses die Anerkennung als Religionsgesellschaft erteilt, einmal wenn ihre Religionslehre, ihr Gottesdienst, ihre Verfassung, sowie die Benennung weder gesetzwidrig noch sittlich anstößig sind, und sodann, wenn die Errichtung und der Bestand wenigstens einer gesetzmäßig eingerichteten Kultusgemeinde gesichert ist. Die Erfordernisse der Zugehörigkeit und die Art des Beitritts zu einer anerkannten Religionsgenossenschaft werden durch ihre Verfassung bestimmt[1]).

Bei der Organisation ist der Religionsgesellschaft ein weitgehendes Selbstbestimmungsrecht überlassen; nur die Grunderfordernisse (Vorstand, Seelsorger) werden aufgestellt und bestimmte Einrichtungen von staatlicher Genehmigung abhängig gemacht. Das staatliche Aufsichtsrecht wird in der Richtung beansprucht, daß die anerkannten Religionsgesellschaften, deren Gemeinden und Organe ihren Wirkungskreis nicht überschreiten und den gesetzlichen Bestimmungen sowie den sonstigen gesetzlichen Anforderungen der Behörden nachkommen. Auch wahrt der Staat die von ihm selbst normierten öffentlich-rechtlichen Befugnisse und Pflichten aller beteiligten Faktoren durch die Rechtsprechung des Verwaltungsgerichtshofs und des Reichsgerichts. Innerhalb dieser Grenzen besitzen die Religionsgesellschaften weitgehende Freiheit in der Gestaltung kirchlicher Rechtssatzungen, insbesondere verzichtet der katholischen Kirche gegenüber der Staat auf das Placet und beschränkt sich auf die Vorschrift, daß die katholischen Bischöfe ihre Erlasse, Verordnungen, Hirtenbriefe usw. zugleich mit der Veröffentlichung der politischen Landesbehörde mitzuteilen haben. Der Erlaß von kirchlichen Gesetzen unterliegt bei der evangelischen und griechisch-orientalischen Kirche landesfürstlicher Sanktion. Hinsichtlich der äußeren Form des Orts und der Zeit der gottesdienstlichen Handlungen befindet im allgemeinen die Kirche selbst; es bedarf, soweit diese Handlungen herkömmlicher Art sind, keiner Anzeige an die Behörde. Ihre Gottesdienste, Dogmen, Amtspersonen, Gebäude, Gebräuche genießen erhöhten strafrechtlichen Schutz, auch in privat- und steuerrechtlicher Hinsicht bestehen zugunsten der Amtspersonen und des Vermögens der Kirchen Aus-

1) Siehe im übrigen wegen der Erlangung und der Aufgabe der Mitgliedschaft in einer Religionsgesellschaft und der religiösen Kindererziehung S. 120.

nahmevorschriften, in der Erfüllung der Wehrpflicht sind für Geistliche und Kandidaten des geistlichen Standes Sonderbestimmungen erlassen (s. S. 69).

Über das Verhältnis der Kirche zur Schule sind grundsätzliche Vorschriften durch das Gesetz vom 25. Mai 1868 (RGBl. Nr. 48) ergangen. Die oberste Leitung und Aufsicht über das gesamte Unterrichtswesen wird dem Staate zugesprochen. Unbeschadet dieses Aufsichtsrechts bleibt die Besorgung, Leitung und unmittelbare Beaufsichtigung des Religionsunterrichts und der Religionsübungen an den Volks- und Mittelschulen den Kirchen oder Religionsgesellschaften überlassen; der Unterricht in den übrigen Lehrgegenständen ist von deren Einfluß frei. Für den Besuch der vom Staate, von einem Kronlande oder von Gemeinden ganz oder teilweise gegründeten oder erhaltenen Schulen ist das Bekenntnis nicht von Belang, es steht jedoch jeder Kirche oder Religionsgesellschaft frei, konfessionelle Schulen zu errichten, die indes den Gesetzen über das Unterrichtswesen unterworfen sind und namentlich die Rechte einer öffentlichen Schule nur dann beanspruchen können, wenn sie allen gesetzlichen Bedingungen für die Erwerbung dieser Rechte entsprechen. Die Lehrämter an den Staats-, Landes- oder Gemeindeschulen sind ohne Unterschied der Religion zugänglich. Als Religionslehrer dürfen nur Personen angestellt werden, die von der kirchlichen Oberbehörde als hierzu befähigt erklärt sind.

b) Die katholische Kirche. Zu dieser gehören die Anhänger der drei Riten, des römisch-katholischen, des griechisch-katholischen (unierten) und, ziffernmäßig weit hinter diesen zurückbleibend, des armenisch-katholischen Ritus. Über allen steht als Inhaber der obersten Kirchengewalt — in dieser Stellung auch im österreichischen Rechte anerkannt — der Papst. Das Gebiet der im Reichsrat vertretenen Königreiche und Länder umfaßt 9 römisch-katholische Erzbistümer und 25 Bistümer. Eine besondere Stellung nehmen die Fürstbistümer Krakau und Breslau ein, die dem Heiligen Stuhle unmittelbar unterstellt sind, letzteres als bischöfliche Behörde über einen Teil von Österreichisch-Schlesien. Ferner besteht ein griechisch-katholisches Erzbistum mit zwei Suffraganbischöfen und ein armenisch-katholisches Erzbistum.

Die Grundlage für die Stellung der katholischen Kirche im österreichischen Staate bildet das Gesetz vom 7. Mai 1874

(RGBl. Nr. 50). Von der kanonischen Organisation der katholischen Kirche ausgehend, besitzt die Staatsgewalt die Möglichkeit einer Einwirkung auf diese zunächst insofern, als zur Errichtung neuer Diözesen und Pfarrbezirke, zu einer Änderung in der Abgrenzung der bestehenden, sowie zur Errichtung, Teilung und Vereinigung von Pfründen die staatliche Genehmigung erforderlich ist. Auf die Besetzung der Kirchenämter nimmt der Staat Einfluß einmal allgemein durch Aufstellung der grundlegenden Erfordernisse zur Erlangung kirchlicher Ämter und Pfründen (österreichische Staatsbürgerschaft, einwandfreies sittliches und staatsbürgerliches Verhalten), sodann bei der Besetzung des einzelnen Amtes namentlich durch die landesherrliche Nomination zu den Erzbistümern und Bistümern (mit fünf Ausnahmen), durch die landesherrliche Genehmigung der kanonischen Wahlen (bei Salzburg und Olmütz) oder die Beschränkung der geistlichen Nomination auf eine Persona grata. Bei anderen höheren und niederen Kirchenämtern besteht die Verpflichtung der kirchlichen Behörde, die in Aussicht genommene Person der staatlichen Behörde anzuzeigen, die alsdann ein Vetorecht ausübt. Inhaber eines kirchlichen Amtes, welche die österreichische Staatsangehörigkeit verlieren oder sich einer mit ihrer geistlichen Eigenschaft unvereinbaren strafbaren Handlung oder unwürdigen Verhaltens schuldig gemacht haben, sind auf Verlangen der staatlichen Kultusverwaltung von der Ausübung des Amtes zu entfernen.

Eine gesetzliche Regelung des gesamten geistlichen Bildungswesens ist nicht erfolgt. Der Staat nimmt, wenn auch infolge der Kirchenfreiheit der kirchlichen Leitung weiter Spielraum gelassen ist, auch hier eine gewisse Einwirkung in Anspruch. Für das Studium der Theologie dienen die theologischen Fakultäten der Universitäten sowie bischöfliche oder klösterliche Lehranstalten. Der vom Episkopat aufgestellte, staatlich verlautbarte Lehrplan kann ohne staatliche Genehmigung nicht geändert werden.

Die Vermögensverwaltung der Kirche unterliegt nach vielfacher Richtung der Aufsicht des Staates; er ist befugt, die Erhaltung des Stammvermögens der Kirchen zu überwachen; erhebliche Veränderungen in der Substanz des Kirchen-, Pfründen- und Stiftungsvermögens sind der staatlichen Kultusverwaltung anzuzeigen; zu Veräußerung und Belastung des Kirchenvermögens ist staatliche Zustimmung notwendig. Bei der Anlage von Kirchengut ist wie mit Mündelgut zu verfahren. Der Staat erkennt der Kirche das Recht zu, für kirchliche Zwecke ihren Angehörigen Abgaben aufzuerlegen, und gewährt ihr die Hilfe seiner Zwangsorgane, sofern für die Abgaben die Zustimmung der Regierung eingeholt ist. Personen, welche auf das Armenrecht Anspruch haben, sind von diesen Abgaben kraft staatlicher Vorschrift befreit. Die Beschaffung der Mittel zur Herstellung und Erhaltung der kirchlichen Gebäude (Kirchenkonkurrenz und Baulast) sind durch eine Fülle älterer, in den einzelnen Kronländern verschiedener, durch das Gesetz von 1874 aufrechterhaltener Bestimmungen geordnet.

Der von Josef II. mit Kabinettsschreiben vom 27. Februar und 11. März 1782 aus den Vermögensbeständen der aufgehobenen Klöster zur Förderung der Kultuszwecke der katholischen Kirche gegründete Religionsfonds wurde zu einzelnen nach Kronländern gesonderten, unter selbständiger staatlicher Verwaltung stehenden Fonds weiter gebildet, die dazu bestimmt sind, in Ermangelung sonstiger Mittel zu den Kultusbedürfnissen aller drei Riten in Österreich beizutragen. Außer ihrem eigenen Ertrage fließen diesen Fonds die Erträgnisse (Intercalarfrüchte) erledigter kirchlicher Pfründen, ferner mangels besonderer stiftungsmäßiger Anordnungen das Vermögen aufgehobener kirchlicher Anstalten, endlich die Religionsfonds-Beiträge der kirchlichen Pfründner und regulären Kommunitäten gemäß dem Gesetze vom 7. Mai 1874 (RGBl. Nr. 51) zu. Unter den zahlreichen Einzelausgaben, zu denen jetzt die Religionsfonds herangezogen werden, die aber überdies erhebliche Beiträge aus Staatsmitteln erheischen, stehen in der Wichtigkeit an erster Stelle die infolge der Gesetzgebung über die Dotation der katholischen Seelsorgegeistlichkeit erforderlichen Zuschüsse zu dem aus den Bezügen des geistlichen Amtes nicht gedeckten Einkommen eines Seelsorgers. Maßgebend sind die Gesetze vom 19. September 1898 (RGBl. Nr. 176) und vom 24. Februar 1907 (RGBl. Nr. 56). Hiernach wird den selbständigen katholischen Seelsorgern das standesgemäße Minimaleinkommen (Kongrua), insoweit dies durch die mit dem geistlichen Amte verbundene Bezüge nicht gedeckt wird, sowie den ohne Verschulden dienstunfähig gewordenen Seelsorgern der bestimmungsgemäße Ruhegehalt aus den Religionsfonds oder aus deren staatlicher Dotation ergänzt. Die Entscheidung, inwieweit eine solche Ergänzung notwendig ist, steht der politischen Landesbehörde zu. Ein entsprechendes Gesetz vom 7. Januar 1894 (RGBl. Nr. 15) regelt die Kongrua der Dignitäre und Kanoniker bei den Metropolitan-, Kathedral- und Konkathedralkapiteln der drei Riten.

c) Die evangelische Kirche augsburgischen und helvetischen Bekenntnisses. Das Grundgesetz für die Organisation der evangelischen Kirche beider Bekenntnisse und deren Stellung im österreichischen Staate ist das Kaiserliche Patent vom 8. April 1861 (RGBl. Nr. 41). Hierzu tritt die Kirchenverfassung vom 9. Dezember 1891 (RGBl. 1892 Nr. 4). Die evangelische Kirche des augsburgischen und helvetischen Bekenntnisses ist berechtigt, ihre kirchlichen Angelegenheiten selbständig nach ihren eigenen kirchlichen Grundlagen zu ordnen und zu leiten. Alle früher bestandenen Beschränkungen hinsichtlich des äußeren Auftretens (Türme, Glocken) und der Ausübung der Seelsorge sind ausdrücklich als aufgehoben erklärt. Die Organe des Kirchenregiments sind entsprechend den Abstufungen in Pfarrgemeinde (Ortsgemeinde), Seniorat (Bezirksgemeinde), Superintendenz (Landesgemeinde) und Gesamtgemeinde das Presbyterium und die größeren Gemeindevertretungen, der Senior und die Senioratsvertretung, der Superintendent und die Vertreter der Superintendenz und der k. k. evangelische Oberkirchenrat (die Konsistorien des augsburgischen und helvetischen Bekenntnisses) und die Generalsynode. Diese Organe wie auch die Pfarrer werden mit Ausnahme der Mitglieder und des Personals des Oberkirchenrats durch Wahl bestellt. Die Berufung von Pfarrern nichtösterreichischer Staatsangehörigkeit ist zulässig, unterliegt jedoch der Zustimmung des Kultusministeriums. Das landesfürstliche Oberaufsichts- und Verwahrungsrecht erstreckt sich insbesondere auf die Bestätigung der Kirchengesetzgebung, die Ernennung des Präsidenten und der Mitglieder des Oberkirchenrats, die Bestätigung der gewählten Superintendenten und ihrer vom Oberkirchenrat im Disziplinarverfahren verfügten Entlassung; staatliche Mitwirkung findet ferner statt bei der Bildung, Aufhebung und Abgrenzung der gemeindlichen Organisationen sowie bei der Überwachung der Wirksamkeit der Generalsynode und der Superintendentialversammlungen. Zur Bestreitung der kirchlichen Bedürfnisse erhält die evangelische Kirche Staatszuschüsse. Die Ausbildung zu Geistlichen erfolgt an der von der Wiener Universität unabhängigen k. k. evangelisch-theologischen Lehranstalt in Wien.

d) Die griechisch-orientalische Kirche. Eine zusammenfassende gesetzliche Regelung ist für die Rechtsverhältnisse der griechisch-orientalischen (orientalisch-orthodoxen) Kirche, die hauptsächlich in der Bukowina und Dalmatien vertreten ist, nicht erfolgt. Grundlegend ist der „geistliche Regulierungsplan" vom Jahre 1786, die zweite allgemeine Pfarregulierung vom Jahre 1843 und das Synodalstatut vom Jahre 1884. Die genannten beiden Gebiete bilden zusammen eine selbständige Metropolie[1]) unter dem Erzbischof von Czernowitz mit drei Bischofssitzen. Daneben bestehen in Wien drei, in Triest zwei griechisch-orientalische Gemeinden, in Lemberg eine Kuratie. Das oberste geistliche Organ der Kirchenprovinz ist die Metropolitansynode, die sich aus dem Erzbischof von Czernowitz und den Eparchialbischöfen von Zara und Cattaro zusammensetzt (Synodalstatut vom Jahre 1884). Die Beschlüsse der Metropolitansynode über Angelegenheiten, die nicht die Glaubenslehre, christliche Sitte oder die rein geistliche Gerichtsbarkeit betreffen, bedürfen der kaiserlichen Genehmigung. Für die Verwaltung des Bistums und die bischöfliche Gerichtsbarkeit ist dem Bischof ein Konsistorium beigegeben; dem Bischof unterstellt ist die Weltgeistlichkeit (Erzpriester, Pfarrer und Kooperatoren) und die Klostergeistlichkeit (Kallugier, geschieden in Hieromonachi, Diakone, Subdiakone und Monachi). Der Metropolit, die Bischöfe und die Beisitzer der Konsistorien werden vom Kaiser ernannt. Ein griechisch-orientalischer Religionsfonds dient den kirchlichen Bedürfnissen, zu denen auch die Kongrua des Seelsorgeklerus gehört, in der Bukowina; für Dalmatien kommt in Ermangelung eines derartigen Fonds die Staatskasse für die entsprechenden Erfordernisse auf. Die theologische Ausbildung erfolgt an der Universität Czernowitz und der Lehranstalt in Zara.

e) Als altkatholische Kirche wurden die Katholiken, die das Dogma der päpstlichen Unfehlbarkeit verwarfen, mit Verordnung vom 18. Oktober 1877 anerkannt. Ihre Organe sind für die Kirche Bischof, Synode und Synodalrat, für die Gemeinde Kirchenvorstand und Gemeindeversammlung.

f) Die Religionsgesellschaft der Israeliten. Eine zusammenfassende Regelung der äußeren Rechtsverhältnisse der

1) Bis 1873 befand sich das Bistum von Czernowitz im Metropolitanverbande von Karlowitz.

israelitischen Religionsgesellschaft ist in dem Gesetze vom 21. März 1890 (RGBl. Nr. 57) enthalten. Ihre Grundlage bilden die örtlich abgegrenzten Kultusgemeinden; eine Vereinigung von solchen zu einem höheren Verband mit entsprechenden Organen fehlt. In jeder Kultusgemeinde ist zur Verwaltung der Gemeindeangelegenheiten ein Vorstand, als Religionsdiener in der Regel wenigstens ein Rabbiner zu bestellen. Im übrigen bestimmt die Gemeinde nach weitgehendem freien Ermessen über ihre innere Organisation, ihre geistlichen Funktionäre sowie über die Abgaben und Gebühren für Kultuszwecke durch ihr Statut, das der Genehmigung der Staatsbehörde unterliegt. Im übrigen besteht ein ausgedehntes Staatsaufsichtsrecht, insbesondere hinsichtlich der Beschlüsse und Verfügungen der Kultusgemeinde. Erfordernis für die Anstellung als Rabbiner ist österreichische Staatsangehörigkeit sowie in sittlicher und staatsbürgerlicher Hinsicht vorwurfsfreies Verhalten. Über die theologische Ausbildung der Rabbiner sind besondere Vorschriften noch nicht erlassen; als Maß der allgemeinen Bildung gilt die Zurücklegung des Obergymnasiums. Eine israelitisch-theologische Lehranstalt in Wien besteht seit 1893 mit Staatssubvention, in Brünn ein Proseminar zur Vorbereitung des Eintritts in eine höhere Rabbinatsschule.

8. Die staatliche Verwaltungstätigkeit.

A. Allgemeines. Die Verwaltungstätigkeit des österreichischen Staates ist auf allen Gebieten, die der moderne Staat im Laufe seiner Entwicklung in den Bereich seiner Aufgaben einbezogen hat, nämlich der Fürsorge für den eigenen Bestand, die innere Sicherheit und Ordnung, für Gesundheit und Leben, für die geistige Kultur und für die wirtschaftliche Entwicklung der Bevölkerung durch eingehende gesetzliche und Verwaltungsvorschriften bis ins einzelne geordnet. Eine Darstellung des gesamten Netzes dieser Vorschriften, die bis in die letzten Verzweigungen des privaten und öffentlichen Lebens hineinreichen, ist im Rahmen des vorliegenden kurzen Umrisses weder möglich noch zur Kenntnis der Eigenart des österreichischen Staates erforderlich. Ihr Umkreis ist hier lediglich in seinen Hauptzügen anzudeuten, ein oder das andere Einzelgebiet wird mit einigen Strichen hervorzuheben sein.

Die Grundlage für die Verwaltungstätigkeit bildet zunächst die Feststellung ihrer persönlichen und sachlichen Voraussetzungen, die einerseits durch die urkundliche öffentliche Sicherung des Personenstandes (Personenstandsregister), andererseits durch die zahlenmäßige Beobachtung der für die Verwaltung in Betracht kommenden Vorgänge (Verwaltungsstatistik) bewirkt wird. Die Führung der Standesregister ist in Österreich im allgemeinen den Seelsorgern der gesetzlich anerkannten Religionsgesellschaften übertragen; staatliche Registerführung besteht für Personen, die keiner solchen Religionsgesellschaft angehören, und für sog. Notziviltrauungen.

B. Verwaltungstätigkeit in Bezug auf den Bestand des Staates sowie dessen innere Sicherheit und Ordnung[1]). Auf diesem Gebiete, auf dem auch ein gewisses Zusammenarbeiten mit der Strafrechtspflege stattfindet, und das sich als die eigentliche polizeiliche Tätigkeit bezeichnen läßt, bewegen sich sodann aber vor allem die Vorschriften über das Paß- und Meldewesen. Nach den im Frieden[2]) herrschenden Bestimmungen (Ministerialverordnung vom 10. Mai 1867, RGBl. Nr. 80) bedürfen Inländer zu Reisen im Inlande in der Regel keines Passes. Durch die Dienstbotenordnung und die Gewerbeordnung sind besondere Dienstboten- und Arbeitsbücher vorgeschrieben, die unter gewissen Voraussetzungen als Ausweis zu dienen haben. Die Erteilung von Pässen an Wehrpflichtige ist Beschränkungen unterworfen. Der Aufsicht über den Fremdenverkehr dient die Vorschrift, daß sich jeder Ausländer durch einen Paß oder eine sonstige Urkunde über seine Person auszuweisen hat[2]). Das Meldewesen hat seine wesentliche Grundlage in einer Ministerialverordnung vom 15. Februar 1857 (RGBl. Nr. 33), die seither durch Vorschriften der Zentralbehörden und der obersten Landesbehörden im einzelnen ergänzt ist. Der Freizügigkeit sind Grenzen gesetzt durch die Möglichkeit zwangsweiser Entfernung von einem bestimmten Ort aus polizeilichen Rücksichten. Nach dem Gesetz vom 27. Juli 1871 (RGBl. Nr. 88) kann unter den daselbst bezeichneten Voraussetzungen die Abschie-

1) Ausgeschieden ist hier aus der Betrachtung die Organisation und Verwaltung des Heeres (s. S. 65).

2) Die eingehenden mannigfachen Vorschriften, die der Krieg in dieser Beziehung notwendig gemacht hat, gehören nicht hierher (s. S. 122, Anm. 1).

bung aus einem bestimmten Orte oder Gebiete mit Verweisung in die Zuständigkeitsgemeinde oder bei Ausländern über die Landesgrenze erfolgen. Die Abschiebung von Ausländern wird regelmäßig auf Grund von Abmachungen mit den beteiligten fremden Regierungen vollzogen. Die Polizeiaufsicht und zwangsweise Anhaltung zur Arbeit sind durch Gesetze (vom 10. Mai 1873 — RGBl. Nr. 108 —, vom 24. Mai 1885 — RGBl. Nr. 89 und 90 —) geregelt. Die Überwachung gerichtlich bestrafter oder sonstiger staatsgefährlicher Personen, die Ermittlung von strafrechtlich verfolgten Personen und Deserteuren, die Bekämpfung der Zigeunerplage u. s. w. wird in zahlreichen besonderen Vorschriften behandelt. Den Eingriffen der polizeilichen Tätigkeit des Staates in die verfassungsmäßig gewährleistete Vereins- und Versammlungsfreiheit sind in den einschlägigen Gesetzen vom 15. November 1867 (RGBl. Nr. 134, 135) Grenzen vorgezeichnet (s. S. 119). Die Preßpolizei übt ihre Tätigkeit auf Grund des Preßgesetzes vom 9. Juli 1894 (RGBl. Nr. 161) aus (s. S. 120). Endlich gehören zum Teil hierher die polizeilichen Vorschriften über die Erzeugung, den Verkehr und den Besitz von Waffen und Munition (Sprengmittel) und über das Tragen von Waffen (Kaiserliches Patent vom 24. Oktober 1852, RGBl. Nr. 223, Verordnung des Gesamtministeriums vom 20. Mai 1915, RGBl. Nr. 132); zum anderen Teile fallen sie, wie beispielsweise insbesondere die Vorschriften über die Beförderung von Pulver und sonstigen Sprengmitteln, in das im folgenden unter c) behandelte Verwaltungsgebiet.

C. Die Verwaltungstätigkeit in Bezug auf Gesundheit und Leben der Bevölkerung umfaßt vor allem die umfangreiche, in Österreich sorgfältig ausgebaute Gesundheitspolizei. Nach § 1 des Gesetzes vom 30. April 1870 steht der Staatsverwaltung die Oberaufsicht über das gesamte Gesundheitswesen zu. Den Gemeinden ist in weitem Umfang die Handhabung der gesundheitspolizeilichen Vorschriften im eigenen und übertragenen Wirkungskreise zugewiesen; der Landesgesetzgebung sind die Bestimmungen darüber vorbehalten, auf welche Weise die Gemeinden für sich oder in Gemeinschaft mit anderen Gemeinden die erforderlichen Einrichtungen zu treffen haben. Auf dem Gebiet der Abwehr und der Bekämpfung ansteckender Krankheiten übt der Staat einerseits durch zahlreiche Vorschriften und durch die Überwachung ihrer Durchführung, andererseits mit Hilfe von Instituten für die Untersuchung der Krankheiten und Herstellung der zu ihrer Bekämpfung nötigen Mittel (Sero-therapeutisches Institut in Wien) eine rege Tätigkeit aus (Gesetz vom 14. April 1913, RGBl. Nr. 67, betreffend die Verhütung und Bekämpfung übertragbarer Krankheiten). Der Verkehr mit Lebensmitteln und gewissen Gebrauchsgegenständen (kosmetische Mittel, Spielwaren, Tapeten u. s. w.) ist durch das Gesetz vom 16. Januar 1896 (RGBl. 1897 Nr. 89) in den Grundzügen geregelt und durch öffentliche Untersuchungsanstalten geschützt. Die Handhabung der Leichen- und Begräbnispolizei obliegt den Gemeinden unter staatlicher Aufsicht. Der politischen Verwaltung ist amtsärztliches Personal beigegeben. An das Ministerium des Innern ist der k. k. oberste Sanitätsrat, an die Landesregierungen die Landessanitätsräte angegliedert. Die Ausübung der Tätigkeit als Arzt, Hebamme und Apotheker ist von der Ablegung bestimmter Prüfungen abhängig. Die gesetzlichen Bestimmungen über das Apothekergewerbe sind in dem Gesetz vom 18. Dezember 1906 (RGBl. 1907 Nr. 5) enthalten; zum Betrieb einer öffentlichen Apotheke ist eine Konzession erforderlich; daneben bestehen auf einem dinglichen Recht beruhende verkäufliche Realapotheken, deren Vermehrung durch Neugründungen nunmehr ausgeschlossen ist. Für den Betrieb als selbständiger Gewerbetreibender, Pächter, Leiter und Stellvertreter ist persönliche Eignung auf Grund zurückgelegten Studiengangs vorgeschrieben. Für den Verkauf von Arzneimitteln ist die im Jahre 1906 in 8. Ausgabe erschienene Pharmacopoea austriaca (s. RGBl. Nr. 10) maßgebend.

Ein Gebiet, auf dem sich die Fürsorge des Staates für Gesundheit und Leben der Bevölkerung betätigt, besteht ferner in der Armenverwaltung. Die Reichsgesetzgebung hat sich auf die grundlegenden Vorschriften über die staatliche Armenpflege beschränkt; sie finden sich in dem Reichsgemeindegesetz vom 5. März 1862 (RGBl. Nr. 18), wonach das Armenwesen und die Sorge für die Gemeindewohltätigkeitsanstalten zum selbständigen Wirkungskreis der Gemeinde gehört, sowie in dem Heimatgesetz vom 3. Dezember 1863 (RGBl. Nr. 105). Soweit die bestehenden Armen- und Wohltätigkeitsanstalten und Stiftungen zur Armenversorgung nicht ausreichen, ist es Aufgabe der Gemeinde, ihre Heimatberechtigten sowie — vorbehaltlich des Ersatzes durch die Verpflichteten — auswärtige Arme im Falle augenblicklichen Bedürfnisses zu unterstützen. Die Art und Weise der Armenversorgung bestimmt innerhalb der bestehenden Gesetze die Gemeinde. Im übrigen ist die Regelung der Armenpflege der Landesgesetzgebung überlassen, und sie ist dementsprechend in einer Reihe von Kronländern durch Landesgesetze eingehend organisiert, in denen auch Leistungen aus Landesmitteln vorgesehen sind. Eine unmittelbare Gewährung von Armenunterstützung aus Staatsmitteln findet im allgemeinen nicht statt.

Zu einem großen Teil gehört in diesen Rahmen auch die Jugendfürsorge, in besonderem Maße aber die Fürsorge für die Verbesserung und Verbilligung der Wohnungsverhältnisse der minderbemittelten Bevölkerung. Aus der großen Zahl staatlicher Maßnahmen, mit denen dieses Ziel verfolgt wird, sind zu nennen das Gesetz vom 22. Dezember 1910 (RGBl. Nr. 242), betreffend die Errichtung eines Wohnungsfürsorgefonds, das Gesetz vom 28. Dezember 1911 (RGBl. Nr. 244), betreffend die staatliche Förderung der Wohnungsfürsorge, und die Steuerbegünstigungen für Neubauten (s. S. 166).

In diesem Zusammenhange ist, abgesehen von den bereits erwähnten Vorschriften über die Herstellung und den Verkauf von Waffen, Sprengstoffen u. s. w. und das Tragen von Waffen, weiterhin einzugehen auf die mannigfachen zum Zwecke der Verhütung von Bränden für das ganze Reich erlassenen Bestimmungen über den Verkehr mit feuergefährlichen Gegenständen und Flüssigkeiten (z. B. Verordnung über den Verkehr mit Mineralölen vom 23. Januar 1901 — RGBl. Nr. 12 —; Gesetz vom 13. Juli 1909 über die Herstellung von Zündhölzchen und anderen Zündwaren — RGBl. Nr. 119 — u. s. w.) und die landesgesetzlichen Feuerpolizeiordnungen. Eine besondere Stelle nehmen die feuerpolizeilichen Bestimmungen für Theater und ähnliche Baulichkeiten ein. Die Ausübung der Feuerpolizei gehört in den selbständigen Wirkungskreis der Gemeinden unter Wahrung des staatlichen Aufsichtsrechts, dem eine weitgehende Einwirkung in dieser Hinsicht zusteht.

Sodann ist die Baupolizei nicht nur von wirtschaftlichen, sondern zu einem erheblichen Teile von Gesichtspunkten der Fürsorge für Leben und Gesundheit der Bevölkerung geleitet. Die

Hauptquelle für die einschlägigen Vorschriften bilden die auf Landesgesetzen beruhenden Bauordnungen, die sich im einzelnen auf die Widmung von Grundstücken für Bauzwecke, die Baulinien, die Genehmigung der Pläne unter Berücksichtigung der Festigkeit, Feuersicherheit und gesundheitlichen Wirkung des Baues, die Ausführung des Baues usw. beziehen. Diese Bauordnungen bieten insbesondere infolge der Verschiedenheit der kulturellen und örtlichen Verhältnisse ein überaus buntes Bild.

Für die Verhütung von Unfällen und den Schutz der Gesundheit gewerblicher Arbeiter bilden die §§ 74 bis 74d der Gewerbeordnung in der Fassung des Gesetzes vom 21. April 1913 (RGBl. Nr. 74) die Grundlage. Hiernach ist der Gewerbeinhaber verpflichtet, auf eigene Kosten diejenigen Einrichtungen hinsichtlich der Arbeitsräume, Maschinen- und Werkgerätschaften herzustellen, die zum Schutze des Lebens und der Gesundheit der Arbeiter erforderlich sind. Die näheren Bestimmungen über die Beschaffenheit gewerblicher Anlagen und über das Verfahren bei Genehmigung gewerblicher Anlagen sowie besondere Schutzvorschriften für einzelne Betriebsarten werden durch ministerielle Verordnungen erlassen. Als beratendes fachtechnisches Organ der Regierung besteht die Unfallverhütungskommission.

Endlich ist für einen besonderen Personenkreis auch in Österreich durch Einführung der öffentlichrechtlichen Zwangsversicherung gesorgt. Sie erstreckt sich auf die Unfallversicherung, Krankenversicherung und einstweilen nur hinsichtlich der Privatangestellten auf die Alters- und Invalidenversicherung (s. Kais. Vdg. vom 25. Juni 1914, RGBl. Nr. 138). Regierungsentwürfe zu umfassenden Gesetzen über die Sozialversicherung sind dem Parlament in den Jahren 1908 und 1911 zugegangen.

Das Grundgesetz für die Unfallversicherung bildet das Gesetz vom 28. Dezember 1887 (RGBl. 1888 Nr. 1) betreffend die Unfallversicherung der Arbeiter. Es bezog sich auf die in Fabriken, Hüttenwerken, in Bergwerken auf nicht vorbehaltene Mineralien, auf Werften, Stapeln und in Brüchen, ferner die in den zu diesen Betrieben gehörigen Anlagen beschäftigten sowie die im Baugewerbe[1]) tätigen Arbeiter und Betriebsbeamte. Diesen

1) Über die Unfallversicherung bei baugewerblichen Betrieben sind neue Bestimmungen mit dem Gesetz vom 29. April 1912 (RGBl. Nr. 96) ergangen.

Betrieben stehen gleich diejenigen, in denen explodierende Stoffe erzeugt oder verwendet werden, und diejenigen gewerblichen oder land- und forstwirtschaftlichen Betriebe, bei denen Dampfkessel und mechanische Triebwerke verwendet sind. Durch die Novelle vom 20. Juli 1894 (RGBl. Nr. 168) ist die Versicherungspflicht erheblich erweitert worden; insbesondere fallen darunter nunmehr die Eisenbahnen und sonstigen mit der Beförderung von Personen oder Sachen befaßten Unternehmungen, Warenlagerunternehmungen, Theater u. s. w.; seitdem hat eine weitere Ausdehnung der Versicherungspflicht namentlich auf die Betriebe der Seeschiffahrt und Seefischerei stattgefunden (Gesetz vom 11. Februar 1913 — RGBl. Nr. 25). Gegenstand der Versicherung bildet der Ersatz des Schadens, der durch eine Körperverletzung oder den Tod des Versicherten entsteht (Rente für den Verletzten von der 5. Woche an oder — im Falle seines Todes infolge des Unfalls — für dessen Hinterbliebenen). Die Versicherung erfolgt durch Versicherungsanstalten. Die versicherungspflichtigen Betriebe sind in Gefahrenklassen eingeteilt. Die Versicherungsbeiträge werden durch einen unter Zugrundelegung der Gefahrenklasse und des Arbeitsverdienstes aufgestellten Tarif nach dem Kapitaldeckungsverfahren festgesetzt; von den Beiträgen fallen dem Versicherten 10 Prozent, dem Unternehmer 90 Prozent zur Last. Für jede Versicherungsanstalt besteht ein Schiedsgericht, das zur Entscheidung über die gegen die Versicherungsanstalt erhobenen, von diesen nicht anerkannten Entschädigungsansprüche ausschließlich zuständig ist. Eine Oberinstanz wie das deutsche Reichsverversicherungsamt ist nicht vorgesehen, für die höchstrichterliche Entscheidung kommen in erster Linie Erkenntnisse des Verwaltungsgerichtshofs in Betracht. Die staatliche Aufsicht wird von der für die Versicherungsanstalt zuständigen politischen Landesbehörde und dem Minister des Innern geführt, dem zur fachmännischen Unterstützung ein Versicherungsbeirat beigegeben ist.

Die Arbeiterkrankenversicherung beruht auf dem Gesetz vom 30. März 1888 (RGBl. Nr. 33). Hiernach sind im wesentlichen alle gegen die Folgen von Betriebsunfällen versicherten und die sonst in gewerbsmäßigen Unternehmungen beschäftigten Arbeiter und Betriebsbeamten einbegriffen. Ausgeschlossen sind insbesondere die land- und forstwirtschaftlichen Arbeiter und Betriebsbeamten. Die Unternehmer von land- und forstwirtschaftlichen Betrieben sind berechtigt, mit ihren Arbeitern oder Betriebsbeamten, sonstige Personen, die der Versicherungspflicht nicht unterliegen und das 35. Lebensjahr noch nicht vollendet haben, für ihre Person freiwillig in die Versicherung einzutreten. Gegenstand der Versicherung ist als Mindestleistung von Beginn der Krankheit ab nötigenfalls bis zur 20. Woche ärztliche Behandlung, Gewährung von Heilmitteln und sonstigen Behelfen, bei Dauer der Krankheit von mehr als 3 Tagen ein Krankengeld in Höhe von 60 Prozent des üblichen Tagelohns, im Sterbefall ein Beitrag zu den Beerdigungskosten. Diese Leistungen können durch Statut erweitert werden. Träger der Versicherung sind Bezirks-, Betriebs-, Bau-, Genossenschafts-, Bruderladen- (Knappschafts-) und Vereinskrankenkassen. Die Beiträge zu den Zwangskassen (Bezirks-, Betriebs- und Baukrankenkassen) werden in Prozenten des üblichen Lohnes bemessen. Die Beitragslast entfällt zu zwei Dritteln auf die Arbeitnehmer, zu einem Drittel auf die Arbeitgeber.

Vorsorge für die Versicherung der in Bergwerken auf vorbehaltene Mineralien beschäftigten Personen gegen Unfall und Krankheit war durch die Gesetzgebung über die zur Unterstützung hilfsbedürftiger Bergarbeiter bestehenden Bruderladen getroffen (Gesetz vom 28. Juli 1889 — RGBl. Nr. 127 —, und einige spätere Gesetze). Die Unfallversicherung der Bergarbeiter ist neuerdings durch die Kaiserliche Verordnung vom 7. April 1914 (RGBl. Nr. 80) weiter entwickelt worden.

D. Die Verwaltungstätigkeit in Bezug auf das wirtschaftliche Leben. Das öffentliche Verkehrswesen schließt in sich die Regeln über den Straßen-, Eisenbahn-, Post- und Telegraphenverkehr.

Was zunächst Herstellung und Unterhaltung der Straßen anlangt, so ist zu unterscheiden zwischen den Ärarialstraßen (Reichsstraßen) und den nichtärarischen Straßen und Wegen. Die Gesetzgebung über die Herstellung und Verwaltung der ersteren ist dem Reichsrat vorbehalten, diejenige hinsichtlich der letzteren (Landes-, Bezirks- und Gemeindestraßen und -wege) gehört zum Wirkungskreise der Landtage. Die Kosten der Herstellung und Erhaltung sind je nach dem beteiligten Lande und der Art der Straße, aus Landes-, Straßenbezirks- oder Gemeindemitteln zu bestreiten. Die Zuständigkeit zur Fürsorge für das Wegewesen ist in den einzelnen Ländern in verschiedener Weise geregelt; im großen und ganzen sind dazu die autonomen Organe berufen, doch ist den politischen Behörden die aufsichtsweise Einwirkung vorbehalten.

Im Eisenbahnwesen hat die Entwicklung zum überwiegenden Staatsbahnsystem geführt. Unter der Leitung des Eisenbahnministeriums wird der Betrieb von 15 Eisenbahndirektionen ausgeübt. Als technische Aufsichtsbehörde besteht die Generalinspektion der österreichischen Eisenbahnen. Zur Begutachtung allgemeiner volkswirtschaftlicher Fragen im Bereiche des Eisenbahnverkehrswesens ist dem Ministerium der Staatseisenbahnrat beigegeben, dessen Mitglieder teils von den beteiligten Ministern, teils von den wirtschaftlichen Interessenvertretungen bestimmt werden. — Das dem Handelsministerium unterstehende Post-, Telegraphen- und Telephonwesen ist ausschließlich dem Staate vorbehalten. Der Dienst ist auf zehn Post- und Telegraphendirektionen verteilt.

Die Regelung der in der Hauptsache dem Handelsministerium unterstehenden Binnenschiffahrt ist Reichssache. Die Benutzung öffentlicher Gewässer zu Floß- und Schiffahrt wird durch die hierüber in Floß- und Schiffahrtsakten, in Konventionen, dann durch die besonderen Flußschiffahrts-, Strompolizei- und Kanalordnungen und sonstige Sondergesetze und -verordnungen geregelt. Die Personenbeförderung ist Privatunternehmungen allgemein gestattet, die Dampfschiffahrt bedarf jedoch einer behördlichen Bewilligung. Für das mit der Führung und Bedienung von Dampfschiffen betraute Personal ist entsprechende Qualifikation erforderlich. Besondere Bestimmungen betreffen die Beförderung gefährlicher Stoffe und die Sicherheitsmaßnahmen gegen die Verbreitung von Seuchen durch die Binnenschiffahrt. Von erheblicher Bedeutung für die österreichische Binnenschiffahrt sind eine Reihe von internationalen Abmachungen, wie die Artikel 108 bis 117 der Wiener Kongreßakte vom 19. Juni 1815, die Vereinbarungen über die Schiffahrt auf dem Bodensee, der Elbe, dem Pruth, dann die zahlreichen Verträge über die Donau-Schiffahrt (Pariser Vertrag vom 30. März 1856, Art. 15 bis 19 — RGBl. Nr. 62 —, Donau-Schiffahrtsakte vom 7. November 1857 — RGBl. 1858 Nr. 13 —, Berliner Vertrag vom 13. Juli 1878, Art. LII bis LVII — RGBl. 1879 Nr. 43 —, Schiffahrtsakte für die Donau-Mündungen vom 2. November 1865 — RGBl. 1866 Nr. 109 —

und Zusatzvertrag vom 28. Mai 1881 — RGBl. 1882 Nr. 113 — u. a.) und verschiedene Handelsverträge. Über das Verhältnis zu Ungarn ist maßgebend der Artikel VIII des Vertrags vom Jahre 1907 über die wechselseitigen Handels- und Verkehrsbeziehungen und das Schlußprotokoll dazu.

Auf dem Gebiete der Seeschiffahrt können hier die wichtigsten Punkte kaum dem Namen nach gestreift werden. Es kommen in Betracht die Vorschriften über die Flaggenführung, über die Vermessung der Schiffe und die Überwachung des Schiffsbaues, über die Schiffer und das Schiffspersonal (Seemannsordnung), die Hafen- und Küstenpolizei, über das Straßenrecht auf See, über die Seefischerei. In einem Subventionsverhältnis zur Regierung steht insbesondere der Österreichische Lloyd. Das Verhältnis zu Ungarn hinsichtlich der Seeschiffahrt ist in dem Artikel VII des obengenannten Vertrags mit Ungarn geregelt. Im übrigen ist die Seeschiffahrt Gegenstand überaus zahlreicher internationaler Verträge (Handels- und Schiffahrtsverträge, Verträge über die wechselseitige Unterstützung von Seeleuten, über Vorschriften zur Verhütung von Zusammenstößen auf See u. s. w.).

Als Grundlage von Maß und Gewicht hat Österreich mit der Maß- und Gewichtsordnung vom 23. Juli 1871 (RGBl. 1872 Nr. 16) das metrische System angenommen. Die amtliche Eichung der zum Messen und Wägen im öffentlichen Verkehr dienenden Maße, Gewichte, der Wasserverbrauchsmesser u. s. w. ist Gegenstand eingehender Regelung.

Was das Geld-, Kredit- und Bankwesen anlangt, so sind die wichtigsten Punkte bei Gelegenheit der Besprechung der Angelegenheiten berührt worden, die gemäß den Vereinbarungen mit Ungarn in beiden Staaten der Monarchie nach gleichen Grundsätzen zu behandeln sind (s. S. 85). Auf dem Gebiete des gemeinnützigen Kredits sind zu erwähnen die 1883 errichtete Postsparkasse und die von den meisten Kronländern zur Förderung des Hypothekenkredits oder für öffentliche nützliche Zwecke gegründeten und durch Garantie der Länder hinsichtlich ihrer Schuldbriefe begünstigten Landeskreditinstitute.

Die Landeskulturverwaltung umfaßt die Tätigkeit des Staates zur Förderung der Bodenkultur (Landwirtschaft und Forstwirtschaft) sowie der damit im Zusammenhang stehenden Erwerbszweige (Tierzucht, Jagd, Fischerei). Die Fürsorge für diese

Zweige des Wirtschaftslebens gehört zum Teil in das bürgerliche Recht. Dies gilt namentlich von den Vorschriften über das bäuerliche Erbrecht, dessen Ausgestaltung in der Richtung des Anerbenrechts zum Zwecke der Erhaltung des bäuerlichen Besitzes in bestimmter Größe durch das Gesetz vom 1. April 1889 der Landesgesetzgebung anheimgegeben worden ist, nachdem die Gesetzgebung des Jahres 1868 die Teilungsbeschränkungen der früheren Agrarverfassung (Bestiftungszwang) aufgehoben hatte.

Mit dem öffentlichen Recht teilt sich das bürgerliche Recht insbesondere bei den Vorschriften zur Ablösung der Grundlasten, die mit dem Kaiserlichen Patent vom 7. September 1848, betreffend die Aufhebung des Untertansverbandes und die Entlastung des Grund und Bodens, begonnen, mit dem Kaiserlichen Patent vom 4. März 1849 durchgeführt wurde. Ein Teil der einschlägigen Leistungen wurde unentgeltlich aufgehoben, ein Teil der Ablösung unterworfen, die durch Schaffung von Grundentlastungsfonds erleichtert wurde. Die Ablösungsoperation ist abgeschlossen. In erster Linie öffentlich-rechtlicher Natur ist die Gesetzgebung zum Zwecke der besseren Benutzung von Grund und Boden durch Zusammenlegung (Kommassation) der in Gemenglage verstreuten Ackerparzellen, die unter gewissen Voraussetzungen im Zwangswege durchzuführen ist, ferner die Gesetzgebung zur Teilung gemeinschaftlicher Grundstücke sowie zur Bereinigung des Waldlandes von fremden Enklaven und die Arrondierung der Waldgrenzen. Diese Gegenstände umfassen die drei Reichsgesetze vom 7. Juni 1883 (RGBl. Nr. 92—94), welche die Grundlage für die auf diesem Gebiete zu erlassenden Landesgesetze abgeben. Solche Gesetze sind in einzelnen Ländern erlassen worden. Die Hebung des Bodenertrags wird ferner gefördert durch die Meliorationsgesetzgebung, die den Schutz des Grundeigentums gegen Wasserverheerungen oder die Be- und Entwässerung von Grundstücken zum Zwecke hat. Soweit die Ausführung solcher Arbeiten im öffentlichen Interesse liegt, können hierzu aus dem Meliorationsfonds finanzielle Unterstützungen gegeben werden. Um Bodenverbesserungen, die im privaten Interesse liegen, durch leichtere Kapitalsbeschaffung zu fördern, ist den zu diesem Zwecke aufgenommenen Darlehen (Meliorationsdarlehen) unter gewissen Bedingungen ein Vorzugsrecht vor anderen Forderungen gegeben. Besondere Vorschriften sind zum Schutze gegen Zerstörungen durch Gebirgsgewässer erlassen (Wildbachverbauungen). Der Schutz des Bodenertrags gegen schädliche Tiere und Pflanzen (Reblaus, Coloradokäfer, Peronospora u. s. w.) ist auch in Österreich sorgfältig ausgebildet. Der Landesgesetzgebung ist auf allen diesen Gebieten ein weites Feld der Tätigkeit eingeräumt.

Das Wasserrecht mit seinen mannigfaltigen Beziehungen zur Landwirtschaft ist durch das Reichsgesetz vom 30. Mai 1869 (RGBl. Nr. 93) geordnet und durch zahlreiche Landesgesetze ausgebaut. Die staatlichen Vorschriften über die Forstwirtschaft beruhen auf den Grundsätzen des Kaiserlichen Patents vom 3. Dezember 1852 (RGBl. Nr. 250). Kein Waldgrund darf der Holzzucht entzogen werden, Reichs- und Gemeindeforsten sind in kurzer Zeit nach dem Abtrieb wieder in Bestand zu bringen; die einzelnen Bestimmungen sind durch landesrechtliche Normen näher ausgeführt. Das Jagdrecht auf fremdem Grund und Boden ist durch das Patent vom 7. März 1849 (RGBl. Nr. 154) aufgehoben. Abgesehen von diesem Patent kommen für dieses Rechtsgebiet im wesentlichen landesrechtliche Normen in Betracht. Jedem Besitzer eines zusammenhängenden Grundbesitzes von 115 Hektar steht das Jagdrecht auf seinem eigenen Grund und Boden zu; auch Grundstücken unter 115 Hektar wird das Jagdrecht der Gemeinde oder der als Genossenschaft zu organisierenden Gesamtheit der Grundbesitzer zugewiesen. Reichs- und Landesgesetzgebung teilen sich in die Regelung der Fischerei (Berechtigung zur Fischerei, Schonzeiten, Verbot bestimmter Fangarten, Fischereischutzpersonal).

Die staatlichen Maßnahmen zur Hebung der Tierzucht umfassen die Fürsorge für tierärztliches Personal genügender Qualifikation, die Bekämpfung der Tierkrankheiten durch veterinärpolizeiliche Einrichtungen, namentlich Verkehrsbeschränkungen im Innern und Regelung des Verkehrs mit dem Ausland, die Leitung der Tierzucht und die Aufstellung von Regeln über die Verwendung von Zuchttieren sowie die Beschaffung von solchen Tieren u. s. w. Auf dem Gebiete der Pferdezucht namentlich leisten die Staatsgestüte und Staatshengstdepots wertvolle Dienste.

Zur gemeinsamen Vertretung wirtschaftlicher Interessen der Landwirtschaft bestehen die landwirtschaftlichen Vereine und Gesellschaften; in einzelnen Ländern bestehen Landeskulturräte. Im Jahre 1898 wurde der Industrie- und Landwirtschaftsrat als beratende Körperschaft gegründet, die in zwei Sektionen, eine für Land- und Forstwirtschaft und Montanwesen, die andere für Industrie, Gewerbe und Handel, geteilt ist; durch Gesetz vom 27. April 1902 (RGBl. Nr. 91) sind Richtlinien für Berufsgenossenschaften der Landwirte zur Förderung beruflicher Interessen vorgezeichnet.

Für den Bergbau ist das durch spätere gesetzliche Vorschriften teils abgeänderte, teils ergänzte allgemeine Berggesetz vom 23. Mai 1854 (RGBl. Nr. 146) maßgebend. Das staatliche Bergregal erstreckt sich auf alle Mineralien, die wegen ihres Gehalts an Metallen, Schwefel, Alaun, Vitriol oder Kochsalz benutzbar sind, ferner die Zementwässer, Graphit- und Erdharze, endlich alle Arten von Schwarz- und Braunkohle (sog. vorbehaltene Mineralien).

Das geltende Gewerberecht ist hervorgegangen aus der Gewerbeordnung vom Jahre 1859 (RGBl. Nr. 227), die den Grundsatz der Gewerbefreiheit zur Geltung brachte, und einer Anzahl von ergänzenden Gesetzen, durch welche das ursprüngliche Gesetz zum großen Teil aufgehoben und durch umfassende neue Bestimmungen ersetzt und ergänzt worden ist. Solche Gesetze sind ergangen in den Jahren 1883 (RGBl. Nr. 39, 117), 1885 (RGBl. Nr. 22), 1895 (RGBl. Nr. 21), 1896 (RGBl. Nr. 205, 218), 1897 (RGBl. Nr. 63), 1902 (RGBl. Nr. 49, 155), 1907 (RGBl. Nr. 26), 1913 (RGBl. Nr. 74). Die Entwicklung in diesen Gesetzen bewegt sich in der Richtung des Schutzes der mittleren und kleineren Betriebe gegen den Großbetrieb und der gewerblichen Arbeiter im Klein- und Großbetrieb; der Schutz des gewerblichen Mittelstandes findet seinen Ausdruck namentlich in der Ausgestaltung des Befähigungsnachweises bei handwerksmäßigen Gewerben und der zwangsweisen Organisation des Kleingewerbes in Genossenschaften durch die einschneidende Novelle vom 5. Februar 1907 (RGBl. Nr. 26). Die Gewerbeordnung unterscheidet freie, handwerksmäßige und konzessionierte Gewerbe. Eine besondere Stellung nehmen die Handelsgewerbe, fabrikmäßigen Unternehmungen und die Hausindustrie ein. Als handwerksmäßige Gewerbe bezeichnet die Gewerbeordnung solche, bei denen es sich um Fertigkeiten handelt, welche die Ausbildung im Gewerbe durch die Erlernung und eine längere Verwendung in diesem erfordern. Zum Antritt der hierhergehörigen Gewerbe, die im Gesetze aufgezählt sind, ist der Nachweis der Befähigung notwendig; gleiches gilt von dem Gemischtwaren-, Kolonial-, Spezerei- und Materialienwarenhandel. Handelsgewerbe und fabrikmäßige Gewerbe sind nicht unter die handwerksmäßigen Gewerbe einzureihen. Konzessionierte Gewerbe sind diejenigen Gewerbe, deren Betrieb aus öffentlichen Rücksichten von einer besonderen Bewilligung abhängig ist. Alle Gewerbe, die nicht als handwerksmäßige oder als konzessionierte Gewerbe erklärt werden, sind freie Gewerbe. Von der Anwendbarkeit der Gewerbeordnung ist eine Reihe von Erwerbszweigen ausdrücklich ausgenommen, so z. B. die land- und forstwirtschaftliche Produktion und ihre Nebengewerbe, Bergbau, die Geschäfte der Advokaten und Notare, Handelsmäkler, Privatgeschäftsvermittlungen, die Ausübung der Heilkunde, des Apothekenbetriebs, der Krankenpflege, des Hebammenberufs, der Privatunterricht, der Eisenbahnbetrieb u.s.w. Der Umfang der Gewerbeberechtigung bestimmt sich nach der Anmeldung oder der Konzession. Der Arbeitsvertrag und die sonstigen Arbeitsbedingungen des gewerblichen Hilfspersonals sind durch besondere Vorschriften nach Maßgabe sozialpolitischer Gesichtspunkte geschützt. Für Streitigkeiten aus dem Arbeits- und Lohnverhältnis bestehen an geeigneten Orten Gewerbegerichte. Die Überwachung der Arbeiterschutzvorschriften liegt in Händen der Gewerbeinspektion. Die Handwerktreibenden gleicher oder verwandter Gewerbe in einer Gemeinde oder in benachbarten Gemeinden sind in Fachgenossenschaften (Gremien, Gilden, Innungen) vereinigt, zu denen die Gewerbeinhaber im Verhältnis als Mitglieder, die Arbeiter als Angehörige stehen. Zweck der Genossenschaften ist Pflege des Gemeingeistes, Erhaltung und Hebung der Standesehre sowie Förderung der humanitären, wirtschaftlichen und Bildungsinteressen ihrer Mitglieder und Angehörigen. In dieser Hinsicht kommt als Aufgaben der Genossenschaften insbesondere die Gründung von Kranken- und Unterstützungskassen, gemeinschaftlicher Rohstofflager oder Verkaufshallen, gewerblicher Unterrichtsanstalten u. a. m. in Betracht. Schiedsgerichtliche Institutionen innerhalb der Genossenschaften sind vorgesehen.

E. Die Verwaltungstätigkeit in Bezug auf das geistige Leben. Die Fürsorge und beaufsichtigende Tätigkeit des Staates für das Kultuswesen ist an anderer Stelle kurz dargestellt worden. Es erübrigt hier nur noch, auf die Einrichtung des österreichischen Schulwesens kurz einzugehen.

Das Aufsichtsrecht über das gesamte Unterrichts- und Erziehungswesen[1]) übt der Staat durch das Unterrichtsministerium aus. Die Grundzüge für dieses Aufsichtsrecht sind in dem Gesetze vom 25. Mai 1868 über das Verhältnis der Kirche zur Schule (RGBl. Nr. 48) niedergelegt. Zur Leitung und Aufsicht über das Erziehungswesen, über die Volksschulen und Lehrerbildungsanstalten ist in jedem Kronland ein Landesschulrat als oberste Landesschulbehörde, ein Bezirksschulrat für jeden Schulbezirk, ein Ortsschulrat für jede Schulgemeinde bestellt. In den Landesschulrat, an dessen Spitze der Statthalter (Landeschef) als Vorsitzender steht, werden Mitglieder der politischen Landesstelle, Abgeordnete des Landesausschusses, Geistliche aus den im Lande bestehenden Konfessionen und aus Schulfachmännern berufen; durchwegs ist auch hier für eine Vertretung der Geistlichkeit und der beteiligten Selbstverwaltungskörper gesorgt. Die Zusammensetzung und Tätigkeit dieser Aufsichtsbehörden im einzelnen wird durch die Landesgesetzgebung festgestellt. Unter den Vorschriften, die für den allgemeinen Volksunterricht erlassen sind, nimmt das Reichsvolksschulgesetz vom 14. Mai 1869 (RGBl. Nr. 62) die wichtigste Stelle ein. Nach diesem Gesetz ist jede Volksschule, zu deren Gründung der Staat, das Land oder die Ortsgemeinde die Kosten ganz oder teilweise beiträgt, eine öffentliche Anstalt und als solche der Jugend ohne Unterschied des Glaubensbekenntnisses zugängig (Simultanschulen). Der Religionsunterricht wird durch die Kirchenbehörden überwacht. Über die Unterrichtssprache und über die Unterweisung in einer zweiten Landessprache entscheidet nach Anhörung der Schulerhalter die Landesschulbehörde. Neben die allgemeine Volksschule tritt die dreiklassige Bürgerschule, die eine über das Lehrziel der ersteren hinausreichende Bildung namentlich mit Rücksicht auf die Bedürfnisse der Gewerbetreibenden und Landwirte gewährt.

Schulzwang besteht in dem Sinne, daß die Eltern oder deren Stellvertreter die Kinder nicht ohne den für die öffentlichen Volksschulen vorgeschriebenen Unterricht lassen dürfen; sie sind, wie

1) In Böhmen, Mähren, Tirol wird bei der Organisation der Schulaufsichtsbehörden und der Einteilung der Schulbezirke die nationale Zusammensetzung der Bevölkerung berücksichtigt (s. S. 177).

auch die Inhaber von Fabriken und Gewerben für den regelmäßigen Schulbesuch der Kinder verantwortlich. Die Schulpflicht beginnt mit dem vollendeten 6. Lebensjahr und dauert bis zum vollendeten 14. Lebensjahr. Eine Befreiung von der Verpflichtung, die öffentliche Schule zu besuchen, gilt abgesehen von der Verhinderung infolge geistiger oder körperlicher Gebrechen für solche Kinder, die einen entsprechenden Unterricht, sei es in anderen Schulen, sei es zu Hause oder in einer Privatanstalt erhalten. Die Bezirksschulaufsicht hat sich davon zu überzeugen, daß ein derartiger Unterricht genügt. Die vorstehenden Grundsätze sind im einzelnen ausgeführt in der Schul- und Unterrichtsordnung vom 29. September 1905 (RGBl. Nr. 159). Hinsichtlich der Verpflichtung zur Errichtung von Schulen gilt nach dem Reichsvolksschulgesetz und den dazu erlassenen Landesgesetzen die Regel, daß eine Schule überall zu errichten ist, wo sich im Umkreise einer Stunde nach einem fünfjährigen Durchschnitt mehr als 40 Kinder vorfinden, die eine über vier Kilometer entfernte Schule besuchen müssen[1]). Für Kinder, die in Fabriken oder in größeren Gewerbsunternehmungen beschäftigt werden und dadurch am Besuche der Gemeindeschule verhindert sind, haben die Fabrikinhaber entweder allein oder in Verbindung mit anderen Fabrikherren selbständige Schulen zu errichten. Den Aufwand für die Volksschulen tragen in der Regel die Ortsgemeinden, die Teilnahme der Bezirke an den Kosten regelt die Landesgesetzgebung. Soweit die Mittel der Ortsgemeinden und Bezirke nicht ausreichen, hat das Kronland dafür einzutreten. Für die Errichtung von Bildungsanstalten für Lehrkräfte sorgt im allgemeinen der Staat.

Die Mittelschulen scheiden sich in Gymnasien, Realgymnasien und Realschulen (Ober-Realschulen). Dazu sind seit 1909 Reform-Realgymnasien getreten. Für die Bildung der weiblichen Jugend bestehen Mädchenlyceen. Hochschulen sind zunächst die Universitäten Wien, Prag, Graz, Innsbruck, Krakau, Lemberg, Czernowitz (diese mit griechisch-orientalischer theologi-

---

1) Die Notwendigkeit der Errichtung einer Schule mit einer anderen als der an den bestehenden Schulen angewandten Unterrichtssprache ist nur dann gegeben, wenn sich in einer Ortschaft mindestens 40 Kinder befinden, welche den Unterricht eben nur in dieser anderen Sprache erhalten können und müssen (s. S. 117).

scher Fakultät), dazu treten die selbständigen katholisch-theologischen Fakultäten in Olmütz und Salzburg, die evangelisch-theologische Universität in Wien und die griechisch-orientalisch-theologische Lehranstalt in Zara. Ferner bestehen technische Hochschulen in Wien, Graz, Prag (eine mit deutscher, eine mit tschechischer Sprache), Brünn (gleichfalls eine mit deutscher, eine mit tschechischer Sprache) und Lemberg, die Hochschule für Bodenkultur in Wien, tierärztliche Hochschulen in Wien und Lemberg, montanistische Hochschulen (früher Bergakademien) in Leoben und Přibram. Ferner gehört hierher die Handels- und Nautische Akademie in Triest. Bei der Ausbildung des auswärtigen Dienstes der Monarchie wirkt die dem gemeinsamen Ministerium des Äußern unterstellte k. u. k. Konsularakademie in Wien mit.

Als Fachlehranstalten sind zu nennen: auf der mittleren Stufe landwirtschaftliche und Forstlehranstalten, Anstalten für Wein-, Obst- und Gartenbau, die Akademie für Brauindustrie in Wien und die Nautischen Schulen, auf der unteren Stufe gleichfalls solche für Land- und Forstwirtschaft, Molkerei- und Haushaltungsschulen, niedere Spezialschulen für Garten-, Obst-, Gemüse-, Flachs-, Hopfenbau, Alpenwirtschaft und Bienenzucht, Lehranstalten für Brauerei und Brennerei. In gleicher Weise reichhaltig ist das gewerbliche (Staatsgewerbeschulen, Fachschulen für einzelne Zweige, gewerbliche Fortbildungsschulen) und Handelsbildungswesen ausgebaut. Unter diesen letzteren ist die dem Handelsmuseum angegliederte Exportakademie hervorzuheben.

Als Lehranstalten für die Kunst bestehen insbesondere als Hochschulen die Akademie der bildenden Künste und die Graveur- und Medailleurschule in Wien, die Kunstakademien in Prag und Krakau, sowie die Akademie für Musik und darstellende Kunst in Wien.

Vierter Abschnitt.

Die Länder der ungarischen Krone.

1. Staat und Herrscher.

A. Gebiet und Charakter des Staates. Kroatien, Slavonien und Dalmatien und deren Verhältnis zum ungarischen Staate. Fiume.

Der ungarische Staat wird gebildet aus dem eigentlichen Ungarn, dem auch Siebenbürgen einverleibt ist, dem Königreich Kroatien, Slavonien und Dalmatien sowie Fiume als einem besonderen der ungarischen Krone angegliederten Körper (separatum sacrae regni coronae adnexum corpus). Das gesamte Staatsgebiet trägt amtlich die Bezeichnungen „Länder der heiligen ungarischen Krone" oder „Länder der heiligen Stefanskrone", auch „Ungarn und dessen Nebenländer", daneben findet sich „Ungarisches Reich" und „Ungarische Monarchie".

Das unter Maria Theresia zum Großfürstentum erhobene Siebenbürgen hatte sich mit dem Beginn der 1848er Bewegung mit dem Königreich Ungarn vereinigt, wurde aber nach dem unglücklichen Verlauf der ungarischen Revolution von Ungarn getrennt und als unabhängiges Kronland wiederhergestellt. Mit dem Patent vom 20. Oktober 1860 wurde die Erneuerung der alten Verfassung Siebenbürgens eingeleitet, doch schon 1865 beschloß der Landtag abermals die Union mit Ungarn, die, im Jahre 1867 vollzogen, Siebenbürgens staatliche Sonderstellung endgültig aufhob. Seitdem hat Siebenbürgen trotz einzelner rechtlicher Besonderheiten, und trotzdem das siebenbürgische Wappen wie das eines besonderen Landes im ungarischen Wappen fortgeführt wird, nur mehr den Charakter eines geographischen Bestandteils des Hauptlandes Ungarn[1]).

Anders das dreieinige Königreich Kroatien, Slavonien und Dalmatien. Im Jahre 1848 durch eigenen Entschluß von Ungarn getrennt, wurde Kroatien-Slavonien nach der Niederwerfung des ungarischen Widerstandes in der Verfassung vom 4. März 1849 als ein von Ungarn völlig unabhängiges, ihm gleichberechtigtes Land anerkannt und verblieb seitdem als Kronland, nicht ohne einige Hoffnung auf die Vereinigung mit Dalmatien, das seit 1814 wieder österreichischer Besitz geworden war, bis nach dem 1867er Ausgleich zwischen Österreich und Ungarn. Die Jahre von 1861 bis 1867 waren ausgefüllt von fruchtlosen Verhandlungen über das Verhältnis Kroatien-Slavoniens zu Ungarn. Der Anfang Januar 1868 zusammengetretene, auf Grund eines neuen oktroyierten Wahlrechts gewählte Landtag ernannte zur Wiederaufnahme der immer wieder unterbrochenen Verhandlungen mit der ungarischen Regierung über die Gestaltung des Verhältnisses Kroatiens und Slavoniens zu Ungarn eine neue Deputation. Es kam zur Einigung und am 24. September 1868 zur Annahme des „ungarisch-kroatischen Ausgleichs" im kroatischen, einige Tage später zu dessen Annahme im ungarischen Parlament. Damit war Kroatien-Slavonien wieder in engere Verbindung mit Ungarn gebracht (Ungarischer Gesetzartikel XXX: 1868, kroatischer Gesetzartikel I: 1868). Dalmatien aber, über das bereits im Februarpatent vom Jahre 1861, wenn auch nur „provisorisch", zugunsten Zisleithaniens verfügt war, und dessen Landtag entsprechend den Wünschen der vorwiegend italienischen Bevölkerung des Landes sich in einer Adresse vom 19. April 1861 gegen den Zusammenschluß mit Kroatien ausgesprochen hatte, blieb seitdem bei Österreich, und es ist toter Buchstabe geblieben, wenn Ungarn sich in dem kroatischen Ausgleich verpflichtete, kraft des Rechtes der heiligen ungarischen Krone die Reinkorporation[2]) Dalmatiens und dessen Vereinigung mit Kroatien zu fordern. An der gemeinsamen Bezeichnung des Landes als Kroatien, Slavonien und Dalmatien hat der Gegensatz zwischen dem staatsrechtlichen Zustand und den angedeuteten politischen, auch in Staatsrechts-

---

1) Über die geschichtliche Entwicklung siehe S. 6, 13, 18, 36.

2) Siehe S. 98.

büchern vorkommenden Ansprüchen nichts geändert. Diese Sachlage findet einen äußeren Ausdruck darin, daß die das Wappen von Dalmatien bildenden drei Löwenköpfe in die Staatswappen sowohl der im Reichsrat vertretenen Königreiche und Länder als auch der Länder der ungarischen Krone aufgenommen sind.

In vorstehendem Sinne ist es zu verstehen, wenn in dem Gesetzartikel XXX vom Jahre 1868 und dem diesem entsprechenden kroatischen Gesetzartikel I des gleichen Jahres gesagt ist: „Ungarn und Kroatien, Slavonien[1]) und Dalmatien bilden eine und dieselbe Staatsgemeinschaft sowohl gegenüber den übrigen unter der Herrschaft Sr. Majestät stehenden Ländern, wie gegenüber anderen Ländern." Die Krönung zum Herrscher erfolgt in einer und derselben Krönungshandlung, und für sämtliche unter der Krone des heiligen Stefan stehende Länder wird nur ein gemeinsames Krönungsdiplom ausgefertigt; das Original des Krönungsdiploms wird aber neben dem ungarischen Text auch in kroatischer Sprache abgefaßt, an Kroatien-Slavonien-Dalmatien hinausgegeben und darin die Landesverfassung und auch die Integrität Kroatiens, Slavoniens und Dalmatiens gewährleistet. Der im Jahre 1867 zustande gekommene, im Gesetzartikel XII: 1867 niedergelegte österreichisch-ungarische Ausgleich wurde im ungarisch-kroatischen Ausgleich ausdrücklich anerkannt, mit dem Zusatz, daß künftig ähnliche Grundgesetze und Vereinbarungen nur unter der gesetzlichen Zustimmung Kroatiens, Slavoniens und Dalmatiens zustande kommen können.

Daraus ergibt sich die eine Gruppe der zwischen Ungarn und Kroatien-Slavonien[2]) gemeinsamen Angelegenheiten, nämlich die für Österreich und Ungarn pragmatisch-gemeinsamen und die dualistisch-gemeinsamen Angelegenheiten. Sodann aber ist eine zweite Gruppe von Angelegenheiten, hinsichtlich deren für alle Länder der ungarischen Krone Gesetzgebung und Regierung gemeinsam sind. Als solche sind festgelegt die Bewilligung der Kosten des Hofhalts, die Rekrutenbewilligung, die Gesetz-

---

1) Slavonien wird gebildet durch die drei Komitate Szerem (Srijem), Poszega (Požega) und Verőcze (Virotivica); Kroatien besteht aus den fünf Komitaten Agram (Zagreb), Modruš-Fiume, Lika-Krbava, Varašdin und Bjelovar.

2) Dieser Ausdruck soll im folgenden der Kürze halber beibehalten werden.

gebung über das Wehrsystem und die Wehrpflicht, die Verfügung über die Bequartierung und Verpflegung des Heeres. In Ansehung dieser letzten Punkte ist bestimmt, daß von dem gemeinsam zu bewilligenden Kontingent der auf Kroatien-Slavonien entfallende Teil nach dem Verhältnis der Gesamtbevölkerung festzustellen ist, daß die auf Kroatien-Slavonien entfallenden Rekruten in die Regimenter dieser Länder und die Rekruten des Küstenlandes vorwiegend in die Marine eingeteilt werden. Gemeinsam ist ferner für Ungarn und Kroatien sowohl in Gesetzgebung als auch in der Verwaltung das Finanzwesen (Feststellung des Steuersystems, Bewilligung der direkten und indirekten Steuern, Eintreibung der Steuern, Aufnahme und Konvertierung von Staatsschulden, Verfügung über die Monopole u. s. w.). Weiterhin sind als für Ungarn und Kroatien-Slavonien gemeinsame Angelegenheiten erklärt das Geld- und Banknotenwesen, die Feststellung des Münzsystems, die Prüfung und Genehmigung der Handels- und Staatsverträge, welche die Länder der Stefanskrone gleichmäßig betreffen, die Bestimmungen über Banken, Kredit- und Versicherungsanstalten, Privilegien, Maß und Gewicht, Punzierung, Marken- und Musterschutz, literarisches und künstlerisches Eigentum, das See-, Handels-, Wechsel- und Bergrecht sowie allgemein die Angelegenheiten des Handels, des Zoll-, Post-, Telegraphen- und Eisenbahnwesens, der Häfen, der Schiffahrt und derjenigen Straßen und Flüsse, die Ungarn und Kroatien-Slavonien gemeinsam interessieren. In allen diesen Angelegenheiten, die zwischen Österreich und Ungarn und für die Länder der ungarischen Krone gemeinsam sind, steht das Recht der Gesetzgebung dem ungarischen Reichstag und die ausführende Verwaltung auch hinsichtlich Kroatien-Slavoniens der Zentralregierung in Budapest und ihren Organen zu. Hinsichtlich der Regelung des Gewerberechts mit Einschluß des Hausierhandels, ferner hinsichtlich der Vereine, die nicht öffentlich Erwerb treiben, hinsichtlich des Paßwesens, der Fremdenpolizei, der Staatsbürgerschaft und der Einbürgerung ist die Gesetzgebung zwar gemeinsam, aber in allen diesen zuletzt genannten Angelegenheiten ist die ausführende Verwaltung Kroatien überlassen.

In denjenigen Angelegenheiten, die nach dem Vorstehenden nicht dem gemeinsamen Reichstag und der Zentralregierung vorbehalten sind, ist Kroatien autonom, und zwar betrifft diese

Autonomie sowohl hinsichtlich der Gesetzgebung als auch hinsichtlich der Ausführung die innere Verwaltung, die Religions- und Unterrichtsangelegenheiten und mit Ausnahme der Seegerichtsbarkeit die Rechtspflege in allen Instanzen. Für den Umfang der Autonomie ist als oberste Verwaltungsbehörde die „Königlich kroatisch-slavonisch-dalmatinische Landesregierung“ mit dem Sitz in Agram errichtet und im einzelnen durch den kroatischen Gesetzartikel II vom Jahre 1869 organisiert.

An der Spitze der autonomen Landesregierung steht der dem kroatischen Landtag verantwortliche[1]) Banus, der vom Monarchen auf Vorschlag des ungarischen gemeinsamen Ministerpräsidenten ernannt wird. Er ist einerseits Chef der autonomen Regierung, andererseits nach Maßgabe des Ausgleichgesetzes Organ des ungarischen Staates bei der Verwaltung des Landes, auch soweit es sich um die Ausführung der für Kroatien gültigen gemeinsamen Staatsgesetze handelt; einen militärischen Wirkungskreis darf er nicht besitzen. Der Banus ist verpflichtet, seine Anträge und Vorstellungen in den autonomen Landesangelegenheiten beim Monarchen durch den kroatisch-slavonisch-dalmatinischen Minister vorzulegen, der als Minister ohne Portefeuille Stimmrecht im ungarischen Ministerrat besitzt und gewissermaßen ein Vermittlungsglied zwischen dem Monarchen und Kroatien bildet, jedoch von unmittelbarem Einfluß auf die autonomen Angelegenheiten ausgeschlossen ist[2]). Der Banus hat von Amts wegen Sitz und Stimme im ungarischen Magnatenhause, ferner auch das Recht, bei allen Debatten des kroatischen Landtags anwesend zu sein; es steht ihm aber frei sich wählen zu lassen, doch darf er nur dann an einer Abstimmung teilnehmen, wenn er tatsächlich gewählt ist. An der Spitze der drei Abteilungen, in die sich die

---

1) Der Banus kann vom Landtag gemäß Gesetz vom 10. Januar 1874 unter Anklage gestellt werden wegen Handlungen und Unterlassungen, wodurch ein in Kroatien gültiges Staatsgesetz oder die staatsrechtliche Stellung von Kroatien-Slavonien im Bunde mit Ungarn oder dieser Bund selbst absichtlich verletzt wurde. Über die von wenigstens 20 Landtagsmitgliedern zu beantragende Anklage entscheidet ein besonders einzusetzendes Regnikolargericht.

2) Die Vorlagen des Banus an den König gelangen auf diesem Wege an den ungarischen Ministerrat, der prüft, ob die als Angelegenheiten der autonomen Regierung behandelten Maßnahmen sich wirklich innerhalb des gesetzlichen Rahmens bewegen.

kroatische Regierung unter dem Banus gliedert, innere Verwaltung, Kultus und Unterricht, Justiz, stehen drei Sektionschefs. Der Wirkungskreis der drei Abteilungen ist in dem bereits erwähnten kroatischen Gesetzartikel II vom Jahre 1869 über die Organisierung der autonomen kroatisch-slavonisch-dalmatinischen Landesregierung genauer abgegrenzt.

Die Zentralregierung geht auf dem kroatischen Gebiete im Einvernehmen mit der kroatischen Regierung vor, ihre Anordnungen sind dafür andererseits von der kroatischen Regierung und den Jurisdiktionen (Comitaten) zu unterstützen und, soweit die Zentralregierung keine eigenen Organe besitzen sollte, von jener unmittelbar auszuführen. Sowohl die kroatisch-slavonischen Abteilungen der Zentralämter als auch deren in Kroatien-Slavonien wirkenden Organe sind, unter Berücksichtigung der erforderlichen Vorbildung, nach Möglichkeit aus kroatischen Landesangehörigen zu ernennen. Auf dem ganzen Gebiete Kroatiens ist die kroatische Sprache die Sprache sowohl der Gesetzgebung als auch der Verwaltung und Rechtspflege, auch ist sie für die Organe der gemeinsamen Regierung als Amtssprache bestimmt[1]). Eine kroatische Staatsangehörigkeit gibt es nicht, vielmehr nur eine ungarische Staatsangehörigkeit. Die gemeinsamen Gesetze werden für Kroatien in kroatischer Originalsprache ausgefertigt.

Im ungarischen Reichstag ist Kroatien durch 40 Abgeordnete des kroatischen Landtags vertreten[2]), die von diesem selbst aus dessen Mitte gewählt werden und auch im Falle der Auflösung des Landtags Mitglieder des Reichstags bleiben, bis der neu einberufene kroatische Landtag neue Abgeordnete in den Reichstag entsendet. Diese Abgeordneten nehmen im ungarischen Reichstag nur dann ihre Plätze ein, wenn die Verhandlungen gemeinsame ungarische und kroatische Angelegenheiten betreffen, ziehen sich aber zurück, wenn rein ungarische Angelegenheiten berührt werden. Zur Zeit der Verhandlungen über gemeinsame Angelegenheiten ist

---

1) Die kroatische Landwehr führt im ganzen kroatischen Gebiete die kroatische Fahne und hat kroatische Dienstsprache.

2) Siehe Gesetzartikel XV: 1914, durch den die Zahl der gewählten Mitglieder des Abgeordnetenhauses von 413 auf 435 erhöht wurde, so daß eine verhältnismäßige Erhöhung der aus dem kroatischen Landtage in den gemeinsamen Landtag zu entsendenden Abgeordneten von 40 auf 42 erforderlich wurde.

auf dem Reichstagsgebäude neben der ungarischen Fahne auch die kroatische Fahne aufzuziehen. Die auf dem gemeinsamen Reichstag geschaffenen und mit der Unterschrift Sr. Majestät versehenen Gesetze werden für Kroatien-Slavonien im kroatischen Original herausgegeben. Unter den aus der Mitte des Reichstags zu der ungarischen Delegation zu wählenden Mitgliedern müssen 5 kroatische Abgeordnete sein. Die Abgeordneten Kroatien-Slavoniens dürfen sich sowohl im Reichstag als auch in den Delegationen der kroatischen Sprache bedienen. An der Gesetzgebung in denjenigen Angelegenheiten, die ausschließlich zur autonomen Zuständigkeit Kroatiens gehören, wirkt als Volksvertretung der kroatische Landtag mit, der aus 90 gewählten Mitgliedern und einer Anzahl Mitglieder kraft persönlichen Rechts besteht (s. S. 238).

Zu den Ausgaben für die einmal den Reichsratsländern und den Ländern der ungarischen Krone und sodann den Ländern der ungarischen Krone unter sich gemeinsamen Angelegenheiten trägt Kroatien nach einem gemäß ihrer Steuerfähigkeit bemessenen Verhältnis bei[1]). Da aber das gesamte Reineinkommen Kroatiens den Betrag, den es nach diesem Verhältnis für die gemeinsamen Angelegenheiten zu tragen hätte, nur decken könnte, wenn auch der größere Teil des für die inneren Angelegenheiten erforderlichen Betrags abgeliefert würde, so ist die Beitragspflicht Kroatiens so geregelt, daß von dem Einkommen Kroatiens vor allem ein bestimmter durch Übereinkommen festzusetzender Betrag (sog. Tangente) für die Kosten seiner inneren Verwaltung abgezogen und nur der verbleibende Betrag für die gemeinsamen Ausgaben verwendet wird[2]).

Kroatien, Slavonien und Dalmatien führen innerhalb ihrer

---

1) Dies Verhältnis betrug 1868: 93,559 zu 6,441 Prozent, ist aber verschiedentlichen Schwankungen unterworfen gewesen.

2) Der für innere Angelegenheiten zurückzubehaltende Betrag war bis 1889: 45 Prozent der Gesamteinnahmen; seitdem sind es 44 Prozent. Die Berechnung des Gesamteinkommens ist durch ausführliche Bestimmungen geregelt. Dabei ist unterschieden zwischen denjenigen Einkommenquellen, hinsichtlich deren sämtliche aus diesen Einkommenquellen stammenden Einkünfte Kroatiens als solche zweifellos festgestellt werden können, und solche Einkommenquellen, wo eine derartige Feststellung nicht möglich ist. Diese Berechnung enthält der Gesetzartikel X: 1906. Zu vergleichen ferner Gesetzartikel V: 1914.

Grenzen in ihren inneren Angelegenheiten ihre eigenen vereinigten Landesfarben und ihr Wappen, dieses gedeckt von der Stefanskrone. Das Emblem der gemeinsamen Angelegenheiten der Länder der ungarischen Krone bilden die vereinigten Wappen Ungarns und Kroatiens, Slavoniens und Dalmatiens. Die Fahne der kroatischen Landwehr trägt die kroatischen Landesfarben mit dem vereinigten Wappen der Königreiche Ungarn und Kroatien, Slavonien und Dalmatien auf einer Seite. Auf den Münzen, die in den Ländern der ungarischen Krone geprägt werden, ist in den königlichen Titel auch der Titel König von Kroatien, Slavonien und Dalmatien aufzunehmen.

Innerhalb der Länder der Stefanskrone nimmt die Stadt Fiume eine besondere Stellung ein, über die zwischen Ungarn und Kroatien eine, wenn auch durch den tatsächlichen Zustand überbrückte, noch nicht ausgetragene Meinungsverschiedenheit besteht. 1776 war Fiume von Österreich abgetrennt und Kroatien unterstellt. Ein Reskript der Kaiserin vom 23. April 1779 erklärte Fiume als separatum sacrae regni Hungariae coronae adnexum corpus, woraus von ungarischer Seite die Folgerung gezogen worden ist, daß Fiume aus Kroatien ausgeschieden sei. Nachdem Fiume 1809 bis 1815 vorübergehend im Besitz von Frankreich gewesen war, gelangte es wieder an Ungarn zurück, wurde dann infolge der Wirren von 1848 im darauffolgenden Jahre Kroatien einverleibt und blieb es bis 1868, trotzdem die vorwiegend italienische Bevölkerung mehr dem Anschluß an Ungarn zuneigte. Der Ausgleich mit Kroatien ließ die Frage des Verhältnisses des als Hafen wichtigen Fiume innerhalb des ungarischen Staates offen. Der § 66 des Gesetzartikel XXX: 1868 bestimmte in dieser Hinsicht nur, es werden: ... „als zum Gebiete Kroatiens, Slavoniens und Dalmatiens gehörig anerkannt: 1. jenes Gebiet, welches gegenwärtig samt der Stadt und dem Bezirke Buccari zum Fiumaner Komitate gehört, mit Ausnahme der Stadt und des Bezirkes Fiume. Stadt, Hafen und Bezirk Fiume bilden einen besonderen der ungarischen Krone angegliederten Körper (separatum sacrae regni coronae adnexum corpus), über dessen besondere Autonomie und die darauf bezüglichen legislativen und Verwaltungsverhältnisse im Wege von Deputationsverhandlungen zwischen dem ungarischen Reichstage, dem Landtage von Kroatien, Slavonien und Dalmatien sowie der Stadt Fiume im gemeinsamen Einvernehmen ein Übereinkommen zu treffen sein wird"[1]). Die hier in Aussicht genommene Vereinbarung ist nicht zustande gekommen; 1870 wurde ein Provisorium geschaffen, wonach Fiume von der ungarischen Regierung übernommen, dagegen das Komitat Fiume an Kroatien gegeben wurde. Die Regierung in Fiume wird ausgeübt durch einen königlichen Gouverneur, der auch mit der Leitung der unter dem Handelsministerium stehenden königlichen Seebehörde betraut ist, vorbehaltlich der autonomen im Statut von 1872 geregelten Rechte der Stadt Fiume.

Die rechtliche Natur des aus den Ländern der ungarischen Krone gebildeten Staatswesens ist Gegenstand kaum überbrückbarer Kontroverse, die in der verschiedenen Stellungnahme zu dem Verhältnis zwischen Ungarn und Kroatien ihren Grund hat. Von der einen Seite wird das gesamte Staatswesen als Einheitsstaat bezeichnet, innerhalb dessen Kroatien nur die Rolle einer durch ein hohes Maß von Autonomie begünstigten Provinz spiele. Zur Begründung für diese Ansicht wird auf das Fehlen eines eigenen Heeres, eigener Finanzen, eigener Staatsangehörigkeit, auf die Bezeichnung Kroatiens als „politische Nation", auf den entscheidenden Einfluß, der hinsichtlich der Person des zu ernennenden Banus von dem ungarischen Ministerpräsidenten durch dessen Vorschlagsrecht ausgeübt wird, und auf die Stellung des Ministers für Kroatien als Mitglied des ungarischen Kabinetts hingewiesen. Andererseits werden für die Staatseigenschaft des politischen Gebildes Kroatien-Slavonien und Dalmatien eine Reihe von Gesichtspunkten hervorgehoben, denen erhebliche Bedeutung nicht abgesprochen werden kann: zunächst stützt sich diese im wesentlichen von kroatischer Seite vertretene Ansicht auf die historische Sonderentwicklung des Landes, die niemals durch einen ausschlaggebenden staatsrechtlichen Akt dauernd unterbrochen oder beendet worden ist, deren Fortsetzung vielmehr durch die Vorschrift des ungarisch-kroatischen Ausgleichs anerkannt und gesichert ist, wonach das Verhältnis Kroatiens zu Ungarn nicht ohne Zustimmung Kroatiens geändert werden kann. Was die durch das Ausgleichsgesetz selbst geschaffene Rechtslage an-

1) Über die Entstehung dieses Wortlauts und die daran geknüpften Erörterungen siehe R. W. Seton-Watson, Die südslavische Frage im Habsburger Reiche, 1913, S. 93 f., und Bernatzik, Neues über die Pragmatische Sanktion, in Österr. Zeitschr. f. öffentl. Recht, 1915, S. 181 f.

langt, so wird weiter betont, daß die auf dem Gebiete der Autonomie Kroatiens entstandenen Gesetze nicht von einem ungarischen Minister, sondern von dem Banus gegengezeichnet werden, daß ferner die Vertreter Kroatiens im Reichstag für die Zwecke der gemeinsamen Gesetzgebung einerseits als die Abgeordneten einer ein besonderes Territorium besitzenden politischen Nation auftreten, andererseits aber nur dann Sitz und Stimme im Reichstag haben, wenn dort auch Kroatien interessierende Angelegenheiten verhandelt werden; mit der Zusammenfassung der Länder der ungarischen Krone zu einem reinen Einheitsstaat wäre eine derartige Ausschließung der Agramer Vertretung von den Beratungen des Budapester Reichstags nicht vereinbar. Diese Gesichtspunkte lassen die staatlichen Elemente in dem politischen Bestand Kroatiens schärfer hervortreten und somit nähert sich das Verhältnis zwischen Ungarn und Kroatien dem bundesstaatlichen Wesen; wobei freilich zu berücksichtigen bleibt, daß der Einfluß der Zentralgewalt rechtlich und praktisch in den inneren Angelegenheiten des einen Teiles ein überaus weitgehender, in der Vertretung nach außen überhaupt der fast ausschließlich maßgebende ist, so daß die sonst für den typischen Bundesstaat charakteristische sorgfältige Abwägung eines entsprechenden Gleichgewichts stellenweise — insbesondere auch in den Beziehungen zur Monarchie — erheblich zurücktritt. Auch hier handelt es sich somit um eine staatsrechtliche Sonderbildung, deren Aussehen je nach dem Leben wechselt, das ihr nach Maßgabe der tatsächlichen Machtverhältnisse von den leitenden Kräften eingehaucht wird.

B. Der Herrscher.

Haupt des ungarischen Staates ist der König, der kraft gesetzlichen Rechts in seine Machtstellung eintritt. Das ungarische Staatsrecht legt der Krönung des berufenen Herrschers mit der Krone des heiligen Stefan, die mit einem althergebrachten Zeremoniell umgeben ist, nicht nur formale, sondern staatsrechtliche Bedeutung bei; es fordert (Gesetzartikel III: 1791), „daß die königliche Weihe und die Krönung bei jedem Herrscherwechsel innerhalb einer vom Hinscheiden des verewigten Königs gerechneten Frist von sechs Monaten mit der gesetzlichen Feierlichkeit unbedingt zu erfolgen habe, wobei mittlerweile alle erblichen Königsrechte aufrecht bleiben, welche die verfassungsmäßige Verwaltung des Reichs betreffen, wie auch die Treuepflicht gegenüber dem erblichen König". Die Krönung des Königs Franz Josefs I. war nach dessen Thronbesteigung infolge des ungarischen Verfassungskonflikts unterblieben, und ist erst 1867 aus Anlaß des Abschlusses der Ausgleichsverhandlungen erfolgt. Der Krönung hat die Unterfertigung des Inauguraldiploms voranzugehen; das Diplom, das seinen Ursprung in den Wahlkapitulationen der Könige hat und in seiner jetzigen Form auf den Regierungsantritt Karls VI. (III.) zurückführt, bildet eine Art Verfassungsurkunde, in der die Zusage des Königs niedergelegt wird, die Verfassung und Unversehrtheit des Reichs zu erhalten, die Krone zu hüten, die zur Krone gehörenden ihr verloren gegangenen Teile dem Reiche wieder zu verschaffen, seine Nachfolger zu einem gleichen Diplom zu verpflichten; zugleich erkennt darin der König an, daß mit dem Aussterben der Abkömmlinge Karls VI., Josefs I. und Leopolds I. das Recht der Königswahl und der Krönung an das Reich zurückfällt. Der Krönung folgt der gleichfalls weit zurückliegenden Gepflogenheiten entstammende Krönungseid, der die Verpflichtung des Königs auf die Gesetze, die Unversehrtheit und die Unabhängigkeit des Reichs wiederholt. Diplom und Eid werden in der Form von Gesetzen festgelegt oder, wie der übliche Ausdruck ist, „inartikuliert".

Der König übt die vollziehende Gewalt gemäß Gesetzartikel III: 1848 durch das unabhängige ungarische Ministerium aus; zur Gültigkeit seiner Regierungshandlungen ist die Gegenzeichnung des zuständigen Ministers erforderlich. In der Gesetzgebung steht dem König die Sanktion der Gesetze, die Initiative zu Gesetzen und die Vorsanktion zu den von der Regierung dem Reichstag vorzulegenden Gesetzentwürfen zu. Auf den Lauf der Gesetzgebung besitzt er Einfluß durch das Recht, den Reichstag einzuberufen, zu vertagen und aufzulösen, sowie durch das Recht, Mitglieder des Oberhauses zu ernennen. Auf dem Gebiet der vollziehenden Gewalt ist dem König eine große Zahl Entschließungen vorbehalten, die sich über den gesamten Bereich der Verwaltung erstrecken, so die Ernennung und Entlassung von Beamten gewisser Klassen, die Ernennung geistlicher Würdenträger kraft des kirchlichen Schutz- und Patronatsrechts, Dispense, Begnadigungen, Verleihung von Adel, Würden und Titeln, gewisse Entscheidungen auf dem Gebiete der kirchlichen

Verwaltung [1]), Errichtung von Hoch- und Mittelschulen und anderes mehr. Alle diese Entscheidungen sind aber unter Mitwirkung der zuständigen Ministerien zu erlassen. Der König ist der Träger der richterlichen Gewalt, übt sie durch unabhängige Gerichte aus und hat das Recht der Begnadigung. In seinen Händen ruht die Leitung der auswärtigen Angelegenheiten, bei der ihm als Organ der gemeinsame Minister des Äußern zur Seite steht. Dem Einfluß von Ministerium und Parlament auch in Ungarn entzogen und dem Willen des Herrschers allein vorbehalten sind aber die zum gemeinsamen Kriegswesen gehörigen militärischen Herrscherrechte nach der ausdrücklichen Vorschrift des § 11 des Gesetzartikels XII: 1867 [2]). Dieses Reservatrecht des Herrschers ist vielumstritten und in neuerer Zeit, namentlich seit den Jahren 1902/3 in dem Programm des sog. Neunerkomitees in Abrede gestellt worden (s. S. 66, Anm. 1).

C. Die Staatsangehörigen.

Für das gesamte Gebiet der ungarischen Krone besteht ein einheitliches Recht der ungarischen Staatsangehörigkeit, das in dem Gesetzartikel L: 1879 zusammengefaßt ist. Eine kroatische Staatsangehörigkeit gibt es nicht. Die ungarische Staatsangehörigkeit wird erworben durch Abstammung (als eheliches Kind von einem ungarischen Vater, als uneheliches Kind von einer Ungarin), durch Legitimation, durch Eheschließung und durch Naturalisation. Voraussetzungen für die Naturalisation sind Selbstbestimmungsrecht oder Einwilligung des gesetzlichen Vertreters, fünfjähriger unbeanstandeter Wohnsitz in Ungarn, nachgewiesenes Auskommen und fünfjährige Steuerleistung, Zusicherung des Heimatrechts in einer Gemeinde. Die Entscheidung auf den Antrag trifft in Ungarn der Minister des Innern,

1) Gründung, Vereinigung, Zerlegung von Erzbistümern, Bistümern, Kapiteln u. s. w.

2) „Infolge der verfassungsmäßigen Herrscherrechte Sr. Majestät in betreff des Kriegswesens wird all das, was auf die einheitliche Führung, Befehligung und innere Organisation der gesamten Armee und somit auch des ungarischen Heeres als eines ergänzenden Teiles der Gesamtarmee Bezug hat, als der Verfügung Sr. Majestät zustehend anerkannt." Siehe zu dieser Frage auch J. Zolger, Die staatsrechtlichen Grundlagen der Wehrmacht Österreich-Ungarns, in Österr. Zeitschr. f. öffentl. Recht, 2. Jahrg., 1915/16, S. 590 f.

in Kroatien der Banus. Auf Vorschlag des Ministeriums kann vom König eine Naturalisation auch beim Fehlen einer der bezeichneten Voraussetzungen verfügt werden, wenn es sich um eine Person handelt, die sich um die Länder der ungarischen Krone Verdienste erworben hat. Die Naturalisation erstreckt sich auf die Frau und die unter der väterlichen Gewalt des Naturalisierten stehenden Kinder. Als ungarische Staatsangehörige werden die in Ungarn geborenen Personen und die in Ungarn gefundenen und erzogenen Findlinge betrachtet, solange nicht nachgewiesen ist, daß sie eine andere Staatsangehörigkeit besitzen. Frühere ungarische Staatsangehörige können unter erleichterten Bedingungen wieder eingebürgert werden. Der Verlust der Staatsangehörigkeit tritt einmal ein durch Entlassung; die Urkunde hierüber wird für das Hauptland und für Fiume vom Minister des Innern, für Kroatien vom Banus gewährt. Die Entlassung erstreckt sich auf die Frau des Entlassenen und dessen unter väterlicher Gewalt stehenden minderjährigen Kinder, die mit dem Vater auswandern; sie wird ungültig, wenn die Entlassenen binnen Jahresfrist nach Zustellung der Entlassungsurkunde nicht auswandern. Besondere Beschränkungen gelten für die Entlassung wehrpflichtiger Personen und für die Entlassung in Kriegszeiten. Ferner geht die Staatsangehörigkeit verloren durch Abwesenheit in ununterbrochener Dauer von zehn Jahren vom Tage der Entfernung aus dem ungarischen Staatsgebiet oder, falls der Ausgewanderte mit einem Paß versehen war, vom Tage des Ablaufs des Passes an; die Frist kann durch Rechtshandlungen, wie Anmeldung beim Munizipium, Eintragung in die Konsulatsmatrikel, unterbrochen werden. Weitere Verlustgründe sind Legitimation durch einen Ausländer und Verheiratung einer ungarischen Frau mit einem Ausländer.

Das Heimatrecht (Gemeindeangehörigkeit, Zuständigkeit). Die einschlägigen Vorschriften finden sich im Gemeindegesetz (Gesetzartikel XXII: 1886). Jeder Staatsangehörige gehört einer Gemeinde an oder ist, nach dem üblichen Ausdruck, in einer solchen zuständig. Gleichzeitige Zuständigkeit in mehreren Gemeinden ist unzulässig, vielmehr erlischt die Angehörigkeit zu einer Gemeinde mit der Erwerbung der Angehörigkeit in einer anderen. Bei ehelichen Kindern richtet sich die Zuständigkeit nach der des Vaters, uneheliche Kinder erwerben mit der Geburt die Zuständigkeit in der Gemeinde, wo sich die Mutter zur Zeit der

Geburt aufhält. Adoptierte erlangen mit der Adoption die Heimatszuständigkeit des Adoptierenden, Frauen mit der Verheiratung diejenige des Ehemanns und behalten sie auch nach dem Tode des Mannes, nur im Falle der Scheidung lebt ihre voreheliche Gemeindeangehörigkeit wieder auf. Selbständig erworben wird die Gemeindeangehörigkeit durch Ansiedelung sowie durch ausdrückliche Aufnahme, die bei zweijährigem makellosen Aufenthalt nicht versagt werden darf, sofern der Angesiedelte während dieser Zeit an den Gemeindelasten teilgenommen hat. Personen deren Gemeindezuständigkeit nicht festgestellt werden kann, werden einer Gemeinde nach bestimmten äußeren Gesichtspunkten zugewiesen. Aus der Gemeindezuständigkeit ergibt sich vor allem das Wohnrecht in der Gemeinde und das Recht auf Unterstützung im Falle der Bedürftigkeit.

Im wesentlichen gleiche Grundsätze wie für das eigentliche Ungarn bestehen hinsichtlich des Heimatrechts in Kroatien.

Der Ausländer ist in Ungarn in Ansehung der Niederlassung, des Rechtsschutzes und des Betriebs von Handel und Gewerbe im allgemeinen dem Inländer gleichgestellt. Die Handelsverträge enthalten über die Rechte der Ausländer, namentlich soweit die Ausübung bestimmter Gewerbe in Frage kommt (Hausierhandel, Geschäftsverkehr der Handlungsreisenden), besondere Vorschriften. Das Recht, in jeder Gemeinde des Königsreichs zu wohnen, ist dem Ausländer durch den Gesetzartikel V: 1903 ausdrücklich gewährleistet, er unterliegt aber einerseits der Verpflichtung zur Erfüllung besonderer Meldevorschriften (Ausweis über Person, Unterhaltsmittel und Leumund), andererseits besteht das nicht durch ein besonderes Gesetz ausgesprochene, jedoch in der Staatshoheit begründete Recht des Staates, ihn, falls er durch sein Verhalten oder durch Hilfsbedürftigkeit dem Staate lästig fällt, im Interesse der öffentlichen Sicherheit und des öffentlichen Friedens, auszuweisen. Insbesondere kann ein Ausländer bei einer Verurteilung wegen Verbrechen gleichzeitig auf Zeit oder auf immer zur Ausweisung verurteilt werden (§ 64 Ungarisches Strafgesetzbuch; Gesetzartikel V: 1875). Österreichische Staatsangehörige gelten in Ungarn grundsätzlich gleichfalls als Ausländer, doch werden sie einem nicht der Monarchie angehörenden Staate wegen strafbarer Handlungen nicht ausgeliefert, während im übrigen die Auslieferung von Ausländern aus Ungarn sich nach völkerrechtlichen

Grundsätzen richtet. Im österreichisch-ungarischen Ausgleich ist in verschiedener Hinsicht Gleichstellung der Angehörigen der beiden Staaten vereinbart. Eine ausdrückliche Niederlassungsbewilligung wird einem Ausländer erteilt, wenn er seine Absicht, in einer Gemeinde Wohnung zu nehmen, der Behörde angemeldet und zwei Jahre im Lande ständig gewohnt hat. Seine Aufnahme in einen Gemeindeverband kann jedoch nur stattfinden, wenn er nach fünfjährigem Wohnsitz im Lande eingebürgert worden ist.

Eine Gliederung der Bevölkerung nach Klassen mit verschiedener Rechtsstellung kennt das öffentliche Recht Ungarns nicht mehr. Der Adel, dessen Sonderrechte bis zur Identifizierung dieser Klasse mit dem Staatswesen reichten, ist von seiner bevorzugten Stellung seit der Gesetzgebung des Jahres 1848 zurückgetreten, hat im Grundsatz die bürgerliche Rechtsgleichheit anerkannt und im wesentlichen durchgeführt. Diese Entwicklung hat in den staatsrechtlichen Erörterungen über die Lehre der heiligen Krone zu der künstlichen Konstruktion verleitet, daß früher der Adel einschließlich der als Adelige fingierten königlichen Freistädte die Mitgliedschaft der heiligen Krone (s. S. 7) ausgemacht hätten; nachdem nunmehr jeder Bürger ohne Unterschied des Volksstammes und der Sprache ein vor dem Gesetze gleiches Mitglied des ungarischen politischen Volkes sei, auch die ungarische Staatsbürgerschaft und nicht mehr der Adel die Grundlage jeden öffentlichen Rechtes bilde, so sei heutzutage jeder ungarische Staatsbürger Mitglied der heiligen Krone. Der Aufbau des modernen ungarischen Staates bedarf nicht dieser Theorie, die sich aus dem Bestreben erklärt, dem geschichtlich geheiligten Symbol der Stefanskrone aus der Gegenwart geschöpftes neues staatsrechtliches Leben einzuflößen. In der Umgestaltung der für das Staatswesen grundlegenden Gedanken, die insbesondere von der 1848er Gesetzgebung an das gesamte rechtliche Dasein Ungarns ergriffen haben, ist an die Stelle der Adelsoligarchie der Rechtsstaat, an die Stelle des Begriffs der heiligen Stefanskrone der Staatsbegriff, an die Stelle der Mitgliedschaft an der Krone die allgemeine Gleichheit der Staatsbürger vor dem Gesetze und der verfassungsmäßige Anteil der Staatsbürger an der Gesetzgebung getreten[1]). Der Adel besteht fort, bildet aber von ein-

1) Vgl. Marczali, Ungarisches Verfassungsrecht, S. 28.

zelnen Überresten der alten Vorrechte abgesehen, keine Sonderklasse mehr. Hervorzuheben ist nur, daß der Adel Voraussetzung für die Bekleidung bestimmter Hofwürden, sowie für die Gründung von Fideikommissen und für die erbliche Mitgliedschaft im Oberhause des Reichstags ist, daß für die Frau eines Adeligen im ehelichen Güterrecht besondere Vorschriften gelten sowie daß der adelige Name und dessen Abzeichen rechtlichem Schutze unterliegen. Tatsächlich freilich übt der Adel nach Maßgabe seines Reichtums, persönlicher Eigenschaften und hergebrachten Ansehens erheblicheren Einfluß im Staatsleben aus, als dies in den Verfassungsgesetzen des Landes zum Ausdruck gelangt.

Die Gliederung der Bevölkerung nach den Berufen kommt in Ungarn in den für einzelne Berufe bestehenden Sondervorschriften zum Ausdruck. Beamtenrecht, Gewerberecht und die gesamte Gesetzgebung auf wirtschaftlichem Gebiet bieten Beispiele hierfür. Ferner steht hinter den Vorschriften über das Wahlrecht der Gedanke an die soziale Gliederung des Volkes [1]).

Wie für die im Reichsrate vertretenen Königreiche und Länder ist auch für die Länder der Stefanskrone die wichtigste Gliederung der Bevölkerung die nach Nationalitäten. Stammes- und Sprachverschiedenheiten stellen das ungarische Staatswesen vor zahlreiche Aufgaben und Schwierigkeiten. Es umfaßt außer den eigentlichen Magyaren, um nur die wichtigsten zu nennen, Deutsche (darunter Siebenbürger Sachsen, Schwaben und Niederdeutsche), Slaven (Slowaken in Oberungarn, Serben, Kroaten im Süden), Rumänen und Juden [2]). In verschiedenen Teilen Ungarns sind auf dem gleichen geographischen und Verwaltungsgebiet mehrere Nationalitäten gleichzeitig vertreten, wie beispielsweise im Banat und in der Batschka, wo Deutsche neben Serben und Rumänen ansässig sind, oder in Siebenbürgen, wo Rumänen einen erheblichen Bevölkerungsbestandteil ausmachen. Die nationale Scheidung in Gestalt einer staatsrechtlichen Sonderbildung tritt vor allem in der Stellung Kroatien-Slavo-

1) Hierher gehören insbesondere die Erwägungen der Wahlrechtsreform von 1913/14 darüber, inwieweit durch die Vorschriften des neuen Wahlgesetzes das Wahlrecht der industriellen Arbeiter auszudehnen sein würde (vgl. den im Pester Lloyd vom 1. Januar 1913 abgedruckten Motivenbericht des Wahlrechtsentwurfs).

2) Siehe die Tabelle am Schlusse des Buches.

niens hervor, im übrigen sind die verschiedenen Nationalitäten nicht in staatsrechtliche Sonderorganisationen vereinigt. Die Verschiedenheit der Nationalitäten bedingt aber eine rechtliche Regelung auf dem Gebiete der Betätigung nationaler Eigenart, in erster Linie dem Sprachenrecht. Hier ist in erster Linie zu erwähnen das Kroatien zugestandene Vorrecht des Gebrauchs der kroatischen Sprache. Von Kroatien abgesehen kommt sodann in Betracht das ungarische Nationalitätengesetz (Gesetzartikel XLIV: 1868), das als Staatssprache die ungarische aufstellt. Ungarisch ist demzufolge die Verhandlungssprache der Landesregierung in allen Verwaltungszweigen, des Reichstags und der Gesetzesurschriften[1]; von den Gesetzen sind jedoch auch beglaubigte Übersetzungen in den Sprachen der im Lande wohnenden Nationalitäten herauszugeben. Dem Gebrauch der besonderen Volkssprachen ist nach dem Nationalitätengesetz verhältnismäßig weiter Spielraum gelassen. So werden die Protokolle der Munizipien (s. S. 244) in der Staatssprache geführt, können aber daneben auch in einer Sprache geführt werden, die wenigstens von dem fünften Teil der das Munizipium vertretenden Körperschaft verlangt wird (Protokollsprache); in den Munizipalversammlungen ist der Gebrauch einer nichtungarischen Muttersprache des Redners gestattet. Im inneren Amtsverkehr und im Verkehr der Munizipien untereinander ist unter gewissen Voraussetzungen der ausschließliche Gebrauch der jeweiligen nichtungarischen Protokollsprache gestattet, im Verkehr mit der Staatsregierung kann in einer Spalte neben dem ungarischen Text die Protokollsprache Platz finden. Besondere Vorschriften bestehen für den Gebrauch der Sprachen im gerichtlichen Verkehr. Die Kirchengemeinden können die Sprache bei der Führung der Matrikel, bei Erledigung der inneren Angelegenheiten und innerhalb des Rahmens des Schulgesetzes die Unterrichtssprache in ihren Schulen bestimmen. Die politischen Gemeinden wählen selbst ihre Amtssprache, die sie dem Gesetze nach auch gegenüber der Landesregierung gebrauchen können. Das Protokoll ist aber zugleich in der Sprache zu führen, in der es der fünfte Teil der stimmfähigen Mitglieder verlangt. Die Freiheit

1) Die für Kroatien-Slavonien durch die gemeinsame Gesetzgebung geschaffenen Gesetze sind auch in einem von Sr. Majestät unterschriebenen kroatischen Originaltext auszufertigen. Im Reichstag dürfen sich die kroatischen Mitglieder der kroatischen Sprache bedienen.

dieser Bestimmungen hat im Verlauf der Zeit manchen Modifikationen weichen müssen, namentlich hat der auf die Volksschulen bezügliche Gesetzartikel XXVII: 1907 der ungarischen Unterrichtssprache erhöhte Berücksichtigung verschafft. Hiernach darf in den konfessionellen Schulen die Unterrichtssprache auch nichtungarisch sein. Wo jedoch keine Schule mit ungarischer Unterrichtssprache besteht, kann in solchen konfessionellen Elementarschulen, in denen sich ständig Schüler ungarischer Muttersprache oder solche Schüler nichtungarischer Muttersprache befinden, deren Unterricht in ungarischer Sprache vom Vater oder Vormund gewünscht wird, der Kultusminister anordnen, daß als Unterrichtssprache dieser Kinder die ungarische Sprache benützt werde; beläuft sich die Zahl der ungarischen Kinder und solcher Kinder, deren Eltern den ungarischen Unterricht wünschen, auf mehr als 20 Prozent der Schulkinder, so muß die ungarische Unterrichtssprache für diese gewährt werden; wo die Hälfte der Schulkinder ungarisch sind, hat die Lehrsprache regelmäßig die ungarische zu sein. In den Elementarschulen mit nichtungarischer Unterrichtssprache ist dafür zu sorgen, daß die Kinder nach bestimmter Zeit auch die ungarische Sprache in gewissem Maße beherrschen. Auch im übrigen gesamten Schulwesen ist der Gebrauch der ungarischen Sprache in einer Weise geregelt, daß der Verbreitung ihrer Kenntnis möglichster Vorschub geleistet wird. Eine Untersuchung der Art, wie das angestrebte Ziel ververfolgt, und der Umfang, in dem es erreicht wird, geht in das Gebiet praktischer Politik[1]) über.

Die Kommando- und Dienstsprache des gemeinsamen Heeres ist auch in Ungarn die deutsche, doch ist 1904 bestimmt worden, daß die Truppenteile, Behörden usw. des gemeinsamen Heeres die in ungarischer Sprache eingehenden Eingaben anzunehmen, und die in Ungarn befindlichen oder aus Ungarn sich ergänzenden Truppenteile solche Eingaben auf Ungarisch zu beantworten haben. Kommando- und Dienstsprache in der Landwehr (Honvéd) ist die ungarische, ausgenommen in Kroatien, wo Kroatisch an deren Stelle tritt.

Die Berücksichtigung der verschiedenen Nationalitäten bei den Wahlen kommt praktisch sowohl bei den Be-

1) Dieses Gebiet ist auch hinsichtlich Ungarns der Gegenstand lebhafter Meinungsverschiedenheiten.

stimmungen über das Wahlrecht als auch in der Wahlkreiseinteilung zum Ausdruck. In dieser Beziehung ist man sich bei der Wahlreform von 1913/14 (Gesetzartikel XIV: 1913) klar gewesen, daß durch die Ausdehnung des Wahlrechts Verschiebungen auch in Beziehung auf die Vertretung der Nationalitäten im Reichstag eintreten würden.

D. Die allgemeinen politischen Rechte der Staatsangehörigen.

Das ungarische öffentliche Recht zählt die allgemeinen politischen Rechte der Staatsangehörigen nicht in einem zusammenfassenden Gesetze auf. Aus den Gesetzen über die einzelnen Rechtsgebiete werden indes die auch sonst im modernen Staate üblichen Grundrechte hergeleitet. Die Theorie greift dabei zum Teil auf ältere Rechtsquellen, wie die goldene Bulle Andreas' II. (s. S. 5) zurück. Dies ist der Fall z. B. bei dem Recht auf Unantastbarkeit der Person, der Wohnung und des Eigentums. Die Praxis begnügt sich mit den Strafdrohungen des Strafgesetzbuchs auf Freiheitsberaubung und die Bestimmungen der Strafprozeßordnung über das Hausdurchsuchungsrecht und die vorläufige Festnahme.

Eingehend geregelt sind die Beschränkungen des freien Eigentumsrechts durch die Enteignungsgesetzgebung, die Gesetzgebung über die Leistungen zu militärischen Zwecken und über sonstige im öffentlichen Interesse erfolgende Eingriffe des Staats in die Privatrechte des einzelnen. Das grundlegende allgemeine Gesetz über die Enteignung von Privateigentum, und zwar regelmäßig Grundeigentum bildet der Gesetzartikel XLI: 1881 (s. auch Gesetzartikel XXIX: 1913); ergänzt wird es in verschiedenen Richtungen durch Einzelgesetze, in denen die Enteignung von Privateigentum zu besonderen Zwecken behandelt wird. Die Zwecke, zugunsten deren die Enteignung als zulässig erklärt wird, sind hauptsächlich Bau von Straßen, Brücken, Eisenbahnen, Schutzdämmen, Kanälen, Häfen und der zugehörigen Einrichtungen, Lagerhäusern, Kriegsbefestigungen, sonstiger staatlicher Gebäude, ferner Flußregulierungen, Entwässerungen, in Gemeinden Bau von Straßen, öffentlichen Plätzen, Friedhöfen, Errichtung öffentlicher Schulen, von Krankenhäusern, Kasernen, Wasser- und Gaswerken, Kanälen im Interesse der öffentlichen Gesundheit und Reinlichkeit, in Städten mit Munizipalrecht oder mit geordnetem Magistrat zur Errichtung von öffentlichen Gebäuden und Anstalten zu Zwecken der öffentlichen Gesundheitspflege, der öffentlichen Sicherheit usw. Für Budapest ist die Reihe der Enteignungsgründe noch auf öffentliche Gebäude und Anstalten für andere, namentlich kulturelle Zwecke erweitert. Zuständig zur Erteilung des Enteignungsrechts im einzelnen Falle ist, soweit dazu mangels allgemeiner Bestimmungen nicht ein Gesetz notwendig ist, der Handelsminister. Die Entschädigung für die Enteignung beträgt den Wert des Enteignungsobjekts zur Zeit der Durchführung des Verfahrens, bei teilweiser Enteignung unter Berücksichtigung der Wertminderung des dem Eigentümer verbleibenden Teiles. Streitigkeiten über die Höhe der Entschädigung werden gerichtlich entschieden. — Weitere Beschränkungen des freien Eigentumsrechts sind in besonderen Gesetzen enthalten, wie z. B. in den Gesetzen über die Sicherung des Pferdebedarfs der bewaffneten Macht (Gesetzartikel LXIX: 1912); über die Tötung seuchenkranker Tiere (Gesetzartikel VII: 1898), über das Patentrecht (Gesetzartikel XXXVII: 1895).

Wichtige Einschränkungen des persönlichen Rechts auf freie Wahl des Aufenthalts enthält die Auswanderungsgesetzgebung (Gesetzartikel II: 1909), die bei der starken Tendenz der Bevölkerung zur Auswanderung für Ungarn von entscheidender Bedeutung ist. Unter väterlicher Gewalt oder unter Vormundschaft stehende Minderjährige können für sich allein nur mit väterlicher oder mit behördlich genehmigter vormundschaftlicher Zustimmung auswandern, wenn ihr Unterhalt an dem Bestimmungsort sichergestellt ist. Personen in wehrpflichtigem Alter bedürfen militärischer Genehmigung. Nimmt die Auswanderung von Wehrpflichtigen einen weiteren Umfang an, so kann die Auswanderung Wehrpflichtiger vom Ministerium auf Zeit oder auch unter Beschränkung auf ein bestimmtes Gebiet Ungarns verboten werden. Ein allgemeines Auswanderungsverbot besteht sodann namentlich für Eltern, die Kinder unter 16 Jahren oder sonstige erwerbsunfähige Angehörige zu Hause zurücklassen würden, ohne deren Pflege sicherzustellen, ferner für Personen, denen zu Kolonisationszwecken unentgeltliche Beförderung oder Vorstreckung der Beförderungskosten in Aussicht gestellt ist. Geschäftsbetriebe zur Beförderung von Auswanderern bedürfen einer Konzession, die von der Erlegung einer Kaution abhängig gemacht wird. Ausländische Geschäftsbetriebe dieser Art müssen durch einen in Ungarn wohnenden ungarischen Staatsangehörigen vertreten sein. Die Verleitung zur Auswanderung ist mit Strafe bedroht.

Das Maß der freien persönlichen Betätigung ist zunächst durch das Vereins- und Versammlungsrecht begrenzt.

Für das Vereinsrecht fehlt es bis jetzt noch an einem Gesetze; es beruht vielmehr auf ministeriellen Verordnungen aus den Jahren 1873 und 1875. Erfordernis für den Bestand eines Vereins ist ein vom Ministerium des Innern genehmigtes Vereinsstatut. Zur Mitgliedschaft an politischen Vereinen oder an solchen Vereinen, die Kulturzwecke verfolgen, sind nur ungarische Staatsangehörige zugelassen; an wissenschaftlichen, kulturellen und literarischen Vereinen können Ausländer mit Genehmigung des Ministeriums als Ehrenmitglieder teilnehmen. Überschreitet der Verein seinen statutenmäßigen Wirkungskreis, oder gefährdet seine Tätigkeit das Staatswohl, so kann er aufgelöst werden. Der Aufsichtsbehörde, welche das Munizipium bildet (s. S. 244), steht ein Recht gewisser Ingerenz zu.

Auch für das Versammlungsrecht ist in Ungarn abgesehen von den Wahlversammlungen die Rechtsquelle nicht ein Gesetz. Die ministeriellen Verordnungen, die in dieser Hinsicht das geltende Recht darstellen, verfügen Anmeldung mit 24stündiger Frist für politische Versammlungen und Aufzüge, die aus Gründen der öffentlichen Sicherheit und Sittlichkeit verboten oder von dem bei ihr anwesenden Vertreter der Behörde, nötigenfalls unter Anwendung von Gewalt, aufgelöst werden können. Volksversammlungen in Verbindung mit einem Gottesdienst sind als unzulässig erklärt. Für Kroatien ist ein Gesetz vom 14. Januar 1875 maßgebend.

Die Preßfreiheit ist wie die Privilegierung der Presse durch die gerichtliche Zuständigkeit der Geschworenengerichte für Preßdelikte ein Werk der 48er Gesetze (Gesetzartikel XVIII: 1848). Das Preßrecht ist neuerdings durch den Gesetzartikel XIV: 1914 auf der Grundlage der Preßfreiheit eingehend geregelt. Die hauptsächlichen Bestimmungen sind folgende: Jedermann kann auf dem Wege der Presse seine Gedanken frei mitteilen und verbreiten. Die Eigentümer von Druckereien u.s.w. sind verpflichtet, das Unternehmen bei der Behörde anzumelden; auf den Preßerzeugnissen ist — von bestimmten Ausnahmen abgesehen — der Ort des Druckes, der Name des Eigentümers der Druckerei, der Name des Herausgebers des Preßerzeugnisses und bei periodischen Zeitschriften auch der Name des verantwortlichen Redakteurs anzugeben. Die Verbreitung von Preßerzeugnissen innerhalb der gesetzlichen Grenzen ist im allgemeinen jedermann gestattet; ausgenommen sind die von einem strafgerichtlichen Urteil betroffenen oder durch richterlichen Beschluß beschlagnahmten sowie diejenigen Erzeugnisse, auf denen der Ort des Druckes oder der Name des Eigentümers der Druckerei nicht angegeben ist. Die Verbreitung eines außerhalb Ungarns herausgegebenen oder hergestellten Druckwerks kann vom Ministerium im öffentlichen Interesse verboten werden. Der Straßenverkauf von Druckwerken (Kolportage) ist von einer besonderen Erlaubnis der Behörde abhängig. Die für den Straßenverkauf bestimmten einzelnen Nummern periodischer Zeitschriften sind gleichzeitig mit Beginn der Verbreitung der Behörde vorzulegen. Die Gründung einer periodischen Zeitschrift ist von einer vorherigen Erlaubnis nicht abhängig, doch ist der Herausgeber vor dem Erscheinen der Zeitschrift zu einer entsprechenden Anmeldung verpflichtet. Herausgeber und verantwortlicher Redakteur einer periodischen Zeitschrift kann nur ein großjähriger ungarischer Staatsbürger sein, der ständig im Lande wohnt und persönlich in jeder Hinsicht unbescholten ist. Bei Herausgabe einer periodischen Zeitschrift politischen Inhalts ist der Herausgeber verpflichtet, eine Kaution beim Staate zu hinterlegen, die zur Deckung etwaiger infolge des Inhalts des Blattes erkannter Geldstrafen dient. Im übrigen findet in normalen Zeiten keine Präventivzensur statt.

Das Petitions- und Beschwerderecht ist in den neueren Gesetzen nicht ausdrücklich ausgesprochen, doch praktisch anerkannt. Der Grundsatz der Lehr- und Lernfreiheit kommt in den Schulgesetzen in gewissem Umfang zur Anwendung, für die Universitäten Budapest und Klausenburg ist er gesetzlich anerkannt. Was das Recht auf die nationale Sprache anlangt, so ist auf das oben S. 213 Gesagte zu verweisen.

Die freie Religionsausübung hat Gesetzartikel XLIII: 1895 grundsätzlich verwirklicht; bis zu seinem Inkrafttreten mußte jedermann einer rezipierten oder staatlich anerkannten Kirche zugehören. Das Bekenntnis zu jedem Glauben und jeder Religion ist frei, auch darf es innerhalb der Grenzen der Landesgesetze und in Übereinstimmung mit den Grundsätzen der öffentlichen Sittlichkeit äußerlich zum Ausdruck gebracht, seine Ausübung in Zeremonien und sonstigen religiösen Handlungen nicht behindert werden. Die Befähigung zur Ausübung der bürgerlichen und politischen Rechte ist von dem Glaubensbekenntnisse unabhängig. Das Recht, aus einer Religionsgesellschaft auszutreten oder in eine solche einzutreten, ist mit Ausnahme von verheirateten Frauen von der Vollendung des 18. Lebensjahres abhängig und gewissen Formalitäten unterworfen. Austritt aus einer Religionsgesellschaft ohne Eintritt in eine andere ist zulässig, doch bleibt in diesem Falle die Verpflichtung zu den Beiträgen für die bisherige Religionsgesellschaft für eine bestimmte Zeit bestehen. Ausländer können im Lande nach ihren eigenen Glaubensgrundsätzen einen ordentlichen, öffentlichen Gottesdienst abhalten, doch muß vorherige Anmeldung bei der Polizeibehörde erfolgen. Zur Beobachtung der Zeremonien und der Feiertage einer Konfession sind die Mitglieder anderer Konfessionen nicht verpflichtet, doch ist an Sonntagen öffentliche nicht unvermeidliche Arbeit, auch an sonstigen Feiertagen einer Konfession alles Störende in der Nähe der in Betracht kommenden Kirche und bei kirchlichen Prozessionen auf den von solchen durchzogenen Straßen zu unterlassen.

Die allgemeinen Bestimmungen über die religiöse Erziehung der Kinder sind in den Gesetzartikeln XXXII: 1894 enthalten. In erster Linie sind hierfür bei gemischten Ehen, bei denen aber beide Eltern rezipierten oder anerkannten Konfessionen angehören, die notariell oder in anderer öffentlicher Weise zu beurkundenden Verträge der Eheleute maßgebend, wonach die Kinder sämtlich entweder der Religion des Vaters oder derjenigen der Mutter zu folgen haben; in Ermangelung solcher Verträge folgen die Knaben der Religion des Vaters, die Mädchen derjenigen der Mutter. Tritt ein Elternteil zur Religion des anderen über, so daß beide Ehegatten die gleiche Religion haben, so kann, soweit die religiöse Kindererziehung auf einem Abkommen beruht, diese durch neues Abkommen geändert werden, oder es ist, soweit ein solches Abkommen nicht besteht, gesetzlich eine Änderung der religiösen Erziehung geboten, in beiden Fällen jedoch nur dahin, daß die später geborenen Kinder und diejenigen, die das siebente Lebensjahr noch nicht erreicht haben, der nunmehr gemeinsamen Religion der Eltern folgen, die Kinder aber im Alter von mehr als 7 und weniger als 18 Jahren mit Einwilligung der Vormundschaftsbehörde zur nunmehr gemeinsamen Religion der Eltern übertreten können. Uneheliche Kinder folgen der Religion ihrer Mutter, wenn diese Religion zu den rezipierten oder gesetzlich anerkannten gehört; innerhalb sechs Monaten nach der Legitimation eines noch nicht sieben Jahre alten Sohnes kann der Vater, sofern er einer solchen Religion angehört, bestimmen, daß der Sohn in der Religion des Vaters erzogen werden soll. Beim Übertritt der Mutter zu einer anderen rezipierten oder gesetzlich anerkannten Religion folgen auch die unehelichen Kinder, die das siebente Lebensjahr noch nicht vollendet haben, der Mutter in die neue Religion. Kinder aus Ehen, in denen beide Eltern oder auch nur ein Elternteil keiner der rezipierten oder gesetzlich anerkannten Religionsgemeinschaften angehören, oder uneheliche Kinder, bei deren Mutter diese Voraussetzung zutrifft, müssen in einer rezipierten oder anerkannten Religion erzogen werden. Die Grundsätze für diesen Fall sind im Gesetzartikel XLIII: 1895 festgestellt.

Eine allgemeine gesetzliche Handhabe zum Erlaß von Ausnahmegesetzen fehlte in Ungarn bis zum Jahre 1912[1]). Der Gesetzartikel LXIII: 1912 hat diese Lücke, die vielfach empfunden wurde, wenigstens für Kriegszeiten ausgefüllt und der vollziehenden Gewalt außerordentliche Vollmachten erteilt. Im Falle eines Krieges oder einer drohenden Kriegsgefahr kann das Ministerium unter Verantwortung seiner sämtlichen Mitglieder Ausnahmeverfügungen auf den verschiedensten Rechtsgebieten erlassen. Zur Erfüllung der auf Grund dieser Vollmacht entstehenden Verwaltungsaufgaben kann das Ministerium Regierungskommissäre ernennen, die ihm unmittelbar unterstehen und dazu berufen sind, im Einvernehmen mit den Militärkommandanten für die Aufrechterhaltung der öffentlichen Ordnung und der öffentlichen Sicherheit zu sorgen. Der Wirkungskreis der Regierungskommissäre umfaßt das Gebiet eines oder mehrerer Munizipien (Komitat, Stadt) oder das Kommandogebiet eines Militärkommandanten. In diesem Wirkungskreise haben die Regierungskommissäre überaus weitgehende Befugnisse über die Angestellten und Organe der Komitate,

1) Für das Postwesen war eine solche im Gesetzartikel VI: 1903 gegeben.

Städte und Gemeinden, der Gendarmerie, der Staatspolizei, und des staatlichen Forstdienstes. So können sie z. B. Angestellte, die ihren Anordnungen nicht Folge leisten, ohne Disziplinarverfahren vom Dienst entheben, Angestellte, die sie nicht für geeignet halten, in Disponibilität versetzen. Das Ministerium des Innern kann mit Ermächtigung des Gesamtministeriums die in den Statuten des Selbstverwaltungskörpers enthaltenen Verfügungen polizeilicher Natur außer Wirksamkeit setzen und an deren Stelle eigene Anordnungen oder solche des Regierungskommissärs setzen, auch Beschlüsse des Munizipalausschusses oder der Gemeinde- und Städtevertretungen aufheben. Gegen derartige Verfügungen ist eine Beschwerde weder bei der Regierung noch bei dem Verwaltungsgerichtshof zulässig. Besondere Beschränkungen können hinsichtlich der Freizügigkeit für ungarische Staatsangehörige und zur Räumung in Kriegszustand versetzter befestigter Plätze angeordnet werden. Weiterhin sind Ausnahmebestimmungen über das Halten und Inverkehrbringen sowie die Einlieferung und Wegnahme bestimmter Gegenstände (Waffen, Munition u. s. w.), über die Festsetzung von Höchstpreisen, über die Einschränkung und Überwachung des Post-, Telegraphen- und Fernsprechverkehrs vorgesehen. Das Ministerium kann die Bildung neuer Vereine oder Zweigvereine verbieten, die Sitzungen bereits bestehender Vereine oder Zweigvereine überwachen, ihre Tätigkeit einschränken oder aufheben, ebenso auch Handelsgesellschaften, die im allgemeinen keiner besonderen Überwachung unterliegen, einer solchen unterwerfen, und die Abhaltung von politischen Versammlungen, von Aufzügen und Prozessionen verbieten. Auf dem Gebiete des Pressewesens kann angeordnet werden, daß die bei der Behörde (Staatsanwaltschaft) einzureichenden Pflichtexemplare der periodischen Zeitschriften gewisse Zeit vor der Ausgabe und Verbreitung abzuliefern sind; auch kann das Erscheinen und die Verbreitung inländischer und die Einfuhr und Verbreitung ausländischer periodischer Zeitschriften verboten, bereits eingeführte Preßerzeugnisse können beschlagnahmt werden. Der Wirkungskreis der Schwurgerichte kann in zeitlicher, örtlicher und sachlicher Hinsicht eingeschränkt werden. Endlich enthält das Gesetz die Ermächtigung für die Regierung, besondere Maßnahmen in bezug auf die bürgerliche Rechtspflege, insbesondere die Geltendmachung von Forderungen zu ergreifen, und die zur Deckung der Kriegskosten notwendigen Beträge, solange sie nicht auf gesetzgeberischem Wege festgestellt sind, vorzustrecken und durch Kreditoperationen zu beschaffen[1]). Die auf Grund dieses Gesetzes erlassenen Ausnahmeverfügungen können für Kroatien nur insoweit Geltung haben, als sie sich auf Angelegenheiten beziehen, die gemäß dem Ausgleichsgesetz vom Jahre 1868 zwischen Ungarn und Kroatien gemeinsam sind. Für Ausnahmeverfügungen, die auf dem Gebiete der kroatischen Autonomie, wie z. B. auf dem der Rechtspflege liegen, müßte die autonome Landesgesetzgebung eintreten. Ein solches Gesetz ist jedoch nicht erlassen worden[2]). Über die Befugnisse des Regierungskommissärs verfügt in Kroatien in den Angelegenheiten, die zu dessen Autonomie gehören, der Banus.

2. Die Aufstellung der staatlichen Normen.

A. Allgemeines.

Für das neuere Staatsrecht und dessen Fortentwicklung kommen in den Ländern der Stefanskrone im wesentlichen für die Aufstellung der staatlichen Normen nur Gesetz und Verordnung in Betracht. Die Kraft des Gewohnheitsrechts, wiewohl auch heute noch für Ungarn namentlich auf dem Gebiete der Selbstverwaltung wirksam, tritt in der Gegenwart desto mehr zurück, je weitere Gebiete von der modernen Technik der Normgebung erfaßt werden. Als rechtsgeschichtlich und theoretisch bedeutsam sind die Aufzeichnungen des Judexkurial-Protonotarius, späteren Palatins Stefan von Werböcz (Werböczi) über das Gewohnheitsrecht hervorzuheben, die als Tripartitum opus juris consuetudinarii inclyti regni Hungariae im Jahre 1517 gedruckt erschien und im Lauf der Zeiten als Rechtsbuch den geschriebenen Rechtsquellen nahegekommen sind[3]).

---

1) Auf Grund dieses Gesetzes hat die ungarische Regierung am 26. Juli 1914 im ganzen 33 Verordnungen erlassen, die sich über die gesamten oben erwähnten Gebiete erstrecken.

2) Bei Ausbruch des Krieges 1914 sind in Kroatien die erforderlichen Verordnungen in Ermangelung eines Gesetzes vom Banus erlassen worden.

3) Für das ältere ungarische Recht (Gesetzgebung und Gewohnheitsrecht) ist noch zu nennen die von Martin Szentivány 1696 begründete, später wiederholt neu redigierte, als Corpus juris Hungarici bekannte Sammlung.

Gesetz und Verordnung sind nach formellen Gesichtspunkten zu unterscheiden, Gesetz als die unter gemeinsamer Mitwirkung des Monarchen und der Volksvertretung zustande gekommene Rechtssatzung, Verordnung als die vom Monarchen, dem Ministerium, von einzelnen Ministerien und den Selbstverwaltungskörpern (den Munizipien, Städten und Gemeinden) selbständig erlassenen Rechtsnormen. Eine ausdrückliche Vorschrift darüber, für welche Gegenstände die Form des Gesetzes, für welche die Form der Verordnung einzuhalten ist, besteht im ungarischen Staatsrecht nicht, vielmehr wird hier nach dem Geist der ungarischen Verfassung verfahren. Als Grundregel ist festzuhalten, daß die von der Gesetzgebung bereits erfaßten Gebiete nur innerhalb des von dieser selbst aufgestellten Rahmens durch Verordnung geregelt und daß gesetzliche Vorschriften nur durch ebensolche abgeändert und aufgehoben werden können. Insbesondere gehört auf Grund der Befugnisse des Reichstags zur Bewilligung der Steuern ausschließlich der Gesetzgebung an die Aufstellung der Rechtsnormen über die öffentlichen Lasten (Steuern, Zölle u. s. w.), das Staatsbudget und die Ermächtigung zur Aufnahme von Anleihen sowie zur Veräußerung von Staatsgut, ferner sind durch Gesetze zu regeln das bürgerliche Recht, das materielle Strafrecht und die Normen der Rechtsverfolgung auf beiden Gebieten (Zivil- und Strafprozeßordnung), Wehrpflicht, Wehrsystem und Rekrutenkontingent, Änderung des Staatsgebiets und der Thronfolgeordnung, die Grundzüge der Staatsorganisation, die allgemeinen Grundzüge der persönlichen Freiheits- und politischen Rechte, die Genehmigung internationaler Verträge, die auf die innere Gesetzgebung von Einfluß sind oder finanzielle Lasten für den Staat mit sich bringen (s. auch S. 62).

B. Gesetze.

Das ungarische Staatsrecht kennt drei Arten von Gesetzen, nämlich solche, deren Wirksamkeit sich auf alle Länder der ungarischen Krone erstreckt, solche, die nur für Ungarn im engeren Sinne Geltung haben, und solche, die auf Grund der Autonomie Kroatien-Slavoniens für dessen Gebiet erlassen werden. Die mitwirkende Volksvertretung ist in den beiden ersten Fällen der Reichstag in Budapest, und zwar, je nachdem das Gesetz auch für Kroatien-Slavonien gemäß dem Ausgleichsgesetze von 1868 Geltung hat oder nicht, unter Beteiligung der kroatischen Abgeordneten oder ohne diese, im dritten Fall der kroatisch-slavonische Landtag in Agram. In allen drei Fällen erfolgt die Sanktion durch den König, bei ungarischen Gesetzen unter Gegenzeichnung durch die zuständigen ungarischen Minister, bei kroatisch-slavonischen Gesetzen unter Gegenzeichnung durch den Minister für Kroatien-Slavonien und den Banus (vgl. § 11 des kroatischen Gesetzartikel II: 1869 über die Organisierung der kroatisch-slavonisch-dalmatinischen Landesregierung). Die Gesetzesinitiative steht sowohl der Regierung wie der Volksvertretung zu. Eine formelle Unterscheidung zwischen eigentlichen Verfassungsgesetzen (Staatsgrundgesetzen) und gewöhnlichen Gesetzen gibt es in Ungarn nicht, wenn auch einzelnen Gesetzen ihrem Inhalte nach gleiche politische Bedeutung zukommt wie Verfassungsgesetzen. Als solche sind insbesondere die Gesetzartikel I bis III: 1723 über die Annahme der Pragmatischen Sanktion durch Ungarn, ferner die sogenannten 48er Gesetze, von den Gesetzen des Jahres 1867 namentlich der Gesetzartikel XII über den Ausgleich zwischen Österreich und Ungarn und der Gesetzartikel XXX: 1868 über die Regelung des Verhältnisses zu Kroatien zu nennen. Als innere Staatsverträge werden von der ungarischen Theorie vom Standpunkte der Lehre von der heiligen Krone Gesetze bezeichnet, durch die auf vertragsmäßigem Wege zwischen den beteiligten Staatsfaktoren die Einheit der heiligen Krone hergestellt wird (z. B. die Gesetze über die Union zwischen Ungarn und Siebenbürgen und der ungarisch-kroatische Ausgleich).

Zu ihrer Rechtsverbindlichkeit bedürfen die Gesetze außer der Sanktion durch den König noch der Bekanntmachung. Diese erfolgt gemäß Gesetzartikel LXVI: 1881 in der ungarischen Reichsgesetzsammlung, die im ungarischen Original, in amtlichen Übersetzungen in allen auf dem Gebiete der ungarischen Krone üblichen Sprachen (deutsch, slovakisch, serbisch, rumänisch, italienisch) herausgegeben wird. Die während der absolutistischen Regierung in Ungarn 1849 bis 1861 von der Zentralgewalt erlassenen Patente waren im österreichischen Reichsgesetzblatt sowie in den beiden Landesgesetzsammlungen für Ungarn und Siebenbürgen veröffentlicht worden. In die ungarische Gesetzsammlung werden auch die Gesetze aufgenommen, die sich auf Kroatien-Slavonien beziehen; außerdem werden sie im kroatischen Original-Wortlaut in

Budapest herausgegeben, während ein vom König unterschriebenes kroatisches Original dem kroatisch-slavonischen Landtag übersandt wird. Dies wird unter Bezeichnung des Tages, an dem die Bekanntmachung in Ungarn erfolgt ist, in der kroatischen Landesgesetzsammlung bekanntgemacht. Ausschließlich in dieser Landesgesetzsammlung werden die kroatischen autonomen Gesetze veröffentlicht; diese erscheinen jedoch auch in ungarischer amtlicher Übersetzung und zum Teil auch in deutscher nichtamtlicher Übersetzung. Die ungarischen Gesetze werden seit 1848 nach der Nummer ihrer Reihenfolge in der Gesetzsammlung mit römischen Ziffern und dem Jahrgang ihres Erscheinens, innerhalb der Gesetze nach Paragraphen zitiert (z. B. also § 1 Gesetzartikel XII: 1868). Die kroatischen autonomen Gesetze bis 1873 wurden in gleicher Weise bezeichnet; seitdem werden diese autonomen Gesetze nach dem Datum der Kundmachung und dem Gegenstand des Gesetzes benannt (z. B. Gesetz vom 28. November 1873 über die Kundmachung der Gesetze). Soweit in den Gesetzen anderes nicht vorgeschrieben ist, treten die Gesetze mit dem 15. Tage nach dem Tage der Veröffentlichung in Kraft.

C. Verordnungen.

Für die Regelung rechtlicher Verhältnisse durch **Verordnungen** der obersten Zentralgewalt (König, Ministerium), also ohne Mitwirkung der Volksvertretung, fehlt es in Ungarn an einer ausdrücklichen allgemeinen Norm. Es ist daher davon auszugehen, daß Verordnungen nur innerhalb des Rahmens der Gesetze erfolgen können, d. h. einmal, wo nach der zu regelnden Materie ein Gesetz erforderlich ist, kann hierfür durch eine Verordnung nicht Ersatz geschaffen werden, es sei denn, daß die Ermächtigung zu deren Erlaß der vollziehenden Gewalt ausdrücklich durch ein Gesetz erteilt ist[1]); sodann aber kann eine Verordnung auch nicht im Widerspruch zu einem Gesetz erlassen

---

1) Solche Ermächtigungsgesetze können, wie dies im Jahre 1907 geschehen ist, umfangreiche Rechtsgebiete umfassen. So wurde die Regierung damals ermächtigt, fünf von einer Minderheit durch Obstruktion bekämpfte Vorlagen, die auf Grund der wirtschaftlichen Ausgleichsverhandlungen mit Österreich zustande gekommen waren, im Verordnungswege in Kraft treten zu lassen. Erst im Gesetzartikel XII: 1908 sind sie in die Form von Gesetzen gebracht worden.

werden. Da eine scharfe Abgrenzung des der Gesetzgebung vorbehaltenen Rechtsgebiets fehlt, werden bei der Wahl des Weges für die Regelung einer Materie politische Gesichtspunkte nicht selten den Ausschlag geben müssen. Dies gilt insbesondere aber auch hinsichtlich der Frage, inwieweit bei dem Mangel einer dem § 14 des österreichischen Staatsgrundgesetzes vom 21. Dezember 1867 (RGBl. Nr. 141) entsprechenden Vorschrift ein Notverordnungsrecht der Regierung Platz greifen kann. Von der einen Seite unbedingt verneint, wird es von anderer im gegebenen Fall als durch die tatsächlichen Verhältnisse im höheren Interesse des Staates für dessen Erhaltung als unvermeidlich anerkannt; das entsprechende Korrektiv würde im Falle der Inanspruchnahme eines solchen Notverordnungsrechts die Verantwortung der Regierung vor dem Reichstag bilden. So wird die Frage der Zulässigkeit der Notverordnung über das geschriebene Staatsrecht hinausgehend zu einer Frage der Zweckmäßigkeit und der politischen Machtverhältnisse. Für Kriegszeiten ist das ungarische Staatsrecht durch den Gesetzartikel LXIII: 1912 über die Ausnahmeverfügungen der Schwierigkeit überhoben worden.

Verordnungen können außer vom König und der Regierung auch ausgehen von den Selbstverwaltungskörpern. Die Munizipien (Komitate und die ihnen rechtlich gleichgestellten Städte mit Munizipalrecht, s. S. 244) erlassen durch die Generalversammlungen des Munizipalausschusses innerhalb ihres Wirkungskreises zur Erfüllung ihrer Verwaltungsaufgaben Verordnungen (Statute), die dem zuständigen Ministerium zur Genehmigung vorzulegen sind. Zu Veränderungen an dem Statut ist das Ministerium im allgemeinen nicht befugt; soweit aber der Erlaß einer Verordnung durch ein Gesetz dem Munizipium auferlegt ist, kann die Regierung Änderungen oder Umarbeitung der Verordnung verlangen, und nötigenfalls durch eigene Verordnungen eingreifen. Die in diesem Falle erlassene Regierungsverordnung tritt außer Wirksamkeit, wenn das Munizipium später eine entsprechende Verordnung schafft. Durch die Befugnisse des Ministeriums ist nach Möglichkeit dafür Vorsorge getroffen, daß die erforderliche Einheitlichkeit in der Regelung bestimmter Gegenstände trotz der Vielheit der Selbstverwaltungskörper gewahrt bleibt. Die Gemeinden können innerhalb ihres Wirkungskreises Verordnungen (Statute) erlassen, die dem Munizipium zur Genehmigung vorgelegt werden müssen, auch von diesem aufgehoben werden dürfen. Die Verordnungsbefugnis der Städte mit geregeltem Magistrat ist von der Genehmigung des Ministeriums abhängig. Selbstverständliche Voraussetzung für die Verordnungen sämtlicher Selbstverwaltungskörper ist, daß sie mit den Gesetzen und den Verordnungen der übergeordneten Organe im Einklang stehen.

In Kroatien steht das Verordnungsrecht in autonomen Angelegenheiten dem König unter Gegenzeichnung des Banus und des ungarischen Ministers für Kroatien oder dem Banus allein als Chef der Landesverwaltung zu, in den für Ungarn und Kroatien gemeinsamen Angelegenheiten ist es dem König und der Regierung vorbehalten, mit Ausnahme derjenigen Angelegenheiten, in denen dem ungarischen Reichstag zwar das Gesetzgebungsrecht, nicht aber die vollziehende Gewalt überwiesen ist (s. S. 201). In diesen Angelegenheiten hat der Banus das Verordnungsrecht.

Hinsichtlich der Anwendung der Gesetze und Verordnungen vor den Gerichten bestimmt § 19 des Gesetzartikel IV: 1869 (von der Ausübung der richterlichen Gewalt), daß der Richter die Kraft der ordnungsgemäß veröffentlichten Gesetze nicht in Zweifel ziehen darf, jedoch über die Gesetzlichkeit der Verordnungen, auch solcher der Munizipal- und Gemeindeverwaltungen, in den einzelnen Rechtsfällen zu entscheiden hat.

D. Staatsverträge.

Internationale Verträge, die für den Staat Verpflichtungen finanzieller Art begründen oder eine Veränderung des Staatsgebiets mit sich bringen, ferner Verträge, durch die eine Veränderung oder Bindung des inneren Rechts bedingt ist, bedürfen der Zustimmung des Reichstags und müssen in der Form von Gesetzen kundgemacht werden. Was den Abschluß von Verträgen anlangt, so wird ungarischerseits entscheidendes Gewicht auf die Anerkennung des Grundsatzes gelegt, daß der Abschluß nur solcher Verträge in den Wirkungskreis des gemeinsamen Ministers des Äußern gehört, die mit Österreich gemeinsame Angelegenheiten oder solche Angelegenheiten betreffen, in denen der gemeinsame Abschluß von Verträgen besonders vorgesehen ist; in allen anderen Angelegenheiten (z. B. Post, Telegraph, Arbeiterschutz, Auslieferung, Rechtshilfe) beansprucht Ungarn das

Recht der unabhängigen Vertragschließung[1]). So wird z. B. die Richtigkeit des Verfahrens, daß Auslieferungsverträge mit Österreich gemeinsam abgeschlossen werden, mit dem Hinweis darauf bestritten, daß Ungarn seine eigene Justizhoheit besitze und der Abschluß gerade dieser Verträge überdies durch die Verschiedenheit des materiellen Strafrechts erheblich erschwert werde[2]).

3. Die Volksvertretung.

A. Der Reichstag.

Die Volksvertretung der ungarischen Nation ist, wenn auch in ihren ursprünglichen Zügen weit in die mittelalterlichen Zeiten zurückführend, in ihrer heutigen Form im wesentlichen eine Schöpfung des Jahres 1848, die — im Jahre 1867 zu neuem verfassungsmäßigen Leben erweckt — allerdings seitdem im einzelnen ausgebaut worden ist. Sie besteht aus zwei Häusern (Tafeln), der Magnatentafel (Magnatenhaus, Oberhaus) und der Abgeordnetentafel (Abgeordnetenhaus).

Mitglieder der Magnatentafel sind nach dem Gesetzartikel VII: 1885 kraft Erbrechts die volljährigen Erzherzoge, ferner alle nach zurückgelegtem 24. Lebensjahre volljährigen Mitglieder derjenigen Familien, die zur Mitgliedschaft im Hause berechtigt waren (Grafen oder Barone) oder denen in Siebenbürgen vor der Vereinigung mit Ungarn von den ungarischen Königen der Titel eines Grafen oder Barons verliehen war, wenn sie entweder für sich allein oder mit Einrechnung des Vermögens ihrer mit ihnen im gemeinsamen Haushalt lebenden Gattin und minderjährigen Kinder grundbücherliche Eigentümer oder Nutznießer, oder lebenslängliche Nutznießer eines Grundbesitzes oder Besitzer eines Familienfideikommisses sind, dessen direkte Staatsgrundsteuer mit Einschluß der Hausklassensteuer 6000 K beträgt. Zur erblichen Mitgliedschaft im Magnatenhause berechtigte Angehörige von Magnatenfamilien, die auch der Legislative eines anderen Staates angehören, müssen binnen 6 Monaten nach zurückgelegtem 24. Lebensjahre erklären, daß sie dieses Recht für ihre Person ausschließlich ein für allemal im ungarischen Oberhause

---

1) Siehe Márkus, Ungarisches Verwaltungsrecht, S. 123, 124.

2) Wegen der formellen Behandlung der Verträge vgl. im übrigen S. 59.

ausüben wollen. Sodann werden erbliche Mitglieder Personen ungarischer Staatsangehörigkeit, die den fürstlichen, gräflichen oder freiherrlichen Titel erhalten, sofern ihnen das Recht der Mitgliedschaft im Hause besonders für sich und ihre Nachkommen verliehen worden ist. Als Inhaber von Würden und Ämtern nur für die Dauer dieser Eigenschaft sind Mitglieder des Oberhauses die Bannerherren des Landes [1]) und der Graf von Poszony (Preßburg), die beiden Kronhüter, der Gouverneur von Fiume, der Präsident und Vizepräsident der Königlichen Kurie, der Präsident der Königlichen Tafel in Budapest und der Präsident des Verwaltungsgerichtshofs, ferner der Banus von Kroatien-Slavonien, eine Reihe von hohen Kirchenfürsten des römisch-katholischen Bekenntnisses (lateinischen und griechischen Ritus) und der griechisch-orientalischen Kirche, sowie Würdenträger der evangelischen Kirche. Außerdem gehören dem Hause an die lebenslänglichen vom König hierzu ernannten Mitglieder, deren Gesamtzahl aber fünfzig nicht überschreiten darf. Endlich treten hierzu die vom kroatisch-slavonischen Landtag gewählten Mitglieder, die jedoch nur in Angelegenheiten Sitz und Stimme haben, welche die Länder der ungarischen Krone gemeinsam betreffen. Die Mitgliedschaft im Magnatenhause geht verloren mit dem Verlust der ungarischen Staatsangehörigkeit, Verurteilung zu entehrenden Strafen, ferner bei Personen, die auf Grund eines Amts oder einer Würde dem Hause angehören, mit dem Verlust dieser Stelle, bei den kroatisch-slavonischen Mitgliedern mit der Beendigung der Abgeordneteneigenschaft, endlich durch Verzicht. Außerdem ruht die Mitgliedschaft im Falle des Ausschlusses der Mitglieder von den politischen Rechten, der Kuratel und des Konkurses, sowie des Verlusts des als Voraussetzung für die Mitgliedschaft vorgeschriebenen Vermögens, endlich der Annahme eines Mandats im Abgeordnetenhaus.

Das Abgeordnetenhaus geht aus Wahlen hervor. Die Grundlagen für das Wahlrecht waren durch die 48er Gesetzgebung geschaffen, die einen Vermögens- und Intelligenzzensus eingeführt hatte. Diese Grundlagen hatte auch das Wahlgesetz von 1874 beibehalten. Die Ungleichheiten sind im Laufe des konstitutionellen

1) Judex Curiae, Banus, Oberstmundschenk, Oberststallmeister, Obersthofmeister, Oberstürhüter, Oberstruchseß, Oberstkämmerer.

Lebens in Ungarn ebenso anerkannt worden, wie die Tatsache, daß dabei die industrielle Arbeiterschaft sozusagen gänzlich vom Wahlrecht ausgeschlossen war. Die Wahlrechtsreform des Jahres 1913 hat die Grundlagen der Wahl wesentlich erweitert und die Zahl der Abgeordneten auf 435 gebracht, wozu noch die aus dem kroatischen Landtag hervorgehenden Mitglieder treten (über das Wahlrecht im einzelnen s. S. 235).

Für die rechtliche Stellung der Abgeordneten gilt der allerdings in keiner gesetzlichen Bestimmung ausdrücklich ausgesprochene Grundsatz, daß sie nicht durch Instruktionen der Wähler gebunden sind. Die Mitglieder beider Häuser sind ferner im Genuß der parlamentarischen Immunitätsrechte, Unverletzbarkeit und Privilegierung der Reden und Handlungen in verschiedener Abstufung: ein Mitglied eines der beiden Häuser kann für das, was er in Ausübung seiner Tätigkeit im Hause oder als Mitglied des Hauses tut und spricht, nur von diesem selbst zur Verantwortung gezogen, für andere Reden oder Handlungen, abgesehen von der Ergreifung auf der Tat, nur mit Zustimmung des Hauses strafrechtlich verfolgt oder festgehalten werden. Die Mitglieder des Abgeordnetenhauses erhalten ein Honorar nebst Wohnungsgeld, der Präsident und die Vizepräsidenten dazu noch besondere Vergütungen.

Um einerseits dem politischen Einfluß der Regierung auf die Abgeordneten, andererseits der persönlichen Einmischung der Abgeordneten in die Verwaltungsangelegenheiten entgegenzutreten, hatte bereits der Gesetzartikel I: 1875 die Inkompatibilität bestimmter Berufsstellen und Beschäftigungen mit der Ausübung des Abgeordnetenmandats festgesetzt. Der in diesem Gesetz enthaltene Grundgedanke wurde in dem Gesetzartikel XXIV: 1901 in schärferer und wirksamerer Weise ausgebaut. Hiernach kann ein Reichstagsabgeordneter nicht solche Stellen einnehmen, deren Besetzung in irgendeiner Weise von der Krone oder der Regierung abhängig ist und die mit einer Geldvergütung verbunden sind. Ausgenommen von dieser Regel sind die Minister, die Staatssekretäre, eine Reihe besonders aufgeführter Beamten sowie die Professoren der Budapester Universität und des Polytechnikums. Die Inkompatibilität ist ferner ausgesprochen für Mitglieder des diplomatischen oder Konsularkorps der ausländischen Staaten, Mitglieder des Magnatenhauses, des Heeres, der Marine und der

Landwehr, die öffentlichen Notare, die im Bezuge einer Staatspension befindlichen Personen, Munizipal- oder Gemeindebeamten, Professoren und Lehrer an gewissen Schulen, sowie mit wenigen Ausnahmen die Mitglieder von Mönchsorden. Weiterhin erstreckt sich die Inkompatibilität auf Personen, deren Privatinteresse mit dem öffentlichen Interesse der Regierung besonders verknüpft ist, namentlich also Regierungsunternehmer und -lieferanten, Vermittler von Geschäften zwischen der Regierung und anderen, Käufer, Mieter und Pächter von staatlichen Stiftsgütern, Ökonomien, Gefällen und nutzbringenden Rechten, sofern die dabei in Betracht kommenden Werte sich nicht unter einem gewissen Betrage halten, Inhaber von Regierungskonzessionen für Verkehrsunternehmungen, endlich im Gesetz näher bezeichnete Angehörige (Inhaber, Angestellte, Mitglieder der Direktion und des Aufsichtsrats) von Firmen, Gesellschaften oder sonstigen Unternehmungen, die mit der Regierung in Geschäftsverhältnissen stehen. Ein Reichstagsabgeordneter darf während der Dauer seines Abgeordnetenmandats Konzessionen weder für Verkehrsunternehmungen noch für sonstige Rechte erhalten, die der staatlichen Verleihung unterliegen. Ferner darf ein Reichstagsabgeordneter bei der Regierung sich nicht in Angelegenheiten verwenden, die sich auf die Verleihung von Titeln und Auszeichnungen, von Konzessionen und nutzbringenden Rechten, auf die Übertragung von öffentlichen Bauaufträgen, die Erwirkung von Schanklizenzen und ähnliche staatliche Vergünstigungen beziehen. Eine Person, bei der die Voraussetzungen der Inkompatibilität vorliegen, kann zwar an und für sich gewählt werden; ist er gewählt, so ist er verpflichtet, den Inkompatibilitätsgrund dem Präsidenten des Hauses bei Vorlage seines Mandats schriftlich mitzuteilen und innerhalb dreißig Tagen, von der Verifizierung seines Mandats an gerechnet, den Grund zu beheben; bis dahin darf er an den Verhandlungen des Hauses nicht teilnehmen. Besondere Bestimmungen gelten für den Fall, daß der Abgeordnete, dessen Mandat bereits als gültig anerkannt ist, in die mit der Ausübung des Mandats unvereinbare Lage gelangt. — Die Gerichtsbarkeit über Inkompatibilitätsverhältnisse übt das Haus selbst aus.

Das Abgeordnetenmandat erlischt im Falle der Verurteilung wegen gewisser gemeinen Straftaten, infolge Konkurses und der Aberkennung der politischen Rechte, ferner wenn ein Abgeordneter gegen Geld, sonstige materielle Vorteile oder Gegenleistungen sich für irgendwelche Angelegenheiten bei der Regierung verwendet. Das Erlöschen wird in diesen Fällen gleichfalls durch die Inkompatibilitäts-Gerichtsbarkeit des Hauses festgestellt. Das Mandat erlischt ferner durch Verzicht, durch Auflösung des Hauses und mit dem Ablauf der Wahlperiode.

Der Reichstag wird vom König berufen und von ihm oder seinem Beauftragten eröffnet. Von dem Fall der Auflösung abgesehen tagt der Reichstag in Perioden von fünf Jahren, und zwar in je fünf Jahressessionen (Gesetzartikel IV: 1847/48 und I: 1886). Seine Tätigkeit wird unterbrochen durch die dem König zustehende Schließung der Session, womit alte während derselben gepflogenen Verhandlungen derart beendet werden, daß sie in der neuen Session von vorne wieder aufgenommen werden müssen. Die während einer Session verhandelten Anträge können, wenn sie in dieser einmal abgelehnt sind, nicht wieder in derselben Session aufgenommen werden. Zu unterscheiden von der Schließung der Session ist die Vertagung der Verhandlungen, die sowohl vom König ausgesprochen als auch vom Hause selbst beschlossen werden kann. In letzterem Falle kann das Haus durch den Präsidenten oder auf Wunsch von mindestens 20 Abgeordneten auch vor dem Zeitpunkt, bis zu dem es vertagt ist, zusammentreten. Die Auflösung des Hauses kann jederzeit vom König auch vor dem Ablauf der fünfjährigen Wahlperiode erklärt werden; in diesem Falle sind Neuwahlen in der Weise auszuschreiben, daß der neue Reichstag innerhalb dreier Monate von der Auflösung des früheren Reichstags an zusammentreten kann. Da die Feststellung des Staatsvoranschlags durch den Reichstag sich immer nur auf ein Jahr erstreckt, ohne erneute Bewilligung keine Steuer ausgeworfen und eingehoben werden darf, so muß der Reichstag, wenn er vor seiner Beschlußfassung über die Schlußrechnungen und den Voranschlag des nächsten Jahres vom König aufgelöst, geschlossen oder vertagt wird, noch im Laufe des Jahres und zwar zu einer Zeit einberufen werden, daß sowohl die Schlußrechnungen als auch der Voranschlag für das nächste Jahr bis zum Schlusse des Jahres verhandelt werden können.

Der Reichstag wird von Magnatentafel und Abgeordnetentafel zusammen gebildet; beide Häuser sind aber voneinander unabhängig, haben getrennte Präsidien und Bureaus.

Die innere Organisation, Disziplin u. s. w. der Häuser ist durch besondere Hausordnungen geregelt. Der Präsident und der Vizepräsident des Oberhauses wird vom König ernannt, der Präsident und die beiden Vizepräsidenten des Abgeordnetenhauses von diesem für den ganzen Zyklus gewählt. Beide Häuser beraten und beschließen getrennt und treten nur bei der Eröffnung und Schließung, bei der Wahl und Eidesleistung der Kronhüter[1]) sowie aus Anlaß der Krönung zusammen. Ihre Beschlüsse teilen sie sich auf schriftlichem Wege (durch sog. Nuntien) mit, und auf dem gleichen Wege muß die Übereinstimmung der beiderseitigen Entschließungen erzielt werden. Ein absolutes Übergewicht der Anschauung des einen oder anderen Hauses ist nicht festgesetzt. Nach außen hin kommt eine gemeinsame Vertretung beider Häuser durch die sogenannten Regnicolar-Deputationen vor, zu denen sie gemeinsam aus ihrer Mitte Beauftragte gewöhnlich zu zwei Drittel vom Abgeordnetenhaus, ein Drittel vom Magnatenhaus entsenden. Als solche spielen eine besondere Rolle die Deputationen, die in Verhandlungen mit den entsprechenden österreichischen Deputationen den Anteil beider Staaten an den für beide Staaten der Monarchie gemeinsamen Ausgaben feststellen. Ferner werden als solche ungarischerseits die zur Feststellung der gemeinsamen Ausgaben und Verhandlung der gemeinsamen Angelegenheiten berufenen Delegationen (s. S. 89) charakterisiert.

Die sachlichen Befugnisse des Reichstags umfassen in erster Linie dessen Mitwirkung bei der Gesetzgebung, insbesondere die Zustimmung zum Finanzgesetz und zur Aufnahme von Anleihen, die Bewilligung der Steuern und die Kontrolle der Regierung, die sich in der zur Beantwortung der Thronrede verfaßten Adresse an die Krone, in Interpellationen an die Regierung bei den Beratungen über die Geldforderungen der Regierung und die sonstigen Gesetzesvorlagen, der Prüfung der Schlußrechnungen, endlich in dem Recht, die Ministerverantwortlichkeit geltend zu machen, wirksam äußern kann. Die Ausübung dieser Befugnisse kann auf die Spitze getrieben werden bis zur vollständigen Lähmung

1) Altem Gebrauche gemäß ist die Bewachung und der Schutz der heiligen Stefanskrone Pflicht und Vorrecht der Prälaten und Barone, die ihre Aufgabe durch Wahl auf Männer aus ihrer Mitte übertragen. Diese Wahl trifft jetzt der Reichstag auf Benennung einer Mehrzahl von Personen durch den König (siehe Marczali, Ungarisches Verfassungsrecht, S. 64 f.).

der Regierungstätigkeit, sei es infolge der Verweigerung der Genehmigung zum Budgetgesetz oder der Indemnität, sei es auf dem Wege der Obstruktion durch eine Minorität, ein Mittel, das im Verfassungsleben Ungarns eine erhebliche Rolle gespielt und zu verschärften Geschäftsordnungsbestimmungen Anlaß gegeben hat. Auf diese Weise vermag das Parlament oder ein Teil desselben der Regierung das Zustandekommen eines Budgets unmöglich zu machen, mit anderen Worten, sie in den sog. Exlex-Zustand zu drängen, in dem sie, ohne daß Entsprechendes in der Verfassung vorgesehen wäre, ohne die Ermächtigung zur Einhebung von Steuern und zur Aushebung der Rekruten die Staatsgeschäfte führen muß[1]).

Allgemeine rechtliche Voraussetzungen für das aktive Wahlrecht sind die ungarische Staatsangehörigkeit, der Erreichung des Wähleralters und ein ständiger Wohnsitz in Ungarn, der im allgemeinen mindestens ein Jahr bestanden haben muß. Hierzu treten die besonderen Voraussetzungen eines sorgsam abgewogenen Intelligenzzensus.

Das geforderte Maß von Intelligenz ist entweder durch Schulzeugnisse oder in deren Ermangelung auf andere Art nachzuweisen. In die oberste Stufe werden in diesem Sinne die Absolventen der Universitäten oder anderer Hochschulen, ferner der Mittelschule oder der ihnen gleichgestellten Anstalten eingereiht. Bei diesen Angehörigen einer höheren Intelligenzstufe ist auch das Wähleralter niedriger, nämlich schon auf 24 Jahre festgesetzt; während es bei den folgenden Klassen erst mit dem 30. Lebensjahre beginnt; ferner ist ihnen zum größten Teil das Erfordernis des einjährigen Wohnsitzes erlassen. Die zweite Intelligenzstufe bilden diejenigen, welche die sechste Klasse der Elementarvolksschule oder einen ihr gleichgestellten Unterrichtsgang mit Erfolg zurückgelegt haben. Besondere Voraussetzung für das Wahlrecht ist bei dieser Klasse die Ausübung eines ordentlichen Lebensberufs; als Kennzeichen hierfür dient entweder die geringe Steuerleistung von mindestens zwei Kronen oder eine regelmäßige und ständige Beschäftigung. In dieser Klasse besitzen somit auch ohne Zahlung einer Steuer nicht allein die selbständigen Elemente, Gewerbetreibende und Kaufleute das Wahlrecht, son-

1) In solchem Exlex-Zustand ist Ungarn seit 1898 wiederholt, teilweise ein ganzes Jahr lang regiert worden.

dern auch die in irgendeinem Kreise der öffentlichen oder privaten Beschäftigung in noch so untergeordneter Eigenschaft Angestellten, ferner die in der Landwirtschaft, im Gewerbebetrieb oder in der Unternehmung eines Wählers an Stelle einer ständigen Hilfskraft helfenden Familienmitglieder sowie die gedienten Soldaten, sofern sie den Unteroffiziersgrad erreicht haben. Die vermögenslosen Angestellten mit Ausnahme der industriellen Arbeiter, der landwirtschaftlichen Vorarbeiter und Arbeitsaufseher treten allerdings nicht ohne weiteres in den Besitz des Wahlrechts, sondern erst dann, wenn sie bei einem und demselben Arbeitgeber mindestens drei Jahre lang beschäftigt sind. Dem Umstand, daß ein ansehnlicher Teil der im wahlfähigen Alter stehenden männlichen Bevölkerung der Schulpflicht infolge des Mangels an Schulen nicht Genüge leisten konnte, trägt das Wahlgesetz insofern Rechnung, als es auch die Möglichkeit bietet, daß diejenigen, die zwar den Jahrgang der sechs Klassen der Volksschule nicht zurückgelegt haben, aber lesen und schreiben können, und selbst die Analphabeten das Wahlrecht erlangen, sofern sie gewisse besondere Voraussetzungen erfüllen. Für die des Lesens und Schreibens kundigen Personen, die keine abgeschlossene Volksschulbildung besitzen, ist als Alternativbedingung, für die Analphabeten als ausschließliche Bedingung ein Vermögens- oder Steuerzensus vorgesehen, und zwar wird von den ersteren eine direkte Staatssteuer von 20 K, von den Analphabeten das Doppelte dieses Satzes als Minimalzensus gefordert. Des Lesens und Schreibens kundige Personen ohne abgeschlossene Volksschulbildung, die diesem Zensus nicht entsprechen, müssen andere Bedingungen erfüllen, die sie für die Ausübung des Wahlrechts geeignet erscheinen lassen. Solche Bedingungen sind z. B. bei selbständigen Handels- und Gewerbetreibenden die Beschäftigung mindestens eines Hilfsarbeiters, bei gewerblichen und industriellen Angestellten die durch ein Zeugnis der Gewerbebehörde nachzuweisende beendete Ausbildung als Gewerbelehrling oder dreijährige Beschäftigung in einem und demselben Arbeitszweig innerhalb der letzten fünf Jahre, in landwirtschaftlichen Betrieben die Verwendung als Vorarbeiter, bei sonstigen Angestellten im öffentlichen und privaten Dienst fünfjährige Beschäftigung bei einem und demselben Arbeitgeber; ferner sind die im Betriebe oder der Unternehmung eines Wählers an Stelle einer ständigen Hilfskraft helfenden Familienmitglieder und die gedienten

Unteroffiziere, auch ohne abgeschlossene Volksschulbildung, zur Wahlberechtigung zugelassen, sofern sie nur des Lesens und Schreibens kundig sind. Wegen eines mit der Wahlberechtigung unvereinbaren öffentlichen Dienstes von der Wahlberechtigung ausgenommen sind namentlich aktive Offiziere, Militärgeistliche und Mannschaften der bewaffneten Macht und der Gendarmerie, ferner sind aus persönlichen Gründen nicht wahlberechtigt Geisteskranke und unter Kuratel oder in Konkurs befindliche Personen; endlich ist Ausschluß von der Wahlberechtigung wegen Empfangs öffentlicher Armenunterstützung sowie aus einer Reihe strafrechtlicher Gründe vorgesehen. Das Wahlrecht kann nur persönlich ausgeübt werden; jeder Wähler hat eine Stimme.

Wählbar ist jeder Wahlberechtigte, der das 30. Lebensjahr vollendet hat und der ungarischen Sprache in Wort und Schrift mächtig ist; ausgenommen hiervon sind namentlich Personen, die wegen gewisser Straftaten rechtskräftig verurteilt sind, sodann mit Rücksicht auf ihre berufliche Stellung die in dauernder oder zeitlicher Dienstleistung befindlichen Beamten der bewaffneten Macht; ferner sind Personen, die in der Zeit zwischen der Anberaumung des Wahltags und der Wahl bestimmte einflußreiche staatliche Stellungen in einem Wahlbezirk eingenommen haben (z. B. Richter, Staatsanwälte, Oberstuhlrichter, Stuhlrichter), in Ansehung des einschlägigen Wahlbezirks, ebenso der Präsident der Wahl- und Skrutiniumskommission nicht wählbar.

Die Wahl erfolgt nach Wahlbezirken auf Grund von Wählerlisten; jeder Wahlbezirk wählt einen Abgeordneten. Bei der Wahl entscheidet die absolute Mehrheit der Stimmen, d. h. eine die Hälfte der gesamten gültigen Stimmen übersteigende Zahl, die nötigenfalls durch Stichwahl festzustellen ist.

Die freie Ausübung des Wahlrechts ist mit besonderen Sicherungen umgeben, Gesetzartikel XXIII: 1913 bedroht die Fälschung der Wählerlisten, die Verhinderung und unberechtigte Beeinflussung der freien Ausübung des Wahlrechts, Fälschung und Vereitelung der Wahl oder der Abstimmung und die Verletzung des Abstimmungsgeheimnisses mit zum Teil erheblichen Strafen.

B. Der kroatisch-slavonische Landtag.

Der kroatisch-slavonische Landtag (Sabor), der auf Berufung durch den König in Agram zusammentritt, besteht aus nur einer Kammer. Seine Funktionen und seine Zusammensetzung beruhen im wesentlichen auf dem ungarisch-kroatischen Ausgleichsgesetz vom Jahre 1868, dem kroatischen Gesetzartikel II: 1870 sowie auf den kroatischen Gesetzen vom 15. Juli 1881 und vom 29. September 1888.

Der Landtag besteht aus 90 für die fünfjährige Landtagsperiode gewählten Volksvertretern und aus Mitgliedern, die das persönliche Stimmrecht im Landtage genießen (Virilisten). Ein solches persönliches Stimmrecht steht zu den kirchlichen Würdenträgern (Erzbischof von Agram, Metropolit und serbischer Patriarch in Karlowitz, Diözesanbischöfe und Prior von Aurana), ferner den Obergespanen der Komitate und dem Comes von Turopolya[1]), den nach historischem Recht zu Sitz und Stimme im Landtag berufenen Mitgliedern der fürstlichen, gräflichen und freiherrlichen Familien[2]), sofern diese Personen das 24. Lebensjahr vollendet haben, der kroatischen Sprache mächtig sind und in Kroatien Eigentümer eines Grundbesitzes sind, dessen Grund- und Hausklassensteuer für das Jahr 1885 mindestens 2000 K beträgt; solange diese Voraussetzung nicht vorliegt, ruht das persönliche Stimmrecht. Hierzu kommen weiter die Mitglieder der ungarisch-kroatischen Magnatenfamilien, die nach dem Inkrafttreten des Gesetzes vom Jahre 1888 in Kroatien sich angesiedelt haben, sowie die vom König zu Magnaten ernannten Personen, soweit sie den sonstigen gesetzlichen Erfordernissen entsprechen; diese dürfen das Stimmrecht im Landtag aber nur ausüben, wenn dadurch die Gesamtzahl der Virilisten nicht die vorgeschriebene Grenze, d. h. die Hälfte der gewählten Volksvertreter überschreitet. Überhaupt darf die Gesamtzahl der Virilisten die Hälfte der gewählten Vertreter nicht überschreiten; gegebenenfalls findet eine entsprechende Verminderung bei der Klasse des grundbesitzenden Adels nach Maßgabe der Steuerleistung statt. Als Grundlage der Anerkennung der Mitgliedschaft (Verifikation) erhalten die Virilisten vom Banus ein Einberufungsschreiben. Verlust der Mitgliedschaft tritt für

1) Adelige Gemeinde im Komitat Agram, die ein Kollektivvermögen und eine ausgedehnte Selbstverwaltung besitzt und an deren Spitze ein Comes stand (siehe Marczali, Ungarisches Verfassungsrecht, S. 166).

2) Eine Liste der hiernach zur Mitgliedschaft berufenen Personen ist gemäß § 9 des Gesetzes von 1888 aufgestellt.

Virilisten ein bei Verurteilung zu entehrender Strafe, Verlust der Staatsangehörigkeit oder der Würde, mit der die Mitgliedschaft verbunden ist. Das Stimmrecht ruht im Falle der Verurteilung zu sonstigen Strafen, der Entmündigung und des Konkurses. Der Minister für Kroatien-Slavonien gehört dem Landtage nicht an.

Die Landtagsperiode dauert fünf Jahre. Der Landtag wird vom König oder dem von ihm dazu ernannten Stellvertreter eröffnet und geschlossen; er kann vom König vertagt oder vor Ablauf der Legislaturperiode aufgelöst werden; in diesem Falle sind sofort neue Wahlen auszuschreiben, und der neue Landtag muß spätestens drei Monate nach Auflösung des vorhergehenden zusammentreten. Präsident und Vizepräsident, Schriftführer und Ordner werden vom Hause selbst für die ganze Landtagsperiode gewählt; im einzelnen wird die Tätigkeit des Landtags durch eine besondere Geschäftsordnung geregelt. Die Sitzungen sind in der Regel öffentlich, doch kann auf den Antrag des Präsidenten oder den Antrag von zehn Mitgliedern Ausschluß der Öffentlichkeit beschlossen werden. Die Regierung ist berechtigt und verpflichtet, ihre Vertreter in den Landtag zu senden.

Der gesetzgeberische Wirkungskreis des Landtags erstreckt sich auf alle Angelegenheiten, in denen gemäß dem Ausgleichsgesetze vom Jahre 1868 dem Lande Autonomie zugesichert ist. Das Recht der Initiative steht dem Landtage ebenso wie der Krone zu. Ferner ist dem Landtag gewährleistet, daß eine Änderung des Ausgleichsgesetzes und der gegenseitigen Gebietsabgrenzung nur mit Zustimmung des kroatischen Landtags erfolgen kann. Auch der Verkauf der auf kroatischem Gebiete gelegenen Staatsdomänen bedarf einer solchen Zustimmung. Die Regierung legt alle Jahre den Voranschlag über die Einnahmen und Ausgaben ihrer drei Abteilungen zur verfassungsmäßigen Behandlung, ferner den Rechnungsabschluß und die Ergebnisse der jährlichen Finanzgebarung zur Überprüfung und Genehmigung vor. Das dem Landtag zugemessene Recht der Kontrolle der autonomen Regierung ist insofern praktisch beschränkt, als infolge der finanziellen Abmachungen mit Ungarn eine Budgetverweigerung mit der Wirkung, daß die Steuern nicht eingehoben werden könnten, nicht denkbar ist. Die aus dem Landtag an die Regierung gerichteten Interpellationen müssen vom Banus oder einem

Vertreter beantwortet werden, er ist gegebenenfalls verpflichtet, auch die Akten vorzulegen. Der Banus kann von dem Landtag auf Grund seiner diesem gegenüber bestehenden Verantwortlichkeit unter Anklage vor einen besonders eingesetzten Gerichtshof gestellt werden. Auf die gemeinsame ungarische Gesetzgebung hat der Landtag insofern Einfluß, als er die zum ungarischen Reichstag zu entsendenden Abgeordneten wählt, er kann ihnen aber nicht für ihre Abstimmung im ungarischen Reichstag Instruktionen erteilen[1]). Eine Teilnahme an den zwischen den Reichsratsländern und Ungarn gemeinsamen Angelegenheiten ist dem Landtag durch die Bestimmung ermöglicht, daß in der ungarischen Delegation von den dem Abgeordnetenhause angehörenden Mitgliedern 4, von den dem Magnatenhause angehörenden Mitgliedern eines Mitglied des kroatischen Landtags sein muß.

Das aktive Wahlrecht steht den Männern zu, die sich im Besitz der ungarischen Staatsangehörigkeit befinden, das 24. Lebensjahr vollendet haben und in einer Gemeinde von Kroatien-Slavonien zuständig oder daselbst in amtlicher Stellung sind; es ist im einzelnen abhängig von Steuerleistung und Intelligenz. Vom aktiven Wahlrecht sind ausgeschlossen die im aktiven Dienst stehenden Soldaten, Finanzwachmänner und Gendarmen, ferner unter Vormundschaft stehende und im Konkurs befindliche Personen sowie Personen, die das Wahlrecht auf Grund strafgerichtlicher Verurteilung verloren haben. Die Wahl ist unter Berücksichtigung der Verschiedenheit der Bezirke und der Steuerleistung mittelbar und unmittelbar. Wählbar zum Abgeordneten ist im allgemeinen jeder über 24 Jahre alte, des Lesens und Schreibens kundige Mann, der in Kroatien-Slavonien geboren oder in den Verband einer Gemeinde als ansässiger Angehöriger aufgenommen ist. Nicht wählbar sind außer den im Konkurse befindlichen oder den wegen bestimmter strafbarer Handlungen verfolgten oder verurteilten Personen die im aktiven Dienst stehenden Militärpersonen, Richter, Staats-, Landes- und Komitatsbeamte. Dem Banus und den Sektionschefs steht es frei, sich als Abgeordnete wählen zu lassen.

---

1) Über deren Recht, sich im Reichstag der kroatischen Sprache zu bedienen, siehe S. 214, Anm. 1.

4. Die Organisation der Behörden.

A. Die Ministerien.

Die Behördenorganisation läuft in eine gemeinsame Spitze aus, das ungarische Ministerium, das einerseits als Hilfsorgan des Königs diesem bei der Ausübung der ihm zustehenden Regierungsrechte zur Seite steht, ihn vertritt oder seine Entschließungen ausführt, andererseits die gesamte Verwaltungstätigkeit des Staates durch oberste Beamte leitet und vereinheitlicht. Es tritt als ein Gesamtministerium auf, dessen einzelne Abteilungen von Fachministern verwaltet werden und dem außer diesen noch Minister ohne Portefeuille (d. h. ohne besonders abgegrenzten Verwaltungsbereich) angehören. Der vom König ernannte Ministerpräsident ist die führende Persönlichkeit dieses Kollegiums, die dessen Politik das grundsätzliche Gepräge verleiht; auf seinen Vorschlag erfolgt die Ernennung der übrigen Minister durch den König; der Abgang des Ministerpräsidenten durch Tod oder Rücktritt hat übungsgemäß die Demission der übrigen Minister zur Folge. Er führt, soweit der König nicht anwesend ist, den Vorsitz im Ministerrat. Gesetzlich ist der König in der Ernennung seiner Minister nicht beschränkt; die Praxis des Verfassungslebens hat auf Grund der Verantwortlichkeit der Regierung vor dem Parlament, entsprechend den politischen Zielen der 48er Gesetzgebung und des Ausgleichs von 1867, zur parlamentarischen Regierung mit der Folge geführt, daß das Ministerium regelmäßig der Mehrheit des Reichstags entnommen wird[1]). Der Ministerpräsident hat meistens eines der Portefeuilles inne, kann aber auch Minister ohne Portefeuille sein. Solche Sonderminister gehören dem Kollegium jedenfalls zwei an: der Minister um die Person Sr. Majestät (a latere) und der im Verlauf der Darstellung bereits erwähnte Minister für Kroatien, Slavonien und Dalmatien.

Die Stelle eines Ministers um die Person Sr. Majestät, auch Minister am Allerhöchsten Hoflager genannt, war

1) Von Januar 1905 bis April 1906 waren Regierungen am Ruder, welche die Majorität des Reichstags gegen sich hatten. Bei der Ernennung des Kabinetts Fehérváry (Juni 1906) wurde betont, wie sehr der König bedauere, die Regierung nicht der Parlamentsmajorität entnehmen zu können (siehe Marczali, Ungarisches Verfassungsrecht, S. 79 f.).

ursprünglich durch die 48er Gesetzgebung als Bindeglied zwischen der Regierung der österreichischen Erbländer und derjenigen Ungarns in allen beide Teile angehenden Verhältnissen geschaffen worden. Seit dem Ausgleich des Jahres 1867, auf Grund dessen die gemeinsamen Ministerien des Äußern, des Krieges und der Finanzen errichtet wurden, ist dieser nur kurze Zeit in Wirksamkeit befindliche Posten mit einem anderen Charakter wieder aufgelebt, indem dessen Inhaber nunmehr für die Zeit der Abwesenheit des Königs vom Lande, wie z. B. während dessen regelmäßigen Aufenthalts in Wien, den Verkehr mit den übrigen ungarischen Ministerien vermittelt. Die Zuständigkeit des Ministers am Allerhöchsten Hoflager ist im Laufe der Zeit ausgedehnt worden, so beispielsweise auf die Angelegenheiten der Verleihung des ungarischen Adels, von Titeln und sonstigen Auszeichnungen, auf die Ausstellung von Auslandspässen für ungarische Staatsangehörige, die ihren Aufenthalt in Österreich haben, und auf die sonstige Vertretung der Interessen der in Österreich lebenden Ungarn.

Der Geschäftsbereich des Ministers für Kroatien, Slavonien und Dalmatien ist bereits bei früherer Gelegenheit berührt worden. Seine Stellung ist gedacht als Bindeglied zwischen dem König und der Regierung von Kroatien-Slavonien. Er hat die Vorstellungen des Banus an den König zu vermitteln, auch kann er in Fällen, wo mit Rücksicht auf die Gemeinsamkeit der Angelegenheiten zwischen Kroatien und Ungarn Bedenken auftauchen und nicht im Benehmen mit dem Banus beseitigt werden können, diese Vorlagen mit seinen, den Standpunkt der ungarischen Regierung darstellenden Bemerkungen begleiten. Alle Vorlagen des Banus — auch in Angelegenheiten, die an sich der Autonomie Kroatiens vorbehalten sind — müssen, sofern sie Entschließungen des Königs erfordern, an das ungarische Ministerium gelangen, damit etwaigen Überschreitungen der Grenzen der Autonomie vorgebeugt werden kann. Der Minister für Kroatien zeichnet daher derartige Entschließungen mit. Eine sachliche Einwirkung auf die autonomen Angelegenheiten Kroatiens steht ihm ebensowenig zu, wie die Mitgliedschaft im kroatischen Landtage.

Die übrigen Ministerien scheiden sich nach den üblichen Geschäftskreisen: Inneres, Finanzen, Handel, Ackerbau, Kultus und Unterricht, Justiz und Landesverteidigung (Honvéd). Die Ernennung weiterer Minister ohne Portefeuille ist unzulässig.

Die Minister haben in jedem Hause des Reichstags Sitz; sie müssen auf Verlangen gehört werden, auch sind sie verpflichtet, auf Wunsch eines jeden der beiden Häuser dort zu erscheinen, die erforderlichen Aufklärungen zu geben und amtliche Schriftstücke dem Hause oder dessen Ausschuß vorzulegen. Stimme haben sie in einem Hause nur, wenn sie ihm nach Maßgabe der Gesetze als Magnaten oder gewählte Abgeordnete angehören.

Der Gesetzartikel III: 1848 sieht Näheres für die *Geltendmachung der Ministerverantwortlichkeit* vor. Die Minister können zur Verantwortung gezogen werden wegen jeder von ihnen in ihrer amtlichen Eigenschaft begangenen Handlung oder erlassenen Verordnung, welche die Unabhängigkeit des Landes, die Garantien der Verfassung, die bestehenden Gesetze, die persönliche Freiheit oder das Eigentum verletzt. Ferner ist die Ministeranklage zulässig wegen Veruntreuung oder gesetzwidriger Verwertung anvertrauter Gelder, endlich wegen der bei Vollstreckung der Gesetze oder bei der Aufrechterhaltung der öffentlichen Ruhe und Ordnung begangenen vermeidbaren Unterlassungen. Die Anklage wird durch Majoritätsbeschluß des Hauses erhoben. Die Gerichtsbarkeit übt das Oberhaus durch ein mittels geheimer Abstimmung aus seinen Mitgliedern gewähltes Gericht in öffentlichem Verfahren aus. Im ganzen werden 36 Mitglieder gewählt, von denen 12 von den aus dem Unterhaus zur Vertretung der Anklage entsendeten Kommissären, 12 von den unter Anklage gestellten Ministern abgelehnt werden können. In Ansehung eines von einem solchen Gerichtshof verurteilten Ministers kann das königliche Begnadigungsrecht nur im Falle einer allgemeinen Amnestie ausgeübt werden. Diese gesetzlichen Vorschriften sind bisher noch nicht angewendet worden.

B. *Die Verwaltung.*

Die *allgemeine Landesverwaltung* ist in Ungarn *nicht* wie in anderen Ländern der Hauptsache nach eine *rein staatliche*, neben der besonderen Körperschaften für ihre Zwecke Selbstverwaltung eingeräumt ist. In Ungarn baut sich die Verwaltung vielmehr auf *autonomen Körperschaften*, den *Munizipien* (Jurisdiktionen) auf, deren Organisation jetzt allerdings stark von staatlichen Elementen durchsetzt ist, und deren Tätigkeit in erheblichem Umfang unter der Aufsicht und Einflußnahme der staatlichen Zentralbehörden steht.

Unter den Munizipien sind zu unterscheiden die **Komitate**, die alle auf einem geographisch abgegrenzten Gebiet befindlichen Gemeinden umfassen, und **Städte mit Munizipalrecht**. Sie beruhen auf weit im ungarischen Verfassungsleben zurückliegenden Gebilden öffentlich-rechtlicher Selbständigkeit, namentlich den alten adeligen Gemeinschaften (Komitaten), die von früher Zeit her vollziehende Organe der Staatsverwaltung, freilich aber kein unbedingt sicheres Werkzeug in der Hand der Zentralgewalt gebildet hatten; denn ihre Machtstellung setzte sie in die Lage, königlichen Verordnungen, die ihnen gesetzwidrig erschienen oder die ihre Privilegien und Interessen beeinträchtigten, unter Anwendung der „vis inertiae" den Vollzug zu versagen[1]). Der Übergang zur verantwortlichen Regierung, der eine Gewähr dafür haben mußte, daß ihre Verordnungen auch wirklich ausgeführt würden, machte eine Änderung in dieser Hinsicht notwendig.

Die **militärische Verwaltung** nach der Niederwerfung der ungarischen Aufstandsbewegung legte die Tätigkeit der Komitate still; erst mit der Wiederherstellung der Verfassung im Jahre 1867 lebte sie von neuem auf. Von da an gehen die Bestrebungen der Regierung, die Durchführung der Regierungsverordnungen in der **neuen gesetzlichen Regelung der Komitatsverfassung** zu sichern. Der Gesetzartikel XLII: 1870 schränkte das Einspruchsrecht der Komitatsverwaltung erheblich ein, übertrug der Regierung Einfluß auf diese und zwar insbesondere einmal mittels einer **Aufsicht über die Komitatsbeamten** und sodann mittels Aufstellung bestimmter **Regeln für deren Anstellung**, endlich mittels der Befugnis der Regierung, in Disziplinarsachen bestimmend einzugreifen. Auch der Wirkungskreis der Komitate wurde im Laufe der Jahre zugunsten staatlicher Organe eingeschränkt und der staatliche Einfluß auf die laufenden Geschäfte seit 1876 durch die Einrichtung des Verwaltungsausschusses (s. S. 250) insofern gestärkt, als diesem bestimmungsgemäß neben den Komitats- und gewählten Mitgliedern sechs Mitglieder der Staatsverwaltung angehören.

Das Recht der Munizipien, die auf diese Weise praktisch zu einer Mischung staatlicher und autonomer Verwaltung geworden

1) Eine lehrreiche Übersicht über die neuere Rechtsentwicklung und zugleich deren weiteren Ziele ist enthalten in dem Aufsatz von Dr. G. v. **Labik**, Die Reform der ungarischen Verwaltung, in der Zeitschrift Jogállam (Der Rechtsstaat), Festnummer, Budapest 1916.

waren, ist im wesentlichen im Gesetzartikel XXI: 1886 kodifiziert, ihre territoriale Einteilung in einer Reihe von Gesetzen, insbesondere dem Gesetzartikel XXXIII: 1876 geregelt, auf Grund deren 63 Komitate, 25 Städte mit Munizipalrecht eingerichtet sind. Eine besondere Stellung nehmen die Haupt- und Residenzstadt Budapest (Gesetzartikel XXXVI: 1872 und XXXIII: 1893) und die Stadt Fiume (s. S. 205) ein. Die Rechtsstellung der Munizipien ist zu charakterisieren als die von selbständigen, mit den Rechten der juristischen Person ausgestatteten Körperschaften, die nach Maßgabe der ihnen zuerkannten Zuständigkeit Angelegenheiten der allgemeinen Landesverwaltung selbst durch eigene Organe, jedoch unter Einfluß und Aufsicht des Staates besorgen. In der Sprache des Gesetzartikels XXI: 1886 ausgedrückt, besteht der Wirkungskreis der Munizipien zunächst in der Selbstverwaltung, ferner in der Vermittelung der staatlichen Verwaltung, endlich sind sie befugt, in anderen öffentlichen Angelegenheiten Beschlüsse zu fassen, sie den übrigen Munizipien und der Regierung mitzuteilen, auch sie an den Reichstag in der Form von Petitionen zu bringen (autonomer, übertragener, politischer Wirkungskreis). Sie verfügen und beschließen in den eigenen inneren Angelegenheiten selbständig, erlassen Verordnungen (Statuten) und sorgen für die Ausführung ihrer Beschlüsse und Verordnungen, wählen, abgesehen von einigen gesetzlich vorgesehenen Ausnahmen, ihre eigenen Beamten, setzen die Kosten der autonomen und der allgemeinen Verwaltung fest (autonomer Wirkungskreis). Mit der Regierung verkehren sie unmittelbar. Sie haben die Landesgesetze und die an sie gerichteten Regierungsverordnungen innerhalb ihres örtlichen Bereichs zu vollstrecken (übertragener Wirkungskreis). Für den politischen Wirkungskreis ist gesetzlich nur der angedeutete allgemeine Rahmen gegeben. Im allgemeinen ist die Tendenz zu erkennen, Aufgaben, die ursprünglich den Munizipien oblagen, staatlichen Organen zu übertragen, so auf den Gebieten des Volksschulwesens, des Bauwesens, des öffentlichen Sicherheitsdienstes, der Landwirtschafts- und Forstverwaltung. Ein im Jahre 1914 dem Reichstag vorgelegter Gesetzentwurf, der die staatliche Ernennung der Komitatsbeamten und eine umfassende Regelung des Verwaltungsdienstes auf der Grundlage der Verstaatlichung bezweckt, ist unerledigt geblieben.

Über die gesamte Tätigkeit des Munizipiums übt die Regierung durch das Ministerium des Innern ein Aufsichtsrecht aus; als Organ hierfür bedient sie sich des auf Vorschlag des Ministers des Innern vom König ernannten, dem Minister des Innern unmittelbar untergeordneten Obergespans, der also nicht Beamter des Munizipiums, sondern, als Vertreter der vollziehenden Gewalt politischer Vertrauensmann der Regierung, von dieser abhängig ist. Er handhabt vor allem die staatliche Aufsicht über die Selbstverwaltung und besitzt zu diesem Zwecke weitgehende Befugnisse. Er hat jährlich mindestens zweimal mit den leitenden Beamten des Munizipiums, zu denen zwei Mitglieder des Munizipalausschusses treten, Kontrollsitzungen zu halten und darüber sowie über seine auf Grund des Ergebnisses getroffenen Verfügungen an den Minister des Innern zu berichten; er kann jederzeit — und soll mindestens einmal jährlich — die Geschäftsführung der Beamten an Ort und Stelle überprüfen, dabei auch selbst Anordnungen treffen, kann Disziplinarverfahren gegen Beamte mit Ausnahme der Mitglieder des Verwaltungsausschusses anordnen, solche Beamte vom Dienste entheben und durch andere zeitweilig ersetzen. Bei der Benennung der Anwärter für die durch Wahl zu besetzenden Beamtenstellen wirkt er als Vorsitzender der sog. Kandidationskommission mit, ernennt eine Reihe von höheren Beamten und in den Komitaten das Personal des mittleren und unteren Dienstes, verteilt und versetzt die Stuhlrichter. Er kann an den Vizegespan (in Städten den Bürgermeister) und an die Munizipal- und Gemeindeorgane Verfügungen ergehen und sich Berichte einreichen lassen. Sein Einspruch gegen Beschlüsse des Munizipiums hat aufschiebende Wirkung bis zur Entscheidung des Ministers. Der Obergespan ist gleichzeitig auch Aufsichtsorgan der Regierung für die im Gebiet des Munizipiums tätigen rein staatlichen Organe, mit Ausnahme der richterlichen Beamten und Behörden; als solchem ist ihm insbesondere auf die Besetzungen der einschlägigen Stellen Einfluß eingeräumt.

Aus vorstehendem ergibt sich, welch maßgebender Einwirkung von seiten der Zentralgewalt die ganze, auch die autonome Tätigkeit der Munizipien allein durch Vermittlung des Obergespans als Bindeglieds zwischen Munizipium und der Regierung unterworfen ist. Eine weitere Einschränkung des Selbstverwaltungsrechts der Munizipien besteht in dem Genehmigungsrecht, das sich die Regierung in Ansehung bestimmter Beschlüsse vorbehalten hat. Namentlich bedürfen einer ministeriellen Genehmigung die Feststellung des Budgets, die Veräußerung oder der Erwerb unbeweglichen Vermögens, die Aufnahme von Anleihen, die Schaffung neuer oder die Aufhebung bestehender Amtsstellen. Ferner müssen die von den Munizipien innerhalb ihres Wirkungskreises erlassenen Verordnungen (Statuten) dem Minister des Innern zur Zustimmung eingereicht werden. Steht ein Statut, dessen Erlaß gesetzlich dem Munizipium zur Pflicht gemacht ist, mit den Gesetzen im Widerspruch, oder eignet es sich sonst nicht als Rechtsnorm, oder verweigert das Munizipium den Erlaß der Verordnung, so kann die Regierung von sich aus das Erforderliche verfügen, und dem Munizipium steht nur die Beschwerde an den Verwaltungsgerichtshof offen.

Die Komitatsmunizipien sind ferner insofern von der Regierung abhängig, als ihre finanziellen Bedürfnisse zum kleinsten Teil aus ihren verhältnismäßig nicht bedeutenden eigenen Einnahmen gedeckt und auch diese von staatlichen Organen verwaltet werden. Die Haupteinnahmen der Komitate bestehen aus der staatlichen Dotation und der Komitatsersatzsteuer, die in Zuschlägen zur Staatssteuer erhoben wird.

Andererseits ist den Munizipien das historisch überkommene Recht auf Widerstand gegen die von ihnen als gesetzwidrig oder unzweckmäßig erachteten Verordnungen der Regierung grundsätzlich zugestanden, sie sind aber in dessen Ausübung eingeschränkt. Sie können gegen Verordnungen der Regierung zwar vor deren Vollzug Vorstellungen erheben, sofern sie ihnen gesetzwidrig oder im Hinblick auf die örtlichen Verhältnisse nicht zweckentsprechend erscheinen. Zudem ist durch Gesetzartikel LX: 1907 die Anfechtung einer gegen die Gesetze verstoßenden Verordnung auf dem Wege der Beschwerde beim Verwaltungsgerichtshof vorgesehen. Regelmäßig ist die Beschwerde von der Generalversammlung des Munizipiums zu erheben und hat, wenn sie innerhalb 14 Tagen nach Erlaß der ihr zugrunde liegenden Verfügung getroffen wird, aufschiebende Wirkung, soweit nicht besondere Voraussetzungen vorliegen. Um einem unberechtigten Widerstand entgegenzutreten, kann das Ministerium den Obergespan ermächtigen, daß er über alle Beamten und Organe des Munizipiums, deren er beim

Vollzug der Verordnung bedarf, unmittelbar verfügt, und die Beamten und Organe sind verpflichtet, den Weisungen des Obergespans nachzukommen, ohne daß sie später dafür vom Munizipium zur Verantwortung gezogen werden könnten; unbotmäßige Beamte kann der Obergespan in solchem Falle vorübergehend ihres Amtes entheben und durch andere ersetzen, jedoch nicht endgültig entfernen. Ausdrücklich befreit sind indes die Munizipien von der Mitwirkung zur Eintreibung von Steuern, sowie von der Stellung von Rekruten, sofern diese Maßnahmen nicht vom Reichstag genehmigt sind; gleichwohl sind auch in diesen Fällen die Munizipien verpflichtet, die erforderlichen Vorarbeiten unverzüglich in Angriff zu nehmen.

Das Munizipium als Ganzes wird vom Munizipalausschuß vertreten, der zur Hälfte aus den höchstbesteuerten ungarischen Staatsangehörigen des Gebiets, zur anderen Hälfte aus Personen besteht, die von der Bevölkerung des Gebiets gewählt werden. Außer ihnen haben im Ausschuß die obersten Munizipalbeamten Sitz und Stimme. Die Zahl der Ausschußmitglieder richtet sich nach der Zahl der Bevölkerung des Munizipiums derart, daß in Komitaten auf je 500, in den Städten mit Munizipalrecht auf je 250 Einwohner ein Ausschußmitglied entfällt. Die Gesamtzahl der Mitglieder darf jedoch in Komitaten nicht weniger als 120 und nicht mehr als 600, in städtischen Munizipien nicht weniger als 48 und nicht mehr als 400 betragen. Die Wahl der Ausschußmitglieder erfolgt nach Wahlbezirken in der Stärke von 200 bis 600 Wählern.

Der Munizipalausschuß tritt zur Fassung von Beschlüssen in Generalversammlungen zusammen, in denen der Obergespan, in seiner Vertretung bei Komitaten der Vizegespan, bei städtischen Munizipien der Bürgermeister den Vorsitz führt. Die Abhaltung von ordentlichen Generalversammlungen wird vom Munizipium bestimmt, jedoch mit der Maßgabe, daß solche mindestens zweimal im Jahre stattzufinden haben. Außerdem können, unter gewissen Voraussetzungen, insbesondere vom Obergespan außerordentliche Generalversammlungen berufen werden. Die zur Zuständigkeit der Generalversammlung gehörenden Angelegenheiten sind im § 47 Gesetzartikel XXI: 1886 einzeln aufgezählt. Die Beratungen sind öffentlich; bei der Beschlußfassung entscheiden die anwesenden Mitglieder, nur sind solche, deren persönliches Interesse dabei im Spiele ist, von der Stimmabgabe ausgeschlossen.

Der oberste Beamte des Komitats ist der Vizegespan; in seinen Händen liegt insbesondere die Geschäftsführung und Leitung der gesamten Verwaltung, soweit sie nicht zur Zuständigkeit der Generalversammlung, des Verwaltungsausschusses oder besonderer Organe gehören, sowie die Vollziehung der Anordnungen der Regierung und der Beschlüsse der Generalversammlung. Er übt in dieser Eigenschaft die Dienstgewalt über die übrigen Beamten des Munizipiums aus. Dem Vizegespan nachgeordnet und zu seiner Stellvertretung berufen ist der Obernotär; neben ihm erledigen die Vizenotäre die laufenden Geschäfte. Als besonderes juristisches Organ in beratender Stellung und zur Wahrnehmung rechtlicher Interessen sind dem Munizipium ein Oberfiskal und Vizefiskale beigegeben. Ferner gehören zum Personal des Munizipiums der Vorsitzende und die Beisitzer des Waisenstuhls als Vormundschaftsbehörde, ein ärztlicher Referent, Kassen- und sonstiges Hilfspersonal. Als auswärtige Beamte gehören zum Komitatspersonal die Oberstuhlrichter als Vorsteher der Bezirke, in die das Komitat geteilt ist, mit den ihnen als Hilfskräfte zugeteilten Stuhlrichtern, Verwaltungspraktikanten und dem Kanzleipersonal; in den den Komitaten unterstellten Städten mit geregeltem Magistrat nimmt der Bürgermeister die dem Oberstuhlrichter entsprechende Stellung ein.

Wie an der Spitze des Komitats auf dem Lande der Vizegespan, so steht an der Spitze der städtischen Munizipien der Bürgermeister mit einer derjenigen des Vizegespans ähnlichen Zuständigkeit. Das vollziehende Organ des städtischen Munizipiums ist der Magistrat für die Angelegenheiten sowohl der staatlichen als auch der Selbstverwaltung; er ist zugleich selbständige Verwaltungsbehörde in allen Angelegenheiten die ihm durch Gesetze und Verordnungen besonders zugewiesen sind. Der Magistrat besteht aus dem Bürgermeister, dem Polizeihauptmann, den Magistratsräten, dem Obernotär und Oberfiskal; im übrigen ist den städtischen Munizipien hinsichtlich Organisation ihres Beamtenkörpers die eigene Verfügung vorbehaltlich ministerieller Genehmigung überlassen.

Das Interesse an einer raschen und sachgemäßen Verwaltung hat ein besonderes Organ entstehen lassen (Gesetzartikel VI: 1876), nämlich den Verwaltungsausschuß, dem einerseits zehn von der Generalversammlung aus ihrer Mitte gewählte Mitglieder und die fünf wichtigsten Komitatsbeamten, andererseits sechs staatliche Beamte — an ihrer Spitze der Obergespan — angehören, und dem ein nicht unbedeutender Wirkungskreis zugewiesen ist. Er überwacht im allgemeinen den Vollzug der Ministerialverordnungen und kann das Ministerium auf die dagegen bestehenden Bedenken aufmerksam machen, ohne jedoch damit den Vollzug dauernd hemmen zu können; er berichtet an das Ministerium oder an die einzelnen Ministerien über den Stand der Verwaltung und kann dabei Vorschläge zu entsprechenden Regierungsmaßnahmen machen, überwacht den Vollzug der in seinen Wirkungskreis einschlägigen Munizipalstatute und ist zu Anträgen an die Generalversammlung berechtigt. Der Verwaltungsausschuß erscheint somit als ausgleichendes Organ zwischen staatlicher und autonomer Verwaltung, dessen Einrichtung es einerseits möglich macht, der Tätigkeit der Munizipien in einer Reihe von Angelegenheiten Spielraum zu gewähren, gleichzeitig aber der staatlichen Verwaltung genügenden Einfluß auf diesen Gebieten zu sichern. In diesem Sinne ist die Zuständigkeit des Verwaltungsausschusses durch besondere Gesetze auch fortgesetzt erweitert worden und erstreckt sich auf die verschiedensten Verwaltungszweige (z. B. Finanzgebarung, Volksschulwesen, Vormundschaftsangelegenheiten, Sanitätsdienst, Forstwesen), sowie auf Disziplinarangelegenheiten. In den ordentlichen Sitzungen, die regelmäßig in der ersten Hälfte des Monats abgehalten werden, erstatten die Vorstände der einzelnen Verwaltungszweige ihre Berichte, auf Grund deren der Ausschuß seine Verfügungen erläßt. Seinen Beschlüssen haben alle Staats-, Munizipal- und Gemeindeorgane des Munizipalgebiets Folge zu leisten. Unterkommissionen des Verwaltungsausschusses sind ins Leben gerufen, die infolge ihrer Zusammensetzung für die rasche Erledigung gewisser Aufgaben geeignet sind.

In besonderer Weise ist die Haupt- und Residenzstadt Budapest durch die Gesetzartikel XXXVI: 1872 und XXXIII: 1893 organisiert. Die Polizei in Budapest ist staatlich. Die rechtliche Stellung von Fiume (Stadt, Hafen und Bezirk) ist oben S. 205 berührt.

Die Organisation der Munizipien in Kroatien-Slavonien (Gesetz vom 5. Februar 1886) weist mit derjenigen der ungarländischen Munizien manche verwandte Züge auf, weicht indes ihrem eigentlichen Wesen nach von ihr nicht unerheblich ab. Es bestehen die Unterscheidung in Komitate und städtische Munizipien, eine den Munizipalausschüssen entsprechende Komitatsversammlung, die Stellungen des Obergespans als Aufsichtsbeamten und Vertreter der Regierung für die Selbstverwaltung und gesamte öffentliche Staatsverwaltung des Komitats und seiner Bezirke, des Vizegespans[1]) als Leiter der Komitatsverwaltung und die Verwaltungsausschüsse. In der Verwaltung haben jedoch die von der Regierung abhängigen königlichen Komitats- und Bezirksbehörden den Hauptanteil. In staatsrechtlicher Selbständigkeit stehen sie im großen und ganzen den ungarländischen Munizipien nach und sind vielmehr auf die Stellung als Organe der Landesregierung und in Ansehung der nicht zum Gebiet der Autonomie Kroatiens gehörigen Angelegenheiten als solche der ungarischen staatlichen Verwaltung beschränkt. Als städtische Munizipien unterstehen der Landesregierung unmittelbar die Städte Agram, Essek, Varazdin und Semlin.

Als Selbstverwaltungskörper unterer Ordnung bestehen in Ungarn die Gemeinden, und zwar stehen die Städte mit geregeltem Magistrat unmittelbar unter dem Munizipium (Vizegespan), Großgemeinden (mit eigener Gemeindeverwaltung, insbesondere eigenem Notar) und Kleingemeinden, die sich zur Erfüllung ihrer Aufgaben mit anderen Gemeinden zusammenschließen, unter der Bezirksbehörde (Oberstuhlrichter). Das Recht der Gemeinden ist in der Hauptsache für das eigentliche Ungarn in dem Gesetzartikel XXII: 1886 enthalten. Die Gemeinden besitzen Selbstverwaltungsrecht in ihren eigenen inneren Angelegenheiten und vollziehen die auf die staatliche und Munizipalverwaltung bezüglichen gesetzlichen Vorschriften sowie die Regierungs- und Munizipalverfügungen. Sie verfügen über das Gemeindevermögen und decken ihre Bedürfnisse durch die Gemeindesteuer (teils Zuschläge zu den Staatssteuern, teils wie in Städten mit geregeltem Magistrat besondere Steuern). Zu den weiteren Aufgaben der Gemeinden gehört u. a. die Fürsorge für die Ge-

1) Der Vizegespan, der an der Spitze der Komitatsbehörde steht, wird, wie der Obergespan, auf Vorschlag des Banus vom König, das übrige Personal der Komitatsbehörden, wie auch dasjenige der Bezirksbehörden, vom Banus auf Vorschlag des Obergespans ernannt.

meindewege und sonstigen Verkehrsmittel, für Gemeindeschulen und ähnliche Anstalten, für die Feld-, Feuer- und Sicherheitspolizei, bei Städten mit geregeltem Magistrate auch eine noch umfassendere polizeiliche Tätigkeit (namentlich Bau- und Sanitätspolizei). Die Gemeinde übt ihre Selbstverwaltung durch die zum Teil gewählte, zum Teil aus den Höchstbesteuerten bestehende Gemeindevertretung aus. Vollziehendes Organ ist der Gemeindevorstand, an dessen Spitze in Groß- und Kleingemeinden der Richter, in Städten mit geregeltem Magistrat der Bürgermeister neben einer je nach der Art der Gemeinde wechselnden Zahl sonstiger Beamten (Räte, Magistratsräte, Obernotär, Notäre, Waisenvater, Waisenstuhlbeisitzer, Polizeihauptmann usw.) steht.

In Kroatien-Slavonien unterscheidet man Stadtgemeinden, deren Verwaltung unter Aufsicht der königlichen Komitatsbehörden von Bürgermeister, Magistrat und Stadtgemeindevertretung geführt wird, und (politische) Dorfgemeinden, für deren Verwaltung ein Gemeindevorstand und eine gewählte Gemeindevertretung besteht; kleinere Orte sind behufs gemeinsamer Besorgung der Gemeindeangelegenheiten zu Verwaltungs- oder Bezirksgemeinden zusammengesetzt. Daneben findet sich noch die Vereinigung mehrerer Dorfgemeinden zur Erfüllung von Sonderaufgaben.

Die eigentliche Staatsverwaltung wirkt gegenüber der sich über das gesamte Gebiet der Verwaltung erstreckenden, aber zugleich durch staatliche Einwirkung stark gebundenen Selbstverwaltung auf zahlreichen Sondergebieten, wie dem öffentlichen Sicherheitsdienst (Gendarmerie), der Finanzverwaltung (Finanzdirektionen, Steuerämter und Zollbehörden), dem Bergwesen (Montandirektionen, Hauptbergämter und Berghauptmannschaften), dem Bauwesen (Staatsbauämter in den Komitaten), dem Landeskulturbau (Landes-Wasserbaudirektion, Kulturingenieurämter), dem Forstwesen (Forstdirektionen, Forstämter und Forstinspektorate), dem Schulwesen (Oberstudiendirektionen für den Mittelschulunterricht, in den Komitaten Schulinspektionen für den Volksschulunterricht), Verkehrswesen (Seebehörde in Fiume, Eisenbahnbehörden unter dem Handelsministerium — die Hauptlinien sind zumeist Staatsbahnen —, Post- und Telegraphendirektionen und entsprechende Unterämter).

C. Die Verwaltungsrechtspflege.

Die Grundlage für die Verwaltungsrechtspflege in Ungarn bildet der Gesetzartikel XXVI: 1896, durch den der Verwaltungsgerichtshof als rechtsprechende, mit den Garantien des Richtertums ausgestattete Behörde geschaffen und ihm zunächst nach dem Grundsatz der Aufzählung ein an sich umfangreiches Gebiet zugewiesen worden ist. Die Angelegenheiten, auf die sich seine Rechtsprechung erstreckt, sind seitdem durch einzelne Gesetze vermehrt worden; die wichtigste Neuerung in dieser Hinsicht ist im Gesetzartikel LX: 1907 enthalten, durch den das verwaltungsgerichtliche Verfahren gegen Eingriffe der Regierungsorgane in die Rechts- und Interessensphäre der Munizipien allgemein zulässig erklärt und dem Verwaltungsgericht die Befugnis zugestanden wurde, eine angefochtene Regierungsverfügung für unwirksam zu erklären. Nur in einem Teil der ihm zugewiesenen Angelegenheiten ist der Verwaltungsgerichtshof auch für Kroatien zuständig. Eine Verwaltungsgerichtsbarkeit unterer Instanz gibt es in Ungarn nicht. Die Entscheidungen des Verwaltungsgerichts, dessen zwei Abteilungen sich nach Verwaltungs- und Finanzangelegenheiten scheiden, ergehen regelmäßig in Senaten von fünf Mitgliedern, von denen wenigstens zwei die Befähigung zum Richteramt besitzen müssen. Entscheidungen von grundsätzlicher Bedeutung können in Plenarsitzungen der einzelnen Abteilungen erfolgen, von denen nur auf Grund neuer Plenarbeschlüsse abgewichen werden kann. Die Rechtsprechung des Verwaltungsgerichts kann mittels Klage angerufen werden einmal von der durch eine amtliche Verfügung betroffenen Partei (Privatperson oder Behörde), sodann aber auch von amtlichen Organen, wie dem Obergespan, Vizegespan usw. gegen Verfügungen und Beschlüsse der Munizipien oder ihrer Organe. Die Verhandlungen sind schriftlich oder mündlich, letzteres dann, wenn dies vom Gericht von Amts wegen angeordnet oder von allen Parteien gewünscht wird.

Für die Entscheidung von Kompetenzkonflikten zwischen den ordentlichen Gerichten und dem Verwaltungsgerichtshof oder den Verwaltungsbehörden besteht das durch den Gesetzartikel LXI: 1907 eingesetzte Kompetenzgericht, zu dem von den Plenarversammlungen der obersten richterlichen Behörde (königlichen Kurie) und des Verwaltungsgerichtshofs je acht Richter durch

Wahl bestimmt werden. Präsident ist im Wechsel von drei zu drei Jahren der jeweilige Präsident der Kurie und des Verwaltungsgerichtshofs. Der Gerichtshof verhandelt und entscheidet in Senaten von sieben Mitgliedern einschließlich des Vorsitzenden in öffentlicher Sitzung. Für Kompetenzkonflikte zwischen ungarischen Gerichten und Behörden einerseits und kroatischen gerichtlichen oder Verwaltungsbehörden anderseits ist der Gerichtshof nicht zuständig.

D. Die Rechtspflege.

Mit dem Gesetzartikel IV: 1869 (Von der Ausübung der richterlichen Gewalt) ist die Trennung der Rechtspflege von der Verwaltung begründet und das Richtertum mit den gesetzlichen Garantien seiner bereits in der rechtsgeschichtlichen Entwicklung von alters her begründeten Unabhängigkeit ausgestattet worden[1]). Auf dieser Grundlage erfolgte alsdann die Aufhebung der Komitats- und städtischen Gerichte und die Gründung der königlichen Einzel- und Kollegiatsgerichte, neben denen nur Sondergerichte nichtstaatlicher Natur bestehen geblieben sind. Die ordentlichen königlichen Gerichte für Zivil- und Strafsachen sind folgende: die königlichen Bezirksgerichte als Einzelgerichte, deren Bezirk örtlich im allgemeinen der Kreiseinteilung des Komitats entspricht, die königlichen Gerichtshöfe als kollegiale Gerichte (Landgerichte) teils erster, teils zweiter Instanz, örtlich meist den Komitaten entsprechend, sodann die elf königlichen Tafeln (Oberlandesgerichte) als kollegiale Gerichte teils zweiter, teils dritter Instanz und als oberster Gerichtshof die königliche Kurie. In besonders aufgezählten Strafsachen (z. B. Hochverrat, Verbrechen gege die persönliche Freiheit, Majestätsbeleidigung, Brandstiftung, Preßdelikte u. s. w.) urteilen Schwurgerichte bei den königlichen Gerichtshöfen. Für Bagatellzivilsachen in den Gemeinden bestehen Gemeindegerichte, die in den Städten mit einem oder mehreren Verwaltungsbeamten (Stadt-

1) Die wichtigsten Gesetze für die Gerichtsverfassung sind außer dem Gesetzartikel IV: 1869: die Gesetzartikel LIV: 1868, XXXI und XXXII: 1871, LIX: 1881, XVIII: 1893, X: 1898, XVII: 1907, VII: 1912; für Zivilsachen insbesondere I: 1911 und VII: 1912; für Strafsachen XXXIII: 1896, XXXIII, XXXIV: 1897, XVIII: 1907. Über die einheitliche Richteramts- und Advokatenprüfung siehe Gesetzartikel LIII: 1913.

richter), in den Großgemeinden mit dem Richter, einem Ratsmitglied und dem Notar, in den Kleingemeinden mit dem Richter und zwei Mitgliedern des Gemeindevorstands besetzt sind. Als besondere Gerichte sind zu erwähnen das Schiedgericht der Budapester Waren- und Effektenbörse und des Temesvárer „Lloyd" (für gewisse Streitigkeiten aus Handels- und Börsengeschäften), die richterlichen Abteilungen des Patentamts und der Patentsenat (dieser als Berufungsbehörde), und das ungarische Oberhofmarschallgericht. Gewerbegerichte bestehen noch nicht, sind jedoch in Aussicht genommen; Streitigkeiten aus dem gewerblichen Arbeitsverhältnisse werden unter Vorbehaltung des Rechtswegs von den Gewerbebehörden und gewerblichen Korporationen entschieden.

In Kroatien-Slavonien werden die verschiedenen Stufen der Gerichtsorganisation von den Bezirksgerichten und den Gerichtshöfen, sodann der Banaltafel in Agram und der Septennicaltafel in Agram als oberster Instanz gebildet. Für Zivilstreitsachen über geringere Werte entscheiden in den Städten und Gemeinden die Ortsgerichte.

5. Das Recht des öffentlichen Dienstes.

In Ungarn tritt infolge des starken Anteils der Selbstverwaltung am öffentlichen Leben das ausschließlich vom Staate (König, Regierung) ernannte und abhängige Zivilbeamtentum gegen das von den Selbstverwaltungskörpern gewählte etwas zurück. Eine einheitliche und umfassende Ordnung der Rechtsverhältnisse des öffentlichen Dienstes hat die Verschiedenheit der Verhältnisse und das organische Wachstum des Dienstes trotz mancher in dieser Richtung zielender Bestrebungen noch nicht zugelassen, vielmehr herrscht auf diesem Gebiete eine Vielheit von Gesetzen, Verordnungen und Ministerialverfügungen. Einzelne gemeinsame Grundsätze lassen sich jedoch bei einem allgemeinen Überblick hervorheben.

Zunächst sind als Voraussetzung für die Zulassung zu den öffentlichen Ämtern im Gesetzartikel I: 1883 einheitlich festgesetzt: ungarische Staatsangehörigkeit, ferner, soweit nicht von der Volljährigkeit als Vorbedingung abgesehen wird, unbeschränkte Geschäftsfähigkeit, Unbescholtenheit und Nachweis der erforderlichen Fachbildung. Das gleiche Gesetz gibt die Anhaltspunkte für den Umfang dieser Fachbildung in einem Teile der

Berufszweige, doch sind weitere Vorbedingungen in dieser Hinsicht in zahlreichen Einzelgesetzen aufgestellt. Die Anstellung im Staatsdienste erfolgt zu den höheren Stellen durch den König, zu den übrigen durch den zuständigen Ressortminister oder den Chef einer Behörde. Die gewöhnliche Terminologie unterscheidet Staatsbeamte und Unterbeamte (Diener). Die Anstellung erfolgt regelmäßig auf Lebenszeit. Die Munizipalbeamten werden vom Munizipalausschuß teils auf sechs Jahre, teils auf Lebenszeit gewählt, teils endlich, wie z. B. die Polizeihauptleute, die Munizipalärzte, Buchhalter, Archivare, Tierärzte, in den Komitaten auch das Hilfs- und Kanzleipersonal, vom Obergespan auf Lebenszeit ernannt. Staatsbeamte und Diener, wie Munizipalbeamte leisten beim Eintritt in den Dienst einen Diensteid, der — abgesehen von dem Falle des Aufrückens eines Richters in höhere Posten — im allgemeinen nur einmal geleistet wird. Mit dem Staatsamte ist die Stellung als Abgeordneter unvereinbar (inkompatibel); der Inhaber der Stelle muß daher diese im Falle seiner Wahl zum Abgeordneten aufgeben (vergl. S. 231). Von dieser Regel sind nur ausgenommen die Minister, die Staatssekretäre in den Ministerien und einige besondere Beamtenstellen. Ebenso ist dem Staatsbeamten die Beteiligung an gewinnbringenden Unternehmungen (abgesehen vom Aktienbesitz) oder die Leitung von solchen in irgendeiner Art versagt. Für einzelne Beamtenklassen, namentlich die Munizipalbeamten bestehen in dieser Hinsicht besondere Bestimmungen. Die Bezüge der Staatsbeamten sind nach deren Range in 11 Gehaltsklassen eingeteilt, innerhalb deren zum Teil ein Vorrücken nach Zeitablauf eintritt (Gesetzartikel IV: 1893); in entsprechender Weise sind auch die Bezüge der Komitatsbeamten geregelt (Gesetzartikel X: 1904). Ruhegehalt und Hinterbliebenenversorgung für Staatsangestellte ist insbesondere im Gesetzartikel XI: 1885 vorgesehen; für die bei den Munizipien und Gemeinden angestellten Beamten bestehen besondere Pensionsinstitute, zu denen die Beamten Beiträge leisten.

Wie das Beamtenrecht im allgemeinen, so entbehrt auch das Disziplinarrecht der ungarischen Staatsbeamten der einheitlichen Regelung mit den in anderen Staaten üblich gewordenen formellen Sicherungen und beruht zu einem erheblichen Teile auf Ministerialverfügungen und Übung; wohl aber bestehen für einzelne Dienstzweige besondere gesetzliche Vorschriften. So ist dies der Fall hinsichtlich der Munizipalbeamten, für die der Gesetzartikel XXIII: 1886 als hauptsächliche Disziplinarbehörde unterer Instanz die Disziplinarkommission des Verwaltungsausschusses (s. S. 250), für einige Beamten aber auch den Vizegespan (Bürgermeister), als letzte Instanz den Minister des Innern bestimmt. Das Disziplinarrecht der Gemeindebeamten ist im Gemeindegesetz (Gesetzartikel XXII: 1886) geregelt. Für die richterlichen Beamten (einschließlich der Mitglieder des Verwaltungsgerichtshofs) und die Staatsanwaltschaft sind disziplinarrichterliche Behörden im Anschluß an die Gerichte und prozessuales kontradiktorisches Verfahren geschaffen. Es bestehen besondere Disziplinarsenate der Gerichtshöfe, der Königlichen Tafeln und der Königlichen Kurie, ferner für die höchsten richterlichen Beamten und für die Mitglieder des Verwaltungsgerichtshofs je ein mit jeder Reichstagsperiode neu zusammengestelltes oberstes Disziplinargericht, das zur Hälfte aus gewählten Mitglieder des Magnatenhauses, zur anderen Hälfte aus Mitgliedern der Königlichen Kurie oder Mitgliedern des Verwaltungsgerichtshofs besteht; den Vorsitz führt der Präsident des Magnatenhauses oder dessen Stellvertreter. Als Strafen kommen vor Mißbilligung, Verweis, Geldstrafe, Dienstentlassung.

Für einen Teil der öffentlichen Beamten ist die Haftpflicht des Staates für den von den öffentlichen Beamten in Ausübung des Dienstes verursachten Schaden zum Teil ausdrücklich anerkannt, im übrigen ebensowenig einheitlich geregelt, wie die persönliche Haftpflicht der Beamten gegenüber den durch ihre Handlungen Geschädigten[1]).

Die Normen über Änderung und Beendigung des Dienstverhältnisses bieten keine wesentlichen Besonderheiten. Auch in dieser Hinsicht bestehen für den Richterberuf die üblichen Garantien der Unabhängigkeit (Versetzung nur auf eigenes Ansuchen, Entfernung vom Amt nur auf Grund Disziplinarverfahrens oder organisatorischer Notwendigkeit).

Ein Sonderrecht bilden die — gleichfalls nicht einheitlich geregelten — Rechtsverhältnisse der Beamten in der auto-

1) Wegen der Haftbarkeit der Munizipal- und Gemeindebeamten sowie der Munizipien und Gemeinden siehe § 89 f. Gesetzartikel XXI: 1886 und § 86 f. Gesetzartikel XXII: 1886.

nomen Verwaltung Kroatiens und Slavoniens (innere Verwaltung, Justiz, Unterricht und Kultus).

6. Der Staatshaushalt.

A. Der Staatshaushaltsplan.

Der Grundsatz des ungarischen Finanzrechts ist im Gesetzartikel X: 1867 ausgesprochen: die Festsetzung des Staatsvoranschlags erfolgt immer nur auf ein Jahr; ohne neuerliche Feststellung und Bewilligung darf keine Steuer ausgeworfen und eingehoben werden. Die Ermächtigung zur Einhebung der Steuern und zur Deckung der staatlichen Ausgaben (Appropriation) erhält die Regierung durch das jährlich vom Reichstage zu bewilligende Budgetgesetz; ohne die darin ausgesprochene Ermächtigung ist die zwangsweise Einhebung von Steuern auch auf Grund der bestehenden allgemeinen Steuergesetze ungesetzlich, und die Munizipien, durch deren Vermittelung sie zu erfolgen hätte, können ihre Mitwirkung dazu versagen. Das staatliche Budgetjahr läuft vom 1. Juli jedes Jahres bis zum 30. Juni des nächstfolgenden Jahres[1]). Kommt das Budgetgesetz nicht rechtzeitig zustande, so bedarf die Regierung zur Fortsetzung der Einnahmen auf Grund der bestehenden Steuergesetze und zur Ausgabeleistung eines besonderen Ermächtigungsgesetzes (sog. Indemnitätsgesetzes). Eine Ersetzung des Budgetgesetzes durch Notverordnung der Regierung ist staatsrechtlich nicht anerkannt. Die Ausübung der Regierung ohne Budgetgesetz und Indemnität, wie eine solche namentlich als die Folge parlamentarischer Obstruktion notwendig werden kann, bildet den sog. Exlex-Zustand mit seinen mannigfachen Problemen namentlich hinsichtlich der verfassungsmäßigen Stellung der Regierung überhaupt, sodann der Verpflichtung der Steuerzahler zur Entrichtung der Steuern und der Berechtigung der Steuerkassen zur Annahme freiwillig bezahlter Steuern.

---

1) Diese Neuerung — das Budgetjahr fiel früher mit dem Kalenderjahr zusammen — ist durch Gesetzartikel XXVI: 1913 eingeführt worden. Dementsprechend ändern sich auch alle übrigen Bestimmungen des Gesetzartikel XX: 1897 über die mit dem staatlichen Budget- und Rechnungsjahr zusammenhängenden Termine, wie auch nunmehr in sämtlichen anderen einschlägigen Bestimmungen, namentlich Gesetzartikel X: 1867, unter dem Begriff Jahr das Budgetjahr zu verstehen ist.

Die Feststellung des Budgetgesetzentwurfes erfolgt zunächst auf Grund einer vom Abgeordnetenhaus vorzunehmenden vorgängigen Beratung über das nach ordentlichen und außerordentlichen Einnahmen und Ausgaben und in Unterabteilungen (Abschnitte, Titel, Posten) geschiedene (Brutto-)Budgetpräliminar; erst nach dem Abschluß dieser Verhandlungen wird der Entwurf zu erneuter Besprechung und zur Beschlußfassung dem Abgeordnetenhause und sodann dem Magnatenhause vorgelegt und nach dessen Zustimmung vom König sanktioniert. Virements (Übertragungen von einem Ausgabeposten auf einen anderen) sind unzulässig.

B. Die Finanzkontrolle.

Diese Kontrolle wird für das gesamte Gebiet der ungarischen Krone von dem durch Gesetzartikel XVIII: 1870 ins Leben gerufenen Obersten Staatsrechnungshof als unabhängiger Zentralbehörde ausgeübt (über seine jetzige Organisation vergl. Gesetzartikel IV: 1914). Die vom Staatsrechnungshof angefertigten Schlußrechnungen sind von der Regierung zur Erlangung des Absolutoriums dem Reichstag vorzulegen.

C. Die Finanzbehörden.

Die Organisation der allgemeinen Finanzverwaltung unter dem Finanzministerium beruht, wie die allgemeine Verwaltung auf einem eigenartigen Zusammenwirken zwischen den staatlichen Behörden und den Selbstverwaltungskörpern, wobei diesen die Beteiligung zugleich unter dem Gesichtspunkt des verfassungsmäßigen Einflusses auf die Einhebung der Steuern vorbehalten ist. In diesem Sinne wirken im eigentlichen Ungarn im Bereich der Munizipien (Komitate und städtischen Munizipien) und mit dienstlicher Einwirkung auf deren Organe die unter dem Finanzministerium stehenden königlichen Finanzdirektionen[1]), die ihrerseits unter der Überwachung des Verwaltungsausschusses und des Obergespans stehen. Regelmäßig für den Bereich eines Verwaltungsbezirks am Sitze des Oberstuhlrichters bestehen als nächstuntere Organe der Finanzverwaltung die könig-

1) In Budapest das königliche Steuerinspektorat und das Zentralbemessungsamt für Taxen und Gebühren.

lichen Steuerämter, die insbesondere als Steuerkassen, Gebührenbemessungsämter sowie bei der Bemessung, Einhebung und Sicherstellung der öffentlichen Abgaben in Betracht kommen. Außerdem unterstehen den Finanzdirektionen insbesondere die Grenzzollämter, Salz- und Tabakverschleißämter. In ausgiebiger Weise werden sodann zu den Geschäften des Finanzdienstes die Munizipien und Gemeinden herangezogen. Besondere unter dem Finanzministerium stehende Finanzbehörden sind namentlich die Tabakmonopols-Zentraldirektion, die Lottodirektion und die Berghauptmannschaften. Als oberste Vertretungsbehörde des Fiskus vor und außer Gericht ist noch die königliche Causarum-Regalium-Direktion für Ungarn[1]) zu nennen.

Für Kroatien-Slavonien besteht eine besondere Finanzdirektion in Agram als Landeszentralbehörde, der wiederum 7 Finanzdirektionen unterstehen. Im übrigen gehört das Finanzwesen sowohl hinsichtlich der Gesetzgebung als auch hinsichtlich der Verwaltung zu den für Ungarn und Kroatien-Slavonien gemeinsamen Angelegenheiten, so daß sich zu allen einschlägigen Angelegenheiten die gemeinsame vom Finanzminister ausgeübte Finanzverwaltung auch auf Kroatien-Slavonien erstreckt.

D. Die Staatseinnahmen.

a) Zu den Einnahmen aus dem Staatsvermögen und den staatlichen Instituten und Betrieben (Eisenbahnen, Post, Telegraph, Telephon, Bergwerke, Staatsforsten, Pferdezucht usw.) treten vor allem diejenigen aus den staatlichen Monopolen. Gemäß dem Handelsvertrag zwischen Österreich und Ungarn (Gesetzartikel XII: 1908) bestehen für beide Staaten der Monarchie gleichartige Grundsätze für Salz- und Tabakmonopol, ohne daß dadurch die selbständige Monopolverwaltung berührt wäre. Auf Grund des Lotteriemonopols ist nach Aufhebung des Zahlenlottos 1897 die Klassenlotterie eingeführt und verpachtet. Das Monopol für den Ausschank und Kleinverkauf von Wein, Obstwein, Bier und gebrannter alkoholischer Getränke und für den Großverkauf gebrannter alkoholischer Getränke wird durch die Erteilung

1) Für Kroatien-Slavonien besteht eine besondere Causarum-Regalium-Direktion.

einer Ausschanks- und Verkaufserlaubnis verwertet. Ein Monopol der Mineralöle und brennbaren Erdgase ist 1911, ein solches für künstliche Versüßungsmittel (Saccharin u. a.) 1912 dem Staate vorbehalten worden. Die Erträgnisse des Schießpulver- und Sprengmittelmonopols fließen den Einnahmen des gemeinsamen Kriegsministeriums zu.

b) Die direkten Steuern. Das System der direkten Steuern in Ungarn ist aus den in den Jahren 1849 bis 1851 unter der österreichischen absolutistischen Herrschaft durch kaiserliche Patente eingeführten Steuern hervorgegangen und verleugnet auch heute noch, nach manchen Abänderungen durch die spätere Gesetzgebung und nach der Durchführung der umfassenden Steuerreform des Jahres 1909, diesen Ursprung in seinen Grundzügen nicht.

Diese Verwandtschaft mit dem österreichischen Steuersystem zeigt sich vor allem bei den Steuern auf unbeweglichen Besitz, die in Grundsteuer für die landwirtschaftlich benutzbaren Grundflächen (Gesetzartikel V: 1909) und Gebäudesteuer für den Hausbesitz zerfallen (Gesetzartikel VI: 1909); diese hinwiederum wird ähnlich wie in Österreich erhoben in Form der Hauszinssteuer nach dem Mietertrag, wenn es sich um vermietete Gebäude und allgemein um Gebäude in Orten handelt, in denen die Hälfte der Wohnungen vermietet sind, oder der Hausklassensteuer nach der Zahl der bewohnbaren Räume bei nicht vermieteten Gebäuden in Ortschaften, auf die nicht von vornherein die Hauszinssteuer Anwendung findet.

Diesen Steuern reiht sich als Steuer aus wiederkehrenden Einnahmen zunächst die allgemeine Erwerbsteuer an (Gesetzartikel IX: 1909), der alle Einkommen aus einem in Ungarn betriebenen Gewerbe oder Handelsgeschäft, Bergbau, geistiger oder sonstiger nutzbringender Beschäftigung unterliegen, mit Ausnahme der Gebührnisse aus Dienstverhältnissen, des Einkommens der zur öffentlichen Rechnungslegung verpflichteten Unternehmungen, ferner insbesondere des Einkommens aus eigener Land- und Forstwirtschaft und der Jagd. Die besondere Erwerbsteuer der zur öffentlichen Rechnungslegung verpflichteten Unternehmungen (Aktiengesellschaften, Kommanditgesellschaften auf Aktien, Versicherungsunternehmungen, Genossenschaften usw.) ist durch Gesetzartikel VIII: 1909 geregelt.

Die Kapitalzins- und Rentensteuer, die gleichfalls auf den österreichischen Steuerpatenten von 1850 beruht, seither aber in mancher Beziehung umgestaltet worden war, ist durch Gesetzartikel VII: 1909 neugeordnet und erfaßt jedes Vermögen oder Vermögensobjekt, das außer der Einkommensteuer keiner anderen direkten Steuer unterliegt, wie Zinsen oder Dividenden aus Wertpapieren und Kapitalforderungen, Renten, Erträgnisse aus Stiftungen, Fonds und Pensionsanstalten, Dauerhonorare aus Patenten, Pachtsummen u. s. w.

Eine der österreichischen Einkommensteuer (Gesetz vom 23. Januar 1914 — RGBl. Nr. 13 — und Personalsteuergesetz vom 25. Oktober 1896 — RGBl. Nr. 220, IV. Hauptstück) entsprechende Steuer ist endlich mit dem Gesetzartikel X: 1909 als Ausgleich für die übrigen Besteuerungsarten geschaffen worden, zum Zwecke der progressiven Belastung aller Einkommen ohne Rücksicht auf deren Quelle[1]).

Im Anschluß an diese direkten Steuern ist noch die Militärtaxe zu erwähnen, die wie in Österreich von den nicht zur Dienstpflicht herangezogenen männlichen Personen erhoben wird und deren Ertrag im wesentlichen nicht der Staatskasse, sondern den zu Zwecken der Versorgung von Invaliden und Hinterbliebenen Heeresangehöriger verwendeten Militärtaxfonds zufließt. Steuer auf Lotteriegewinne, Waffen- und Jagdsteuer, Eisenbahntransportsteuer auf Personen- und Frachtbeförderung treten noch ergänzend zu dem Steuersystem hinzu.

c) Die indirekten Steuern. Die wichtigsten indirekten Steuern Ungarns sind außer den Zöllen (s. S. 170) die Spiritus- (Branntwein-), Bier-, Zucker- und Mineralölsteuer. Die Spiritussteuer ist durch den Gesetzartikel XXVIII: 1908, und zwar je nach der Art der Brennereien als Produktionssteuer oder Verbrauchssteuer geregelt. Die Biersteuer (Gesetzartikel XIX: 1899) wird bemessen nach der Menge und dem am amtlichen Zuckermesser (Saccharometer) gemessenen Extraktgehalt der Bierwürze; zur Steuer tritt außerdem noch gemäß Gesetzartikel XXIII: 1899 ein Biersteuerzuschlag. Die Zuckersteuer (Gesetzartikel XVIII und XXI: 1899, II und III: 1903) ist eine Verbrauchsabgabe und wird erhoben bei der Wegbringung aus der Erzeugungsstätte.

1) Über die direkten Steuern siehe noch die Gesetzartikel LIII: 1912, XLVI: 1914 und XXVI, XXXII, XXXIII, XXXIV: 1916.

Die **Mineralölsteuer** (Gesetzartikel XVIII: 1882, XXV: 1887, XIV und XV: 1896, XVI und XVII: 1899) ist gleichfalls eine Verbrauchsabgabe, die bei der Wegbringung aus der Raffinierungsanlage erhoben wird. Zu nennen sind noch als Verzehrungssteuern die Weinschank- und Fleischkonsumsteuer.

Eingehende Abmachungen sind hinsichtlich der Spiritus-, Bier-, Zucker- und Mineralölsteuer mit Österreich getroffen, um einer wirtschaftlichen Schädigung eines der beiden Teile durch einseitige Verfügungen vorzubeugen.

7. Staat und Kirche.

A. Geschichtlicher Überblick.

Die geschichtliche Entwicklung hat die **katholische Kirche** im ungarischen Staatswesen einmal **gegenüber dem Papsttum** infolge der Mitwirkung des Königtums an ihrer Förderung und Organisation zu einer verhältnismäßig selbständigen Stellung, **gegenüber dem Königtum** infolge des ihr von diesem eingeräumten überaus reichen Besitzes zu politisch ansehnlicher Bedeutung emporgetragen. Andererseits hat die Staatsgewalt an der Ausübung ihrer beträchtlichen Rechte bei der inneren Gestaltung der Kirche stets festgehalten. Die **protestantische Lehre** hat zunächst in Siebenbürgen in der Gestalt des augsburgischen, helvetischen und unitarischen Bekenntnisses bald nach dem Beginn der Reformationsbewegung die Sicherung ihrer Stellung (Rezeption) durchgesetzt, dann sich aber auch in Ungarn die Anerkennung erkämpft. Im Wiener Frieden 1606 erhielten die ungarischen Stände und königlichen Märkte unter dem besonderen Vorbehalt der Rechte des katholischen Bekenntnisses freie Religionsübung, die aus Anlaß der Wahl von Matthias zum König von Ungarn 1608 auf alle Städte und Dörfer ausgedehnt, im Linzer Frieden von 1645 von neuem allen Ständen gesichert wurde. Die Gesetzgebung von 1790 und 1791 setzte die Bewegung in dieser Richtung fort, gewährte aber in Kroatien-Slavonien den Evangelischen, wo sie sich nur stellenweise hatten halten können, noch nicht freie Religionsübung. Das Ergebnis der Entwicklung im Verhältnis des Staates zur Kirche ist auch in Ungarn das **System der staatlichen Kirchenhoheit**, auf Grund deren der Staat die Stellung der Kirche innerhalb des Staatswesens regelt, ja auch auf ihre inneren Verhältnisse unter Aufrechterhaltung ihrer Selbständigkeit maßgebenden Einfluß ausübt.

B. Das geltende Recht.

a) Allgemeines. Das konfessionelle Recht Ungarns geht von dem Grundsatz der Glaubens- und Religionsfreiheit aus (Gesetzartikel XLIII: 1895)[1]. Gleichwohl heben sich aus den Bekenntnissen die sog. rezipierten Religionen zu besonderer Stellung hervor, und zwar die katholische (nach römischem, griechischem und armenischem Ritus), die evangelische Religion Augsburgischer Konfession und die evangelisch-reformierte Religion Helvetischer Konfession, die griechisch-orientalisch-serbische und griechisch-orientalisch-rumänische und die israelitische Religion. Der Staat leistet für die kirchlichen Bedürfnisse dieser Konfessionen Beiträge, insbesondere wird ihren Seelsorgern, soweit die Einkünfte der Kirche nicht reichen, Aufbesserung ihrer Bezüge (der Kongrua) gewährt.

Der Gesetzartikel XLIII: 1895 sieht die Anerkennung anderer als der vorgenannten rezipierten Konfessionen vor und verlangt als Bedingung hierfür namentlich, daß eine solche sich nicht in staats- oder religionsfeindlicher Richtung bewege, sowie daß sie in der Lage ist, die Errichtung und Erhaltung mindestens einer Kirchengemeinde und den Religionsunterricht der ihr angehörenden Kinder zu sichern. Die Glaubenssätze, der Gottesdienst und die sonstigen Zeremonien oder ihre Organisation dürfen nicht mit den bestehenden Grundsätzen oder der öffentlichen Moral in Widerspruch stehen. Die gesamten auf das Glaubensleben sich beziehenden Bestimmungen müssen in dem Organisationsstatut zusammengefaßt sein, das dem Kultusminister zur Genehmigung vorzulegen ist; dieses Statut hat insbesondere die Verfügungen über die dogmatischen und moralischen Lehren, über den Gottesdienst und die sonstigen Zeremonien und die Disziplinarvorschriften für die Kultusbeamten und anderen Angestellten zu enthalten. Die Religionsgenossenschaft erhält mit der Genehmigung des Statuts, dessen spätere Änderung an ministerielle Zustimmung gebunden ist, die Rechte einer gesetzlich anerkannten religiösen autonomen Körperschaft, die

1) Über religiöse Kindererziehung, Austritt aus einer Religionsgemeinschaft u. s. w. siehe S. 219 f.

unter dem Schutze, zugleich aber auch unter der Oberaufsicht des Staates steht. Sie verwaltet als solche selbständig ihre Religions- und kirchlichen Angelegenheiten, die zu kirchlichen, Unterrichts- und Wohltätigkeitszwecken dienenden Stiftungen, kann zur Deckung ihrer kirchlichen Bedürfnisse Vermögen sammeln und Beiträge (Kirchensteuern) von ihren Mitgliedern erheben, und die kirchliche Disziplin ausüben. Seelsorger und Vorsteher der Kirchengemeinde kann nur ein ungarischer Staatsangehöriger sein, der seine Befähigung zum Kirchenamt in Ungarn erlangt hat. Als kirchliches Oberhaupt ist eine außerhalb des Verbandes des ungarischen Staates stehende Behörde oder Persönlichkeit nicht zugelassen, auch darf eine Religionsgenossenschaft nicht in kirchliche Abhängigkeit von einer ausländischen Behörde, Religionsgenossenschaft oder Person stehen. Ein Seelsorger, der ein staatsfeindliches Verhalten bekundet, ist auf Anordnung des Kultusministers zu entfernen; die etwa dieser Anforderung nicht Folge leistende Gemeinde ist aufzulösen. Die Oberaufsicht über die Vermögensgebarung steht dem Kultusminister zu. Die einzigen anerkannten Religionen dieser Art waren bisher nur die Baptisten und der Islam (für diesen s. den Gesetzartikel XVII: 1916).

Den Religionsgesellschaften steht ein erheblicher Einfluß auf die Schule insofern zu, als ihnen die Errichtung von Schulen und die Besteuerung ihrer Mitglieder zu diesem Zwecke gestattet ist; solche konfessionellen Schulen, die indes unter staatlicher Aufsicht stehen und sich namentlich im Lehrplan den staatlichen Bestimmungen unterordnen müssen, spielen auch heute noch im Volksschulwesen Ungarns eine erhebliche Rolle (Gesetzartikel XXXVIII: 1868). Sie können selbst ihr Lehrpersonal wählen und die Lehrbücher festsetzen. Ebenso können die Religionsgesellschaften Lehrerbildungsanstalten errichten, die gleichfalls im Lehrziel gewisse staatlich festgesetzte Mindestleistungen aufweisen müssen. In den Gemeinde- und staatlichen Schulen ist die Zulassung der Kinder von der Konfession unabhängig. In den unteren Schulbehörden (Schulstühlen für Gemeinde- und konfessionelle Schulen und Schulkuratorien für Staatsschulen) ist eine Vertretug der Seelsorger vorgesehen.

Für die Ausbildung der Theologen bestehen — mit Einschluß von Kroatien-Slavonien — abgesehen von den theologischen Fakultäten an den Universitäten in Budapest und Agram,

29 römisch-katholische, 5 reformierte, 4 evangelische, 4 griechisch-orientalische Seminare und je ein unitarisches und israelitisches Seminar.

b) Die katholische Kirche. Im allgemeinen entspricht die Organisation der katholischen Kirche in Ungarn den herkömmlichen hierarchischen Verfassungsgrundsätzen. Es bestehen vier römisch-katholische Erzbistümer (Gran, Kalocsa, Erlau und Agram), von deren Titularen insbesondere dem Fürstprimas von Gran (Esztergom) außerordentliche Primatialrechte zustehen, 17 römisch-katholische Bistümer, ein griechisch-katholisches Erzbistum und sechs griechisch-katholische Bistümer; exempt ist der Erzabt von Pannonhalma (St. Martinsberg). Der König von Ungarn ist der oberste Patronatsherr der Kirche; er besitzt auf Grund der päpstlichen Verleihung, von einigen Stellen abgesehen, allgemein das freie Recht der Ernennung der Erzbischöfe, Bischöfe, Äbte, Pröpste und Domherren, der Gründung und Veränderung von Erzdiözesen, Diözesen, Abteien und sonstigen Benefizien, sowie der Verfügung über die kirchlichen Einkünfte während der Sedisvakanz (Interkalarien), endlich der Aufsicht über kirchliche Schulen, Stiftungen und Benefizien. Die enge Verbindung des Königtums mit der katholischen Kirche ist charakterisiert durch die Vorschrift der Pragmatischen Sanktion, wonach der Monarch dem katholischen Bekenntnisse angehören müsse, wie auch durch dessen Bezeichnung als apostolischer[1]) König von Ungarn.

Die Frage der Errichtung einer autonomen Kirchenverwaltung unter Beteiligung der weltlichen Katholiken bildet in Ungarn seit dem Ende des 18. Jahrhunderts zeitweise den Gegenstand lebhafter Erörterung, ist aber bisher noch nicht ausgetragen. Nur in Siebenbürgen hat sich die Kirchenverwaltung autonom organisiert mit einer Generalversammlung, an deren Spitze der Bischof von Karlsburg und ein gewählter weltlicher Präsident stehen und der geistliche Mitglieder, Delegierte der katholischen Schulen, katholische Vertreter der Behörden, weltliche Delegierte der Gemeinden und der Universität Klausenburg angehören. Das ausführende Organ der Generalversammlung ist die von ihr gewählte Direktion (Regierungsrat). Entsprechende Organe für die

1) Der Titel wird zurückgeführt auf Verleihung an Stephan den Heiligen durch Papst Sylvester II. (1001); er wurde 1758 erneuert von Papst Clemens III. für Maria Theresia.

Kirchengemeinden sind die Gemeindeversammlung und der Gemeinderat.

c) Die protestantische Kirche. Sowohl die evangelische Kirche Augsburger Konfession, als auch die evangelisch-reformierte Kirche (Helvetischer Konfession) wie die unitarische Kirche besitzen auf Grund königlicher Genehmigung eine autonome Organisation, bei der die Gemeindeverfassung mit Laienmitwirkung und Wahl zu den Ämtern die Grundgedanken bildet. So bauen sich übereinander auf bei den Evangelischen Augsburger Bekenntnisses Gemeindeversammlung (Presbyterium), sodann Senioratsversammlung, mit Seniordechant und Senioratsaufseher, Versammlung der Superintendenzen mit dem Superintendenten oder Bischof und Distriktualaufseher; ähnlich ist die Organisation bei den Reformierten. Oberste Instanz in den beiden evangelischen Kirchen ist der Konvent, bei den Unitariern der Kirchenrepräsentationsrat und der Oberkirchenrat, gesetzgebendes Organ die Nationalsynode, die bei den Evangelischen Augsburger Konfession im allgemeinen alle zehn, bei den Evangelischen Helvetischer Konfession alle drei, bei den Unitariern (Synodaloberkirchenrat) alle vier Jahre zusammentritt. Die Beschlüsse der Synoden bedürfen der königlichen Bestätigung. Einige Besonderheiten weist bei den Evangelischen Augsburger und Helvetischer Konfession die Organisation des siebenbürgischen Distrikts auf.

d) Die griechisch-orientalische (nicht unierte) Kirche hat sich seit den 60er Jahren nach der Sprache des Ritus in zwei voneinander unabhängige Kirchenorganisationen geschieden, die griechisch-orientalisch-serbische und die griechisch-orientalisch-rumänische Kirche unter je einem Metropoliten (in Karlowitz und Hermannstadt). Beide Kirchenprovinzen genießen unter Vorbehalt des Aufsichtsrechts des Königs Autonomie auf der Grundlage der Gemeindeverfassung. Die Autonomie der serbischen Kirche ist durch Reskript vom 11. Juli 1912 modifiziert worden[1]). Die Stufen sind im wesentlichen Gemeinde, Diakonat und Diözese, Metropolie. Ein nationaler Kirchenkongreß ist das oberste autonome Organ, dessen Zusammentritt vom König zu genehmigen ist; seine Verhandlungen stehen unter dem Einfluß eines königlichen Kommissärs, seine Beschlüsse

1) Näheres siehe Seton-Watson, a. a. O. S. 419 und 586.

sind vom König zu bestätigen. Die Wahl des Metropoliten bedarf gleichfalls der Bestätigung durch den König. Eine besondere Stellung nehmen die serbischen Mönchsklöster in Syrmien ein.

e) Bei den Israeliten ist im allgemeinen die autonome Gemeinde die einzige Zusammenfassung der Kultusverwaltung, während es an einem höheren Aufbau darüber fehlt. Bei den sog. Neologen sind Ansätze zu einer weiteren Organisation vorhanden (Distrikte mit Distriktsvorstand, ungarisch-israelitische Landeskanzlei), die Orthodoxen haben gleichfalls eine Landeskanzlei errichtet. Die Gemeinden, die an diesen Institutionen nicht beteiligt sind, sind unabhängig und werden als Statusquo-Gemeinden bezeichnet. Israelitische Kultusgemeinden dürfen nur mit Genehmigung des Kultusministers neu gegründet oder verändert werden.

In Kroatien-Slavonien sind die Angelegenheiten des Kultus der autonomen Regelung vorbehalten (autonomes Gesetz vom 17. Januar 1906). Freie Religionsübung genießen hier nur die römisch-katholische und griechisch-katholische Kirche, die griechisch-orientalische Kirche, die protestantischen Kirchen Augsburgischer und Helvetischer Konfession und die israelitische Konfession. Im übrigen besteht Konfessionszwang. Der König steht der katholischen Kirche gegenüber als Oberpatronatsherr; er ernennt, abgesehen von den Domherrnstellen und Pfarreien, deren Besetzung ihm kraft Patronatsrechts zusteht, den katholischen Erzbischof (in Agram) und die Bischöfe (in Zengg und Djakovo). Die griechisch-orientalische Kirche untersteht dem Patriarchen von Karlowitz; ihre Verhältnisse sind durch autonomes Gesetz vom 14. Mai 1887 wie im eigentlichen Ungarn geregelt. Die beiden protestantischen Kirchen bestehen nach dem kroatischen Gesetz vom 7. Mai 1898 in engstem Zusammenhang mit den ungarländischen Kirchen ihrer Konfession. Die Gleichberechtigung der israelitischen Konfession mit den übrigen gesetzlich anerkannten Religionen beruht auf einem Gesetze vom 21. Oktober 1873. Das Aufsichtsrecht des Königs wird in dessen Vertretung durch den Banus ausgeübt.

8. Die staatliche Verwaltungstätigkeit.

A. Allgemeines.

Die Übersicht der staatlichen Verwaltungstätigkeit in Ungarn wird sich auf deren wichtigste Zweige zu beschränken haben. Die ungarische Gesetzgebung ist gerade auf diesem Gebiete seit dem 1867er Ausgleich eine überaus fruchtbare gewesen und hat infolge des zentralisierenden Charakters der neueren Komitatsverfassung einen gleichmäßigen Einfluß in allen Teilen des Landes genommen. Ihre Darstellung wird wie im dritten Abschnitt des Buches auch hier nach den Hauptgruppen staatlicher Verwaltungstätigkeit einzuteilen sein: Fürsorge des Staates für den eigenen Bestand, innere Sicherheit und Ordnung, für Gesundheit und physisches Leben, für das wirtschaftliche Leben und die geistige Entwicklung des Landes.

Die Verwaltung stellt vor allem die Bevölkerung und deren Lage in allen staatlich wichtigen Beziehungen fest einmal durch die Matrikelführung und sodann durch die Statistik. Beide erfahren durch den Staat sorgfältige Pflege und Regelung. Die Personenregisterführung ist für Ungarn (Gesetzartikel XXXIII: 1894, XXXVI: 1904) staatlich, in Kroatien-Slavonien kirchlich, jedoch unter staatlicher Aufsicht. Die Sammlung der staatlichen Statistik wird vom Statistischen Zentralamt (Gesetzartikel XXXV: 1897) und vom Agramer Statistischen Landesamt geleitet.

B. Verwaltungstätigkeit mit Beziehung auf Bestand des Staates, innere Sicherheit und Ordnung.

Nach den für Friedenszeiten erlassenen Vorschriften über das Paßwesen (Gesetzartikel VI: 1903) bedarf eine Person für den Aufenthalt und für Reisen in Ungarn keines Passes, indes ist der Regierung die Möglichkeit offen gelassen, im Wege der Verordnung den Paßzwang einzuführen. Verweigerung des Passes ist vorgesehen für Wehrpflichtige, für Personen, gegen die ein Strafverfahren schwebt oder eine Verurteilung zu vollstrecken ist, sowie für Personen, die gemäß Gesetzartikel II: 1909 in der Befugnis zur Auswanderung beschränkt sind. Als Ausweisurkunden sind auch Arbeits- und Dienstbotenbücher anerkannt. Das Meldewesen ist in Ungarn hinsichtlich der Ausländer einheitlich durch den Gesetzartikel V: 1903 geregelt. Wenn ein Ausländer in einer Gemeinde Aufenthalt nimmt, so ist der Quartiergeber verpflichtet, Ankunft und Abreise sofort anzumelden; eine allgemeine auf In- und Ausländer bezügliche gesetzliche Vorschrift dieser Art besteht nur für Budapest, doch sind entsprechende Bestimmungen durch Verordnungen von Selbstverwaltungskörpern eingeführt. Die polizeiliche Ausweisung aus einem Orte kann gegen Inländer beim Vorhandensein gewisser Voraussetzungen verfügt werden allgemein. Aus dem Lande können solche Ausländer ausgewiesen werden, deren Aufenthalt auf ungarischem Gebiete im staatlichen Interesse unerwünscht ist. Besondere Abmachungen über den Ausweisungsverkehr bestehen mit einer Reihe von fremden Staaten, u. a. mit Deutschland.

Die Polizeiverwaltung besitzt als staatliches Organ die königlich ungarische Staatspolizei in Budapest und für das flache Land die militärisch organisierte königliche Gendarmerie (Gesetzartikel III: 1881) und die Grenzpolizei (Gesetzartikel VIII: 1903), im übrigen aber ist sie den Selbstverwaltungskörpern (Städte mit Munizipalrecht, Gemeinden) überlassen. Für die Tätigkeit der Polizei als Hilfsorgan der Staatsanwaltschaft enthält die Strafprozeßordnung die grundlegenden Bestimmungen.

C. Die Verwaltungstätigkeit in Beziehung auf Gesundheit und Leben der Bevölkerung.

Die Grundbestimmungen auf dem Gebiet des öffentlichen Gesundheitswesens enthält der Gesetzartikel XIV: 1876; weitere Ergänzungen sind im Laufe der Jahre in Form von Gesetzen und Verordnungen (z. B. Gesetzartikel XXXVIII: 1908 über die Verwaltung des Gesundheitswesens in den Gemeinden) gefolgt. Die Oberaufsicht übt der Staat (Ministerium des Innern) aus, der sich der Sanitätsinspektoren und begutachtenden Tätigkeit des Landessanitätsrats, außerdem besonderer Regierungskommissäre, im Falle von Seuchen auch der Seuchenkommissionen bedient. Die unmittelbare Verwaltung des Gesundheitsdienstes ist Aufgabe der Selbstverwaltungskörper, von denen ein Teil, wie die Munizipien und Städte, amtsärztliches Personal besitzt. Die Abwehr und Bekämpfung von ansteckenden Krankheiten ist auf Grundlage der Vorschriften des Gesetzartikels XIV: 1876 durch zahlreiche neuere Verordnungen ausgebaut und durch gesetzliche Strafbestimmungen ergänzt. Durch besondere Gesetze und Verordnungen ist der Verkehr mit Lebensmitteln, deren Fälschung, die Verwendung gesundheitsschädlicher Stoffe, insbesondere gewisser Farben geregelt. Die Ausübung der ärztlichen Praxis ist von der Ablegung einer Prüfung an einer ungarischen Universität abhängig, und auch Frauen zugängig gemacht. Der Nachweis der Ablegung einer ausländischen Prüfung bedarf für die Zulassung zur Praxis in Ungarn einer besonderen Anerkennung. Zum Betrieb einer Apotheke ist die nach Anhörung des Munizipiums zu erteilende Erlaubnis des Ministeriums des Innern erforderlich; persönliche Voraussetzung für den Inhaber ist Ablegung einer entsprechenden Prüfung. Apotheken als Realrecht, wie sie früher vergeben wurden, werden jetzt nicht mehr verliehen. Für den Heilmittelverkauf ist das im Verordnungswege herausgegebene ungarische Arzneibuch maßgebend.

Das Armenwesen gehört, soweit nicht Privatwohltätigkeit und Stiftungen ausreichen, zu den subsidiären Aufgaben der Gemeinden, die sich zu diesem Zwecke zu Verbänden zusammenschließen können. Ergänzend greift das Munizipium und der Staat ein (Gesetzartikel XXII: 1886 und XXI: 1898). Die Zuständigkeitsgemeinden sind verpflichtet, für die Pflege bedürftiger Kranken aufzukommen, auch wenn die Hilfeleistung unmittelbar zunächst durch die Aufenthaltsgemeinde bewirkt worden ist. Besondere Aufmerksamkeit widmet der ungarische Staat dem Kinderschutz (Gesetzartikel VIII und XXI: 1901). Jedes verlassene Kind und jeder Findling muß bis zum 15. Lebensjahre vom Staat versorgt werden; dies geschieht zum Teil durch Unterbringung der Kinder in staatlichen Kinderasylen und in der Provinz bei Familien (Landwirten, Gewerbetreibenden u. s. w.).

Die Schaffung gesunder Wohnverhältnisse für die arbeitende Bevölkerung bezwecken zwei Gesetze zum Bau von Wohnhäusern für landwirtschaftliche Arbeiter (Gesetzartikel XLVI: 1907) und für Arbeiter in Budapest und Umgebung (Gesetzartikel XXIX: 1908). In den von den Munizipien aufzustellenden Bauordnungen sind die hygienischen Gesichtspunkte berücksichtigt; ihre Durchführung überwacht die Polizei, deren Kreis auch im übrigen die Sorge für gesundheitsgemäße Anlage und Erhaltung von Plätzen, Straßen, Wohn- und Fabrikräumen und sonstigen Örtlichkeiten für menschlichen Aufenthalt obliegt. Daneben kommt in dieser Beziehung die Tätigkeit der Gewerbeinspektionen in Betracht. Die Räumung gesundheitsschädlicher Wohnungen u. s. w. kann verlangt, nötigenfalls auf dem Enteignungswege erzwungen werden.

Die Kranken- und Unfallversicherung der gewerblichen und kaufmännischen Angestellten umfaßt der Gesetzartikel XIX: 1907. Das Gesetz zählt die Angestellten und Betriebe, für deren Angestellte die Kranken- und die Unfallversicherungspflicht eintritt, einzeln auf. Der Handelsminister ist ermächtigt, die Unfallversicherungspflicht auch auf andere mit Unfallgefahr verbundene Betriebe auszudehnen. Die Mitglieder der auf Grund des Berggesetzes errichteten Bruderladen können in diesen Organisationen versichert werden. Sowohl für die Kranken- als auch für die Unfallversicherung ist für eine Reihe von Personen, die an sich nicht der Versicherungspflicht unterliegen, insbesondere die Eigentümer der Gewerbebetriebe selbst, freiwillige Versicherung zugelassen. Die Krankenversicherung gewährt im wesentlichen als Mindestleistung Anspruch auf freie ärztliche Behandlung (Gewährung der Heilmittel usw.) bis zu 20 Wochen (auch für die erwerbslosen, nicht versicherten im gemeinsamen Haushalt lebenden Angehörigen), bei längerer Dauer der Krankheit und damit verbundener Erwerbsunfähigkeit Krankengeld in Höhe von 50 Prozent des üblichen Tagelohns, für Wöchnerinnen Kindbettunterstützung, im Todesfalle Beerdigungsbeitrag. Bei Unfällen besteht für den Verletzten ein Anspruch auf freie ärztliche Behandlung usw. von der elften Woche nach Eintritt des Unfalls, von dem gleichen Zeitpunkte an eine dem Grade der Arbeitsunfähigkeit entsprechende Rente bis zu 60 Prozent des Jahresverdienstes; im Falle der Hilflosigkeit wird der ganze Jahresverdienst gewährt. Für den Todesfall ist Beerdigungsbeitrag und Hinterbliebenenunterstützung vorgesehen. Die Beiträge für die Unfallversicherung, die nach Unfallgefahrenklassen abgestuft sind, werden von dem Arbeitgeber ausschließlich getragen; die Beiträge zur Krankenversicherung, die nach Durchschnittslohnklassen bemessen werden, sind für die Versicherungspflichtigen zwar vom Arbeitgeber zu zahlen, dieser kann jedoch die Hälfte der Beiträge vom Lohn des Arbeitnehmers abziehen; die für die unfallversicherungspflichtigen Angestellten zu entrichtenden Beiträge belasten ausschließlich den Arbeitgeber. Träger der Versicherung sind die Landesarbeiterkranken- und Unfallversicherungskassen in Budapest und Agram; örtliche Unterorgane sind die Bezirksarbeiterversicherungskassen und Betriebskrankenkassen. Streitigkeiten zwischen Versicherten oder deren anspruchsberechtigten Angehörigen und der Kasse über Kranken- und Unfallunterstützungen werden durch Schiedsgerichte entschieden, deren Vorsitzende aus den am Sitze des Schiedsgerichts befindlichen Richtern vom Justizminister auf drei Jahre ernannt und deren Beisitzer von der Generalversammlung der Bezirksarbeiterversicherungskasse aus ihrer Mitte gewählt werden. Als oberste Verwaltungs- und schiedsrichterliche Behörden auf dem Gebiete der Kranken- und Unfallversicherung bestehen zwei Arbeiterversicherungsämter in Budapest und Agram, mit je einer Versicherungsabteilung und einer Richterabteilung.

Durch Gesetzartikel XVI: 1900 war eine Hilfskasse für landwirtschaftliche Arbeiter und Dienstboten organisiert und durch die Gesetzartikel XIV: 1902 und VIII: 1902 weiter ausgebaut worden; Gesetzartikel XX: 1913, auf Grund dessen diese Einrichtung nunmehr die Bezeichnung „Landwirtschaftliche Landesarbeiterkasse" führt, hat sodann die Fürsorge für das landwirtschaftliche Gesinde und Maschinenpersonal zugleich im Zusammenhang zur gewerblichen Versicherungsgesetzgebung näher festgesetzt und fortgebildet.

Vorschriften über die Verhütung von Unfällen in den gewerblichen Betrieben sind im Gesetzartikel XXVIII: 1893 enthalten. Die Gewerbeinspektoren sind mit einer überwachenden Tätigkeit hinsichtlich der Beobachtung dieser Vorschriften betraut.

D. Die Verwaltungstätigkeit in bezug auf das wirtschaftliche Leben.

a) Das öffentliche Verkehrswesen. Dem Handelsministerium steht als beratende Körperschaft in allen Angelegenheiten der Wegeverbindungen, des Eisenbahn-, Post-, Telegraphen- und Fernsprechwesens und der Schiffahrt der Landesverkehrsrat zur Seite, dessen jetzige Organisation auf dem Gesetzartikel XXXVI: 1907 beruht. Seine Mitglieder sind zum Teil dem Reichstag, zum Teil den Handels- und Gewerbekammern und sonstigen, namentlich wirtschaftlichen Berufs- und Interessenvertretungen auf Grund von Wahlen entnommen, zum Teil von der Regierung ernannt.

Die Grundsätze des Straßenrechts für das eigentliche Ungarn sind im Gesetzartikel I: 1890 enthalten. Es gibt Staatsstraßen, die vom Staat erbaut und unterhalten werden; ihre Verwaltung gehört zum Gebiet des Handelsministeriums. Örtliche Behörden sind die Staatsbauämter am Sitze der Komitate. Weiterhin unterscheidet man je nach der Verpflichtung zum Bau und zur Unterhaltung Munizipalstraßen, Gemeindeverkehrswege, Stationszufahrtsstraßen und Gemeindefeldwege. Auf die Verwaltung dieser Wege nehmen die Munizipien Einfluß.

Von dem gesamten ungarischen Eisenbahnnetz sind weniger als die Hälfte der Streckenlänge reine Staatsbahnen; von den Privatbahnen befindet sich indes ein großer Teil in staatlichem Betrieb. Ein zusammenfassendes Eisenbahngesetz ist nicht erlassen. Das Eisenbahnwesen untersteht dem Handelsministerium, innerhalb dessen als ausführendes und überwachendes Organ die Generalinspektion der Eisenbahnen und Schiffahrt tätig ist. Gleichfalls vom Handelsministerium abhängig ist das dem Staate vorbehaltene: Post-, Telegraphen- und Telephonwesen, das von der Generaldirektion der Posten und Telegraphen im Handelsministerium geleitet und durch neun Post- und Telegraphendirektionen verwaltet wird. Dem Postwesen sind seit 1885 die Postsparkassen eingegliedert.

Zum Geschäftskreis des Handelsministeriums gehört weiterhin das Schiffahrtswesen. Für die Ausübung der Schiffahrt auf Binnengewässern, die von der Generalinspektion für Eisenbahnen und Schiffahrt überwacht wird, sind in erster Linie die Vorschriften des Wassergesetzes (Gesetzartikel XXIII: 1885, XVIII: 1913) maßgebend, das den Grundsatz der Freiheit der Schiffahrt auf Flüssen und Kanälen aufstellt. Für die Regelung der Schiffahrt im einzelnen fehlt es an einem zusammenfassenden Gesetz; die einschlägigen Vorschriften sind in verschiedenen Ministerialverordnungen enthalten; Schiffahrtsunternehmungen, insbesondere solche mit Dampfschiffen, bedürfen einer behördlichen Bewilligung. Für die Schiffahrt auf der Donau kommen die internationalen Abmachungen (siehe S. 189) in Betracht. Die allgemeinen Grundsätze über das Verhältnis zu Österreich enthält Artikel VIII des Handelsvertrags vom Jahre 1907 und das Schlußprotokoll dazu. Grundlegend für die Seeschiffahrt ist in Ermangelung eines kodifizierten Seerechts der Editto politico di navigazione mercantile vom Jahre 1774. An neueren Bestimmungen sind solche über die

Hafengebühren, über die Eichung und die Registrierung der Handelsschiffe, über die Flaggenführung, über die Sicherheit der Seeschiffe u. s. w. erlassen. Für das Verhältnis zu Österreich sind die Bestimmungen des Artikels VII des Handelsvertrags von 1907 maßgebend (s. S. 77). Subventionen für die Handelsschiffahrt sind im Gesetzartikel VI: 1907 vorgesehen. Solcher Beihilfen werden zurzeit einer Anzahl von ungarischen Seeschiffahrtsgesellschaften zuteil.

b) Für Maß und Gewicht ist seit 1874 das Metersystem eingeführt. Gesetzartikel V: 1907 enthält nähere Bestimmungen über die Maße, deren Benutzung und Kontrolle.

Die Feststellung des Münzwesens und des Geldfußes gehört zu den Angelegenheiten, die zwar nicht gemeinsam für Österreich und Ungarn verwaltet, jedoch nach gleichen vereinbarten Grundsätzen behandelt werden (s. S. 82). Das Majestätsrecht des Königs von Ungarn hinsichtlich der Prägung und Emission von Geldmünzen ist in § 66 des Gesetzartikel XII: 1867 ausdrücklich vorbehalten.

c) Die Landwirtschaft steht unter unmittelbarem Einfluß des Staates durch Vermittelung des vom Ackerbauministerium in den Komitaten errichteten wirtschaftlichen Inspektorats[1]). Die Rechtsverhältnisse der Landwirtschaft sind kodifiziert im Gesetzartikel XII: 1894. Dieses Gesetz über die Landwirtschaft und die Feldpolizei geht zwar grundsätzlich von dem Recht des Eigentümers auf freie Bewirtschaftung des ländlichen Grundbesitzes aus, schränkt diesen Grundsatz aber in mancher Richtung ein. In den Gegenden, wo 1894 die Dreifelderwirtschaft in Anwendung war, kann eine Mehrheit von zwei Dritteln der Besitzer für alle Besitzer diese Wirtschaftsform obligatorisch auch weiterhin aufrechterhalten. Ein Zehntel der beteiligten Besitzer kann die Aufhebung der Dreifelderwirtschaft von sechs zu sechs Jahren betreiben. Das Organ bei derartigen Beschlüssen, ebenso wie bei Beschlüssen über die Benutzung der in unteilbarem Eigentum stehenden Weiden bildet die Generalversammlung der beteiligten Besitzer, in welcher der Gemeinderichter (Bürgermeister) oder nach Lage der Sache auch der Oberstuhlrichter den Vorsitz führt. Ihre Beschlüsse werden vom Gemeindevorstand oder von einem gewählten Sonderorgan voll-

1) In Kroatien-Slavonien ist das Landwirtschafts- und Forstwesen (einschließlich Jagd und Fischerei) autonom geregelt.

zogen. Das Gesetz regelt sodann die Beweidung und stellt Grundsätze für die Viehzucht auf. Weitere Vorschriften betreffen die Bezeichnung der Besitzgrenzen, die Herstellung und Unterhaltung gemeinsamer Feldwege, die Anlage von Baumschulen und Baumpflanzungen, die Ausrottung schädlicher und den Schutz nützlicher Tiere, endlich die Gründung von Berggemeinden zur Förderung der Interessen des Weinbaus. Solche Berggemeinden bezwecken insbesondere die gemeinsame Behütung des Weinbezirks, die Wiederbepflanzung der durch die Phylloxera vernichteten Weinberge, den gemeinsamen Schutz gegen die Peronospora usw. und die Hebung der Rebenkultur überhaupt. Besondere Fürsorge und bedeutende Mittel widmet der ungarische Staat der Pferde- und Viehzucht (Gesetzartikel XLIII: 1908) und dem Veterinärwesen (Gesetzartikel VII: 1888). Besonderen Schutzes erfreut sich der Weinbau, dessen durch Schädlinge bedrohte Entwicklung die Gesetzgebung vielfach beschäftigt und erhebliche Mittel in Anspruch genommen hat. Entsprechende Bestimmungen zum Schutz der Weinbereitung, namentlich auch für Tokaier Weine enthält der Gesetzartikel XLVII: 1908 über das Verbot der Weinfälschung und den Verkehr mit gefälschten Weinen. Von den übrigen Wirtschaftszweigen ist noch die sorgfältig gepflegte Seidenzucht zu nennen. — Die Förderung der Landwirtschaft auf dem Wege der Bewässerung und Entwässerung, und ihren Schutz gegen Wassersgefahr durch Regulierung, Uferschutz und Ableitung bezwecken die einschlägigen Vorschriften der Wassergesetzgebung (Gesetzartikel XXIII: 1885, XXX: 1900). Die Forstwirtschaft ist mit den Gesetzartikeln XXXI: 1879 und XIX: 1898 den neueren Anforderungen angepaßt und unter staatliche Aufsicht gestellt worden. Für gewisse Forsten wie Gemeindeforsten unter 5000 Joch (1 Katastraljoch = 0,576 Hektar) ist staatliche Verwaltung obligatorisch, andere können sich freiwillig unter staatliche Verwaltung begeben. Das Jagdrecht ist im Gesetzartikel XX: 1883 niedergelegt. Die Ausübung des Jagdrechts auf eigenem Grund und Boden ist nur gestattet, wenn der zusammenhängende Besitz mindestens 200 Katastraljoch beträgt, oder wenn mehrere Eigentümer von mindestens je 50 Katastraljoch sich zu einem 200 Joch großen Gebiet vereinigen. Auf den übrigen Gebieten ist die Jagd zu verpachten. Das Recht auf Fischerei steht gemäß Gesetzartikel XIX: 1888 dem Eigentümer des Wasserbettes zu.

d) Das geltende Gewerberecht, das im Gesetzartikel XVII: 1884 enthalten ist, beruht im allgemeinen auf dem Grundsatz der Gewerbefreiheit, doch ist dem Handelsminister überlassen, die Ausübung bestimmter Gewerbe von einem Befähigungsnachweis abhängig zu machen; von dieser Ermächtigung ist in großem Umfang Gebrauch gemacht worden. Eine Anzahl gewerblicher Unternehmungen, wie der Betrieb von Gasthöfen, Kaffeehäusern, des Trödlergewerbes, der an eine Fahrzeit gebundenen Personenbeförderung, des öffentlichen Fuhrwerkdienstes, des Baugewerbes, der Anfertigung von Sprengstoffen usw. sind an behördliche Bewilligung gebunden. Das Gleiche gilt von Gewerben, mit denen Anlagen von besonderer Bedeutung für die Nachbarschaft oder den Verkehr verbunden sind. Eine gewerbliche Anlage, die sich für die öffentliche Gesundheit oder aus sonstigen Gründen als schädlich erweist, kann auf dem Wege der Enteignung beseitigt werden. Von der Herrschaft des Gewerberechts sind eine Anzahl von Berufen, Unternehmungen und Beschäftigungen ausgenommen, wie insbesondere die Land- und Forstwirtschaft, Fischerei, Viehzucht, Garten- und Weinbau, der Bergbau, die staatlichen Monopole und die damit zusammenhängenden Unternehmungen, Eisenbahn- und Schiffahrt, der Hausierhandel usw. Der Gewerbetreibende kann das Gewerbe durch Pächter ausüben lassen, der indes den für den selbständigen Gewerbebetrieb aufgestellten Erfordernissen entsprechen muß; er kann mehrere Geschäftsbetriebe haben, die jedoch, wenn es sich um konzessionierte Betriebe handelt, einzeln der Bewilligung bedürfen; ferner kann er mehrere Gewerbe betreiben. Mehrere, die ein gleiches Gewerbe oder verschiedene Gewerbe betreiben, können sich zur Führung eines gemeinsamen Geschäfts vereinigen. Das Gesetz enthält sodann nähere Vorschriften über das gewerbliche Hilfspersonal, insbesondere über die Art und Dauer der Beschäftigung von Lehrlingen und das Lehrverhältnis, über die obligatorischen Lehrlingsschulen, ferner über das freie Vertragsverhältnis des Gewerbetreibenden zum Gehilfen (Gewerbs- und Handlungsgehilfen). Die Vorschriften über die Gewerbsgehilfen gelten im allgemeinen auch für die Fabrikarbeiter, sind indes für diese Beschäftigung noch weiter ergänzt durch Vorschriften über die Arbeit Jugendlicher[1]), die Arbeitszeit,

1) Über die Nachtarbeit der weiblichen Arbeiter enthalten die Gesetzartikel LIII: 1908 und XIX: 1911 Bestimmungen.

die Lohnzahlung und Kreditierung von Getränken und Waren für die Arbeiter. In Munizipalstädten und in den Städten mit geregeltem Magistrat, sowie in solchen Gemeinden, wo mindestens hundert Gewerbetreibende mit einem von dem Befähigungsnachweis abhängigen Handwerk beschäftigt sind, müssen auf Antrag von zwei Dritteln der beteiligten Gewerbetreibenden Gewerbekorporationen errichtet werden, unter anderen Verhältnissen ist die Errichtung solcher auf Grund ministerieller Genehmigung zulässig. Zu ihren Aufgaben gehören die Herstellung geordneter Verhältnisse zwischen Gewerbetreibenden und Gehilfen, die Regelung des Lehrlingswesens, gütliche Austragung von Streitigkeiten zwischen Gewerbetreibenden und dem Hilfspersonal, die Errichtung von Hilfskassen und die Förderung der Interessen der Gewerbetreibenden durch Genossenschaftsbildung. Gewerbebehörden sind als erste Instanz in Gemeinden der Stuhlrichter, in Städten mit geordnetem Magistrat der Magistrat, in Munizipalstädten der Polizeihauptmann, in Budapest die Bezirksvorstehung; darüber stehen als zweite und dritte Instanz in Komitaten der Vizegespan oder in Munizipalstädten der Magistrat und der Handelsminister. Die Gewerbebehörden erster Instanz werden durch gewählte gewerbebehördliche Bevollmächtigte unterstützt, denen eine beratende und überwachende Tätigkeit zugewiesen ist. Für die zweite Instanz ist als begutachtendes Organ von jedem Munizipium ein Gewerberat zu errichten, der aus zwei Mitgliedern des Verwaltungsausschusses und zwei von der Handels und Gewerbekammer gewählten Gewerbetreibenden unter dem Vorsitz des Vizegespans (Bürgermeister) gebildet ist.

Eigentliche Gewerbegerichte gibt es in Ungarn nicht; Streitigkeiten zwischen Gewerbetreibenden und den Lehrlingen, Gehilfen oder Arbeitern, die sich auf das Lehrverhältnis oder den Arbeitsvertrag usw. beziehen, sind durch die Gewerbebehörde erster Instanz oder das Schiedsgericht der Gewerbekorporation vorbehaltlich des Rechtsweges zu entscheiden.

Maßnahmen zum Schutze der Arbeiter gegen gewerbliche Unfälle sind im Gesetzartikel XXVIII: 1893 vorgeschrieben; die Überwachung der Betriebe ist Aufgabe der Gewerbeinspektoren.

Als amtlich anerkannte Berufsvertretungen der an Handel und Gewerbe beteiligten Kreise mit amtlicher Eigenschaft bestehen die gemäß Gesetzartikel VI: 1868 organisierten Handels- und Gewerbekammern. Dem Handelsministerium ist der Landes-Industrierat angegliedert, der in allen gewerblichen, kaufmännischen und Arbeiterfragen als beratendes Organ herangezogen wird. Seine Mitglieder sind zum Teil von beiden Häusern des Reichstags, den Handels- und Gewerbekammern, von der Börse, der Universität und der Technischen Hochschule in Budapest und bestimmten Arbeitervereinigungen gewählt, teils vom Handelsministerium ernannt.

E. Die Verwaltungstätigkeit in bezug auf das geistige Leben.

Das gesamte Unterrichtswesen untersteht in Ungarn der staatlichen Aufsicht, dabei ist indes die Lehrfreiheit insofern anerkannt, als gemäß dem von der Gleichberechtigung der Nationalitäten handelnden Gesetzartikel XLIV: 1868 jeder Bürger, ohne Rücksicht auf seine Nationalität, jede Gemeinde, Kirche und Kirchengemeinde das Recht hat, Elementar-, Mittel- und höhere Schulen, wie auch andere Anstalten zur Förderung der Sprache, von Kunst und Wissenschaft, von Landwirtschaft, Handel und Gewerbe dienenden Anstalten zu errichten, zu diesem Zwecke Vereine zu bilden, deren Statuten indes vom Staate genehmigt werden müssen. Die Sprache an solchen Privatanstalten wird von den Gründern bestimmt.

Die gesetzliche Grundlage für das Volksschulwesen im eigentlichen Ungarn bildet der durch eine Reihe neuerer Gesetze insbesondere 1876 und 1907 abgeänderte Gesetzartikel XXXVIII: 1868. Als Volksschulen sind aufgezählt: die Elementar- und höheren Volksschulen, Bürgerschulen und Lehrerbildungsanstalten. Solche Schulen können sowohl von den Religionsgenossenschaften, denen zu diesem Zwecke das Recht der Besteuerung ihrer Mitglieder zugestanden ist (konfessionelle Schulen), als auch von Privaten und Vereinen errichtet werden, müssen sich aber, um Öffentlichkeitsrecht zu genießen, in Organisation und Lehrplan bestimmten staatlichen Anforderungen unterwerfen. In Gemeinden, wo die Religionsgenossenschaften keine die gesetzlichen Anforderungen erfüllende Volksschule unterhalten oder wo mehr als 30 Kinder zu keiner der eine Schule unterhaltenden Konfessionen gehören, ist die Gemeinde verpflichtet, entsprechende interkonfessionelle Anstalten einzurichten (Gemeindeschulen); konfessionelle Schulen können auch auf dem Wege der Vereinigung zu Gemeindeschulen umgewandelt werden. Konfessionelle Schulen, die trotz Aufforderung den Vorschriften nicht Genüge leisten, können durch die Regierung in eine Gemeindeschule umgewandelt werden. Neben den Gemeindeschulen, die, wo es nötig ist, staatliche Unterstützung erhalten, bestehen auch staatliche Volksschulen. Die allgemeine Schulpflicht ist für das Alter von 6 bis 12 Jahren (einschließlich des Wiederholungsunterrichts bis zu 15 Jahren) gesetzlich vorgeschrieben, praktisch indes noch nicht in vollem Umfang durchgeführt.

Die Einhaltung des Lehrplans überwacht die Regierung. Zur Schlußprüfung der sechsten Klasse der Elementarvolksschule entsendet der Kultusminister einen Beauftragten. Durch eine Reihe von Bestimmungen ist die Stellung der ungarischen Sprache als Staatssprache im Volksschulunterricht neben den übrigen Sprachen gesichert (s. S. 214). In den Wiederholungslehrgängen der Elementarschulen ist Ungarisch unter allen Umständen Unterrichtssprache. Für Zeugnisse und sonstige formularmäßige Vordrucke ist die ungarische Sprache gleichfalls vorgeschrieben. Lehrerdiplome werden nur bei vollständiger Kenntnis der ungarischen Sprache ausgestellt.

Schulbehörden (Gesetzartikel XXVIII: 1876) sind bei den staatlichen Elementarschulen das Schulkuratorium, bei den übrigen der Schulstuhl. Die Gemeindevolksschulen unterstehen den politischen, die konfessionellen Schulen den kirchlichen Gemeinden. Das Komitat bildet den Schulbezirk, innerhalb dessen der Schulinspektor die staatliche Überwachung des Volksschulunterrichts ausübt; auch der Verwaltungsausschuß des Komitats wirkt bei der Überwachung des Volksschulwesens mit. Daneben sind in den Munizipien Volkserziehungsausschüsse als begutachtende Körperschaften tätig.

An Mittelschulen (Gesetzartikel XXX: 1883 und XXX: 1890) gibt es achtklassige Gymnasien und Realschulen, und zwar als Staats-, Munizipal-, Gemeinde- oder konfessionelle Anstalten, daneben auch als Schulen von Körperschaften und Privaten. Für die staatliche Aufsicht über die Mittelschulen bestehen zwölf Schuldistrikte mit je einem Oberdirektor an der Spitze. Ein Landesunterrichtsrat ist als beratendes Organ im Anschluß an das Unterrichtsministerium tätig.

An Hochschulen und ähnlichen staatlichen Anstalten besitzt das eigentliche Ungarn die Universitäten in Budapest und Klausenburg und das Josef-Polytechnikum in Budapest, sowie eine Anzahl Rechtsakademien, eine Tierärztliche Hochschule, mehrere landwirtschaftliche Akademien, eine Akademie für Forst- und Bergbau, die Landeshochschule für bildende Künste in Budapest, eine Landesakademie für Musik und eine solche für Schauspielkunst.

Auf der mittleren und unteren Stufe sorgt eine große Zahl von Fachschulen für den Unterricht einzelner Berufszweige, für den Handelsunterricht insbesondere die höheren Handelsschulen und die orientalische Handelsakademie, für die Landwirtschaft die Ackerbauschulen und Schulen für Sonderzweige der Landwirtschaft (Weinbau, Gartenbau), ferner bestehen Schulen für Forstwirtschaft und Bergbau.

Kroatien-Slavonien verfügt über das Unterrichtswesen autonom. Das Volksschulwesen ist geregelt durch das autonome Gesetz vom 31. Oktober 1888. Die Errichtung von Volksschulen (Elementarschulen, höhere Volksschulen für praktische Ausbildung in Gewerbe, Handel und Landwirtschaft sowie Lehrerbildungsanstalten) steht sowohl dem Land, als auch den Gemeinden, Religionsgenossenschaften und Privaten zu; staatliche Aufsicht sichert für die nichtstaatlichen Schulen die Erreichung des Schulzwecks. Die Schulpflicht beginnt vom 7. Lebensjahr und dauert fünf Jahre, an die sich die Wiederholungsschule schließt. Schulbehörden sind in der Gemeinde der Gemeindeschulausschuß (Schulstuhl), in dem der Ortsschulinspektor den Vorsitz hat, die Bezirks- und Komitatsbehörden, der Komitatsschulinspektor und der Komitatsschulausschuß. In Orten, wo sich über 50 Lehrlinge befinden, sind Lehrlingsschulen zu errichten. Die Unterrichtssprache ist in der Regel die kroatische oder die serbische Sprache. Mittelschulen für den allgemeinen Unterricht sind die achtklassigen Gymnasien und Realgymnasien, sie stehen unter Aufsicht von staatlichen Schulinspektoren. Im Agram besteht ein achtklassiges Mädchenlyzeum. Die kroatisch-slavonische Hochschule ist die Franz-Josefs-Universität in Agram. Eine Anzahl von Fachschulen, von denen die Landesgewerbeschule in Agram, die landwirtschaftliche Schule in Kreuz und die nautische Schule in Buccari zu erwähnen sind, ergänzt die autonome Unterrichtsorganisation.

Österreich.

Gliederung der Bevölkerung nach der Umgangssprache.

Auf Grund des Ergebnisses der Volkszählung vom 31. Dezember 1910.

Länder	Deutsch	Böhmisch, Mährisch, Slowakisch	Polnisch	Ruthenisch	Slowenisch	Serbisch, Kroatisch	Italienisch, Ladinisch	Rumänisch	Magyarisch	Zusammen
Niederösterreich	3 130 536	122 329	5 601	2 316	1 380	429	1 084	139	296	3 264 110
Oberösterreich	840 604	1 953	356	96	81	3	33	4	16	843 146
Salzburg	208 009	189	33	6	176	11	136	1	1	208 562
Steiermark	983 252	971	178	80	409 684	151	361	7	15	1 394 699
Kärnten	304 287	358	96	7	82 212	28	82	2	—	387 072
Krain	27 915	750	89	19	490 978	205	369	—	2	520 327
Triest	11 856	565	157	33	56 916	2 403	118 959	11	13	190 913
Görz und Gradisca	4 486	317	105	103	154 564	186	90 119	7	6	249 893
Istrien	12 735	1 807	255	43	55 134	168 184	147 417	883	5	386 463
Tirol	525 115	4 195	377	255	546	54	385 700	3	16	916 261
Vorarlberg	126 743	177	37	12	63	6	5 857	12	1	132 908
Böhmen	2 467 724	4 241 918	1 541	1 062	292	190	136	33	48	6 712 944
Mähren	719 435	1 868 971	14 924	563	103	767	43	9	42	2 604 857
Schlesien	325 523	180 348	235 224	255	45	3	41	3	14	741 456
Galizien	90 114	8 718	4 672 500	3 208 092	144	44	21	740	104	7 980 477
Bukowina	168 851	1 005	36 210	305 101	80	1	36	273 254	10 391	794 929
Dalmatien	3 081	1 412	301	811	542	610 669	18 028	7	4	634 855
Summe 1910	9 950 266	6 435 983	4 967 984	3 518 854	1 252 940	783 334	768 422	275 115	10 974	27 963 872
" 1900	9 171 614	5 955 397	4 252 483	3 381 570	1 192 780	711 380	727 102	230 963	9 516	25 632 805

Österreich.

Gliederung der Bevölkerung nach der Religion.

Auf Grund des Ergebnisses der Volkszählung vom 31. Dezember 1910.

Länder	Katholiken aller drei Riten	Griechisch-Orientalische	Evangelische (Augsburger und Helvetischen Bekenntnisses)	Israeliten	Andere
Niederösterreich	3 239 573	5 263	92 620	184 779	9 579
Oberösterreich	830 079	80	21 156	1 215	476
Salzburg	211 445	11	2 538	285	458
Steiermark	1 416 155	962	22 351	2 895	1 794
Kärnten	371 333	39	24 299	341	188
Krain	524 846	308	635	146	60
Triest	217 846	1 981	2 472	5 498	1 713
Görz und Gradisca	259 488	71	749	338	75
Istrien	400 170	1 050	1 493	677	176
Tirol	938 365	94	6 007	1 624	523
Vorarlberg	143 200	7	2 044	126	31
Böhmen	6 477 536	832	176 941	85 826	28 413
Mähren	2 502 808	210	74 391	41 158	3 704
Schlesien	639 731	30	102 758	13 442	988
Galizien	7 112 574	2 845	37 144	871 895	1 217
Bukowina	125 404	547 944	20 513	102 919	3 318
Dalmatien	539 074	105 338	575	523	156
Summe 1910	25 949 627	667 065	588 686	1 313 687	52 869
" 1900	23 796 951	607 462	494 062	1 224 711	27 522

Ungarn.

Gliederung der Bevölkerung nach der Religion im Jahre 1910.

Religion der Bevölkerung	Ungarn	Kroatien-Slavonien	Königreich Ungarn
Katholisch { lateinischer Ritus	9 010 305	1 877 833	10 888 138
Katholisch { griechischer "	2 007 916	17 592	2 025 508
Reformiert	2 603 381	17 948	2 621 329
Evangelisch (Augsburger Konfession)	1 306 384	33 759	1 340 143
Griechisch-Orientalisch	2 333 979	653 184	2 987 163
Unitarisch	74 275	21	74 296
Israelitisch	911 227	21 231	932 458
Sonstige	17 066	386	17 452
Zusammen	18 264 533	2 621 954	20 886 487

Ungarn [1]).

Gliederung der Bevölkerung nach der Sprache im Jahre 1910.

Staatsrechtlicher Bestandteil; Muttersprache der Bevölkerung	Gesamtbevölkerung Anzahl	Personen ungarischer Muttersprache Anzahl	Personen nicht-ungarischer Muttersprache Anzahl
Ungarn.			
Personen ungarischer Muttersprache	9 944 627	9 944 627	—
Personen nicht-ungarischer Muttersprache:			
Deutsche	1 903 357	756 971	1 146 386
Slowaken	1 946 357	417 306	1 529 051
Rumänen	2 948 186	373 822	2 574 364
Ruthenen	464 270	64 915	399 355
Kroaten	194 808	59 938	134 870
Serben	461 516	76 688	384 828
Sonstige	401 412	126 149	275 263
Zusammen	8 319 906	1 875 789	6 444 117
Insgesamt	18 264 533	11 820 416	6 444 117
Kroatien-Slavonien.			
Personen ungarischer Muttersprache	105 948	105 948	—
Personen nicht-ungarischer Muttersprache:			
Deutsche	134 078	22 281	111 797
Slowaken	21 613	1 418	20 195
Rumänen	846	284	562
Ruthenen	8 317	277	8 040
Kroaten	1 638 354	30 674	1 607 680
Serben	644 955	6 795	638 160
Sonstige	67 843	2 469	65 374
Zusammen	2 516 006	64 198	2 451 808
Insgesamt	2 621 954	170 146	2 451 808
Königreich Ungarn.			
Personen ungarischer Muttersprache	10 050 575	10 050 575	—
Personen nicht-ungarischer Muttersprache:			
Deutsche	2 037 435	779 252	1 258 183
Slowaken	1 967 970	418 724	1 549 246
Rumänen	2 949 032	374 106	2 574 926
Ruthenen	472 587	65 192	407 395
Kroaten	1 833 162	90 612	1 742 550
Serben	1 106 471	83 483	1 022 988
Sonstige	469 255	128 618	340 637
Zusammen	10 835 912	1 939 987	8 895 925
Insgesamt	20 886 487	11 990 562	8 895 925

1) Siehe Ungarisches Statistisches Jahrbuch, Neue Folge. Amtliche Übersetzung. Budapest 1915.

Literatur.

I. Systematische Darstellungen, Abhandlungen, Aufsätze.

Apponyi, Count Albert, A brief sketch of the Hungarian Constitution and of the relations between Austria and Hungary. Budapest 1908.

Arndt, Adolf, Das selbständige Verordnungsrecht in Österreich. Österr. Zeitschr. f. öffentl. Recht, 2. Jahrg., 1915/16, S. 397 f.

Bachmann, Adolf, Geschichte Böhmens. Allgemeine Staatengeschichte, herausgeg. von Carl Lamprecht. Geschichte der europäischen Staaten, herausgeg. von Heeren, Ukert, Giesebrecht und Lamprecht, 31. Werk. 2 Bände (bis 1526). Gotha 1905.

Bernatzik, E., Die österreichischen Verfassungsgesetze mit Erläuterungen. 2. Aufl. Studienausgabe österreichischer Gesetze, veranstaltet von A. Löffler, Bd. 3. Wien 1911.

— Neues über die Pragmatische Sanktion. Österr. Zeitschr. f. öffentl. Recht, 2. Jahrg., 1915/16, S. 125 f.

— Unsere neuen Wappen und Titel. Ebenda, S. 616 f.

Bidermann, H., Die rechtliche Natur der Österreichisch-Ungarischen Monarchie. Wien 1877.

— Geschichte der österreichischen Gesamtstaatsidee, Innsbruck 1867.

Charmatz, R., Geschichte der auswärtigen Politik Österreichs im 19. Jahrhundert. Aus Kultur und Geisteswelt, Bd. 374, 375, Leipzig und Berlin 1912, 1914. 1. Teil: Bis zum Sturze Metternichs. 2. Teil: Von der Revolution bis zur Annexion (1848—1908).

— Österreichs innere Geschichte von 1848 bis 1907. Aus Natur und Geisteswelt, Nr. 142, 143, Leipzig 1911, 1912.

Dantscher v. Kollesberg, Th. v., Der monarchische Bundesstaat Österreich-Ungarn. Wien 1880.

— Der staatsrechtliche Charakter der Delegationen. Wien 1904.

Deák, Ein Beitrag zum ungarischen Staatsrecht. Pest 1865.

Eisenmann, Louis, Le compromis Austro-Hongrois de 1867 — Étude sur le Dualisme —. Paris 1904.

Ferdinandy, G. v., Staats- und Verwaltungsrecht des Königreichs Ungarn und seiner Nebenländer. Übersetzt von Dr. Heinrich Schiller. Bibliothek des öffentlichen Rechts, herausgeg. von Landrichter Dr. K. Scholz und Oberregierungsrat Storck, Bd. 16, Hannover 1909.

Fischel, Alfred, Das österreichische Sprachenrecht. Eine Quellensammlung. 3. Aufl. Brünn 1914.

Friedjung, Heinrich, Österreich von 1848 bis 1860. 2 Bände. 1. Bd.: Die Jahre der Revolution und der Reform 1848—1851. 2. Aufl. Stuttgart 1908. 2. Bd., 1. Abt. 2. Aufl. Stuttgart und Berlin 1912.

Gumplowicz, Ludwig, Das österreichische Staatsrecht (Verfassungs- und Verwaltungsrecht). Ein Lehr- und Handbuch. 3., in Verbindung mit Dr. Rud. Bischoff bearb. verm. und verbesserte Aufl. Wien 1907.

Hauke, Franz, Grundriß des Verfassungsrechts. Grundriß des österreichischen Rechts in systematischer Bearbeitung, herausgeg. von Finger und Frankl, Bd. 3, 1. Abt. Leipzig 1905.

Herrnritt, R. v., Handbuch des österreichischen Verfassungsrechtes. Tübingen 1909.

— Die Ausgestaltung des österreichischen Nationalitätenrechts durch den Ausgleich in Mähren und der Bukowina. Österr. Zeitschr. f. öffentl. Recht, 1. Jahrg., 1914, S. 583 f.

Hussarek, M. v., Grundriß des Staatskirchenrechts. Aus Grundriß des österreichischen Rechts, herausgeg. von Finger und Frankl. 2. Aufl., 1908.

Jellinek, Georg, Die Lehre von den Staatenverbindungen. Wien 1882.

Jogállam (Der Rechtsstaat). Rechts- und staatswissenschaftliche Zeitschrift, herausgeg. von Baumgarten und Gyomai. Festnummer, herausgeg. anläßlich der konstituierenden Versammlung der Ungarischen Waffenbrüderlichen Vereinigung (Magyar Bajtársi Szövetség). Budapest 1916.

Krones, Franz v., Österreichische Geschichte. Sammlung Göschen, Nr. 104, 105, 765. 1. Bändchen: Von der Urzeit bis zum Tode König Albrechts II. (1439). 2., vollständig umgearbeitete Aufl., von Prof. Dr. Karl Uhlirz. Leipzig 1910. 2. Bändchen: Vom Tode König Albrechts II. bis zum Tode des Kaisers Matthias (1439—1619). 3., vollständig umgearbeitete Aufl., von Prof. Dr. Karl Uhlirz. Berlin und Leipzig 1915. 3. Bändchen: Vom Tode des Kaisers Matthias bis zum Ende des Spanischen Erbfolgekrieges (1619—1714). 2., erweiterte und vollständig umgearbeitete Aufl., von Prof. Dr. Karl Uhlirz. Vollendet und herausgeg. von Dr. Mathilde Uhlirz. Berlin und Leipzig 1915.

Kulisch, Max, System des österreichischen Gewerberechtes, Bd. 1. 2., vollständig umgearbeitete und wesentlich erweiterte Aufl. Innsbruck 1912.

Lamp, Karl, Die Verfassung von Bosnien und der Herzegowina vom 17. Februar 1910. Jahrbuch des öffentlichen Rechts der Gegenwart, herausgeg. von Jellinek, Laband und Piloty, Bd. 5, Tübingen 1911, S. 137.

Luschin v. Ebengreuth, Arnold v., Österreichische Reichsgeschichte. Bamberg 1896.

— Grundriß der österreichischen Reichsgeschichte. Bamberg 1899.

Lustkandl, Das ungarisch-österreichische Staatsrecht. Zur Lösung der Verfassungsfrage historisch-dogmatisch dargestellt. Wien 1865.

Marczali, Heinrich, Ungarisches Verfassungsrecht. Das öffentliche Recht der Gegenwart, herausgeg. von Huber, Jellinek, Laband und Piloty, Bd. 15, Tübingen 1911.

— Ungarische Verfassungsgeschichte. Tübingen 1910.

Márkus, Desider, Ungarisches Verwaltungsrecht. Das öffentliche Recht der Gegenwart, herausgeg. von Huber, Jellinek, Laband und Piloty, Bd. 16, Tübingen 1912.

Mayer, Franz Martin, Geschichte Österreichs, mit besonderer Rücksicht auf das Kulturleben. 3., vollständig verbesserte Aufl. 2 Bände. Wien und Leipzig 1909.

Mayrhofer, Ernst, Handbuch für den politischen Verwaltungsdienst in den im Reichsrat vertretenen Königreichen und Ländern. 5. Aufl. 7 Bände, und 2 Ergänzungsbände. Wien 1899—1913.

Myrbach-Rheinfeld, Franz Freiherr v., Grundriß des Finanzrechts. Aus: Grundriß des österreichischen Rechts, herausgeg. von Finger und Frankl. 2. Aufl., 1916.

Nagy, O. v. Eötlevény, Über das staatsrechtliche Verhältnis Kroatiens zu Ungarn. Jahrb. des öffentl. Rechts der Gegenwart, herausgeg. von Jellinek, Laband und Piloty, Bd. 3, Tübingen 1909.

Offermann, Alfred Freiherr v., Das Verhältnis Ungarns zu Österreich. Wien und Leipzig 1902.

Österreichisches Staatswörterbuch. Handbuch des gesamten österreichischen öffentlichen Rechts, herausgeg. von Dr. Ernst Mischler und Dr. Josef Ulbrich. 4 Bände. Wien 1905—1909. Darin unter anderem Artikel: Kroatien (Bd. 3) und Ungarn (Bd. 4).

Pitamic, Leonidas, Die parlamentarische Mitwirkung bei Staatsverträgen in Österreich. Wiener staatswissenschaftliche Studien, herausgeg. von Bernatzik und v. Philippovich, Bd. 12, Heft 1, Wien und Leipzig 1915.

Pliveric, Josef, Das rechtliche Verhältnis Kroatiens zu Ungarn. Agram 1885.

— Beiträge zum ungarisch-kroatischen Bundesrecht. Rechtliche und politische Erörterungen. Agram 1886.

— Der Kroatische Staat. Agram 1887.

Rachfahl, Felix, Der dualistische Ständestaat in Deutschland. Schmollers Jahrbücher für Gesetzgebung, Verwaltung und Volkswirtschaft im Deutschen Reich, 26. Jahrg., 1902, S. 1063 f.

Rabó-Rothfeld, S., Die ungarische Verfassung, geschichtlich dargestellt. Berlin 1898.

Rauchberg, Heinrich, Österreichische Bürgerkunde. Wien 1911.

Schmid, Ferdinand, Bosnien und die Herzegowina unter der Verwaltung Österreich-Ungarns. Mit einer Karte. Leipzig 1914.

Seton-Watson (Scotus Viator), Die südslavische Frage im Habsburger Reiche. (Aus dem Englischen.) Berlin 1914.

Steinbach, Gustav, Die ungarischen Verfassungsgesetze. 4. Aufl. Wien 1906.

— Gesetzliche und parlamentarische Regierung in Ungarn. Jahrb. des öffentl. Rechts der Gegenwart, Bd. 1, Tübingen 1907.

Tezner, Friedrich, Der österreichische Kaisertitel, das ungarische Staatsrecht und die ungarische Publizität. Wien 1899.

— Technik und Geist des ständisch-monarchischen Staatsrechts. Schmollers Sozialwissenschaftliche Forschungen, Bd. 19, Heft 3, Leipzig 1901.

— Die Wandlungen der österreichisch-ungarischen Reichsidee. Wien 1905.

Tezner, Friedrich, Ausgleichsrecht und Ausgleichspolitik. Wien 1907.
— Der Kaiser. Wien 1909.
— Res Hungaricae. Eine staatsrechtliche Überschau. Grünhuts Zeitschrift für das Privat- und öffentliche Recht der Gegenwart, Bd. 38, 1911, S. 471 f.
— Österreichisches Staatsrecht in Einzeldarstellungen für den praktischen Gebrauch. Die Volksvertretung. Wien 1912.
Timon, Akos v., Ungarische Verfassungs- und Rechtsgeschichte mit Bezug auf die Rechtsentwicklung der westlichen Staaten. 2., vermehrte Aufl. Nach der 3., vermehrten Aufl. übersetzt von Dr. Felix Schiller. Berlin 1909.
Turba, G., Die Grundlagen der pragmatischen Sanktion. I. Ungarn. II. Die Hausgesetze. Wiener staatswissenschaftliche Studien, herausgeg. von Bernatzik und v. Philippovich. Wien 1914/15.
— Die pragmatische Sanktion. Wien 1906.
Ulbrich, J., Das österreichische Staatsrecht. Neubearbeitung auf der Grundlage der 3. Aufl. (1904) im Handbuch des öffentlichen Rechts. Das öffentliche Recht der Gegenwart, herausgeg. von Jellinek, Laband und Piloty, Bd. 10, Tübingen 1909.
Wertheimer, Eduard v., Graf Julius Andrássy, sein Leben und seine Zeit. Nach ungedruckten Quellen. 3 Bände. Stuttgart 1910—1913.
Wurmbrand, Norbert, Die rechtliche Stellung Bosniens und der Herzegowina. Wiener staatswissenschaftliche Studien, herausgeg. von Bernatzik und v. Philippovich. Leipzig und Wien 1915.
Zolger, Ivan, Der staatsrechtliche Ausgleich zwischen Österreich und Ungarn. Leipzig 1911.
— Die staatsrechtlichen Grundlagen der Wehrmacht Österreich-Ungarns. Österr. Zeitschr. f. öffentl. Recht, 2. Jahrg., 1915/16, S. 525 f.

II. Gesetzausgaben.

Österreich:

Reichsgesetzblatt für die im Reichsrat vertretenen Königreiche und Länder (seit 1849).
Landesgesetzblätter (Landesgesetz- und Regierungsblätter, Landesgesetz- und Verordnungsblätter) für die Kronländer.
Verordnungsblätter der Ministerien und Kommunalbehörden. Manzsche Taschenausgaben der österreichischen Gesetze.

Ungarn:

Ungarische Reichsgesetzsammlung. Authentische Übersetzung, herausgeg. vom k. ungarischen Ministerium des Innern. (Die Veranstaltung von Gesetzesausgaben und Gesetzesübersetzungen ist Privaten nur in Form kommentierter Ausgaben gestattet — ungarischer Gesetzartikel LIII: 1880.)

Namen- und Sachverzeichnis.

A.

C.

D.

E.

R.

S.

T.

Z.

Nachträge und Berichtigungen.

Zu S. 48, 107. In den Veröffentlichungen über die Festsetzung des in den gemeinsamen Angelegenheiten zu benützenden Wappens und des Wappens der österreichischen Länder (Wiener Zeitung vom 12. Oktober 1915) ist in Ersetzung der in der Verfassungsurkunde sich findenden Bezeichnung „im Reichsrat vertretenen Königreiche und Länder“ die Bezeichnung „Österreich“ gewählt worden.

Zu S. 66, 67. Auf Befehl des Kaisers Karl I. werden die Truppen der k. k. Landwehr von April 1917 ab als k. k. Schützen bezeichnet. Diese Umbenennung ist darauf zurückzuführen, daß das Wort Landwehr im Sprachgebrauch weiter Kreise mit dem Begriff der zweiten Linie in Zusammenhang gebracht wird. Da sie sich aber seit ihrer Errichtung zu einer vollwertigen Truppe der ersten Linie entwickelt hat und infolge der inhaltlich identischen Vorschriften sowohl bezüglich ihrer Ergänzung als auch inneren Organisation und Ausbildung von Mannschaften und Offizieren dem gesamten Heer gleich ist, entspricht die bisherige Bezeichnung der Truppe nicht mehr ihrem ganzen Wesen und ist geeignet, bei denjenigen, die die k. k. Landwehr und ihre Organisation nicht kennen, eine nicht entsprechende Auffassung über sie hervorzurufen. Der nunmehr auf Grund des Organisationsrechts des Kaisers ergangene Allerhöchste Befehl macht dieser Beurteilung ein Ende und kennzeichnet die Truppen der k. k. Landwehr unzweideutig als Truppen erster Linie. In der Stellung der k. k. Landwehr zu den anderen Teilen der gesamten bewaffneten Macht ist naturgemäß keine Änderung eingetreten. (Neue Freie Presse, 4. April 1917, Morgenblatt.)

Frommannsche Buchdruckerei (Hermann Pohle) in Jena. — 4609